生涯导航：唤醒与探索之旅

李海艳 ◎主编
王淑云等 ◎副主编

中国纺织出版社有限公司

内 容 提 要

　　本书共分为理论篇和应用篇。理论篇为第一章至第七章，第一章介绍了生涯规划概论，分析了大学、大学生、大学生活，专业、职业、事业，生涯、职涯、学涯等基本概念。第二章至第五章是自我探索，介绍了个人价值观、性格、兴趣、能力等方面内容。第六章为外部世界探索，对家庭环境探索、社会环境探索、工作世界认知、外部环境探索实践等内容进行了分析。第七章为生涯规划和管理，介绍了职业生涯决策，目标与计划、生涯规划管理。应用篇为第八章至第十四章，主要对时间管理技能、有效沟通技能、压力管理技能、个人理财管理技能、人际关系管理技能、终身学习以及创新创业基本技能及新兴职场技能进行了分析。

图书在版编目（CIP）数据

　　生涯导航：唤醒与探索之旅 / 李海艳主编；王淑云等副主编. -- 北京：中国纺织出版社有限公司，2021.11

　　ISBN 978-7-5180-9124-9

　　I. ①生… II. ①李… ②王… III. ①大学生-职业选择-高等学校-教材 IV. ①G647.38

　　中国版本图书馆 CIP 数据核字(2021)第 223092 号

策划编辑：史　岩　　　责任编辑：陈　芳
责任校对：高　涵　　　责任印制：储志伟

中国纺织出版社有限公司出版发行
地址：北京市朝阳区百子湾东里A407号楼　邮政编码：100124
销售电话：010—67004422　传真：010—87155801
http://www.c-textilep.com
中国纺织出版社天猫旗舰店
官方微博 http://weibo.com/2119887771
三河市宏盛印务有限公司印刷　各地新华书店经销
2021年11月第1版第1次印刷
开本：787×1092　1/16　印张：21
字数：490千字　　定价：56.00元

编 委 会 名 单

主　编　李海艳

副主编　王淑云　江思华　杨聪斌　苏考辉　黄俊毅

主　审　庄文韬

序

收到写序邀请，荣幸又忐忑。关于生涯，尚未盖棺无法定论，毕竟自己也还在路上，只能分享些许感悟。在我看来，本书的名字已经点出了生涯的真正含义及乐趣——唤醒与探索。望不到边的生涯大海中，每个人都驾驶自己的船，我们是自己的掌舵人。这艘船究竟将开向哪里，路上会遇到什么艰难险阻，能否遇到同伴前行，在此过程中的决策是否正确，等等，都是不断唤醒和探索的过程。关于生涯导航，不仅是学习方法，更是修炼哲学思想，是一个对外探索与对内自省的过程。

目标是到达彼岸的灯塔

每个人要死三次。第一次死亡——你的肉体死亡；第二次死亡——你的葬礼，向所有人宣布你没了；第三次死亡——真正的死亡，所有认识你的人都没了，世上再无人知道你曾经存在过。臧克家先生曾说："有些人活着，但他已经死了；有些人死了，但他还活着。"这趟人生之旅可能像坐过山车，也可能像一潭死水；可能惊涛骇浪，也可能波澜不惊。最终，盖棺定论时，你是谁、从哪里来、要到哪里去，是我们探索一生后留下的答案。

生涯需要规划，而非计划

人们喜欢说计划赶不上变化，所以做计划没有用。面对变化的风险，计划的替代，是规划。在我国的第十四个五年规划中有这样的内容：

"强化国家战略科技力量。加强基础研究、注重原始创新，优化学科布局和研发布局，推进学科交叉融合，完善共性基础技术供给体系。瞄准人工智能、量子信息、集成电路、生命健康、脑科学、生物育种、空天科技、深地深海等前沿领域，实施一批具有前瞻性、战略性的国家重大科技项目。布局建设综合性国家科学中心和区域性创新高地，支持北京、上海、粤港澳大湾区形成国际科技创新中心。构建国家科研论文和科技信息高端交流平台。"

以上内容没有规定每天、每周、每月具体要做什么，但从几个方面将目标、大方向说得很清楚，规划是指导性的。它能帮助你在面对未知的变化时，做出符合目标的决策。有了规划，计划就不会轻易地被变化击垮。

拥抱过程与结果的不确定性

电影《让子弹飞》中，花姐想当土匪给乡亲们发钱，但还有些害怕，说自己还没准备好。张麻子问老马："你准备过吗？"老马答："没有啊。我吃着火锅，唱着歌，咣当掉进水里，出来就在这儿了。"众人大笑。老马上任康城县长的路上，没想过会被土匪张麻子劫了火车，佯装成师爷陪张麻子扮成假县长上任鹅城，最后死于假麻子埋的地雷。老马的人生目标很明确——钱，准确地说是"骗钱"；遇到土匪张麻子后的规划也有了——张麻子上任鹅城后，要么被豪绅黄四郎办了，他自己上任康城继续骗钱，要么他俩一起把黄四郎办了，霸占黄的钱财；至于这当中每每发生的意外、变化，包括死亡的结果，除了乐观应对朝前看，似乎也没有更好的方法了。不确定性的乐趣，冷暖自知。

以上是一点小感悟。出门打怪，我们自己准备好目标、信念和心态后，下一步就是要不断学习有效的方法，掌握规律，升级武器，对抗困难，成为一个更强大的人，让更多的人看到你。相信这次"生涯导航"之旅，一定能帮助你唤醒更多面的自己，探索更广阔的世界。

深圳市绚图新材科技有限公司市场总监：张兰兰

2021 年春　厦门

前　言

在人的一生当中，时间最长、对自己人生影响最大的旅程莫过于生涯之旅，时间跨度长达 20 年、30 年、40 年，甚至 50 年。面对几十年的生涯之旅，你可曾想过如何度过、如何完成吗？

机会总是属于有准备的人。随着我国高等教育进入大众化阶段，普通高等学校毕业生人数逐年增加，高校毕业生就业率以及职业发展前景越来越受到党、国家和社会的高度重视。就业是绝大多数高校毕业生面临的重大抉择，也是人生的重大转折，大学生的理想与追求有明确的目的性，但也面临着更多、更大的挑战与机遇，因此承受着更大的压力。《礼记·中庸》有言：“凡事豫则立，不豫则废。”大学生生涯规划教育对大学生来说是非常必要的，对大学生树立职业理想、了解自我及职业发展等具有重要意义。近年来，高校虽然从西方引进了职业教育的理论，但仍然只是在浅层次上探索，缺乏切实可行的、可操作的方法和步骤。其结果是相当一部分大学生的职业意识淡薄，职业能力低下，极大地影响了他们的职业发展前景和对社会的贡献率。对此，高校必须通过适当的教学唤醒大学生的职业意识，与他们的个性相结合，与社会的发展需求相结合，引导他们进行科学的职业生涯规划，这样才能实现大学生这一优质人力资源的最佳配置。所以，大学生开启一场生涯探索之旅，做好自己的生涯规划和接受有效的指导，对于自身的成长是非常有必要的。

本书内容分为理论篇和应用篇两大部分。理论篇包括第一章至第七章，第一章介绍生涯规划概论，分析大学、大学生、大学生活，专业、职业、事业，生涯、职涯、学涯等基本概念。第二章至第五章是自我探索，介绍个人价值观、性格、兴趣、能力等方面内容。第六章为外部世界探索，对家庭环境探索、社会环境探索、工作世界认知，外部环境探索实践等内容进行了分析。第七章为生涯规划和管理，介绍了职业生涯决策、目标与计划、生涯规划管理。应用篇包括第八章至第十四章，主要对时间管理技能、有效沟通技能、压力管理技能、个人理财管理技能、人际关系管理技能、终身学习以及创新创业基本技能及新兴职场技能进行了分析。

本书对生涯规划内容进行了系统梳理，重点突出大学生对自身的认识以及对环境的认知，注重大学生对自身特点的把握，使大学生能够充分认识到自身的性格、兴趣、价值观和能力等各方面的特点，有利于发现自身的不足和坚定自信心，更有利于大学生探索人生方向和生涯发展。

本书由李海艳、王淑云、江思华、杨聪斌、苏考辉、黄俊毅等编写；由庄文韬主审。其中，李海艳负责第一章至第五章和第十四章的编写；江思华负责第六章和第十二章的编写；黄俊毅负责第七章的编写；王淑云负责第八章和第九章的编写；杨聪斌负责第十章和第十一章的编写；苏考辉负责第十三章的编写。

本书在撰写过程中参考和借鉴了生涯管理方面的大量文献资料，在此对相关作者表示诚挚的谢意。由于作者水平有限，加之时间仓促，书中不足和疏漏之处在所难免，敬请广大读者批评指正，以待我们在修订中不断完善。

《生涯导航：唤醒与探索之旅》编写组

2021 年春　厦门大学

目 录

第一篇

理论篇

第一章 生涯规划概论

【案例导读】

两个大学生的学习生活之路

李洋：茫然不知路在何方

李洋升入大学后，觉得完成了父母的心愿，大功告成，终于可以放松了。没有"束缚"的日子真是痛快，他置父母的嘱托、学校的要求于不顾，认为大学就是享受的时候，于是网吧、游戏厅成了他经常光顾的地方。大一结束时，他竟然有三门功课不及格。然而，在网络游戏里的成功感使他认识不到自己已经偏离了正常的学生生活轨迹。大二期间，他受到了两次学业警告；到大三上学期，他已经有多科成绩不及格了。父母专程从外地赶来，苦苦相劝，才使他决心改正自己的错误。他通过重修，学习成绩达到毕业的资格。然而面临职业选择时，看着就业推荐表中获奖栏、荣誉栏、社会实践栏里的空白，他顿觉茫然，不知接下来的路该如何走。

王聪：我很清楚自己要走的路

王聪一进入大学，就给自己制定了目标：向老师同学请教，尽快熟悉环境；了解本专业的就业情况，认真学习专业知识，逐步确定今后的职业发展目标；至少加入一个学生社团，组织一次活动，提升能力；积极参加社会活动。下面是他三年的收获：

奖学金：一等奖 2 次，二等奖 2 次，全国学前教育技能大赛团体二等奖。

荣誉：省优秀学生干部 1 次，市优秀学生干部 1 次，校优秀学生干部 2 次，校优秀团干部 1 次。

担任职务：系学生会主席、学习部部长。

大三下学期，经过对专业发展的判断和对自己前途的规划，他选择了专升本，继续在专业上深造。他说，他很清楚自己要走的路。

（资料来源：陈彩彦，兰冬蓉.大学生职业生涯规划[M].北京：航空工业出版社，2018：1.）

大学生处在生涯发展的关键时期，必须面对许多关乎未来发展的重大抉择，比如学业、职业、人生价值等。对生涯发展方向的茫然使学生经常出现焦虑、目标与兴趣模糊不清、缺乏学习动机、学生角色投入不足等现象。因此，要唤醒大学生生涯意识，明确生涯目标，不虚度大学时光，才能在不断探索中成长前进。

第一节 大学、大学生、大学生活

一、大学

怀着对未来的憧憬，莘莘学子走进了美丽的大学殿堂，人生的历程翻开了新篇章。人生的理想将在这里确立，未来的发展将在这里奠基，美好的生活将在这里开始。柏林大学创始人洪堡说过："大学兼有双重任务：一是对科学的探求，二是个性与道德的修养。修养就是个人天赋完全的发展，各种潜能最圆满、最协调的发展，最终融合为一个整体。"大学阶段，不只是对知识更深层次的探求、提高科学文化水平和专业能力，更是人生发展的重要时期，是世界观、人生观、价值观形成的关键时期。当代大学生要适应时代的需求，肩负起新的历史使命，确立成才目标，成为综合素质较高的社会主义事业的合格建设者和可靠接班人。

（一）大学是一条神秘地平线

大学在你的视野范围内，却又在你永远不能抵达的地方。这不仅是因为大学自身的博大，更因为新的知识、新的思想会不断推动着大学边界的变化。大学的学习，犹如置身广阔的草原，没有确定的道路，却有了无限的可能。无论经历过怎样的境遇，无论有过怎样的心情，进入了大学的门槛，你和其他人一样都站在了同一条起跑线上，这意味着过去已经成为历史，人生将会展开一幅新的画卷。大学，是人生的一个重要转折点。在这里，最需要的就是调整自己，以适应大学生活。大学是人生最美好也最重要的阶段，大学生是社会的一个特殊群体，是国家的新人才、新思想的前沿群体。在大学里，第一次跟随那么多学识渊博的老师走进知识的殿堂，第一次有如此自由的课余生活，第一次独立思考人生，第一次尝试自由选择自己想要的生活等。面对崭新的生活环境，你既会充满好奇和兴奋，也会遇到困难和挫折，所以你要尽快适应大学生活，找到属于自己的适应之法，为以后的大学生活打下良好基础。

（二）大学是一条人生起跑线

老舍先生说，人生最值得纪念的是"大学生活"那一段，因为它是清醒的、意识的、自动的、努力向上的生活，而且是后半生生活的根基。从今天开始，你们面向未来，人人平等，机会均等。在大学里真正收获精彩的大学生活，并不完全取决于高考分数的高低，不取决于家庭条件的贫富，也不只取决于你们学到的知识和能力，关键在于你们能不能在大学四年里养成一种良好的习惯。人与人之间最小的差距就是智商，最大的差距就是习惯。亚里士多德曾说："我们的习惯造就了我们，优秀不是一次行为，而是一种习惯。"在大学四年，养成独立思考、自主学习、解决疑难的习惯，会让你们增长更多的知识和智慧。

养成包容他人、关心他人的习惯，会让你们收获更多的快乐和友谊。播种行为，收获习惯。播种习惯，收获性格。播种性格，收获人生。养成良好习惯，成就美好人生。

（三）大学是一条成长分界线

初入大学，同学们首先感到的是无拘无束的自由，还有对家的思念，以及自己要离开父母独立生活的不习惯。但接下来感觉到的则是对未来的迷茫和恐惧，因为不再有高考指针为你们规定制式的生活轨迹。自由面前，你可以选择舒适安逸，也可以选择艰苦奋斗；可以选择投机取巧，也可以选择脚踏实地；可以选择小富即安，也可以选择壮志凌云；可以选择囫囵吞枣，也可以选择慎思明辨。一切选择皆在一念之间。大学是一个难得的自我修炼场所，为我们追求人生梦想搭建了一个大平台。大学是学识渊博、不同学科知识分子的聚集地，他们通过授课、讲座等多种方式给予我们不同风格、不同视角的知识体验和人格感染。大学还会聚了富有激情、敢于挑战、思想活跃的同学，每个同学的价值观念、兴趣爱好等都不尽相同，都可以成为我们学习的对象。在大学期间所建立的良好师生关系和同学关系，会成为今后职业发展中的重要资源。同时，经常的交流和讨论才能让思想相互碰撞，培养有智慧的头脑。无论怎样，都要做好对自己未来四年大学生涯的规划，充分利用宝贵的四年时间，让自己的大学生活充满意义。

（四）大学是一条道德基准线

大学作为社会的一个领域，沉淀着现代社会的美好与无奈，坚守着社会良知和道德基准。在未来四年的大学生涯中，大家不仅会感受到求知求真路上的酸甜苦辣，更会面对各种不同的社会思潮、两极分化的社会分配现实、日益激烈的竞争和就业压力的困扰。在这种错综复杂的社会环境中，我们会不会轻瞥窗外的云卷云舒，专注于课堂教学的每一个细节，在一次次的反问与质疑中磨炼心智？我们会不会淡看身前潮起潮落，静静地翻开书页，在一次次的解惑求真中励志前行？我们应该是从容的，如果没有经历过什么，就像是一张白纸，苍白而无内涵，经历过了生活的磨砺，才能学会从容豁达、云淡风轻，使内涵得以升华，感悟更加深刻，心灵也始终维持一片净土。

总之，平凡的大学生有着相同的平凡，而不平凡的大学生却有着各自的辉煌，成功从来都不属于懒惰的人。我们可以选择平凡，但不可以选择平庸，要展现我们最耀眼的风采。大学不能直接赋予我们事业、理想和幸福，但大学为我们的成长提供了良好的环境，为我们获取人生幸福提供了机遇，在大学里我们得到的不仅是更多的知识，更是人生旅途中一笔宝贵的财富，这里是我们实现梦想的第一步，关键看我们如何去把握。恰同学少年，风华正茂，指点江山，激扬文字，让生命之花因青春而绽放，让青春之火因活力而生辉，让我们一起来创造美好未来。

【课堂阅读】

李开复给中国学生的第四封信："大学四年应该这样度过"

这"第四封信"是写给那些希望早些从懵懂中清醒过来的大学生，那些从未贪睡并希望把握自己的前途和命运的大学生以及那些即将迈进大学门槛的未来大学生的。在这封信中，我想对所有同学说：

大学是人一生中最为关键的阶段。从入学的第一天起，你就应当对大学四年有一个正确的认识和规划。为了在学习中享受到最大的快乐，为了在毕业时找到自己最喜爱的工作，每一个刚进入大学校园的人都应当掌握七项学习：学习自修之道、基础知识、实践贯通、兴趣培养、积极主动、掌控时间、为人处世。只要做好了这七点，大学生临到毕业时的最大收获就绝不会是"对什么都没有忍耐和适应"，而应当是"对什么都可以有自信和渴望"。只要做好了这七点，你就能成为一个有潜力、有思想、有价值、有前途的快乐的毕业生。

大学是人生的关键阶段。这是因为，进入大学时你终于放下高考的重担，第一次开始追逐自己的理想、兴趣。这是你离开家庭生活，第一次独立参与团体和社会生活。这是你不再单纯地学习或背诵书本上的理论知识，第一次有机会在学习理论的同时亲身实践。这是你第一次不再由父母安排生活和学习中的一切，而是有足够的自由处置生活和学习中遇到的各类问题，支配所有属于自己的时间。

大学是人生的关键阶段。这是因为，这是你一生中最后一次有机会系统性地接受教育。这是你最后一次能够全心建立你的知识基础。这可能是你最后一次可以将大段时间用于学习的人生阶段，也可能是最后一次可以拥有较高的可塑性、集中精力充实自我的成长历程。这也许是你最后一次能在相对宽容的，可以置身其中学习为人处世之道的理想环境。

大学是人生的关键阶段。在这个阶段里，所有大学生都应当认真把握每一个"第一次"，让它们成为未来人生道路的基石；在这个阶段里，所有大学生也要珍惜每一个"最后一次"，不要让自己在不远的将来追悔莫及。在大学四年里，大家应该努力为自己编织生活梦想，明确奋斗方向，奠定事业基础。

大学四年每个人都只有一次，大学四年应这样度过……

(资料来源：夏雨，李道康，王苇.大学生职业发展与就业创业 双色版[M].上海：上海交通大学出版社，2016：6-7.)

二、大学生

(一)大学生的定义

我国很早就有"大学生"一说。

宋·苏轼的《乞诗赋经义各以分数取人将来只许诗赋兼经状》中有："然臣在都下，见大学生习诗赋者十人而七。"

《醒世姻缘传》第三十三回："〔先生〕砌了一本仿，叫大学生起个影格，丢把与你，凭他倒下画，竖下画。"

《古今小说·木绵庵郑虎臣报冤》："闻得大学生郑隆文武兼全，遣人招致于门下。"

而本书所说的大学生是现代意义上的大学生，是社会的一个特殊群体，是指正在接受基础高等教育而还未毕业走进社会的人，作为社会新技术、新思想的前沿群体、国家培养的高级专业人才。大学生，即在高等学校（专科、本科、研究生层次）注册入学并接受教育直至毕业前的群体统称，分为普通全日制、非全日制的学生（统招生），不含自考生。各类高等学校毕业生一般称大学学历。大学生代表年轻有活力一族，是推动社会进步的栋梁之材。大学生就是要不断地学习新东西，包括理论和实践，才不至于毕业以后因没有社会经验而无法很好地适应社会。

（二）大学生的时代特点

1. 自我意识强

当代大学生与前辈相比，不管是群体还是个体，都表现出强烈的自我意识。他们有主见，自信心强，习惯从自我角度出发思考问题，要求得到更多关注，获得更多自由。造成这一现象的原因：一是当代大学生多为独生子女，在他们的成长过程中，父母总是围绕他们，这使得他们在处理问题时不习惯思考利他、竞争等因素，导致他们的自我中心感过强，缺乏换位思考意识；二是当代大学生成长过程中，深受西方文化思潮影响，尤其是通过电影、网络等媒体宣扬，"天赋人权"等思想在他们的头脑中得到不断强化，甚至异化。

2. 学习、生活网络化

互联网开拓了一个崭新的、广阔无比的学习空间，这种学习空间的扩展，使处于信息时代的大学生的学习方式发生了巨大变化。网络成为当代大学生获取信息的最重要平台，为当代大学生的社会交往带来了一种简单、方便、快捷的社会化场所。

3. 身心发展成熟

当代大学生的年龄一般为 18~22 岁，处于青年期。这个时期正是一个人生理心理急剧变化、生长发育迅速成熟的关键时期，也是人生中最完美、最灿烂的黄金时期。大学生的生理发展趋于平缓并走向成熟，思维逐渐达到成熟水平，个性趋于定型，价值观和道德观逐步走向成熟和稳定。

4. 实用主义影响深远

讲求实效是当代大学生的显著特征之一。他们更加理性、务实，摒弃脱离实际的空谈，拒绝形式主义，更加开放、淡定。应对将在必须时期内存在的巨大就业压力，他们的择业观念更加实际、灵活；应对异常激烈的职场竞争，他们的心态更加淡定。

当迈出大学校门时，面对严峻的社会就业形势，你可能会发自内心地感慨：找工作真不容易啊！所以，你在大学期间就要及早做好自己的职业生涯规划，从容面对就业压力，在激烈的竞争中走出自己的阳光道。

当然，大学毕业后，是选择继续深造还是直接工作，是选择国内深造还是出国留学，是选择自谋职业还是自主创业，这都需要你在职业规划中进行合理的定位，做好行动计划安排。

三、大学生活

【课堂阅读】

大一新生的迷茫

"我是一名大一新生，走进大学校园已经有几天了，虽然大学生活的新鲜感还刺激着感性的神经，让人兴奋，但由于大学不再像高中那样，有升学这根无形指挥棒的牵引，迷茫不断地爬进我的脑海。四年的大学生活，我该怎样把握好自己呢？"

"我是材料加工工程专业的大学新生，感觉自己像个迷途的羔羊，我不知道自己是否喜欢这门专业，不知道自己未来该做什么，希望老师能给我一些帮助，告诉我应该朝什么方向努力。"

9月初，大学新生陆续到学校报到，开始了大学生活。象牙塔对于每一位新生来说都是新鲜而刺激的。绝大部分学生12年苦读，就是为了今天"上大学"。然而，兴奋之余，不少新生却陷入了困惑和迷茫：应该怎样度过大学四年呢？

大学是人生最宝贵的时期，也是选择最多、诱惑最多的时期。大多数过来人在回忆自己的大学生活时，除了对那些阳光灿烂的日子的无限怀念之外，或多或少都会对自己没能充分利用这段宝贵时光充满遗憾和痛悔。时间稍纵即逝，要使自己的大学生活过得更加充实和有意义，我们不但要尽早定位自己的职业目标，还要尽早规划自己的职业发展，并用行动将自己的理想变成现实。

（资料来源：刘瑞晶. 职业生涯规划：理论·案例与实训 [M]. 北京：中国人民大学出版社，2015.）

大学生活是指读大学期间的生活。大学是知识的海洋，这里有浩瀚的图书资料和先进的仪器设备，能使大学生接触广博的知识，培养必要的专业技能，学习为人处世的方法。大学是学生从象牙塔走向社会的最后一站，是社会与校园的联结纽带，合理利用大学中的时间，让自己的大学生活变得充实有梦想，对将来走向社会有很大的正面效应。

（一）生活的变化

掌握获取知识的本领，学会在知识的海洋中畅游冲浪，是同学们在大学阶段的主要任务，是顺利成长成才的重要基础。

大学有教书育人的良师。这里聚集着众多学者和专家，他们精通本专业的基础理论，了解最新的学术成果，具有丰富的科研实践经验，熟悉教育教学的客观规律。在这些良师的指导下，通过系统的教学活动和严格的科学训练，同学们可以系统准确地掌握基础知识和专业知识，接近学科前沿，提高专业能力尤其是专业创造能力。同时，通过耳濡目染还能从良师那里学到做人的道理，培养良好的学风，接受人格的熏陶。

大学有浓厚的学习研究和成才的氛围。这里是知识创新、传播和运用的基地，是培养创新精神的摇篮，是接受人文精神和科学精神熏陶的园地。学术风气，促进思想交流，陶冶品德操守，建设精神文明，是大学的灵魂之所在。同学们可以在大学里深入学习科学知识，广泛汲取各种新的思想和学术成果，不断提高自身素质，确立正确的世界观、人生观和价值观。党和国家为大学生提供了优越的学习和生活环境，就是希望同学们发奋学习，尽快成长为国家民族的栋梁之材。

与中学生活相比，大学生活发生了显著的变化：

第一，学习要求的变化。大学阶段的学习，知识的广度和深度大大增加，专业方向基本确定，需要大力发挥学习的主动性、创造性。大学主要实行的是学分制，除了公共科目、学科基础课和专业课属于必修课之外，各专业还开设选修课，同学们可以根据个人兴趣和能力选修相关课程，自由支配的学习时间增多，学习的主动性大大增强。大学图书资料和各种信息丰富，获取知识的渠道更加多样化，熟练利用图书馆和互联网搜集资料和掌握信息，成了同学们必备的学习技能。广泛涉猎相关知识，掌握科学的学习方法，培养自主学习和独立思考问题、分析问题、解决问题的能力，是大学阶段学习的重要特点。

第二，生活环境的变化。进入大学以后，同学们离开父母独立生活，许多同学还远离家乡，衣食住行学等日常生活都要靠自己安排。同学们来自五湖四海，兴趣爱好、生活习惯可能存在差异，主动地加强沟通和交流，互相理解和关心成为一种需要。自理能力强的同学会很快适应，应对自如；自理能力弱的同学，则可能计划失当，顾此失彼。因此，同学们要尽快适应新的环境，既要学会过集体生活，又要学会独立处理学习生活中遇到的各种实际问题。

第三，社会活动的变化。进入大学后，党组织、团组织、学生会、班委会等组织活动增多；由志趣、爱好相同的同学自愿组织起来的各种学生社团的活动丰富多彩，同学们参加各种社会活动的机会大大增加。因此，同学们可以根据自己的特点和爱好、时间和精力积极参加各种活动，合理安排课余生活，锻炼组织和交往能力。

（二）适应并融入大学生活

要适应大学生活，全身心地融入大学的节奏中，好的开始是成功的一半，在大学生活初期，形成一个良好的习惯。毕竟从高考结束到拿着录取通知书来报到，你在这期间整整休息了三个月，近百日毫无规律的安逸生活，可能让你的神经已经高度松弛了，懒散惯了的你必须迅速调整自己的身心，尽快进入状态。在新生活刚刚开始的时候，养成一个科学的作息习惯，在自己有限的时间里，合理安排好学习、运动、休闲等各种活动。当好的习惯形成进而成为一种自然的时候，你的大学生活一定会非常精彩。

第一，充分利用学校资源。学校为你提供的各种各样的资源，你一定要充分利用起来。

比如图书馆，在阅读面上要扩大自己的涉猎范围，使其尽量广泛一些，从而培养自己的阅读兴趣和阅读品位，"腹有诗书气自华"的书卷气会为你的大学生活以及以后的人生增色许多。你身边的教职员工，是你取之不尽的思想之源，努力创造条件多与学校的老师交流交流。尤其是自己所感兴趣专业的名师，无论是否给你上课，即使与专业无关，只要他的学识或人品有你感兴趣或佩服的地方，与他交流也终会有所获的。经常到各个运动场运动一下，打打篮球、踢踢足球、跑跑跳跳、用一下运动器械，健康的体魄是你实现人生抱负的根基。便捷的网络、各专业实验室、社团、高水平讲座等都要充分地利用起来。

第二，进行广泛的社交活动，培养自己的社交能力。不要把眼光局限在自己的宿舍或班级，也不要局限于同龄人，各个阶层、各个年龄段的人，你都要尝试着去交流、去学习。交往与自己志趣相投的挚友，可以经常进行学术意义上的辩论，使自己的专业素养在不知不觉中提高；而广泛的社会圈子则会开阔你的眼界，并培养你同不同阶层和类型的人的交往能力。交流才会碰撞出更多的思想火花，交流才能使你进步得更快。

第三，不断地尝试，向自己的极限挑战，不要害怕失败，不要怕被别人嘲笑，年轻人犯了错误还可以改，如果不尝试就永远不知道对错。全面提高自己的素质，培养独立思考和自学的能力。对学习，对社会现象，要有自己的看法，不人云亦云，独立思考的能力和习惯会成就你的精彩人生。

第四，培养兴趣，找到并发展自己的专业方向。学分制给了你一年的时间去发现自己的兴趣，对自己进行综合分析，就自己感兴趣的方向去努力学习，至少在一个学科方向要钻得深一些。

第二节　专业、职业、事业

一、专业

（一）专业的含义

专业是指高等院校或中等职业院校根据学科分类或者生产部门的分工把学业分成的门类。例如，中职学校里的农林类，下设种植、园林、养殖、畜牧兽医、木材加工等19个专业。

专业设置的依据是我国社会主义现代化建设事业的发展对人才的需求。具体地说，有以下几个方面。

1.专业设置符合职业教育的人才培养要求

学校的专业设置以国民经济和社会发展对人才的需求为基本依据。由于我国地区发展的不平衡性，学校专业设置还要依据当地经济与社会发展对人才的需要，积极为当地经济建设服务。

2.专业设置的现实性与前瞻性

科技发展对劳动者素质的要求是学校专业设置的主要依据。科学技术是第一生产力，现代科技已渗透、融合和扩散到生产力的诸要素中。首先，科学技术的发展提高了职业的科技含量，对劳动者的科技素质提出了越来越高的要求；其次，科学技术的发展改变了职业活动的内涵，职业活动中体力劳动比重逐渐减少，脑力劳动的比重日益增加；最后，科学技术的发展加快了职业的新陈代谢，新职业不断产生，旧职业不断衰退。所有这些特点使得受教育者在校学习期间所学的专业知识和技能在从业以后的使用年限越来越短，例如机械制造技术使用衰减期已减为 10 年，计算机技术使用衰减期已减为 4 年以下。学校的专业设置坚持现实性与前瞻性相结合，既适应我国当前经济发展和劳动力市场需要，又适应超前考虑未来经济发展和职业分化的需要。

3.专业设置与国家产业分类、职业分类相适应

国家的产业政策是学校设置专业的重要依据。学校根据我国"大力加强第一产业，调整提高第二产业，积极发展第三产业"的产业政策，主动适应产业结构的调整，合理设置专业，培养社会急需人才。

在现代社会里，一个人不经过学习，不掌握一定的专业知识和技能，就很难谋生，更不能创造人生价值。大学生在学校期间积极地学好专业、完成学业，对大学生来说具有以下意义。

（1）学好专业是顺利就业的必备条件。扎实的专业知识和技能是就业的必备条件。无论什么工作岗位，没有一定的专业知识、专业技能，不具备职业所必需的本领，将无法履行岗位职责，完成工作任务。就像学驾驶的不会开车、当护士的不会打针一样，不学专业，没有一技之长，即使最普通的职业也难以胜任。

（2）学好专业是实现人生价值的基础。只有学好专业，完成学业，才能找到职业。而在职业舞台上，只有灵活运用专业知识，充分发挥专业特长，才能提高工作效率，出色地完成工作任务，使付出的劳动得到社会承认，自己的聪明才智得以发挥，个性得以展示，人生价值得以实现。

（二）专业的选择

如何正确选择专业是每个大学生人生道路上非常关键的一步。然而，许多大学生对于专业的选择是草率的、非理性的，造成这种非理性选择的原因有：

（1）部分大学生选择专业时仅凭一时的感觉，看上去体面、时尚的专业就认为是热门的专业，或者是盲目地从众、随大溜，认为大多数人的选择就是正确的选择。

（2）部分大学生对选择专业对应的职业类别以及相关职业的就业形势缺乏全面的认识。有些同学甚至对于自己所选择的专业一知半解，仅仅因为一些片面的因素就武断地决定，等到深入学习的时候才发现自己的选择是错误的。

所谓热门专业和冷门专业都是相对的，随着社会主义经济建设的快速发展，各行各业都急需各种专门人才。正因为这种需求的变化，才出现了冷门与热门之分。冷热又不是一成不变的，现在的热门专业不一定永远热门，所谓的热门专业不一定是需求量大的专业。一些紧缺型人才，如石油工程、机械制造等专业，由于其专业性强，就业面相对窄，每年招生不多，却是社会急需人才，就业率较高，不失为热门专业。

我们在选择专业时应当根据自己的兴趣爱好，依据自己的高考成绩，联系自己的实际，综合各方面的因素，选择适合自己和有利于自己发展的专业。参考社会的就业形势，做出理性的选择，做出选择后就要坚定地走下去，不要这山望着那山高。俗话说：三百六十行，行行出状元。每个行业都可以实现自己的人生价值。

（三）专业与职业发展的关系

职业是人们从事的专门业务。一个人要从事某一种职业，必须具备专业的知识、能力和特有的职业道德品质。随着社会的发展，科技的进步，劳动的专业化程度越来越高，职业的专业性越来越强。

不同的职业需要不同的知识、技能及德、体条件，而不同的知识和技能则是学（专）业的主要内容。从经济和效率的角度来看，专业应该是职业目标所需要的知识和技能，然而从学（专）业与职业的相关性来讲，它们并不都是一一对应的关系，而是呈现出一对一、一对多、多对多等非常复杂的相关关系。比如，数控机床专业对应的职业是企业中数控机床的操作与维护，最后发展成为高级技师；烹饪专业对应的职业是厨师。而有些专业对应的职业比较宽泛，如经济学专业的学生可以从事企业管理、经济学研究、新闻记者、营销策划、经济分析、高校教师等多种职业。此外，某些职业比如新闻记者，它可以接收经济学、新闻、中文、哲学、历史等许多专业的学生。

1. 一对一

这种情况最为简单，指一个专业方向仅对应一个职业目标，这类专业一般都存在于中职学校或高职学校。此类职业培养目标单一明确、技术含量比较高，属于学业规划中比较主动的一种，可以让我们先定目标、后选路线，在各种路线中选择求学成本最低的一条，这类专业和职业一般都适合专业技术人员。

2. 一对多

这类专业一般存在于普通高校中，人们常说的宽口径、厚基础，指的就是这类专业，它们所对应的职业目标有多个。大学生应根据具体职业目标的标准要求有针对性地学习和开发其他必要的知识和技能。此种类型适合在学业规划时先确定专业、后确定职业目标的情形。应该说，先定专业再定职业目标已经是一种比较被动的人生发展态势。然而由于这类专业的存在，可以让学生比较顺利地由被动转化为主动。因此，作为大学新生，一定要抓住这一关键时机，从被动走向主动，否则自己的人生发展将陷于更大的被动。

3. 多对一

就是多种专业都可以发展到某一种职业的情形，如新闻记者、政府公务员、营销主管、企业管理者等。

二、职业

（一）职业的内涵

职业是人类社会发展到一定阶段的产物，是指人们从事相对稳定的、有收入的、专门类别的社会劳动。

对于职业（occupation）的含义，学者们有不同的看法。美国社会学家塞尔兹认为，职业是一个人为了不断取得个人收入而从事的具有市场价值的特殊活动，这种活动决定着从业者的社会地位。美国著名哲学家、教育家杜威认为，职业是人们从中可以得到利益的一种"生活活动"。美国社会学家泰勒指出："职业的社会学概念，可以解释为一套成为模式的与特殊工作经验有关的人群关系。这种成为模式的工作关系的整合，促进了职业结构的发展和职业意识形态的显现。"我国管理专家程社明认为，职业可定义为"参与社会分工，利用专门知识、技能为社会创造物质财富、精神财富，索取合理报酬作为物质生活来源，并满足精神需求的工作"。

那么，什么是职业呢？从词义学角度来看，"职业"一词是由"职"（即职责、权利、义务）与"业"（即业务、事业、行业）二字的含义构成。从这个角度看，职业可以理解为承担了某种责任、义务的行业和专门化的活动。从社会学的视角审视，职业是一个人的社会角色之一，是认识一个人的社会身份、社会地位、个人才能的重要参照系。所以，职业是指人们为了谋生和发展而从事的相对稳定的、有收入的、有专门类别的社会劳动，它要求劳动者具备一定的生活素质和专业技能。它是对人们的生活方式、经济状况、文化水平、行为模式、思想情操等方面的综合反映，也是一个人的权利、义务、职责的具体表现，因此它是一个人社会地位的一般性表征。

总的来看，职业内涵具有以下四个要点：

第一，稳定的收入。从事职业活动是有报酬的劳动，有稳定的收入是职业区别于其他劳动的主要特征。稳定的收入是指所从事的工作有一定的连续性，其报酬构成从业者赖以生存的主要经济来源。但是，收入必须合法，从事违法活动的人，必将受到法律、法规的制裁。

第二，要承担相应的责任。职业是为社会、为他人做的有责任的工作。护士的责任是为患者提供优质服务，公交车司机的责任是把乘客安全送到目的地，所有的职业都是这样，在获得稳定收入的同时，必须承担相应的责任。

第三，是实现人生价值和进行自我完善的途径。人们通过职业活动来完善和发展自我，获得精神上的愉悦和满足。

第四，是个人与社会相互联结的纽带。现代社会的职业如同一张网，把不同的人联结起来。职业是社会分工的产物，社会通过人们的职业活动才能正常运转，人们通过职业活动才能在社会中和谐共存。

（二）职业的特征

职业是个人在社会中所从事的作为主要生活来源的工作，职业具有如下特征。

1. 社会性

在人类社会初期，并没有职业可言。随着社会的不断进步，人类在长期生产活动中产生了劳动分工，职业也由此产生和发展。也就是说，职业存在于社会分工中，人们的社会角色是不一样的，一定的社会分工或社会角色的持续出现，也就形成了职业。职业作为人类在生产劳动过程中的分工现象，它体现的是劳动力与劳动资料直接的结合关系，其实也体现出劳动者之间的关系，而劳动产品的交换体现了不同职业直接的劳动交换关系。这种劳动过程中产生的人与人之间的关系无疑是社会性的，他们之间的劳动交换反映的是不同职业之间的等价关系，反映了职业活动及其职业劳动成果的社会属性。

2. 经济性

职业活动是以获得谋生的经济来源为目的的，劳动者在承担职业岗位职责并完成工作任务的过程中要索取经济报酬，既是社会、企业及用人部门对劳动者付出劳动的回报和代价，也是维持家庭和社会稳定的基础。

3. 专业性

任何职业岗位都有相应的职责要求，要求从业人员具备一定的专业技能知识，包括较长时间专业知识的学习或技能培训。

4. 稳定性

职业产生后，总是保持相对稳定，不会因为社会形态的不同和更替而改变。当然这种稳定性是相对的，现代化的快速发展，特别是科学技术的日新月异，促使原有职业活动发生变化，一些新的职业应时代需要而产生，原有职业或在时代的大发展中巍然挺立，或被时代的潮流淹没。

5. 群体性

职业的存在常常和一定数量的从业人员密切相关。凡是达不到一定从业人员数量的劳动，都不能称为职业。群体性不仅仅表现为一定的从业人员数量，更重要的是一定数量的从业人员所从事的不同工序、工艺流程表现出来的协作关系，以及由此而产生的人际关系。从业者由于处于同一企业、同一车间或同一部门，他们总会形成语言、习惯、利益、目的等方面的共同特征，从而使群体成员产生群体认同感。

6. 规范性

从事职业活动必须遵从一定的规范及职业规范，它主要包括人们在职业活动中应遵守的各种操作规则及办事章程、职业道德规范和职业活动中养成的种种习惯。

总之，职业的特征与人类的需求和职业结构相关，强调社会分工，与职业的内在属性相关，强调利用专门的知识和技能；与社会伦理相关，强调创造物质财富和精神财富，获得合理报酬；与个人生活相关，强调物质生活来源，并满足精神生活需求。

（三）职业的类别

职业信息是与职业发展、就业应聘有关的所有信息的统称，包括国家和地区颁布的劳动与就业相关法规政策，行业与地区经济政治形势和发展趋势，就业态势和职位供需状况等。职业信息按作用分，可分为有效信息、低效信息和无效信息。真实的信息不一定是有效的，信息的有效性是因人而异的。例如，一条船员劳务市场的职业信息对一个有志于将来从事园林绿化工作的人而言，这条信息就是低效或者无效的。按职业信息的内容又可分为背景信息和就业信息。所谓背景信息，是指有关就业的背景资料、政策规定、就业形势等方面的信息，而就业信息是指相关的岗位需求、应聘条件、福利待遇等方面的信息。前者笼统，有指导意义；后者具体，与职业息息相关。

【课堂阅读】

预测会占据最高增长份额的产业

计算机及数据处理服务业	108%
健康服务业	68%
管理与公共关系	60%
各种运输服务业	60%
居所维护	59%
人才交流服务业	53%
水及卫生	51%
个性化社会服务业	50%
保健服务机构	47%
娱乐业	41%

预计发展最快的十种职业

计算机工程师	109%
系统分析员	103%
家政人员	85%
理疗及矫形师	79%
家庭急救员	77%
医务助理	74%
理疗师	71%

职业救援师	69%
法律工作者	68%
特殊教育教师	59%

[资料来源：（美）保罗·D.蒂戈尔（Paul D.Tieger），（美）巴巴拉·巴伦－蒂戈尔（Barbara Barron-Tieger）著；李楠等译. 就业宝典 根据性格选择职业 [M]. 北京：中信出版社，2002：XII .]

三、事业

所谓事业，是指人们所从事的，具有一定目标、规模和系统的对社会发展有影响的经常性活动；有时事业也可以指个人的成就。事业并不是所有人都愿意去努力或者所有人都能实现的。很多人都常说我们要拥有自己的事业，其实是个很高层次的概念。事业是一个人可以一辈子为之所奋斗的，终其一生去为实现自己的目标而坚持不懈地努力。它是解决人类最高层次的需求，社会认可和自我价值的真正实现。在这个过程中，即使路途再遥远，上班事情再多，工资收入再少，只要他喜欢，就会去从事。它是由职业人自己确定的人生目标和理想，并不惜一切个人资源努力为之奋斗，包括自己的人生。

众所周知，苹果公司创始人史蒂夫·乔布斯无疑是成就非凡的伟大人物。关于事业，乔布斯如是说：

"你一定要找到你所挚爱的工作，因为工作将会占据你生命中大部分的时间，唯一真正能让你自己满意的，是做你认为伟大的工作，而从事伟大工作的唯一方法就是热爱你的事业。如果你至今还没有寻觅到你热爱的工作，那么不要放弃，继续寻找。"

人们在研究乔布斯的成功时发现，强烈的事业心是促使他成功的最关键因素。乔布斯年轻的时候就坚信他的产品可以改变世界，他一直致力于让世界变得更美好。凭着这样的态度，乔布斯充满了热情和力量，实现事业的一次又一次突破。其实从工作到职业，再从职业到事业，变化的东西并不多，关键在于你对待职业生涯到底是个什么态度。只要你愿意，你完全可以像乔布斯那样充满激情地干一番事业。你可能难以达到他那样的成就，但你有自己独特的使命，你可以演绎出更加精彩的人生。

【课堂阅读】

"两弹"元勋、中国原子弹之父邓稼先是个事业心非常强的人。为了中国的核事业，34 岁的邓稼先接到任务后就从亲戚朋友的视线中消失了，开始了长达 28 年隐姓埋名的生活。甚至连他的妻子都不知道他在哪里工作，每天都在做什么。

当时，国内对于制造原子弹可以说是一片空白。在难以想象的恶劣工作环境下，邓稼先带着一批研究人员用算盘、计算尺、手摇计算机，甚至纸笔来计算着人们难以想象的大量数字。就是这样，他带领大家完成了被著名科学家华罗庚评价为"集世界数学难题之大成"的计算，完成了原子弹的理论方案，做出了氢弹理论设计方案。

在一次核试验失败后，作为理论设计总负责人的邓稼先硬是推开所有人，登上吉普车亲自去寻找碎片，查明原因。作为核武器研制工作的奠基者和领导者之一，在中国一共进行的45次核试验中，邓稼先参加过32次，其中有15次都由他亲自现场指挥，甚至在病床上，他还在和老搭档起草一份建议书，而正是这份建议书，使我国在核武器发展方面继续辉煌了10年，使中国终于赶在全面禁止核试验之前达到了实验室模拟水平。邓稼先用他超强的事业心，用28年的默默无闻，换来了中国在世界上响当当的核大国地位。

作为同行，物理学家、诺贝尔奖获得者杨振宁甚至无法想象，没有外国人的帮助，年轻的新中国需要付出多大的艰辛才能让中国的原子弹、氢弹的巨响震撼全球。杨振宁曾特地撰文悼念他这位相交半个多世纪的挚友，称"邓稼先是中华民族核武器事业的奠基人和开拓者；张爱萍将军称他为'两弹，元勋'，他是当之无愧的……邓稼先是中国几千年传统文化所孕育出来的有最高奉献精神的儿子……"

（资料来源：洪向阳.10天谋定好前途　职业规划实操手册[M].上海：上海大学出版社，2014：14-15.）

当我们认为自己在从事一份事业时，不会过多考虑我们能从这份工作中索取什么，也不再关注具体的实际利益，而更多想到的是我们能在这个工作岗位上为社会创造些什么，留下些什么。这个阶段，这份工作对我们来说，也许就是一个愿意付出一生去投入的事业。

第三节　生涯、职涯、学涯

一、生涯

在英文世界里，"生涯"是"career"一词的翻译，有时也会将之翻译为"职业生涯"。从字源看，它来自罗马语"viararia"及拉丁语"earrus"，这两者的意义均指古代的战车。在希腊，"career"这个词有疯狂竞赛的意思，最早常用作动词，如驾驭赛马。在西方人的概念中，"生涯"一词有在马场上驰骋竞技的意思，隐含冒险精神。后来该词又引申为道路及人生的发展道路，也可指人或事物的经历及途径，或指个人一生的发展过程。

而在中文里，"生涯"最早来源于《庄子·养生主》篇的"吾生也有涯，而知也无涯"。因此，中文语境中的"生涯"一词含有生命历程之义，并具有"有涯"的时间性特性。而在后世的生活体验中，中国的文人又对之做了进一步的衍化，或者将"生涯"视为"生活"，或者更具体地定义在"生活的方式"这一层次上。

二、职涯

从规范性的角度看，"生涯"是人们一生中所经历的顺次相连的全部事件，也可以指在某个特定领域或者方面的历程或进步，如婚姻生涯、学术生涯、学业生涯等。而特定到职业领域就是我们所称的"职业生涯",即职涯。

在范畴上,按照职业生涯理论大师施恩的观点,职业生涯包含内外两个层次:"内职业生涯"是从事某一职业时所具备的知识、观念、心理素质、能力、心理感受等因素的有关经验或活动;"外职业生涯"是指从事职业时的工作单位、工作地点、工作内容、工作职务、工作环境、工资待遇等因素的组合及其变化的过程。

一个严重的偏见是,所谓的职业就是工作,大学生的职业生涯管理就是找个好工作。但问题在于,有份工作并不等于就有一个光辉的职业生涯。在现实生活中,太多的大学毕业生(甚至是大部分)有份工作,但这并不意味着他们即将开启自己的职业生涯。他们的工作仅仅是赚钱——他们不得不工作,而且工作不能给他们带来快乐。所以,一个人如果想在工作、生活中找到幸福,他就必须以新的方式思考工作的意义以及工作和生活的关系。工作与职业生涯的不同如表1-1所示。

表1-1 工作与职业生涯的不同

工作	职业生涯
有时间上的限制,有明确的开始和结束时间	终身的
工作 = 获得报酬	工作 = 事业、梦想、抚养家庭、贡献社会
工作主要的目标是赚钱	工作是为了获得自我的发展
钱 = 幸福	个人发展 = 幸福
家庭、工作难以平衡,牺牲家庭	家庭、组织和社会平衡发展

职业生涯不仅是一个过程的定义,更是一个人生的定义。在人的一生中,你所从事的工作、你所奋斗的成就决定着一个人的价值与意义。可以从两个方面理解职业生涯的内涵:一是内职业生涯,即指从事一种职业时的知识、观念、经验、能力、心理素质、内心感受等因素的组合及其变化过程。一个人刚步入职场的心态肯定与几年之后大不相同,为人的随和、处事的稳重、设计的全面考虑等都是职业生涯的内容。这些隐性的变化是一个人成长的具体体现。二是外职业生涯,指从事职业时的工作单位、工作时间、工作地点、工作内容、工作职务与职称、工作环境、工资待遇等因素的组合及其变化过程。职务的升迁、职称的变化会随着事业的发展而变化,是一个人的职业生涯素质的成熟与人生前进的标志。

与职业生涯相关的概念还有职业生涯设计与职业生涯管理。职业生涯设计是指个人(在组织的指导下)根据职业环境的发展,对个人素质的发展、个人职业定位、职业道路选择、职业生涯发展进行的一系列安排。职业生涯管理是指个人(在组织的指导下)根据职业环境的变化,对个人职业生涯进行设计、履行、评估、反馈、控制的过程,它们都是站在未来组织的立场对职业生涯的认识。

三、学涯

学习生涯是指人需要通过阅读、听讲、研究、观察、理解、探索、实验、实践等手段获得知识或技能的过程,是一种使个体可以得到持续变化(知识和技能,方法与过程,情感与价值的改善和升华）的行为方式。

学习生涯的模式是终身学习，即社会每个成员为适应社会发展和实现个体发展的需要，贯穿于人的一生的持续的学习过程。

学习生涯具有以下特征：

（1）方向性：它是生活里各种事态的连续演进方向。

（2）时间性：学习生涯的发展是一生当中连续不断的过程。

（3）空间性：学习生涯是以事业的角色为主轴，也包括其他与工作有关的角色。

（4）独特性：每个人的学习生涯发展都是独一无二的。

（5）现象性：只有在个人寻求它的时候它才存在。

（6）主动性：人是学习生涯的主动塑造者。

终身学习能使我们克服工作中的困难，解决工作中的新问题；能满足我们生存和发展的需要；能使我们得到更大的发展空间，更好地实现自身价值；能充实我们的精神生活，不断提高生活品质。

第二章 我在乎什么——自我探索之价值观探索

小冯是某工科学校 2009 级毕业生。小冯来自农村，入校之初他很不适应大学的生活。在职业规划老师的帮助和指导下，他开始探索自己的职业兴趣，他非常喜欢和人打交道，希望从事管理或销售类的工作。于是，大学期间他积极参加了社团活动。在一个新社团里由于他踏实肯干，被大家选为了团长，随后他组织了多项校内和校间的社团活动，受到了老师和团员的好评，并获得了多项荣誉。大四上学期，他参加招聘会，并拿到了两个公司的录取通知书。一个是外企的质量检测员，另外一个是国内著名纺织企业的采购员。考虑到自己的兴趣，他选择了采购员的工作并在大四下学期参加了工作实习。可是实习还没结束，他又回到学校找到了职业指导的老师，因为他想放弃这份工作。在交谈中，老师了解到，小冯就职的这家企业是国企改制的老企业，是一种家长制的管理模式，领导提拔论资排辈，员工得过且过。小冯去之后秉承学校的工作作风，雷厉风行，勤奋能干，还经常帮助别人，却发现换来的是同事的排挤，领导也希望他做好自己的本职工作就行。这让刚刚工作、充满干劲的小冯非常不适应，他不想在这样的环境里工作，因此想赶快换一份工作。

上述案例中，小冯是众多因为个人与企业氛围格格不入而辞职的毕业生中的代表。由此可知，个人的价值观在就业中具有非常重要的意义，在职业规划中认识自己的价值观是至关重要的。

价值观是人们希望获得哪些结果的一种抽象说法。所谓的价值观，就是我们在生活和工作中最看重的标准、原则和品质；价值观是我们做出决定时的重要参考指标；有时候，核心的价值观被称为"真心"；当一个人感觉迷茫的时候，往往是不清楚什么对自己最重要的时候，也就是核心价值观模糊的时候；当一个人无法做出决策的时候，也是他不能真正拥有自己的价值观的时候。

第一节 价值观认知

价值观是一种高层次的意识，在整个动机活动中，它起到自我意识、自我评价、自我体验、自我调控的作用。当一个人由于某种需要产生活动动机时，最初是以愿望、兴趣、爱好、情绪、情感、意志等心态存在着。作为主体的人，又通过头脑中已形成的价值认识来评价该项活动是否有价值，是否应该追求，是趋向还是躲避。这样，人的价值观就具体化为生活行为的意识。当它与一定的客观生活条件相结合，就成为推动、制约、支配、调控生活方式的动力。可见，价值观和生活方式是紧密相连的，它既支配人的生活方式，又在生活方式中得以表现。

一、价值观概念

（一）价值观的定义

价值观是指一个人对周围的客观事物（包括人、事、物）的意义、重要性的总评价和总看法。价值观和价值观体系是决定人的行为的心理基础。价值观是人们对社会存在的反映，是社会成员用来评价行为、事物及从各种可能的目标中选择自己合意目标的准则。价值观通过人们的行为取向及对事物的评价、态度反映出来，是世界观的核心，是驱使人们行为的内部动力。它支配和调节一切社会行为，涉及社会生活的各个领域。

人们所处的自然环境和社会环境，包括人的社会地位和物质生活条件，决定着人们的价值观念。处于相同的自然环境和社会环境的人，会产生基本相同的价值观念。每一个社会都有一些共同认可的普遍的价值标准，从而发现普遍一致的或大部分一致的行为定式，或社会行为模式。

价值观是后天形成的，是通过社会化培养起来的。家庭、学校、所处工作环境等对个人价值观的形成起关键作用，其他社会环境也有重要影响。个人价值观有一个形成过程，是随着知识的增长和生活经验的积累而逐步确立起来的。个人的价值观一旦确立，便具有相对的稳定性，是不易改变的。但就社会和群体而言，由于人员的更替和环境的变化，社会或群体的价值观又是不断变化的。传统价值观会不断地受到新价值观的挑战，这种价值冲突的结果，总的趋势是前者逐步让位于后者。价值观的变化是社会改革的前提，又是社会改革的必然结果。

（二）价值观的内容

由于个人的身心条件、年龄、阅历、教育状况、家庭影响、兴趣爱好等方面的不同，人们对各种职业有着不同的主观评价。从社会来讲，由于社会分工的发展和生产力水平的相对落后，各种职业在劳动内容、劳动难度和强度、劳动条件和待遇、所有制形式和稳定性等诸多问题上都存在差别，再加上传统思想观念等的影响，各类职业在人们心目中的声望地位便也有好坏高低之见，这些评价都形成了人们的职业价值观，并影响着人们对就业方向和具体职业岗位的选择。

价值观是一种内心尺度，它凌驾于整个人性之上，支配着人的行为、态度和信念等。

我们这里考察的职业价值观，不是看人们如何看待"职业价值"的本质，而是注重探讨人们在职业选择和职业生活中，在众多价值取向里，优先考虑哪种价值。

（三）价值观的特征

与其他事物一样，价值观也有如下特点。

1. 系统性

价值观不是孤立地、单个地存在的，而是按照一定的逻辑和意义联结在一起，按一定的结构层次或系统而存在的，单一的价值观只有处在整个价值系统中时才能显示出作用和意义。

2. 主观性

由于每个人的先天条件和所处后天环境不同，人生经历也不尽相同，每个人的价值观的形成会受到不同的影响。因此，每个人都有自己的价值观和价值观体系。在同样的客观条件下，具有不同价值观和价值观体系的人，其动机模式不同，产生的行为也不同。在同一个单位中，有人注重工作成就，有人看重金钱报酬，也有人重视地位权力，这就是因为他们的价值观不同。

【课堂阅读】

杨澜，著名节目主持人。1994 年，她放弃主持红极一时的《正大综艺》时就有很多人不解，杨澜的解释是：一个人要想成功，最重要的就是先要明白自己到底要干什么，成功的意义应该由自己确定。

在 2001 年离开凤凰卫视转做阳光文化影视公司的时候，她说："你对一个环境有不满意的地方，希望有突破，那一定是你内心有这样的需求，那就按照你的心告诉你的那样去做，这是对自己最负责任的态度。你没有办法保证结果。也许有人会说杨澜并没有成功，那也没关系，我仍然相信我的选择是对的，因为我选择的是我喜欢做的事。"

杨澜曾经把这句话作为自己的座右铭："什么是快乐？只有创造才是快乐，其他都是没有意义的在地上漂浮的影子。"她形容内心深处的自己："我渴望浪漫的生活，渴望冒险，渴望挣脱一切束缚，远离尘嚣，在天上飞！"

可见，价值观是个人对一般事物的价值进行评价时所持有的内部标准和主观观念。

3. 选择性

价值观是经过选择获得的。这种选择必须是自由的，而不是被迫的，是在可选择范围内进行的，选择的同时必须具备其他可选择的内容，是经过慎重考虑后的选择。

4. 稳定性

价值观是人们思想认识的深层基础，它形成了人们的世界观和人生观。它是随着人们认知能力的发展，在环境、教育的影响下逐步培养而成的。人们的价值观一旦形成，便是相对稳定的，具有持久性。

5.社会历史性

价值观是后天形成的，是通过社会化培养起来的。不同的社会环境和文化背景使人们形成了截然不同的价值观，因此价值观总是对时代精神的反映。

6.行为导向性

价值观是人们行为的最基本的内部指针。个体价值观的形成，除了选择以外，还必须喜爱和欣赏，并按该选择行事，把它作为生活方式反复履行。因此它是指导各种行为的标准，对行为决策起着指导作用。价值观在人们的职业生涯发展中起到极其重要的、决定方向性的作用，甚至超过了兴趣和性格对我们的影响。价值观与行为的关系如图 2-1 所示。

图 2-1 价值观与行为的关系

7.发展性

由于环境的改变、经验的积累、知识的增长，人们的价值观有可能发生变化。当今多元社会中多种价值观的冲击，也会导致原有价值观体系的混乱乃至改变。

二、价值观与职业的关系

职业与价值观关系密切，如果两者能够很好地匹配，那么它可以：

（1）降低工作压力。

（2）提升士气。

（3）提高工作效率。

（4）赢得他人的合作。

（5）提升理解力。

（6）学会尊重他人。

（7）充满成就感。

（8）成长与成熟。

（9）分清事情的轻重缓急。

当你有了价值观的排序，你会发现自己做决策时更加坚定准确。罗伊·迪士尼曾经说过，"如果你不确定你的价值观，你简直无法做决策"。每一件事情都要面对取舍，你想要追寻高薪和名声、助人的机会、职业安全感，还是更加独立？你也许每样都想要，但是鱼与熊掌不可兼得，你必须做出取舍。最好的方式就是在你的核心价值观的帮助下评估每一个选项，同时需要评估当下环境中哪一个选择对你更加重要。总之，价值观提供了"什么对我最重要"这个问题的判断准则。谈到你的职业生涯，没有什么比弄清楚这个问题更重要了。

【课堂练习】

有关"工作"的一分钟联想

请在纸上写下"我希望做……工作"。在一分钟的时间内尽可能多地写下你头脑中所联想到的任何短语。

请思考：你在工作中寻找的是什么？你判断工作"好""坏"的标准是什么？请将你所写的内容、你的思考与同伴分享。

下面是一些大学生所写的：

1.能激发我的灵感，具有创造性；有较大成就感，不要总是重复、单调（多样性）；可以发挥自己的才能潜质；能够从中学到很多东西；受人尊重，有一定社会地位；机会多。

2.有挑战性，不沉闷单调；是我所热爱的，可以成为生活的乐趣；有发展前途；不要太累，让我有足够的自由支配时间，能够劳逸结合：可以让我快乐，有成就感。

3.能更多地与年轻人接触，富于交流的乐趣；尽量贴近自然，而不是成天面对计算机或文件；健康的，不会带来身心伤害；能够帮助别人，感到提供帮助的快乐。

4.在一个和谐的氛围中，没有人发号施令，没有人以自己的身份压制别人的想法，人们之间互相尊重，互相欣赏，所有人平等，都自愿协作，为最终要完成的工作尽一份力；结果不重要，重要的是每个人在工作过程中都能感到自己被需要，自己有价值。

5.清闲，离家近，赚钱多，时间短，环境优越，单位领导正直，同事心地善良，工作稳定，不用东奔西走。

这些词语都反映了个人在工作中所寻找的是什么、需要的是什么、用什么样的标准来判断工作的"好"与"坏"等，它们就是我们的工作价值观。

（资料来源：北大——北森职业规划丛书《大学生职业生涯发展与规划》）

【课堂思考】

价值观对我生活的影响

请你回顾在以往生活中所做出的重大决策，以及决策之前围绕这一事件所产生的不同意见（自己、父母、师长、朋友或其他重要他人的）。想一想：在这些意见的背后，是否体现着不同的价值观？试着把这些价值观写下来。

在我们的日常生活中，同样可以看到价值观对我们巨大的影响。比如，你的父母是不是常常用他们的价值标准来影响你进行专业、职业方面的选择？而当你的观点与他们的意见发生分歧的时候，这种冲突是否也是不同价值观之间矛盾冲突的体现？

（资料来源：北大——北森职业规划丛书《大学生职业生涯发展与规划》）

第二节　马斯洛需求层次理论

亚伯拉罕·马斯洛（Abraham Harold Maslow，1908—1970）出生于纽约市布鲁克林区，是美国社会心理学家、人格理论家和比较心理学家，人本主义心理学的主要发起者和理论家，心理学第三势力的领导人。他于1943年在《人类激励理论》论文中提出人的需求层次理论。书中将人类需求像阶梯一样从低到高分为：生理需求、安全需求、社交需求、尊重需求和自我实现需求，如图2-2所示。

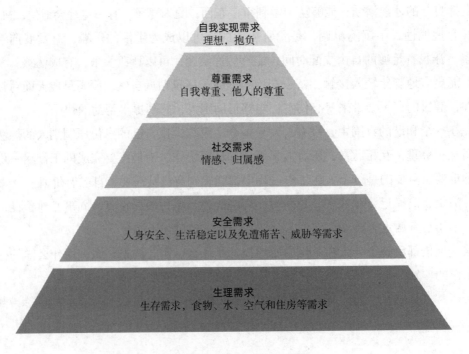

图2-2 马斯洛需求层次理论

一、马斯洛需求层次理论的内容

马斯洛理论把需求分成生理需求、安全需求、社交需求、尊重需求和自我实现需求五类，依次由较低层次到较高层次，如图 2-2 所示。

（一）生理的需要

这是人类维持自身生存的最基本要求，包括饥、渴、衣、住、性等方面的要求。如果这些需要得不到满足，人类的生存就成了问题。从这个意义上说，生理需要是推动人们行动的最强大的动力。马斯洛认为，只有这些最基本的需要满足到维持生存所必需的程度后，其他的需要才能成为新的激励因素。而到了此时，这些已相对满足的需要也就不再成为激励因素了。

（二）安全的需要

这是人类要求保障自身安全、摆脱事业和丧失财产威胁、避免职业病的侵袭、接触严酷的监督等方面的需要。马斯洛认为，整个有机体是一个追求安全的机制，人的感受器官、效应器官、智能和其他能量主要是寻求安全的工具，甚至可以把科学和人生观都看成是满足安全需要的一部分。当然，这种需要一旦相对满足，也就不再成为激励因素了。

（三）情感和归属的需要

这一层次的需要包括两个方面的内容。一是友爱的需要，即人人都需要伙伴之间、同事之间的关系融洽或保持友谊和忠诚；人人都希望得到爱情，希望爱别人，也渴望接受别人的爱。二是归属的需要，即人都有一种归属于一个群体的感情，希望成为群体中的一员，并相互关系和照顾。感情上的需要比生理上的需要更细致，它和一个人的生理特性、经历、教育、宗教信仰都有关系。

（四）尊重的需要

人人都希望自己有稳定的社会地位，要求个人的能力和成就得到社会的承认。尊重的需要又可分为内部尊重和外部尊重。内部尊重是指一个人希望在各种不同情境中有实力、能胜任、充满信心、能独立自主。总之，内部尊重就是人的自尊。外部尊重是指一个人希望有地位、有威信，受到别人的尊重、信赖和高度评价。马斯洛认为，尊重需要得到满足，能使人对自己充满信心，对社会满腔热情，体验到自己活着的用处和价值。

（五）自我实现的需要

这是最高层次的需要，它是指最大限度地实现个人理想、抱负，发挥个人的能力，达到自我实现境界的人，接受自己也接受他人，解决问题能力增强，自觉性提高，善于独立处事，要求不受打扰地独处，完成与自己的能力相称的一切事情的需要。也就是说，人必须干称职的工作，这样才会使他们感到最大的快乐。马斯洛提出，为满足自我实现需要所采取的途径是因人而异的。自我实现的需要是努力实现自己的潜力，使自己越来越成为自己所期望的人物。

1954年，马斯洛在《激励与个性》一书中探讨了他早期著作中提及的另外两种需要：求知需要和审美需要。这两种需要未被列入他的需求层次排列中，他认为这二者应居于尊敬的需要与自我实现的需要之间。

二、马斯洛需求层次理论的基本假设

马斯洛提出的需求层次理论的构成是根据3个基本假设。

（1）人要生存，他的需要能够影响他的行为。只有未满足的需要能够影响行为，满足了的需要不能充当激励工具。

（2）人的需要按重要性和层次性排成一定的次序，从基本的（如食物和住房）到复杂的（如自我实现）。

（3）当人的某一级需要得到最低限度满足后，才会追求高一级的需要，如此逐级上升，成为推动继续努力的内在动力。

三、马斯洛需求层次理论的基本观点

（1）五种需要像阶梯一样从低到高，按层次逐级递升，但这种次序不是完全固定的，可以变化，也有种种例外情况。

（2）一般来说，某一层次的需要相对满足了，就会向高一层次发展，追求更高一层次的需要就成为驱使行为的动力。相应地，获得基本满足的需要就不再是一股激励力量。

（3）五种需要可以分为两级，其中生理上的需要、安全上的需要和感情上的需要都属于低一级的需要，这些需要通过外部条件就可以满足；而尊重的需要和自我实现的需要是高级需要，他们是通过内部因素才能满足的，而且一个人对尊重和自我实现的需要是无止境的。同一时期，一个人可能有几种需要，但每一时期总有一种需要占支配地位，对行为起决定作用。任何一种需要都不会因为更高层次需要的发展而消失。各层次的需要相互依赖和重叠，高层次的需要发展后，低层次的需要仍然存在，只是对行为影响的程度大幅减小。

（4）马斯洛和其他的行为科学家都认为，一个国家多数人的需求层次结构，是同这个国家的经济发展水平、科技发展水平、文化和人民受教育的程度直接相关的。在不发达国家，生理需要和安全需要占主导的人数比例较大，而高级需要占主导的人数比例较小；在发达国家，则恰好相反。

马斯洛的需求层次理论在一定程度上反映了人类行为和心理活动的共同规律。马斯洛从人的需要出发探索人的激励和研究人的行为，抓住了问题的关键；马斯洛指出了人的需要是由低级向高级不断发展的，这一趋势基本上符合需要发展规律的。因此，需要层次理论对企业管理者如何有效地调动人的积极性有启发作用。

但是，马斯洛是离开社会条件、离开人的历史发展以及人的社会实践来考察人的需要及其结构的。其理论基础是存在主义的人本主义学说，即人的本质是超越社会历史的、抽象的"自然人"，由此得出的一些观点就难以适合其他国家的情况。

在马斯洛看来，人类价值体系存在两类不同的需要，一类是沿生物谱系上升方向逐渐变弱的本能或冲动，称为低级需要和生理需要；一类是随生物进化而逐渐显现的潜能或需要，称为高级需要。

人都潜藏着这五种不同层次的需要，但在不同时期表现出来的各种需要的迫切程度是不同的。人的最迫切的需要才是激励人行动的主要原因和动力。人的需要是从外部得来的满足逐渐向内在得到的满足转化。

低层次的需要基本得到满足以后，它的激励作用就会降低，其优势地位将不再保持下去，高层次的需要会取代它成为推动行为的主要原因。有的需要一经满足，便不能成为激发人们行为的起因，于是被其他需要取而代之。

高层次的需要比低层次的需要具有更大的价值。热情是由高层次的需要激发的。人的最高需要即自我实现就是以最有效和最完整的方式表现他自己的潜力，唯此才能使人得到高峰体验。

人的五种基本需要在一般人身上往往是无意识的。对于个体来说，无意识的动机比有意识的动机更重要。对于有丰富经验的人，通过适当的技巧，可以把无意识的需要转变为有意识的需要。

马斯洛还认为，人在自我实现的创造性过程中会产生出一种所谓的"高峰体验"的情感，这个时候是最激荡人心的时刻，是人的存在的最高、最完美、最和谐的状态，这时的人具有一种欣喜若狂、如醉如痴、销魂的感觉。

试验证明，当人待在漂亮的房间里显得比待在简陋的房间里更富有生气、更活泼、更健康；一个善良、真诚、美好的人比其他人更能体会到存在于外界中的真善美。当人们在外界发现了最高价值时，就可能同时在自己的内心中产生或加强这种价值。总之，较好的人和处于较好环境的人更容易产生高峰体验。

第三节　职业价值观分类

职业价值观在对各种职业的认知过程中起着"过滤器"的作用，它使个体的择业行为带有一定的选择性和指向性，既是判断职业的性质、确定个人在职业活动中的责任、态度及行为方向的"定向器"，又是抉择职业行为方式并进行制动的"调节器"。

每种职业都有各自的特性，不同的人对职业意义的认识，对职业性质有不同的评价和取向，这就是职业价值观。职业价值观决定着人们的职业期望，影响着人们对职业方向和职业目标的选择，决定着人们就业后的工作态度和劳动绩效水平，从而决定了人们的职业发展情况。价值观和职业价值观决定了哪些因素对你是重要的，哪些因素是不重要的；哪些因素是你优先考虑和选择的，哪些因素不是。因此在为自己做职业生涯规划之前，一定要清楚自己的价值观和职业价值观。

根据不同的划分标准，人们对职业价值观的种类划分也不同。

一、奥尔波特的价值观

在奥尔波特理论的基础上，职业研究专家从人们的理想、信念和世界观角度把职业价值观进一步细分为九大类。九类职业价值观具体如下：

（1）自由型——不受别人指使，凭自己的能力拥有自己的小城堡，想充分施展本领。相应的职业类型有室内装饰专家、图书管理专家、摄影师、音乐家、作家、演员、记者等。

（2）经济型——认为世界上的各种关系都建立在金钱的基础上，各种职业中都有这种类型的人，商人居多。

（3）支配型——无视他人的想法，行事依己所欲，且以此为快乐。相应的职业类型有进货员、商品批发员、经理、广告宣传员、调度员、律师、政治家、零售商等。

（4）小康型——优越感强，渴望能有社会地位和名誉，希望受到众人的尊敬。欲望得不到满足时，由于过于强烈的自我意识反而很自卑。相应的职业类型有记账员、会计、银行出纳、法庭速记员、成本估算员、税务员、核算员、打字员、办公室职员、统计员、计算机操作员等。

（5）自我实现型——不关心平常的幸福，一心一意发挥个性，追求真理。不考虑收入、地位及他人对自己的看法，尽力挖掘自己的潜力，施展自己的本领，并视此为有意义的生活。相应的职业类型有气象学者、生物学者、天文学家、药剂师、动物学者、化学家、科学报刊编辑、地质学家、植物学者、物理学者、数学家、实验员等。

（6）志愿型——有同情心，把他人的痛苦视为自己的痛苦，不愿干表面上哗众取宠的事，把默默地帮助不幸的人视为快乐。相应的职业类型有社会学者、导游、福利机构工作者、咨询人员、社会工作者、教师、护士等。

（7）技术型——性格沉稳，做事组织严密，井井有条，并且对未来充满平常心。相应的职业类型有木匠、农民、工程师、机械师、野生动物专家、自动化技师、机械工、电工、司机等。

（8）合作型——人际关系较好，认为朋友是最大的财富。相应的职业类型有公关人员、销售人员、秘书等。

（9）享受型——喜欢安逸的生活，不愿从事任何挑战性的工作。各种职业中都有这种类型的人。

二、洛特克的价值观

美国心理学家洛特克在其所著《人类价值观的本质》一书中提出 13 种价值观：成就感，审美追求，挑战，健康，收入与财富，独立性，爱，家庭与人际关系，道德感，欢乐，权力，安全感，自我成长和社会交往。

（1）成就感——提升社会地位，得到社会认同，希望工作受到他人认可，对工作的完成和挑战成功感到满意。

（2）审美追求——能有机会多方面地欣赏周围任何自己觉得重要有意义的事物。

（3）挑战——能有机会运用聪明才智来解决困难，舍弃传统方法、选择创新方法处理事务。

（4）健康——工作免于焦虑、紧张和恐惧，希望心平气和地处理事务。

（5）收入与财富——工作能有效地改变自己的财务状况，能得到金钱所能买得到的东西。

（6）独立性——工作有弹性，可以充分掌握自己的时间和行动，自由度高。

（7）爱、家庭与人际关系——关心他人，与别人分享，协助别人解决问题。

（8）道德感——价值观与工作使命能够不冲突，紧密结合。

（9）欢乐——享受生命，结交朋友，与别人共处，一起享受美好时光。

（10）权力——能够影响或控制他人，让他人按照自己的意志去行动。

（11）安全感——能够满足健康需要，有安全感，远离突如其来的变动。

（12）自我成长——能追求知识性方面的刺激，需求更圆满的人生，在智慧、知识和体会上有所提升。

（13）社会交往——体会到自己的付出对团体有帮助，别人因自己的行动而受惠。

三、我国学者阚雅玲的价值观

我国学者阚雅玲将职业价值观分为如下 12 类。

（1）收入与财富。工作能够明显有效地改变自己的财务状况，将薪酬作为选择工作的重要依据。工作的目的或动力主要来源于对收入和财富的追求，并以此改善生活质量，显示自己的身份和地位。

（2）兴趣特长。以自己的兴趣和特长作为选择职业最重要的因素，能够扬长避短、趋利避害、择我所爱、爱我所选，可以从工作中得到乐趣和成就感。在很多时候，会拒绝做自己不喜欢、不擅长的工作。

（3）权力地位。有较高的权力欲望，希望能够影响或控制他人，使他人照着自己的意思去行动；认为有较高的权力地位会受到他人尊重，从中可以得到较强的成就感和满足感。

（4）自由独立。工作能有弹性，不想受太多的约束，可以充分掌握自己的时间和行动，自由度高，不想与太多人发生工作关系，既不想制人，也不想受制于人。

（5）自我成长。工作能够给予受培训和锻炼的机会，使自己的经验与阅历能够在一定的时间内得以丰富和提高。

（6）自我实现。工作能够提供平台和机会，使自己的专业和能力得以全面运用和施展，实现自身价值。

（7）人际关系。将工作单位的人际关系看得非常重要，渴望能够在一个和谐、友好甚至被关爱的环境工作。

（8）身心健康。工作能够免于危险、过度劳累，免于焦虑、紧张和恐惧，使自己的身心健康不受影响。

（9）环境舒适。工作环境舒适宜人。

（10）工作稳定。工作相对稳定，不必担心经常出现裁员和辞退现象，免于经常奔波找工作。

（11）社会需要。能够根据组织和社会的需要响应某一号召，为集体和社会做出贡献。

（12）追求新意。希望工作的内容经常变换，使工作和生活显得丰富多彩，不单调枯燥。

第四节 个人价值观探索

一、认识价值观

我们说"选择即人生"，那么什么决定人的选择呢？人选择职业，涉及性格、气质、兴趣、能力的因素，但是人与人选择不同的关键在于职业价值观的不同。为什么具有相同或相近兴趣、性格、能力的人，对于同一职业，有人珍爱一生，有人却弃之如敝屣？有人苦苦追求一生，有人却随手放弃？人们选择职业，如果说有一个"网"的话，那么构成这个选择之网的兴趣、性格、能力、价值观中，价值观最重要。价值观的探索与兴趣、性格、技能相比更有难度，而且更为重要。因为价值观会从内心告诉你值不值得做这份工作，它决定着你选择进入什么样的组织、是否能够坚定自己的选择，如果价值观不明确，会导致择业时的迷茫和盲目。解决的办法就是澄清自身的价值观，融入主流核心价值观，学会排序和取舍，努力实现自身价值观。价值观属于个性特征中最深层次的特质，起着核心作用。价值观无时无刻不在影响着我们每一个人，决定着我们的职业生涯。

价值观是我们在生活和工作中所看重的原则、标准和品质。价值观指向我们内心最重要的东西，它是我们强大的内在驱动力，是引导行为的方向，是自我激励的机制。工作价值观，是指无论你从事什么工作都会努力在工作中追求的东西。从另一个角度来讲，工作价值观就是你最期待从工作中获得的东西。世界观、人生观、价值观决定着一个人的人生追求和人生道路，决定着一个人的思想境界、道德情操和行为准则。比如社会主义核心价值观中，富强、民主、文明、和谐是国家层面的价值目标；自由、平等、公正、法治是社会层面的价值取向；爱国、敬业、诚信、友善是个人层面的价值准则。敬业是对公民职业行为准则的价值评价，要求公民忠于职守、克己奉公、服务人民、服务社会，充分体现了社会主义职业精神。世界上没有完全相同的两片树叶。大到一个民族、一个国家，小到一个人，必须知道自己是谁、是从哪里来的、要到哪里去，要坚定不移地朝着目标前进。习近平总书记2014年五四青年节在北大讲话中提到，价值观的养成十分重要，就像穿衣服扣扣子一样，如果第一粒扣子扣错了，剩余的扣子都会扣错。人生的扣子从一开始就要扣好。职业生涯规划其实跟扣扣子是一个道理。《大学》开篇："大学之道，在明明德，在亲民，在止于至善。"为我们指出人生在世最大的学问在于弘扬光明正大的品德，在于使人弃旧图新，在于使人达到最完善的境界。核心价值观，其实就是一种德，既是个人的德，也是一种大德，即国家的德、社会的德。国无德不兴，人无德不立。

价值观提供关于是非、好坏、善恶、美丑的判断标准，是人做出选择取舍的伦理依据。它是我们强大的内在驱动力，是引导行为的方向，是自我激励的机制。那么，你所看重的原则、标准和品质是什么？

【课堂活动】

价值观想象

活动目标是从表层认识价值观，从而引发对价值观的深层思考，增进学生的自我探索。下面通过小组头脑风暴，体验一下价值观的个体差异。请每个人认真思考以下几个问题：

（1）如果我有100万美元，我将……

（2）在生活中我最想得到的是……

（3）如果我只剩下24小时的生命，那我将……

（4）我讲给我的孩子的忠告是……

（5）如果在一场大火中我只能救出一件东西，那么它将是……

二、认清你的职业价值观——WVI自测

怎样才能认清你的职业价值观呢？你对什么活动或社会环境越积极、越充满热情，就

说明你越看重它。现在有没有什么事情让你感到兴奋或者不悦？有没有什么活动让你充满力量？生活中有没有什么情境让你不得不去做一件特定的事情？所有的这一切都体现了你的价值观。

舒伯于 1959 年制定了"工作价值观量表"（Work Values Inventory，WVI）用以衡量工作中和工作外的价值观以及激励人们工作的目标。在大量的试验和调查基础上，舒伯总结出人们的工作价值观大体分为 13 种：具体而言，每一种价值观都有对应的需求，同样也有对应的职业领域。

（1）利他主义。这表明工作的目的和价值，在于直接为大众的幸福和利益尽一份力。重视利他的人适合从事教师、心理咨询师、社会工作者、医生、护士等工作。从行业方面看，可以进入教育、医疗、公益等行业，这些行业都是为他人或社会服务的，不论做什么职位，都可以直接或间接地帮助他人。持有利他主义价值观的人最容易遇到的问题是帮助他人与金钱报酬之间的冲突。通常的解决方法是在职业早期先进入报酬可以满足自己生活开销的工作中，利用业余时间帮助他人，当时机成熟时再考虑全职做公益的事情。

（2）审美。这表明你需要在工作中能不断地追求美的东西，得到美感的享受。重视美感的人适合从事与艺术和创作有关的工作，如产品设计、广告设计、UI 设计、市场策划、电影电视编导等职位。行业方面，可以进入与艺术和设计有关的行业，如广告、电影等；也可以进入其他行业中的市场或设计部门。然而，追求美感并不意味着必须具有深厚的艺术功底，也不意味着一定要直接从事艺术方面的工作。在日常工作中，如排版一份文档，或者修改一个产品的细节，都可以发挥自己的主动性，将美感融入每天的工作中。

（3）智力刺激。这表明你需要在工作中可以不断动脑思考，学习以及探索新事物，解决新问题。重视智力刺激的适合从事设计、开发、产品经理、咨询顾问、研究等工作，这些工作经常会面临新的问题，需要经常学习和思考才可以解决，可以满足对智力刺激的需要。从行业类型来看，适合进入曙光或朝阳行业，如互联网、金融、教育培训、医疗、文化传媒、新能源等。这些行业由于兴起不久，有许多以前没遇到过的问题需要解决，可以满足对动脑思考、学习和探索新事物的需要。

（4）成就感。这表明你工作的目的和价值在于不断创新，不断取得成就，不断得到领导与同事的赞扬，或不断实现自己的梦想。重视成就感的人适合从事可以明确衡量业绩的工作，如市场、销售、生产、研发等。从组织类型来看，民企或创业公司会有更多的机会获得成就感，事业单位比较不容易获得成就感。绝大多数人都希望在工作中获得成就感，如果你的工作成就不易显现，不容易得到领导和同事的赞扬，可以主动创造一些条件来获得成就感，如记录每天工作中最有成就的事情，每周或每月总结自己的成就等。将工作中的一点一滴记录下来，积累到一定程度以后，自然会获得极大的成就感。

（5）独立性。这表明你很看重在工作中能充分发挥自己的独立性和主动性，按自己的方式、步调或想法去做事，不受他人的干扰。重视独立性的人比较适合从事培训师、销售、设计、技术等可以独立工作，发挥自己专长的职业，通常可以向专家型角色发展。比较适合组织结构较扁平的公司，如互联网公司、小型创业公司等。上下级分明的组织，如大型国企、事业单位等并不适合，因为在其中需要更多照顾到领导的想法，而不能完全按照自己的方式做事。

（6）社会地位。这表明你期望从事的工作在人们的心目中有较高的社会声望，从而使自己得到他人的重视与尊敬。重视社会声望的人比较适合从事社会主流认可的工作，比较适合的职业类型有公务员、大学老师、医生、大型企业员工等。适合的组织类型主要有政府机关、事业单位以及规模较大的公司等。适合的行业类型主要有金融、文化教育、互联网等。值得注意的是，社会的观念是会随时间改变而变化的，每个年代人们所看重的东西都不同，坚定自己的信念，找到自己认可的价值才是最重要的。

（7）管理。这表明在工作中你希望可以获得对他人或某事物的管理支配权，能指挥和调遣一定范围内的人或物。重视管理的人比较适合从事与管理有关的工作，如企业或政府中的各类管理职位、管理咨询顾问、律师、政治或经济学者等。在组织类型或行业方面，对你来说并没有什么特殊的限制。除了在组织内部成为管理者，也可以考虑自己创业，这样可以实现对管理的需求。

（8）经济报酬。这表明在工作中你非常重视报酬，期望工作使自己有足够的财力去获得自己想要的东西，使生活过得较为富足。重视经济报酬的人比较适合从事回报较高的工作，如销售、讲师和互联网技术人员等，这些职业可以在较短时间内获得较高的回报。从行业类型来看，适合进入正在快速上升的行业，如互联网、金融、教育培训、医疗等行业。经济报酬是伴随着工作能力的增强而提高的，在现有岗位和行业坚持提升自己的能力比频繁地更换工作会获得更高的经济报酬。

（9）社会交际。这表明你期望在工作中能和各种人交往，建立比较广泛的社会联系和关系，甚至能和知名人物结识。重视社会交际的人适合从事较多与人接触的工作，如销售、公关人员、人力资源、记者、导游、培训师、咨询师、社工等。需要工作可以与人接触，行业并不是最关键因素，不过公关、媒体、广告、会展等行业会有更多的机会与不同的人接触，可以重点关注这些行业。

（10）安全感。这表明你希望在工作中有一个安稳局面，不会因为奖金、涨工资、调动工作等经常提心吊胆、心烦意乱。重视安全感的人适合进入政府、事业单位或者大型国企等组织，这些类型的组织工作环境较稳定，能满足对安全感的需求。不适合进入小型民企或创业公司，因为这些公司所处的市场环境变化较快，公司员工流动性较大，会给人紧张感和不稳定感。

（11）工作环境。这表明你希望工作可以作为一种消遣、休息或享受的形式，追求比较舒适、轻松、自由、优越的工作条件和环境。重视舒适的人适合从事行政管理类的工作。这类工作流程明确、作息规律，能满足对舒适的要求；与业务直接有关的工作则不适合，因为业务部门的工作压力往往要大于支持部门。从组织类型来看，适合进入大型外企、国企、政府、事业单位等，这些组织的工作环境较好，餐饮和办公条件较好，作息也比较规律，能满足对舒适的需要。一些大型互联网公司的工作环境也非常舒适，在一定程度上能满足对舒适的需要。但是由于互联网公司工作压力较大，时常加班，所以是否进入需要仔细权衡。

（12）人际关系。这表明你希望一起工作的大多数同事和领导人品较好，相处时感到愉快、自然，认为这就是很有价值的事，是一种极大的满足。重视人际关系的人应该重点考虑一些成员平均年龄与自己年龄相近的公司，在这样的组织中，同事跟你年龄相仿，更容易相处。不适合一般的国企和事业单位，因为这些组织中人际关系相对复杂。从行业方面看，从事教育、公益等行业的人相对容易相处，但也并非绝对的。值得注意的是，人际关系是绝大多数人都会看重的职业价值观，并且人际关系与职位和行业的关系较小，因此在选择职业时仅适合作为参考因素。处理人际关系是一项技能，需要在工作中不断练习，当你具备处理人际关系的能力时，在哪儿工作都不是问题。

（13）多样性。这表明你希望工作的内容应该经常变换，使工作和生活显得丰富多彩，不单调枯燥。追求新意的人适合从事有创造性的不重复枯燥的工作，如市场策划、互联网产品、广告创意设计等。在行业方面比较适合进入曙光或者朝阳行业，如互联网、文化教育、金融、新媒体、新能源等。这些行业刚刚兴起不久，有很多不确定性，会让人觉得工作丰富而不单调。传统制造业和服务业的工作流程相对固定，不适合你。从组织类型来看，民企或创业公司更能满足你对新鲜感的追求，而大型国企、政府、事业单位的工作相对较为稳定，流程相对单一，并不适合你。值得注意的是，大多数职位在初级阶段都会经历重复枯燥的过程，当积累一定经验之后，你将会负责更多新的任务，工作就会变得丰富多彩。

第五节　真实价值观的澄清

【案例导读】

价值澄清 (Values Clarification) 理论最早是作为一种教学方法于 20 世纪 20 年代间出现，为进步主义教育采用；在 60 年代逐渐形成一个德育学派，代表人物主要是纽约大学教育学院教授路易斯·拉斯 (Louise Raths)、南伊利诺伊大学教育学教授里尔·哈明 (Merrill Harmin)、马萨诸塞州大学教育学教授悉米·西蒙 (Sidmey B. Simon) 和美国人本主义教育中心主任基尔申·鲍姆（Kirschen Baum)。其中，拉斯是这一学派的公认创建人，西蒙在这一领域建树颇丰，而鲍姆则在进一步完善发展这一学说方面做出了很大努力。其代表作是三人合著的《价值与教学》(*Values and Teaching*，1966，1978)。

拉斯等人注意到，现代社会已完全改变了传统单一一统的社会文化体系，社会价值概念变化很快，各种社会传播媒体、无线电、电影、电视、报刊书籍以及民族间的广泛交流也给儿童提供了丰富多变的信息情境，使儿童面临着比以往任何时候都多得多的选择，使"正在成长中的儿童要形成清晰的价值观显得越来越困难"。在多种价值冲突下，人们很难获得一个稳定的发展生态，从而导致了 8 种心理障碍：冷漠、心灰意冷、犹豫不决、自相矛盾、漂浮不定、盲从、盲目反抗和逢场作戏等。拉斯等人认为，价值观代表着理智的人类在与复杂变化的环境相互作用时所做出的自由的和深思熟虑的选择。哈明和西蒙在 1973 年也指出："价值澄清的主要任务不是认同和接受'正确的'价值观，而在于澄清自身的价值观。这样一来，人们就可以获得最适合于他的价值观；同时，他可以调整自身去适应变化着的世界，能够在影响世界变化的方式中扮演一个理智的角色。"基尔申·鲍姆也认为："价值澄清可被定义为一种方法，即利用问题和活动来进行评价的过程，而且，帮助人们熟练地把评价过程应用到他们生活中价值丰富的领域。"

可见，价值澄清是指在人的价值观形成过程中，通过分析和评价的手段，帮助人们减少价值混乱，促进自己价值观的形成，并在这一过程中有效地发展人们思考和理解人类价值观的能力。

可见，价值澄清理论把价值观看成是个人的产物，是个人的、相对的，并且总是随个人的生活而变化，因此是不可能传授给别人的，不能把一个人的价值观强加于他人身上，教给一个人的价值观是无效的。由于生活的地点、时间是不同的，我们不能肯定某个人会获得某些经验，所以我们不能断定哪种价值观、哪种生活方式最适合某个人，然而我们却可以指出哪种获得价值观的过程是有效的。

由于大学生处于当今多元选择的社会，难免会受到各种价值观的影响，这些价值观可能是来源于本国社会的文化价值观，如一直以来人们对社会地位、身份的重视，可能会诱导一些大学生去参加公务员考试，去从政，去为官；也可能来源于与自己有着重要关系的人，如父母、老师。但究竟什么对自己来说是最重要的，自己究竟要从未来的职业中获得什么，也就是自己的价值观到底是什么，他们却未必很清楚。而价值观在我们确立生涯目标或职业选择中起着非常重要的主导作用，我们每个人都有一套独一无二的价值系统，当你为了制定一个明智的职业决策而寻求自我认识时，你需要明确哪种价值最符合你自己的个性，需要澄清自己的个人价值观以及职业价值观。

美国学者路易斯·拉恩斯（Louis Raths）认为通过三个阶段七个步骤可以澄清价值观：选择、珍视、行动。

所谓选择，是指在没有任何压力的情况下选择一个价值观，不考虑他人的压力，也不考虑其他的价值观。所谓珍视，是指明确是否对一个价值观有着强烈的感觉并十分珍惜，是否乐于向他人向公众公布自己所珍视的价值观。所谓行动，是指确认是否能够用行动来支持所选择的价值观，并始终如一地根据你的选择行动。

具体方法是通过回答问题来完成澄清：

1. 选择

（1）它是你自由选择的，没有来自任何人或任何方面的压力吗？

（2）它是你从众多的价值观中挑选出来的吗？

（3）它是在你思考了所做选择的结果后被挑选出来的吗？

2. 珍视

（1）你是否珍爱你的价值观，或者为你的选择感到自豪？

（2）你愿意公开向其他人承认你的价值观吗？

3. 行动

（1）你的行动是否与你选择的价值观一致？

（2）你是否始终如一地根据你的价值观来行动？

当我们确定自己要选择某一职业时，如果能对上述问题都做出肯定的回答，那么就说明该职业是符合自己的价值观的。如果对于其中的某些问题回答是否定的，那么就需要思考一下该职业赋予我们的是否真的是我们想要的。比如，有的大学生认为自己的价值观是赚很多钱，但当问他们"如果你有了花不完的钱的时候，你最想做什么"时，很多学生的回答是去做公益或帮助穷人。这个时候，他们就应该澄清一下自己的价值观到底是追求财富还是协助他人。

价值观的澄清有时是很痛苦的，也是一个需要投入大量精力去艰苦探索的过程，但其意义是非凡的。早一日明确自己想要什么，便早一日获得幸福。

【课堂阅读】

泰勒·本·沙哈尔博士开设的"积极心理学"课程是哈佛大学学生们选择最多的一门，它甚至超过了长期占据第一位的"经济学原理"。其课程内容汇集成《幸福的方法》一书，由中信出版社出版。沙哈尔也来到北京的首发式现场，当堂讲授了一节"幸福课"。

当今，似乎"幸福"超越了"经济"成为人们关注的焦点。尽管人们在被当街提问"你幸福吗"时会感到突兀，但当静下心来自问"我幸福吗"的时候，却发现它是一个人生不可回避的问题。究竟幸福在哪里？沙哈尔用科学告诉大家：幸福可以在自己手上。

沙哈尔把"幸福"从一个抽象的名词变成"可以定义、实验、练习的科学"。在他看来，幸福应该是"快乐与意义的结合"。《幸福的方法》一书的第一篇，就提出了"汉堡模型"来说明这个定义。

"汉堡模型"的由来还有一段小故事：沙哈尔曾经为参加壁球赛而严格控制饮食，他决定比赛一结束就大吃垃圾食品以犒劳自己。但当他真的一口气买来四个汉堡时，却不想吃了。就在那一刻，"汉堡模型"在他脑海中形成，即，四个汉堡代表四种人生模式：第一个汉堡，口味诱人但是标准的垃圾食品——享乐主义型。为了享受现在快乐而出卖未来幸福；第二个汉堡，口味很差，可里面全是蔬菜和有机食物——忙碌奔波型，追求未来快乐而承受现在痛苦；第三个汉堡，既不好吃也不健康——虚无主义型，既不享受当下也对未来没有期望；只有第四个汉堡是"幸福"的——感悟幸福型，现在与未来双赢。至于如何获得第四个汉堡，正是《幸福的方法》所要教给读者的。被称为"幸福导师"的沙哈尔并不是一个生来就快乐的人。他在哈佛大学读书时，一开始学的是计算机。他的学习成绩很好，也擅长体育运动。在外人眼里，沙哈尔就像"别人家的小孩"一样优秀。可他并不觉得幸福。终于，在一个寒冷的早晨，沙哈尔鼓起勇气告诉导师，他将转而研究心理学和哲学，因为自己想知道两个问题的答案：一是为什么自己觉得不幸福，二是怎样才能变得更幸福。

"从那时起，我遇见了来自古老中国的智慧，尤其给我留下深刻印象的是老子和《道德经》、孔子和《论语》。"沙哈尔说，"在美国和在其他西方国家，很多人研究幸福这门科学。他们的研究往往深度不够，而且所开出的幸福药方也没什么效果。但我发现，中国的古代哲学所提出的方法很有效。它真的能够帮助人们改变想法和生活。"

"人都会有七情六欲，任何负面情绪都是正常的。如果你试图压抑负面情绪，反而会使其增强；如果你允许自己经历这样的痛苦，这些负面情绪反而会逐渐弱化，最后为你所掌控。"沙哈尔说。他对老子在《道德经》所说的"人法地、地法天、天法道、道法自然"印象深刻。"我们要尊重大自然的规律、人的生理规律和心理规律。"沙哈尔说，"这是中国的古老哲学和西方的现代心理学所融会的成果。现代科学研究表明，东方的一些良好做法，比如冥想、气功、太极、瑜伽等，能使人增加抗压能力，同时让人打开心扉，觉得自己更加幸福。"

在《幸福的方法》第二篇中，沙哈尔将他对幸福的观点应用到教育、工作和家庭生活中，讨论了如何幸福学习、幸福工作、经营亲密关系的方法。

当今，科技发展使人们每天面对手机、电脑的时间多于与人交流的时间。在沙哈尔看来，人际关系是获取幸福最重要的方式之一。《幸福的方法》除了用个案和理论阐释幸福理论，还在每一章的结尾，设置了实用易行的"练习"。比如，对经营亲密关系的练习就是，写一封感恩信，给爱人、家人、好友和其他所关心的人。"这并不只是一封信，它所代表的是，你在与他人的关系中所获得的意义与快乐。"

当然，仅仅靠读一本书并不能真的解决"幸福"这件人生大事，但按照书中的一些方法践行，也许不无裨益。沙哈尔还在现场传授了一些获得幸福的小技巧。比如，写日记——"每天在一张纸上记下你的所思所想所见所闻，能够极好地去疏导和释放情绪，而不是让它堵在心中。"

当下中国，许多人提问："我们这么富有，为什么不开心？"即人们以为物质需求的满足能带来幸福，但事实不那么简单。当沙哈尔在《论语》中读到"修身齐家治国平天下"时，他十分赞同这样的人生排序。他说："我们应该先从自己做起，让自己更幸福，进而让你的家人更幸福，让你所在的组织更幸福，让这个国家更和谐，从而让这个世界更和平。"所以，《幸福的方法》的最后一个小标题是，"从现在开始"。

沙哈尔说："让自己更幸福，应该是我们终生追求的目标。"

（资料来源：中国青年报）

【课堂思考】

价值观澄清的七个步骤

对于你所选择的价值观：

第一步，它是你自由选择的，没有来自任何人和任何方面的压力吗？

解释：＿＿＿＿＿＿＿＿＿＿＿＿＿＿＿

第二步，它是从众多的价值观中挑选出来的吗？

解释：＿＿＿＿＿＿＿＿＿＿＿＿＿＿＿

第三步，它是你在思考了所做的选择的结果或后果后被挑选出来的吗？

解释：＿＿＿＿＿＿＿＿＿＿＿＿＿＿＿

它是一个让你如何珍视的价值观吗？

第四步，你珍爱你的价值观，或者为你的选择而感到高兴吗？

解释：＿＿＿＿＿＿＿＿＿＿＿＿＿＿＿

第五步，你愿意公开向其他人声明你的选择吗？

解释：＿＿＿＿＿＿＿＿＿＿＿＿＿＿＿

你能按照如下方式践行你的价值观吗？

第六步，你能做一些与你选择的价值观有关的事情吗？

解释：＿＿＿＿＿＿＿＿＿＿＿＿＿＿＿

第七步，你能保持与你的价值观一致的行为模式吗？

解释：＿＿＿＿＿＿＿＿＿＿＿＿＿＿＿

你认为一个人职业选择的最终决定因素是什么？综合本节中讲的内容，你认为自己最适合做什么？

第三章 我适合什么——自我探索之性格探索

【案例导读】

（1）我是学土木工程的，已经读大二了，我对专业课比较有兴趣，功课成绩也比较优秀，但我不知道我的性格是否适合这一专业。我感觉自己性格极其感性，不知道会不会妨碍今后在专业上的发展。事实上，我对我所学的专业还是比较喜欢的，但我不知道我是不是在这个领域有发展前景，这个方向适合我吗？

（2）对于刚刚进入大学的我，法学是我第一志愿的第一专业。经过了半个学期的学习，我也能从所学专业中找到兴趣并且成绩良好。但对于我的性格而言，我感觉我极其感性，对于一些事情我理性上理解但在感性上做不到，并不利于今后在专业上的发展。可是我对法学又有较大的兴趣，而且口语表达等还有一定优势，所以我想知道依据我的性格与专业，选择怎样的职业较适合，我还适合向法学方面发展吗？

性格是一个人对现实的稳定态度和习惯化的行为方式，是一个十分复杂的心理现象，是人与人之间个性差异的核心体现，同时也是职业生涯探索中的一个重要部分。"江山易改，本性难移"，性格有时会让人不知不觉地走入困境，有时又会使人顺利而较轻松地走向辉煌的成功。修炼是如何改善性格，而不是改造性格。进一步看清自己的性格，做自己的好朋友；看清对方，做到真正的理解和宽容——实际上，成长的魅力从这里就已经开始了。

第一节 性格的自我探索

一、性格的概念

性格是指一个人在生活中所形成的为人处世的态度和行为方式，它是后天形成的，与人的职业价值观念有着密切的联系。心理学家认为，人的性格与职业适应性有着密切的关系。如果一个人的性格与所从事的职业很相符，就可能在事业上获得成功。反之，则会使从业者的心理健康受到损害，甚至会妨碍其事业的成功。人的性格通过教育也是可以改变的，在学习知识、技能的同时，如果也能注意塑造自己良好的性格，将有助于个人的健康发展。

二、性格的特征

【课堂练习】

请同学们拿出一张白纸，在纸上签下自己的名字；请换一只手，再次在纸上签下自己的名字。两次签名有什么不同的感受？请用几个词来形容一下。

这个练习是想告诉大家，每个人天生有自己擅长的一面，也有自己不擅长的一面，它们没有好坏或者对错之分，这就跟我们讲到的性格一样。

性格是一个复杂而完整的系统，它是由各种性格特征的独特而有机地结合构成的。每个不同个体的性格都具有不同的性格特征，概括来说，性格的特征主要包括以下几方面。

（一）社会性特征

性格从其形成和表现的形式上看，既受社会历史的制约，也受个人生理特征的影响。个体的性格不是一朝一夕形成的，而是长期受到家庭、学校和社会等后天环境的影响，逐步形成的。因此性格具有强烈的社会烙印。

（二）独特性特征

性格的独特性是指人与人之间的心理和行为是各不相同的。性格特征组合结构的多样性，使每个人的性格都有自己的特点。即便是同卵双生子，性格也存在微妙的差异。同是沉默寡言的特征，有的人冷眼看世界，不是知音不与谈；有的人胸无点墨，故作高深。

需要注意的是，强调性格的独特性并不是要排除性格的共同性。性格的共同性是指由于受共同的社会文化影响，同一民族、同一地区、同一阶层、同一群体的个体之间具有的共同的典型心理特点。例如，受儒家文化的影响，全世界的华人都有不少相同的性格特征。因此，性格是独特性和共同性的统一。

（三）整体性特征

性格的整体性是指构成性格的各种特征，如态度特征、意志特征、情绪特征、理智特征等在一个现实的个人身上的统一，它们并不是孤立存在的，而是密切联系，构成一个完整的功能系统。正像汽车那样，要想顺利运行，各部分必须协调一致，朝着一定的目标，作为一个整体而运作。

（四）稳定性特征

性格的稳定性是指个体的性格特征经常地、一贯地表现在心理和行为方面。例如，一个人只有经常地、一贯地表现得冷静、理智、处事有分寸，我们才能说这个人具有"自制"

的性格特征。至于他偶尔表现出的冒失、轻率，则不是他的性格特征。性格一旦形成，不会轻易改变。由于个性具有稳定性，因而我们可以从一个人儿童时期的性格特征推测其成人后的性格特征。

需要注意的是，性格的稳定性并不意味着性格在人的一生中是一成不变的，随着生理的成熟和环境的改变，性格或多或少地会发生变化。例如，社会地位和经济地位的重大改变、丧偶、迁居异地等，往往会使一个人的性格发生较大的甚至彻底的改变。

三、性格的类型

依据不同的划分标准，可以把性格划分为以下类型。

（一）依据心理机能对性格进行划分

按照理智、意志、情绪三种心理机能中哪一种占优势，性格可分为理智型、情绪型和意志型。理智型人通常以理智来衡量和支配自己的行动，处事冷静，与人交往时明事理、讲道理；情感型人情绪体验深，人行动会受情绪左右，容易感情用事；意志型人具有较明确的活动目标，行为活动具有目的性、主动性、持久性和坚定性，有较强的控制能力。

（二）依据心理活动倾向性对性格进行划分

依据心理活动倾向性，可将性格划分为内向型和外向型。内向型的人偏重主观世界，感情深沉，待人接物较谨慎小心，处理事物缺乏决断力，一般较难适应环境的变化，但一旦下定决心总能锲而不舍；外向型的人心理活动倾向于外部，活泼、开朗，待人接物果断，而且容易适应环境的变化，但比较轻率。

（三）依据个体独立性对性格进行划分

依据个体独立性，可将性格划分为独立型和顺从型。独立型的人通常有主见，不易受环境暗示；顺从型的人容易受环境暗示，行动与环境相依赖，缺乏主见，缺乏果断性。在日常生活中，大多数人的性格是处于这两个极端性格类型中间的。

另外，依据个人竞争，可将性格划分为优越型与自卑型；依据人的生活方式，可将性格划分为理论型、经济型、审美型、社会型、权力型和宗教型等。

四、职业性格探索

（一）进行性格描述报告对比

MBIT 人格类型分为四种性情，每种性情又各自分为四种人格类型，总共有 16 种类型。具体性情与类型，请看 MBIT 性格类型评量表（详见本章第三节）。如果性格类型不同，有可能性情也不同。可以将它们进行两两比较，即性情与性情比较，类型与类型比较。

比较的具体方法为：将相关的描述报告编辑到 Word 文档里，然后在自然舒适的情况下阅读。描述中的每一句话，如果与自己的一般情况符合，就给它加上淡黄色的底色。"一般情况"是指没有利害关系、非工作情景的情况，更多的是平常生活中的情况，因为这是你最自然、最真实的状态。

请注意，不要将描述中的话与自己的期望对照。期望的你不是真实的自己。要与自己的真实情况对照，相符的才加底色。

首先进行性情描述报告的对比，然后是类型的对比。最后，着色多的报告就是自己的性情和类型。这里要求类型与所属的性情一致。

（二）职业规划师辅助

性格类型报告的描述是对大量日常事件的归纳总结，非常精简，有时不容易明白，甚至产生误解。职业规划师可以帮助求助者分析、解读，以辨别性格类型。同时，职业规划师还可以使用其他功能等级、情感类型的辨别技术来解决问题。

（三）请他人进行对比

需要对比的资料和方法同上，只是由熟悉求助者和被求助者信任的人进行比较。在请求他人时，以下说明是非常有效的。

"我希望你能够帮助我完成我生活中一项最重要的任务。我希望获得关于他人眼中对我的坦率看法——在别人眼中，我是怎样的？请把你的想法通过所附的资料表达出来，你所提供的关于我的信息将会帮助我制订一份个人的职业生涯规划。"

（四）比较天赋特长

这是对关键点的对比。每一种性格类型具备的天赋特长是不同的，求助者发现自己的天赋特长，然后将自己的情况与性格类型进行对照、辨别。

最后，求助者可以根据性格类型描述，在生活中体验，这是很重要的。不但是为了做好职业规划，更是为了以后在每天的生活、工作中避免不必要的挫折，将自己的性格优势发挥得淋漓尽致。

第二节 气质类型

一、气质的含义

气质是人的个性心理特征之一，是指在人的认识、情感、言语、行动中心理活动的强度、灵活性、指向性等动力特征，主要表现在情绪体验的快慢、强弱、表现的隐显以及动作的灵敏或迟钝方面，因而它为人的全部心理活动染上了一层浓厚的色彩。气质与日常生活中人们所说的"脾气""性格""性情"等含义相近。气质具有明显的天赋型，基本上取决于个体的遗传因素，如有的人生机勃勃，有的人沉默寡言，有的人多愁善感，有的人思维敏捷，有的人反应迟钝，等等。

二、性格与气质的关系

性格与气质是两个容易混淆的概念，二者之间既有区别，又有联系。

（一）性格与气质的区别

1. 气质的先天性和性格的社会性

由于性格更多受到后天环境的影响，具有较为明显的社会化特性。在不同的社会文化条件下，人们的性格有较大的差异。而气质是人们心理活动和行为稳定的特点，受遗传影响较大，人们生来的气质差异就比较明显。

2. 气质变化慢、难，性格变化快、容易

性格与气质的生理基础有所区别。气质的生理基础是高级神经活动的类型特点，气质的特点也源于高级神经活动的类型特点。由于高级神经系统不受生活条件的影响，故而气质具有很大的稳定性。而性格的生理基础是两个方面的"合金"，一方面是高级神经活动的类型对性格具有影响作用，另一方面是通过经验建立起来的暂时神经联系系统对性格发挥着主导作用。性格的基本机制是在高级神经活动的类型基础之上后天建立的条件反射系统。

3. 气质无好坏，性格有好坏

气质本身无优劣之分，任何一种气质都有其积极和消极的方面，气质也不能决定一个人活动的社会价值和成就的高低。性格具有社会评价的意义，反映了社会文化的内涵，有好坏之分。

（二）性格与气质的联系

一般来说，单一气质的人很少见，多数是两种气质类型乃至多种气质类型的混合体。

气质与人格之间还存在着某种对应关系。英国心理学家艾森克在分析人格结构时做了十分细致的研究。他认为可以从情绪的稳定与否，以及内倾还是外倾两方面来划分人格特质，而不同的人格特质都与气质有关系。例如，一个人具有健谈的气质，这就与他的情绪稳定和人格外倾有关，其根源在于他是多血质的人；如果一个人是冲动的，这就与他的情绪不稳定和人格外倾有关，其根源在于他属于胆汁质。艾森克因此创建了著名的二维人格结构模型。

（1）气质可以按照自己的动力方式影响性格的表现形式，即影响一个人对待事物的态度和行为风格，使性格带上某种气质的色彩。气质给性格特征全部"打上烙印，涂上色彩"。正如巴甫洛夫所说：气质"赋予每个个体的全部活动以一定的外貌"。例如，同样是爱劳动的人，爱劳动这一性格特征相同，但不同气质类型的人在劳动中的表现则大不一样。胆汁质的人干起活来精力旺盛，热情很高，汗流浃背；多血质的人则总想找点窍门，少用力，效率高；黏液质的人则踏实苦干，操作精细；抑郁质的人则累得披头散发还是追不上别人。又如，同样是骄傲，胆汁质的人可能直接说大话，甚至口出狂言，让人一听就知道他骄傲；而多血质的人很可能把别人表扬一通，最后表现出比别人高明一点，骄傲得很婉转；黏液质的人骄傲起来可能不言不声，表现出对人的蔑视。

（2）气质可以影响性格的形成和发展的速度和动态，对一定的性格特性起着促进或阻碍的作用。比如，胆汁质的人比黏液质、抑郁质的人更容易做出草率决定，而黏液质的人则比多血质的人办事更稳重。而且，胆汁质、多血质的人易于形成外向性格，黏液质、抑郁质的人易于形成内向性格。虽然，气质对性格的形成与表现产生一定的影响，但它并不决定一个人最终形成什么样的性格。研究表明，气质不同的人形成相同的性格品质是可能的，而同一气质类型的人也可能形成不同性格。所以，在气质基础上形成什么样的性格特征，很大程度上取决于性格当中的意志特征。

（3）基于后天经验的性格可以在一定程度上掩盖和改造气质，指导气质的发展，使它更有利于个体适应周围的生活环境。例如，从体质上和操作速度上来说，胆汁质和多血质的人适于当外科医生，但前者易轻率，后者缺耐心。如果他们真的当了外科医生，这两种不同气质特征都会经过自身意志努力而改正。

三、气质类型与职业的匹配

古希腊著名医生希波克拉底就提出了四种体液的气质学说，把气质分为多血质、胆汁质、黏液质和抑郁质四种。这四种类型的名称沿用至今。俄国生理学家巴甫洛夫根据神经过程的基本特性（强度、平衡性和灵活性）的不同结合，把人的高级神经活动分为四种典型的类型，即活泼型、不可抑制型、安静型、抑制型，分别与希波克拉底的四种气质类型相对应。除这四种典型的类型外，实际生活中大多数人是这四个典型类型的中间类型。

气质类型没有好坏之分，气质不决定一个人智力发展的水平，也不决定一个人职业成就的高低，但应匹配不同的职业。每一种气质都有其积极的一面，也有消极的一面。每一种职业领域都可以找出各种不同气质类型的代表，同一气质类型的人在不同的工作岗位都能做出突出的贡献。例如，数学家陈景润属抑郁质，文学家郭沫若属多血质，普希金属胆汁质，克雷洛夫属黏液质。能否发挥所长，适应职业环境，提高工作效率，取得职业成就，关键是进行职业规划，选择合适的职业。

各种气质类型的心理行为特征及对应的工作类型特点如表3-1所示。

表3-1 各种气质类型的心理行为特征及对应的工作类型特点

类型	心理行为特征	工作特点	对应职业
胆汁质	兴奋而热烈的类型。表现为有理想、有抱负、有独立见解。他们精力旺盛，行动迅速，行为果敢，表里如一。在语言上、面部表情和体态上都给人以热情直爽、善于交际的印象。不愿受人指挥而愿意指挥别人。一旦认准目标，就希望尽快实现，遇到困难也不屈不挠，有魄力，敢负责，但往往比较粗心，容易感情用事，自制力差，性情急躁，主观任性，有时刚愎自用。由于神经过程的不平衡，工作带有明显的周期性，能以较大的热情投身于事业，一旦筋疲力尽，情绪顿时转为沮丧而心灰意冷	社交性、文艺性、多样性，要求反应敏捷，不适合耐心细致需要钻研的工作	冒险家、警察、演员、外交、管理、军事、驾驶、纺织、服务、医疗、法律、体育、新闻等工作
多血质	敏捷而好动的类型。由于神经过程平衡且灵活性强，这种人更易于适应环境的变化，性情开朗、热情、喜闻乐道，善于交际。在群体中精神愉快，相处自然，常能机智地摆脱困境。在工作和学习上肯动脑筋，常表现出机敏的工作能力和较高的办事效率。对外界事物有广泛的兴趣，充满自信，不安于循规蹈矩的工作，情绪多变，富于幻想，易于浮躁，时有轻诺寡信、见异思迁的表现，缺乏忍耐力和毅力	反应迅速、动作有力、应变性强、危险性大、难度高，不适合稳重、细致、持久、耐心的工作	导游、推销员、节目主持人、演讲者、外事接待人员等工作
黏液质	缄默而安静的类型。由于神经过程平衡且灵活性低，反应较迟缓，无论环境如何变化，都能基本保持心理平衡。凡事力求稳妥，深思熟虑，一般不做无把握的事，具有很强的自我克制能力。外柔内刚，沉静多思，很少露出内心的真情实感。与人交往时，态度持重适度，不卑不亢，不爱抛头露面或做空泛的清谈。行动缓慢而沉着，有板有眼，严格恪守既定的生活秩序和工作制度，心境平和，沉默少语	有条不紊、刻板平静、难度较高，不适合剧烈多变的工作	法官、出纳员、保育员、话务员、会计师、播音员、调解员等工作
抑郁质	呆板而羞涩的类型。对事物敏感，精神上难以承受过大的精神紧张，常为微不足道的小事引起情绪波动。情绪体验的方式比较少，极少在外表上流露自己的情感，但内心体验却相当深刻。沉静含蓄、感情专一、喜欢独处、交往拘束、性格孤僻，在友爱的集体里，可能是一个很容易相处的人，对力所能及的工作认真完成，遇事三思而后行，求稳不求快，因而显得迟缓刻板。学习工作易疲倦，在困难面前怯懦、自卑、优柔寡断。遇事多疑，往往缺乏果断和信心	兢兢业业、持久细致，不适合反应灵敏、处理果断的工作	校对、打字、排版、化验、雕刻、刺绣、保管、机要秘书等工作

第三节　MBTI性格理论

MBTI的理论是以瑞典心理学家卡尔·荣格（Carl Jung）关于知觉、判断和人格态度的观点为基础发展而来。凯瑟琳·布里格斯（Katharine Cook Briggs）和她的女儿伊莎贝尔·布里格斯·迈尔斯（Isabel Briggs Myers）进一步拓展了该理论，被称为迈尔斯 – 布里格斯理论（Myers-Briggs Type Indicator），即 MBTI，形成目前广泛应用的性格结构。MBTI 有许多研究数据的支持，属于信度、效度都较高的心理测评工具。

一、MBTI 性格测评体系的四个维度

第一维度——能量获得途径：外向型（Extroversion）—内向型（Introversion）

（1）力比多的倾向。

（2）获得及发泄心理能量的方向。

（3）个体与外界相互作用的程度。

性格类型的第一维度与我们对周围世界的互动有关，解释能量释放到何处，其特点描述如表 3-2 所示。

表 3-2 性格类型的第一维度

维度	倾向性	具体表现	特点
E-I 维度 能量倾向：你更喜欢将自己的注意力集中于何处？你从何处获得活力？	外向 Extroversion （E）	注意力和能量主要指向外部世界的人和事，对思想、回忆和情感的反思中得到活力	• 关注外部环境 • 喜欢用谈话的方式进行沟通 • 通过谈话形成自己的意见 • 用实际操作或讨论的方式能学得最好 • 兴趣广泛 • 好与人交往，善于表达 • 先行动，后思考 • 在工作和人际关系中都很积极主动
	内向 Introversion （I）	注意力和能量集中于自己的内心世界，从而从与人交往和行动中得到活力	• 关注自己的内心世界 • 更愿意用书面方式沟通 • 通过思考形成自己的意见 • 用思考、在头脑中"练习"的方式学得最好 • 兴趣专注 • 安静而显得内向 • 先思考，后行动 • 当情境或事件对他们具有重要意义时会采取主动

第二维度——注意力的指向：感觉型（Sensation）—直觉型（Intuition）

（1）个体在收集信息时注意力的指向。

（2）个体接收信息的方式。

性格类型的第二维度与我们平时注意的信息有关，有一些人注重事实，其他人则注重愿望。性格测评第二维度的特点如表 3-3 所示。

表3-3 性格类型的第二维度

维度	倾向性	具体表现	特点
S-N维度 接受信息： 你如何获取信息？	感觉 Sensation （S）	用自己的五官来获取信息。喜欢收集实实在在的、确实已出现的信息。对于周围所发生的事件观察入微，特别关注现实	• 着眼于当前的实际情况 • 现实、具体 • 关注真实的、实际存在的事物 • 观察敏锐，并能记住细节 • 经过仔细周详的推理一步步得出结论 • 通过实际运用来理解抽象的思维和理论 • 相信自己的经验
	直觉Intuition （N）	通过想象、无意识等超越感觉的方式来获取信息。喜欢看整个事件的全貌，关注事实之间的关联。想要抓住事件的模式，特别善于看到新的可能性	• 着眼于未来的可能 • 富于想象力和创造性 • 关注数据所代表的模式和意义 • 当细节与某一模式相关时才能够记得 • 靠直觉很快得出结论 • 希望在应用理论之前先对之进行澄清 • 相信自己的灵感

第三维度——决策判断方式：思考型（Thinking）—情感型（Feeling）

（1）做决定或下结论的方式。

（2）做决定或下结论的主要依据。

性格类型的第三维度涉及我们做决定和结论的方式，其特点如表3-4所示。

表3-4 性格类型的第三维度

维度	倾向性	具体表现	特点
T-F维度 处理信息： 你是如何做决定的？	思考 Thinking （T）	通过分析某一行动或选择的逻辑后果来做出决定。会将自己从情境中分离出来，对事件的正反两方面进行客观的分析。从分析和确认事件中的错误并解决问题中获得活力。目标是要找到一个能应用于所有相似情境的标准或原则	• 好分析的 • 运用因果推理 • 以逻辑的方式解决问题 • 寻求一个合乎真理的客观标准 • 爱讲理的 • 可能显得不近人情 • 公平意味着每个人都能得到平等的待遇
	情感 Feeling （F）	喜欢考虑对自己和他人来说什么是重要的。会在头脑中将自己放在情境所牵涉的所有人的位置上并试图理解别人的感受，然后在此基础上根据自己的价值判断做决定。从对他人表示赞赏和支持中获得活力。目标是创造和谐的氛围，把每一个人都当作一个独特的个体来对待	• 善于体贴他人、感同身受 • 受个人价值观的引导 • 衡量决定对他人产生的后果和影响 • 寻求和谐的气氛和积极的人际交往 • 富于同情心 • 可能会显得心肠太软 • 公平意味着每个人都被作为独特的个体来对待

第四维度——采取行动方式：判断型（Judging）—知觉型（Perceiving）

（1）个体完成任务而采取的行动方式。

（2）个体喜好的生活方式。

性格类型的第四维度所关注的是一个人更愿意有条理地还是随意地生活，其特点如表 3-5 所示。

表 3-5 性格类型的第四维度

维度	倾向性	具体表现	特点
J-P 维度 行动方式：你如何与外部世界打交道？	判断 Judging （J）	喜欢将事情管理得井井有条，过一种有计划的、井然有序的生活。喜欢做出决定，完成后继续下面的工作。生活通常会比较有规划、有秩序，喜欢把事情敲定下来。按照计划和日程安排办事对他们来说很重要。从完成任务中获得能量	• 有计划的 • 喜欢组织管理自己的生活 • 有系统、有计划 • 按部就班 • 爱制订短期和长期计划 • 喜欢把事情落实敲定 • 力图避免最后一分钟才做决定或完成任务的压力
	知觉 Perceiving （P）	喜欢以一种灵活、自发的方式生活，更愿意去体验和理解生活而不是去控制它。详细的计划或最后决定会使他们感到被束缚。愿意对新的信息和选择保持开放，直到最后一分钟。足智多谋，善于调节自己适应当前场合的需要，并从中获得能量	• 自发的 • 灵活 • 随意 • 开放 • 适应，改变方向 • 不喜欢把事情确定下来，以留有改变的可能性 • 最后一分钟的压力会使他们感到活力充沛

关于 MBIT 的效度、信度及效果的研究，目前还未形成定论。MBIT 的参与者认为它能有效地改变自身的行为，MBIT 的分数值与所从事的职业有关。对美、英、拉美、日本的管理人员 MBIT 分数的分析表明，大多数管理人员具有某些共同的个性类型，如 ISTJ、INTI、ESTJ 或 ENTJ 等。

二、MBIT 性格测评量表

MBIT 性格测评量表如表 3-6 所示。

表 3-6 MBIT 性格测评量表

一、哪一个答案最能贴切地描绘你一般的感受或行为？									
序号	问题描述	选项	E	I	S	N	T	F	J	P
1	当你某日想去一个地方，你会 A. 去之前，先计划好该做的事和何时做 B. 什么都不想，去了之后再说	A							○	
		B								○
2	你认为自己是一个 A. 根据情境变化适时调整，随遇而安的人 B. 做事遵循计划、有条理的人	A								○
		B							○	
3	假如你是一位老师，你更喜欢教 A. 偏重事实的课程 B. 偏重理论的课程	A			○					
		B				○				
4	你通常是一个 A. 容易与人混熟、健谈的人 B. 喜欢安静、话不多的人	A	○							
		B		○						
5	一般来说，你更倾向于和（ ）相处较好 A. 想法多、点子多的人 B. 注重现实的人	A				○				
		B			○					

序号	问题描述	选项	E	I	S	N	T	F	J	P
6	你更喜欢 A. 根据情感与关系来做决定 B. 根据理智与原则来做决定	A						○		
		B					○			
7	在处理事情的时候，你更喜欢 A. 按兴趣程度来安排做事 B. 按计划来安排做事	A								○
		B							○	
8	你感觉自己通常 A. 容易被别人了解 B. 难于被别人了解	A	○							
		B		○						
9	按照日程表办事 A. 合你心意 B. 令你感到束缚	A							○	
		B								○
10	当你有一份具体的工作要做时，你喜欢 A. 事先就规划好，写下时间表 B. 边做边调整	A							○	
		B								○
11	在大多数情况下，你更喜欢 A. 顺其自然，随机调整 B. 按日程表做事	A								○
		B							○	
12	大多数人说你是一个 A. 不太把事情告诉别人的人 B. 坦率开放、畅所欲言的人	A		○						
		B	○							
13	你更愿意被别人看成是 A. 注重实际的人 B. 机灵、点子多的人	A			○					
		B				○				
14	在一次聚会活动中，你 A. 容易主动去结识新朋友 B. 更多时候等着别人来认识你	A	○							
		B		○						
15	你更喜欢和（）打交道 A. 想法新奇、思路敏捷的人 B. 讲话有根有据、脚踏实地、遵循常理的人	A				○				
		B			○					
16	你倾向于 A. 重视感情多于逻辑 B. 重视逻辑多于感情	A						○		
		B					○			
17	你做事情时，更喜欢 A. 坐观事情发展才做计划 B. 很早就做计划	A								○
		B							○	
18	你喜欢花很多的时间 A. 一个人独处 B. 和别人在一起	A		○						
		B	○							
19	与很多人一起会 A. 令你活力倍增 B. 常常令你心力交瘁	A	○							
		B		○						
20	你比较喜欢 A. 很早便把约会、社交聚会等事情安排妥当 B. 无拘无束，看当时有什么好玩就做什么	A							○	
		B								○
21	计划一个旅程时，你较喜欢 A. 大部分时间都是根据当天的感觉行事 B. 事先知道大部分日子会做什么	A								○
		B							○	
22	在社交聚会中，你 A. 有时感到郁闷 B. 常常乐在其中	A		○						
		B	○							

续表

序号	问题描述	选项	E	I	S	N	T	F	J	P
23	你通常 A. 和别人容易混熟 B. 趋向自处一隅	A	○							
		B		○						
24	（ ）会更吸引你 A. 一个思维敏捷及非常聪颖的人 B. 实事求是，具丰富知识的人	A				○				
		B			○					
25	在日常工作中，你会 A. 颇为喜欢处理迫使你分秒必争的突发事件 B. 通常预先计划，以免在压力下工作	A								○
		B							○	
26	你认为别人一般 A. 要花很长时间才认识你 B. 用很短的时间便认识你	A		○						
		B	○							

二、在下列每一对词语中，哪一个词语更合你心意？请仔细想想这些词语的意义，而不要理会它们的字形或读音。

序号	问题描述	选项	E	I	S	N	T	F	J	P
27	A. 注重隐私	A		○						
	B. 坦率开放	B	○							
28	A. 预先安排的	A							○	
	B. 无计划的	B								○
29	A. 抽象	A				○				
	B. 具体	B			○					
30	A. 温柔	A						○		
	B. 坚定	B					○			
31	A. 思考	A					○			
	B. 感受	B						○		
32	A. 事实	A			○					
	B. 意念	B				○				
33	A. 冲动	A								○
	B. 决定	B							○	
34	A. 热衷	A	○							
	B. 文静	B		○						
35	A. 文静	A		○	○					
	B. 外向	B	○		○					
36	A. 有系统	A							○	
	B. 随意	B								○
37	A. 理论	A				○				
	B. 肯定	B			○					
38	A. 敏感	A						○		
	B. 公正	B					○			
39	A. 令人信服	A					○			
	B. 感人的	B						○		
40	A. 声明	A			○					
	B. 概念	B				○				
41	A. 不受约束	A								○
	B. 预先安排	B							○	
42	A. 矜持	A		○						
	B. 健谈	B	○							
43	A. 有条不紊	A							○	
	B. 不拘小节	B								○
44	A. 意念	A				○				
	B. 实况	B			○					
45	A. 同情怜悯	A						○		
	B. 远见	B					○			

续表

序号	问题描述	选项	E	I	S	N	T	F	J	P
46	A. 利益	A					○			
	B. 祝福	B						○		
47	A. 务实的	A			○					
	B. 理论的	B				○				
48	A. 朋友不多	A		○						
	B. 朋友众多	B	○							
49	A. 有系统	A							○	
	B. 即兴	B								○
50	A. 富想象的	A				○				
	B. 以事论事	B			○					
51	A. 亲切的	A						○		
	B. 客观的	B					○			
52	A. 客观的	A					○			
	B. 热情的	B						○		
53	A. 建造	A			○					
	B. 发明	B				○				
54	A. 文静	A		○						
	B. 爱合群	B	○							
55	A. 理论	A				○				
	B. 事实	B			○					
56	A. 富同情	A						○		
	B. 合逻辑	B					○			
57	A. 具分析力	A					○			
	B. 多愁善感	B						○		
58	A. 合情合理	A				○				
	B. 令人着迷	B				○				

三、哪一个答案最能贴切地描绘你一般的感受或行为？

序号	问题描述	选项	E	I	S	N	T	F	J	P
59	你要在一个星期内完成一个大项目，你在开始的时候会 A. 把要做的不同工作依次列出	A							○	
	B. 马上动工	B								○
60	在社交场合中，你经常会感到 A. 与某些人很难打开话匣子和保持对话	A		○						
	B. 与多数人都能从容地长谈	B	○							
61	要做许多人也做的事，你比较喜欢 A. 按照一般认可的方法去做	A			○					
	B. 构想一个自己的想法	B				○				
62	你刚认识的朋友能否说出你的兴趣 A. 马上可以	A	○							
	B. 要待他们真正了解你之后才可以	B		○						
63	你通常较喜欢的科目是 A. 讲授概念和原则的	A				○				
	B. 讲授事实和数据的	B			○					
64	哪个是较高的赞誉，或称许为 A. 一贯感性的人	A						○		
	B. 一贯理性的人	B					○			
65	你认为按照程序表做事 A. 有时是需要的，但一般来说你不大喜欢这样做	A								○
	B. 大多数情况下是有帮助而且是你喜欢做的	B							○	
66	和一群人在一起，你通常会选 A. 跟你很熟悉的个别人谈话	A		○						
	B. 参与大伙的谈话	B	○							

序号	问题描述	选项	E	I	S	N	T	F	J	P
67	在社交聚会上，你会 A. 是说话很多的一个 B. 让别人多说话	A	○							
		B		○						
68	把周末期间要完成的事列成清单，这个主意会 A. 合你意 B. 使你提不起劲	A							○	
		B								○
69	哪个是较高的赞誉或称许 A. 能干的 B. 富有同情心	A					○			
		B						○		
70	你通常喜欢 A. 事先安排你的社交约会 B. 随兴致所至做事	A							○	
		B								○
71	总的说来，要做一个大型作业时，你会选 A. 边做边想该做什么 B. 首先把工作按步细分	A								○
		B							○	
72	你能否滔滔不绝地与人聊天 A. 只限于跟你有共同兴趣的人 B. 几乎跟任何人都可以	A		○						
		B	○							
73	你会 A. 跟随一些证明有效的方法 B. 分析还有什么毛病及针对尚未解决的难题	A			○					
		B				○				
74	为乐趣而阅读时，你会 A. 喜欢奇特或创新的表达方式 B. 喜欢作者直话直说	A				○				
		B			○					
75	你宁愿替哪一类上司（或者老师）工作 A. 天性纯良，但常常前后不一的 B. 言辞尖锐但永远合乎逻辑的	A						○		
		B					○			
76	你做事多数是 A. 按当天心情去做 B. 照拟好的程序表去做	A								○
		B							○	
77	你是否 A. 可以和任何人按需求从容地交谈 B. 只是对某些人或在某种情况下才可以畅所欲言	A	○							
		B		○						
78	要做决定时，你认为比较重要的是 A. 据事实衡量 B. 考虑他人的感受和意见	A					○			
		B						○		

四、在下列每一对词语中，哪一个词语更合你心意？

序号	问题描述	选项	E	I	S	N	T	F	J	P
79	A. 想象的	A				○				
	B. 真实的	B			○					
80	A. 仁慈慷慨的	A						○		
	B. 意志坚定的	B					○			
81	A. 公正的	A					○			
	B. 有关怀心	B						○		
82	A. 制作	A			○					
	B. 设计	B				○				
83	A. 可能性	A				○				
	B. 必然性	B			○					
84	A. 温柔	A						○		
	B. 力量	B					○			
85	A. 实际	A					○			
	B. 多愁善感	B						○		
86	A. 制造	A			○					
	B. 创造	B				○				
87	A. 新颖的	A				○				
	B. 已知的	B			○					

序号	问题描述	选项	E	I	S	N	T	F	J	P
88	A. 同情	A						○		
	B. 分析	B					○			
89	A. 坚持己见	A					○			
	B. 温柔有爱心	B						○		
90	A. 具体的	A			○					
	B. 抽象的	B				○				
91	A. 全心投入	A						○		
	B. 有决心的	B					○			
92	A. 能干	A					○			
	B. 仁慈	B						○		
93	A. 实际	A			○					
	B. 创新	B				○				
每项总分										

[评分方法]

1. 当你将题卡涂好后，把8项（E、I、S、N、T、F、J、P）分别加起来，并将总和填在每项最下方的方格内。

2. 请复查你的计算是否准确，然后将各项总分填在表3-7对应的方格内。

表3-7 每项总分

外向	E	
感觉	S	
思考	T	
判断	J	
内向	I	
直觉	N	
情感	F	
知觉	P	

确定类型的规则：

（1）MBIT 以四个组别来评估你的性格类型倾向：

"E—I" "S—N" "T—F" 和 "J—P"。请你比较四个组别的得分。每个组别中，获得较高分数的那个类型就是你的性格类型倾向。例如，你的得分是：E（外向）12分，1（内向）9分，那你的类型倾向便是 E（外向）了。

（2）将代表获得较高分数的类型的英文字母填在图 3-1 的方格内。如果在一个组别中，两个类型获同分，则依据图 3-1 中的规则来确定你的类型倾向。

评估类型

同分处理规则　　假如　E=1　请填上1
　　　　　　　　假如　S=N　请填上N
　　　　　　　　假如　T=F　请填上F
　　　　　　　　假如　J=P　请填上P

图 3-1 MBIT 性格类型倾向评价

第四节　性格与职业发展

性格决定着职业发展的长远，而各种职业的社会责任、工作性质、工作内容、工作方式、服务对象和服务手段的不同，决定了它对从业者性格的不同要求。在现今职场中，因性格与职业的选择发生错位而导致职业的失败，已逐渐成为职场人士面临的越来越严峻的问题。性格并无好坏之分，但性格类型与职业类型的匹配关系却决定了职业的成功与否。要想让性格与职业达到最佳的匹配度，首先要正确了解自己的个性，了解性格与职业定位的关系。性格若能与工作相匹配，工作中更能得心应手、轻松愉快、富有成就感；反之，则会不适应、困难重重，给个人的发展造成影响。

一、性格影响职业生涯发展

职业性格是一个人对职业的稳定态度和在职业活动中习惯化了的行为方式所表现出来的个性心理特征，对个人的职业生涯规划有重要意义。

性格对职业生涯规划有重要的影响，基于以下原因：

（1）性格是个体人格中具有核心意义的部分，几乎涉及一个人的心理过程及个性特征的各个方面，与职业息息相关。

性格使一个人更加偏爱某一种而不是另一种环境，由于性格的不同，每个人在对不同环境的认知过程中，也表现出不同的个性化风格。从事与自己的性格不匹配的工作，个人的才能就会受到阻碍，会让你觉得整个工作状态都很"不对劲"。使一个人在某种职业中获得成功的性格，可能会让你在另一职业中大受挫折。因此在职业选择中，我们应充分考虑自己的个性特征与职业要求是否相适应，这样在工作中才能满足你的独特欲望，发挥你特有的能力，还能利用你的个人资本，体验到更多的快乐和愉悦。

（2）在职业发展上，性格比能力重要。用人单位在选人上逐渐认识到性格比能力重要。这种认识在国外已经相当普及。其原因是，如果一个人能力不足，可通过培训提高，但一个人的性格与职业或岗位不吻合，要改变起来就困难了。所以，公司在招聘新人时，会将性格测试放在首位，当性格与职业或岗位吻合时，才对其能力进行测验考察。如果性格与职业或岗位不吻合，即使再高的学历和能力，也不予录用。

（3）性格无所谓好坏，关键看是否放对了地方，每一类性格都有与之相适应的职业范围。职业心理学的研究表明，不同的职业需要具有不同性格的从业者，某一类职业工作能够体现出某一类共同的职业性格。例如，敏感型的人，精神饱满，好动不好静，办事喜欢速战速决，但行为常有盲目性，有时情绪不稳定。这类人适合的职业范围包括运动员、行政人员及一般性职业。情感型的人，感情丰富，喜怒哀乐溢于言表，不喜欢单调的生活，爱刺激，爱感情用事，对新事物很有兴趣。这类人适合的职业范围包括演员、导游、活动家、护理人员等。思考型的人善于思考，逻辑思维发达，有比较成熟的观点，生活、工作有规律，时间观念强，重视调查研究的精确性，但有时思想僵化，缺乏灵活性。这类人适合的职业范围包括工程师、教师、财务人员和数据处理人员等。想象型的人想象力丰富，憧憬未来，喜欢思考问题，有时行为刻板，不易合群。这类人适合的职业范围包括科学工作者、技术研究人员、艺术工作者和作家……我们不可能设想让一个性格暴烈的人去做公关、谈生意或做服务工作；让一个性格怯懦、柔弱的人去搞刑侦破案；让做事大大咧咧、马马虎虎的人去当医生或会计。

二、调整性格适应工作

职场上没有百分之百适合你性格的工作在那里等你，职场上也不可能找到完全适合你的工作。比如，按心理学的个性分类，从事推销工作的人最好是权力型性格的，而且表达能力强。但事实上，很多销售业绩最好的人并不是那些伶牙俐齿的人，很有可能是那些看上去性格比较内向的，拙于言辞，但他们能根据客户的需求调整自己的性格，尽量与客户去沟通。他们虽然话不多，很多时候更像个咨询师，一说就能说到实处，让客户感到实在、放心，如此调整自己，才取得了日后的成功业绩。

三、更换工作适应性格

过去人们常说"尺有所短，寸有所长"，意思是说每个人都有特定的禀赋，更适合做某一类工作。有些人觉得目前的工作使自己不快乐，是因为他们认为目前的工作不适合自己的性格，所以，他们总想找一份更适合自己的工作。很多时候，人们对目前的工作不满意，通常会选择跳槽，从某种角度上说，跳槽也不失为一种生存技能。

第五节　大学生如何培养气质和完善人格

一、健康人格与健全人格

（一）两者辨析

心理学家悉尼·乔拉德和特德·兰兹曼认为，健康人格是人的良好的行为方式，由理智所引导并尊重生活，因此人的需要得以满足，而且人的意识、才智以及热爱自我、自然环境和他人的能力都将得以发展。健康人格的主要特点是能保持人格的完整性、统一性、稳定性、灵活性，认知、情感、价值、道德、审美等要素整合良好，内心冲突较少，身心系统经常处于平衡、稳定的状态。

健康人格与健全人格不同，健康人格是心理健康的表现和范畴之一，即心理健康的人格，是与人格障碍、人格偏差相对的一个概念，健康人格是健全人格的基础。健全人格，又称完整人格，是健康人格走向全面发展的、完善的、个性化的理想人格的目标。

（二）人格偏差与人格障碍

人格偏差是指偏离了健康水平的人格，若干不良的性格比较稳定地组合在一起，形成了一定的风格，此风格阻碍了个人对现实生活的适应。轻度的表现为人格缺陷、人格偏差，严重的可能导致人格障碍。人格障碍属于精神疾病的一类，是指人格特征明显偏离正常，形成了一贯反映个人生活风格和人际关系的异常行为模式。

1.常见的人格偏差

常见的人格偏差包括自卑心理、敌意心理、自我中心、依赖心理、嫉妒心理、偏执心理、追求完美、冲动性。

（1）自卑心理。自己看不起自己，也担心别人看不起自己，看不到自己的价值和长处，以消极的态度看待自己，缺乏自信，无论做什么总认为自己不行。害怕失败，担心被人耻笑，做好一件事时，认为是应该的或必需的，而一旦做不好则认为自己无能，认为自己样样不如人，因而陷入自责、不安、懊悔之中，导致适应不良。由于自卑，不敢与人交往，工作缺乏主动性，不敢承担责任。

（2）敌意心理。总认为别人对自己不好，社会对自己不公平，好像戴着有色眼镜看人生。认为别人不理解他，不信任他，不支持他，因此容易与人冲突、争吵、敌视甚至仇恨，时常愤愤不平。

（3）自我中心。以自我为中心，对自我评价过高，对别人要求也过高，凡事总是先想到自己，想到自我的利益。只想别人为他服务和对他进行赞扬、肯定，只向社会和他人索取，而不想回报，常有不切实际的愿望和要求，因而易有挫折感，人际关系不良。

（4）依赖心理。缺乏主见，决策困难，总是希望或依靠别人来做决定。缺少独立性、自主性，常附和别人，压抑自己，过分寻求别人的赞同、支持，过度依赖别人的照顾，不能独立面对生活。

（5）嫉妒心理。心胸狭窄，不能容忍他人超过自己，对比自己强或优越的人，心怀醋意，讽刺，挖苦，甚至造谣，中伤，打击，将时间精力和才智浪费在与人计较、攻击或伤害他人的无益行动中，其结果是既损人又害己。嫉妒心人皆有之，但不能过分，过之则害人害己。若将嫉妒心升华为竞争心，将其引导到正常竞争之中，则成为动力。

（6）偏执心理。敏感多疑、不信任人和固执是其主要特点。自尊心过强，期望别人都尊重他，重视他，未给予特殊待遇便感到受了委屈，别人无意中的一句话可以被认为是针对他的，与他过不去。固执己见，很难接受不同意见，只看对他不利的一面，忽视了好的一面。时常与人相争，容易与人为敌，总是感到他人对不起自己，有意为难他。因此，与人矛盾不断，难以适应现实生活。

（7）追求完美。不能容忍自己的缺点或失败，对自己持过高的要求，对自己的缺点过分夸大。一帆风顺时尚可，一旦遇到挫折，达不到期望目标，便感到自卑，认为是自己的过错，是自己无能。谨小慎微，紧张多虑，担心失败，活得很累，影响了正常能力的发挥和人际关系。

（8）冲动。遇事沉不住气，易发脾气，做出过激反应，与人争吵甚至大动干戈。对适应非常不利：破坏了心理平衡，使人失去理智；破坏了人际关系，影响了感情；破坏了个人形象，显得没有修养；导致行为失控，产生许多难以预料的后果。在冲动的驱使下，人们甚至会出现犯罪行为。

2.人格障碍者的共同特征

（1）他们都有紊乱不定的心理特点和难以与人相处的人际关系。

（2）他们把自己所遇到的困难都归咎于命运和别人的过错。

（3）他们认为自己对别人没有责任可言。

（4）无论走到哪里总是把猜疑、仇视和固有的想法带到那里。

（5）他们的行为伤害了别人，而自己却泰然自若。

（6）对自己的不良行为缺乏认识，很少有求助的动机。

以上所列举的特征仅供参考，对人格障碍的确诊有严格的诊断标准，必须由专业的精神科医生进行诊断，早发现早治疗。

二、大学生健康人格的标准与塑造

（一）大学生健康人格的标准

1.和谐的人际关系

人际关系最能体现一个人人格健康的程度。人格健康的大学生乐于与他人交往，能与教师、同学建立良好的关系，与人相处时，尊敬、信任、接纳、宽容等积极态度多于嫉妒、怀疑、敌对、厌恶等消极态度；人格健康的人常常以诚恳、公平、谦虚待人。和谐的人际关系既是人格健康水平的反映，同时又影响和制约着健康人格的形成和发展。

2.良好的社会适应能力

社会适应能力反映了人与社会的协调程度。人的社会适应能力是在社会化过程中不断发展的。人格健康的大学生懂得及时调整自我，积极适应学校的学习和生活，遵守学校规则，愿意参与班级、社团等团体活动；以一种开放的态度，主动关心社会，了解社会，观察所接触到的各种事物和现象，对社会现象有思辨能力，不盲目跟风，能够看到社会发展的积极面和主流。

3. 乐观向上的生活态度

积极向上的生活态度是人类在社会实践中获得的本质力量的表现。乐观的大学生常常能看到生活的光明面，对前途充满希望和信心，对自己的学习或未来职业抱有浓厚的兴趣，愿意为目标努力奋斗，踏实前进，获得成功。即使在生活中遇到困难和挫折，也能耐心地去应对，不畏艰险，勇于拼搏。相反，悲观的大学生常常看到生活的阴暗面，对任何事情都不感兴趣，心情沉重，遇到一点挫折就情绪低落，怨天尤人，甚至自暴自弃。

4. 正确的自我意识

自我意识是个体对自己与他人、与周围世界关系的认识。自我意识是一个完整的心理结构，表现在认识过程中，就是正确地认识自己，客观地评价自己；表现在情感过程中，就是自尊、自信，有自豪感、责任感；表现在意志过程中，就是能够自我监督、自我调节，努力发展身心潜能。具有健康人格的大学生对自己有恰如其分的评价，充满自信，扬长避短，在日常生活中能有效地调节自己的行为，与环境保持平衡。缺乏正确自我意识的大学生常常表现为自我冲突、自我矛盾，或者自视清高、妄自尊大，做力所不能及的工作；或者自轻自贱、妄自菲薄，甘愿放弃一切可以努力的机遇。

5. 良好的情绪调控能力

情绪对人的活动、人的健康有重要影响。积极的情绪体验能使人振奋精神，增强人的信心，提高人的活动效率；消极的情绪体验会降低人的活动效率，长期积累甚至能使人致病。情绪标志着人格的成熟程度。人格健康的人情绪反应适度，具有调节和控制情绪的能力，能经常保持愉快、开朗的心境，并富有幽默感。当消极情绪出现时，他能合理地宣泄、排解、转移、升华。

（二）大学生健康人格的塑造

健康的人格是大学生心理健康的基础，是适应社会发展的必备条件，是大学生自身发展的源泉。人格在人一生的发展轨迹中，具有决定性作用，扮演着十分重要的"领导"或"向导"角色。一个人真正的成功，是成功的人格，而真正的失败，也与人格息息相关。健康的人格和意志品质是大学生必备的基本素质。

对照人格健康的标准，评估人格健康水平，自检偏差或缺陷，寻找偏差或缺陷产生的原因，通过自我调控系统对其进行调节。

充分了解自身个性，找出缺陷并进行调适，有助于我们今后更好地适应社会。常见的人格缺陷有自卑、抑郁、怯懦、孤僻、冷漠、悲观、依赖、敏感、多疑、焦虑或对人敌视、暴躁冲动等，这些都是不健康的心理因素。它们不仅影响活动效率，妨碍正常的人际关系，同时还会给人蒙上一层消极、阴暗的色彩。自我调控系统是人格发展的内部因素。调控系统是以自我意识为核心，主要作用是对人格的各个成分进行调控，保证人格的完整、统一、和谐。

【案例分析】

折翼的小华

小华在高中学习成绩一直不错，是个认真、踏实、努力的孩子，是父母和老师的骄傲，大家都认为他会考上一所本科学校，但是不知什么原因，他的高考成绩并不理想，进入一所高职院校，他觉得辜负了父母的期望，也失去了实现自己理想的机会，前程无望，说自己就像折翼的鸟，再也飞不起来了。于是，在学校里自暴自弃，萎靡不振，经常旷课，和高中相比就像变了一个人。你觉得他出现了什么心理偏差吗？你认为他应该如何进行自我调控？

当个人目标失败，期待落空时，一时产生失望、受挫感是正常的，重要的是及时调控，积极投入新的生活。小华受挫败的情绪影响产生了认知与行为的偏差。

培养现实检验与判断的能力。看待自己、他人、事件不是根据自己的投射或希望，而是根据客观现实，能理性分析生活事件，做出正确判断。保持现实感，减少幻想，树立切合实际的学习、职业、生活目标，有良好的现实知觉。

【案例分析】

落选的班长

大学新生小田，因为高中当过班长，刚入校期间表现不错，由老师指定他暂任班长。因为他习惯用中学时严苛的管理方式去对待其他同学，引起部分同学的反感，后来在班干部改选中落选。于是，小田就疑心是某些"小人"嫉妒他的才干，在老师那里搞鬼，认为自己受到了排挤和压制，认为同学与老师对他不公平，迫害他。因此，他就指责他们，埋怨他们，后常与同学、老师发生冲突，有时还到校长和家长那里告状，要求恢复他的班长之职，否则扬言要上告、伺机报复。大家都耐心地劝他，他总是不等别人把话说完，就急于申辩，始终把大家对他的好言相劝理解为恶意。他这样无理取闹，与同学、老师的关系日益恶化。

分析：

（1）落选并不是落难。在人际交往中的多疑往往是在思考问题时的思维偏差引起的，一个人一旦心生猜疑，就会将所有的分析判断建立在只证明自己幻想的基础上，他看到的都是他投射的信息。

（2）在自我状态下，自我悦纳，自信、独立、自尊。坚持内省与自律。积极参加体育锻炼；通过某种正当的爱好与兴趣，培养审美情趣，调整心态。尝试静心练习，在学习之余，常听轻松、幽雅、恬静的音乐，赏花悦心，书面静神，闭目养神，使肌肉、神经都处于完全放松的状态。

（3）在人际环境中，积极参加团体活动，在活动中塑造自我，在团体中形成个性。以开放的心态，在团体中接纳他人，向他人学习，接受外界的积极影响。

三、大学生健全人格的发展

人格的形成是以一定的遗传素质为自然前提的，但环境因素和自我努力在人格的形成和完善中起决定性作用。大学生的自我意识已趋于成熟，因此，自我塑造是培养健全人格的主要途径。

（一）了解自己人格类型的特点

人格的培养和塑造，其最终目的是改正缺点，吸收优点，不断完善自我。因此，大学生应清楚地了解自己的人格，并采用扬长避短的原则，发扬自身之长，努力克服自己人格中的缺点或不足，逐步形成健全的人格。

就气质类型的特点来看，气质类型本身没有好坏之分，每一种气质都有积极的方面和消极的方面。例如，胆汁质的人容易发动迅速有力的动作，形成勇敢、爽朗等积极品质，但也容易形成粗心、暴躁等消极品质；黏液质的人容易形成稳重、坚毅、有耐心的积极品质，但也容易形成冷淡、固执、拖拉等消极品质；多血质的人容易形成活泼、机敏、爱交际、富于同情心等积极品质，但也容易形成轻浮、精力分散、注意力不稳定、忽冷忽热等消极品质；抑郁质的人容易形成细心、观察力敏锐、做事小心、情感细腻等积极品质，但也容易表现出耐受力差、胆小怕事、不爱交际、孤僻、怯懦、多疑等消极品质。因此，大学生应在了解自己的气质类型和特点的基础之上，努力使自己向积极方面发展。

（二）学会自我教育

大学生健全人格自我塑造的一个很重要的途径就是学会自我教育。因为自我教育是其他教育和环境影响的内化和深化，是人格形成中由被动变为主动的过程。其主要内容和方法包括以下几方面。

1. 保持良好的心境

在自我教育中，要学会保持良好的心境。在日常的学习和生活中，应主动培养健康的生活情趣，合理调节自己的情绪，保持积极、乐观的心境。一般来说，一个人偶尔心情不好，不会影响其性格。但若经常生气、发脾气，为一点小事而大动肝火，那就容易形成暴躁易怒、神经过敏、冲动、沮丧的性格特征。因此，大学生要乐观地对待生活，愉快地体验生活，培养幽默感，即使遇到困难和挫折，也要从积极的一面去思考问题；即使身处逆境，也不要埋怨生不逢时，怪罪别人没有照顾自己，而应学会正视现实，敢于直面挑战，采取积极、进取的态度去适应环境。

2. 培养自我调控能力

大学生的主体意识表现为强烈的内在的心理需求与外部行为方面的主动性。自我调节是指主动按照自己的实际情况与社会的要求，为自己的思想、道德、学习及行为制定具体的奋斗目标，并对自己的活动进行有意识、有目的的调控。自我调节体现了大学生的自觉性、自信心和主体意识，能激发大学生的潜能，充分调动其主观能动性，使其自身的成长与社会要求相适应。在自我调节的具体过程中，大学生应从自己的实际情况出发，在学习、活动、性格发展等实践方面，学会不断自我教育，自己管理自己，从而增强自我调控能力。

学习自我控制，还要对环境影响保持自己的相对独立性，不论对人对事都应该有自己的主见，按照自己的信念去行动，而不是随大溜。特别应该指出的是，在当前社会变迁、价值多元化、各种思潮涌现以及各种生活方式竞相呈现在人们面前的时代，大学生应接受环境中积极的影响，经受住各种不良诱惑，提高自己对诱惑的抵抗力，只有如此，才能使自己的价值观等不受干扰，使自己的个性健康发展。

3. 学会反省

在自我教育的过程中，大学生要学会自我反省，即经常反省自己的思想和言行。孔子曾讲过："见贤思齐焉，见不贤而内自省也。"意思是说，看到一些好的行为或好的榜样，就要马上学习，塑造同样好的性格；看到不好的行为或事情，要反省自己是否有同样的缺点和不足。在自我反省的过程中，首先要学会客观地、全面地认识和评价自己，既不要自我膨胀，也不要自我贬低；既要善于发现自己的长处，也要敢于承认自己的短处。

（三）增强对挫折的承受力

挫折是指人们在某种动机的推动下想要达到目标而受到阻碍，因无法克服而产生的紧张状态和情绪反应，如沮丧、焦虑等。挫折承受力则是指个体遭到挫折时，能摆脱困扰而免于心理与行为失常的能力，也就是个体经得起打击或经得起挫折的能力。

大学生常常富于理想，把未来看得过于美好，而对可能遇到的困难和挫折缺乏充分的心理准备。另外，由于人生经历单一，缺乏艰苦生活的锻炼，再加上社会、家庭等多种原因，使得不少大学生对挫折的承受力较差，稍有小事即可引起挫折感，难以面对现实生活的挑战。由于挫折往往会导致心理上的挫折感、缺陷感和失落感等，随之而来的便是抑郁与失望。因此，加强挫折教育、增强挫折承受力，对健全人格的培养具有重要的意义。

（四）积极参与社会实践，培养良好习惯

人的任何目标都要通过实践才能达到。大学生正处在自我意识的高度发展阶段，内心都希望独立自主，希望参与学校活动和社会实践。只有亲身参与各种社会实践活动，大学生才能加深对社会的认同和理解，真正增强自己的社会责任感。此外，社会是个大舞台，每个人最终都要在这一舞台上扮演自己的角色，只有到社会生活中去锻炼，才能把握好自己的角色，形成自己独特的人格。因此，大学生在完成学业的首要前提下，应积极参与学校组织的社会实践和科研活动，以尽快适应未来的社会角色。

另外，健全的人格体现在良好的行为方式中。心理学研究也证明，良好习惯的形成有助于改变人格的内在品质和结构。因此，健全人格塑造的另一重要途径就是培养良好的习惯。榜样的力量是无穷的。在实际操作中，可以现实生活中具有良好个性的人为自己的目标或榜样，从点滴小事做起，锲而不舍，经过长期艰辛的锻炼，终能实现自己确定的健全人格的目标。

（五）扩大社会交往，建立良好的人际关系

众所周知，不良的个性品质对个体社交的影响很大。一个开朗热情、为人诚恳、尊重他人、富于同情心的学生，大多能很好地适应各种社会交往，能比较容易地获得群体和他人的接纳。相反，对于为人虚伪、自私自利、不尊重他人、猜疑、报复、固执等不良性格倾向的人，他人在与之交往中会产生危险、紧张、怀疑等不良反应。因此，和谐的人际关系既是大学生心理健康不可缺少的条件，也是大学生人格塑造的重要途径。大学生在交往过程中应注意以下几方面。

1. 真诚热情

在人际交往中，热情能给人以温暖，能促进人的相互理解，因此，待人热情是沟通人的情感、促进人际交往的重要心理品质。若对方感到了他人的真诚与热情，显然也会对其给予肯定的评价。所以在交往中，以饱满的热情坦诚言明自身的利益，可以使人显得真诚而又合情合理。这样，自然会获得对方的接纳。

2. 彼此信任

美国哲学家和诗人爱默生说过："你信任他人，他人才对你重视。"在人际交往中，信任就是要相信他人的真诚，从积极的角度去理解他人的动机和言行，而不是胡乱猜疑、相互设防。信任他人必须真心实意，而不是口是心非或虚情假意。

3. 肯定对方

人类普遍存在对自尊的需要，只有在自尊心高度满足的情况下，才会产生较大程度的愉悦，才会在人际交往中乐于接受对方的态度、观点。大学生都有较强的自尊心，因而在交往中首先必须肯定对方、尊重对方，这是成功交往的重要因素之一。

（六）在业余活动中培养健全的人格

历史上，那些有重大建树的科学家也并非整天埋在书堆里——爱因斯坦喜欢拉小提琴；居里夫人爱好旅行、游泳、骑自行车；苏步青爱好写诗，喜欢音乐、戏曲和舞蹈……可见，丰富多彩的兴趣、爱好不仅不会妨碍人们的事业，相反，还可以培养人们的高尚情操，潜移默化地作用于人们的学习、生活和工作中。对大学生而言，在保证自己的学习和社会工作完成的前提下，应该去发展健康、高尚、有益于知识增进和性格培养的兴趣。例如，可以选择音乐、舞蹈等业余爱好，培养自己开朗活泼的性格；也可以选择游泳、足球、武术等运动项目，培养自己勇敢的性格；还可以通过参加棋类、绘画、书法等活动，培养自己耐心细致的性格。

【案例分析】

某高校一大一女生，19岁，由于从小到大都是爸爸妈妈陪着她，一切事情都是父母照料，甚至衣服鞋袜都是父母帮她洗。现在进入大学，由于生活中缺少了爸妈的帮助，她很多事情都不会做，甚至看到同学们异样的眼光，她经常梦到和爸妈一起生活的日子，梦到和同学们一起的快乐生活，醒来后的现实让其经常流泪，因此她不能集中精力学习，眼前经常浮现父母的身影。

根据叙述，诊断为依赖型人格障碍患者。依赖型人格障碍是日常生活中较为常见的人格障碍。它的主要特征是：无主见、无助感、被遗弃感、无独立感、过度容忍、害怕孤独、难以接受分离、易受伤害等。依赖型人格障碍的产生源于人的自身发展的早期。幼年时期儿童离开父母难以生存，在儿童印象中保护他、养育他、满足他一切需要的父母是万能的，必须依赖他们，总怕失去父母的保护。这时如果父母过分地溺爱，鼓励子女依赖父母，不让他们有自主和自立的机会，久而久之，在子女的心目中就会对父母或权威产生依赖心理，成年以后仍然不能做主。此类患者缺乏自信心，总是依赖他人来做决定，终身不能承担起选择和完成各项任务及工作的责任，形成依赖型人格。

依赖型人格形成以后，怎样去改变呢？对其产生的原因要充分地了解，入学后要重新认识新环境，适应新生活，确立新目标，塑造新自我。每到一个新环境，一定要从头再来，同时要自觉地培养锻炼自己自立自强、独立生活的意识。认识目前所学的专业，充分认识人生的竞争，使自己产生紧迫感和责任感，积极主动地扩大人际交往，融入寝室集体、班级集体中，寻找新朋友，培养新感情。只要充分认识到自己的弱点，并有意识地去改变，最终，依赖型人格就会慢慢清除。

第四章　我喜欢什么——自我探索之兴趣探索

追寻兴趣

时间追溯到 2011 年夏天，刚刚参加完高考，唐时进便马上着手填报大学志愿。对唐时进而言，这是他人生中的第一次重要选择，教学楼前的墙上贴满了全国各大学校的招生宣传画。伫立画前，唐时进一片迷茫，不知所措。他咨询了一直支持他的父母，可是唐时进的父母都是地地道道的农民，每天日出而作、日落而息，对外面的世界知之甚少，他们心有余而力不足，无法给孩子一个具体的建议。

面对儿子求助的眼神，慈祥的母亲只对儿子说了一句话："孩子，妈妈没什么文化，我觉得你自己喜欢什么（专业）就选报什么吧。"唐时进说："我喜欢学医。"就这样，他决定把所有志愿都填上医学院校。这时唐时进的大伯听说侄儿高考要填报志愿，也赶来出主意。大伯是唐时进家族中最有知识的人，他是中华人民共和国成立早期的大学生，当时又在当地市政府经济部门供职，所以他的建议在唐时进看来具有绝对的权威性。

大伯根据自己多年的社会经验，并从国际国内的经济形势分析入手，建议唐时进选择"纺织材料检验"专业，唐时进接受了大伯的建议。不久，唐时进接到了大学录取通知书，从此踏上了纺织材料检验之路。

在进入大学校园后的第一学期，唐时进很快就发现，自己的兴趣不在纺织材料方面，从此以后，唐时进便利用大量课余时间到学校图书馆借书阅读，寻找自己兴趣的闪光点。

不久，唐时进在图书馆中借阅到一本普及心理学知识的《心理学》教材，在翻过此书的目录后，他就有一种感觉：对心理规律的探索将是他内心兴趣所在。唐时进一口气把此书看完，并且做了非常详细的笔记。

心理学不仅唤起了唐时进浓厚的学习热情，而且使他高考时的自我潜在兴趣得到了满足。在心理学知识的进一步深化过程中，唐时进发现心理现象与身体生理等要素关系密切，要学好心理学，还必须学习相应的解剖学、生理学等方面的知识。而解剖学与生理学等学科内容的补充正好迎合了唐时进对医学专业的酷爱。正如唐时进所说："高考志愿的选择使我偏离了从医的轨道，但对心理学这门学科的发现与学习却使我回到了原来的路线，纠正了偏离的道路。今后虽不能成为医学方面的大夫，但完全可以成为心理学方面的医生。"

大学四年是重要的职业探索和定向期，唐时进能在广泛拓展各方面知识的基础上，结合自己的兴趣爱好、特长等实际情况来选定自己未来就业的方向。想一想，你高考之后填报志愿时，有过像唐时进这样的情景吗？想一想在大学里，你学习的专业是你喜欢的吗？如果不是，你打算怎样面对？

兴趣是人们力求认识、掌握某种事物，并经常参与该活动的心理倾向，是人们积极探究某种事物的认识倾向。职业兴趣是一个目标管理的过程，探索职业兴趣不是单纯依靠学校的学习过程获得的，更多的是潜在于社会活动中。简单地从优势学科中去探讨职业兴趣，往往是不得其解的。职业兴趣必须接受价值观的考验才能明确其倾向的适应度。发现自己的职业兴趣，不仅能促使学生获得目标管理能力，还能督导学生培养自己的专业习惯，以应对未来的职业需要。早期获得职业兴趣方向，就能规避日后就业过程中的盲目性和不稳定性，早日进入职业发展阶段，成为自我满意的人。

第一节　兴趣的自我探索

一、自我兴趣认知

（一）兴趣的概念

兴趣是建立在需要的基础上，是个人对其环境中的人、事、物所产生的喜爱程度，是个人力求认识、掌握某事物，并经常参与该种活动的心理倾向。它是人们选择并参与活动的巨大推动力，是影响一个人职业选择和发展非常重要的情感性倾向因素之一，促使人们力求认识、掌握某种事物或参与某项活动。每个人的喜好不同，就会有不同的选择。当个人对某事物有兴趣时，会对它产生特别的注意力，针对该事物达到感知敏锐、记忆牢固、思维活跃、情感浓厚、意志坚定的理想状态。例如，对音乐感兴趣的人，就会将注意力集中于与音乐有关的事物和活动，在其言谈举止中也会流露出心驰神往的情绪。研究发现，人的兴趣与需要有密切的关系。一般来说，需要的对象就是兴趣的对象。例如，很多人在学生阶段都会憧憬自己的未来，为了满足这种需要，他们会在某些成功人士身上找到参照，于是对一些明星产生浓厚兴趣，并努力模仿他们的形象和行为。

（二）兴趣的作用

兴趣是一个人健康成长和个性形成与发展不可缺少的因素，对人们当前的活动和未来的发展都有很重要的作用。

（1）良好兴趣的发展为未来活动起到一定的准备作用，它可以使人的智力得到开发，知识得以丰富，眼界得到开阔，并使人善于适应环境，对生活充满热情，为人们未来的发展打下基础。

（2）兴趣可以促使人们集中精力去获取知识，积累知识，锻炼能力，并创造性地完成当前的活动，它是人们认识事物和从事活动的强大动力，激励人们克服疲劳、战胜困难，推动人们实现目标。

【课堂阅读】

兴趣与投入是人生幸福感的来源

美国芝加哥大学心理学教授米哈利（Mihaly Csikszentmihalyi）研究是什么东西真正令人们感到幸福和满足。他发现，和人们通常想象的不同，他们不是在很放松、什么事也不做（比如看电视）的时候，而是在专心致志、积极地参与某种活动，甚至忘我地沉浸在这种活动中的时候，感到最为愉快和满足。

米哈利的这一发现说明：人们的满足感、幸福感往往来源于从事某种活动，而不是无所事事或单纯地享乐游玩。他一直强调要做自己喜爱的事情，才能获得快乐，而这也正是工作原本的意义所在。毕竟对大多数人而言，工作占据的是他们一生之中、一天之中最好的时光。

（资料来源：百度文库）

（三）兴趣的品质

兴趣对人的生活活动，尤其是获得知识、技能具有重要意义。人们的兴趣各有特点，差异明显，这种差异可归结到兴趣的品质上。具体来说，兴趣的品质包括以下几个方面。

1. 中心性

兴趣的中心性是指在广泛兴趣的基础上对某种兴趣的集中程度。中心兴趣可以促使人目标集中，获得深邃的知识，发展某方面的特殊才能，使活动富有创造性。如果只有广泛的兴趣而没有一个兴趣的中心（即专一的兴趣），那么，人们的兴趣只能停留在对某一事物或活动的低水平的"有趣"或"乐趣"上，而无法发展到水平比较高的"志趣"上。因而，"泛而有精"的兴趣对大学生在事业上能否取得成功有重要作用。

2. 稳定性

兴趣的稳定性是指兴趣保持或持续时间的长短。有的人能够长时间对某项事物保持浓厚的兴趣，有些人却很难对某项事物保持长期的热忱。稳定而持久的兴趣能够使人对事物有深刻而全面的了解，有利于事业的成功。因而，对于大学生来说，稳定的兴趣能带来更多机会。

3. 效能性

兴趣的效能性是指兴趣对活动所产生的效果。在实际生活中，有些人不能主动地在某种工作中培养兴趣，在艰巨的任务面前缺乏热情和信心，还有些人对于某一事物或活动虽然有兴趣，但只是停留在期望和等待的状态，而未表现在行动上或创造上。这样的兴趣是不发生效能或低效能的，是消极的兴趣，无法成为工作、学习或事业成功的推动力。只有在实践中培养兴趣，使兴趣去促进和推动自己的实践，发生实效，才可称为积极有效的兴趣，这样的兴趣才能发挥实际效果。

4. 广阔性

兴趣的广阔性是指兴趣范围的广泛程度。在日常生活中，有的人对于社会上的一切事物都兴致盎然，乐于接近和探求，而有的人则把自己局限于狭小的生活圈子里，对很多事物都漠不关心、毫无兴趣。这就是人们的兴趣品质上存在的差异之一。广阔的兴趣可以使人视野开阔，接触和注意多方面的事物，增长知识，丰富生活，发展智力，为其事业上的成功创造有利的条件。如果个人兴趣极少，孤陋寡闻、视野狭窄，就很难适应未来高技术、快节奏的生活。

5. 倾向性

兴趣的倾向性是指兴趣对象的差异性。人与人之间在兴趣所涉及的对象上存在较大差异，不同个体喜欢不同类型的事物，如有的喜欢电脑游戏，有的喜欢体育锻炼，有的喜欢读书写字等。兴趣的倾向性是在人的生活实践和受教育过程中形成的，并受一定的社会历史条件制约。兴趣的倾向性不仅决定人们的生活方式，还因为兴趣对象的内容的社会制约性，使人们的兴趣具有高尚与低下、健康与庸俗之分。

二、自我兴趣探索

（一）兴趣的自我探索

职业兴趣的影响因素来自家庭、社会、自身等多方面，人们职业兴趣的形成与所处的历史条件、实践活动和自身能力有着密切的关系。概括起来，影响一个人职业兴趣的因素主要有以下四方面。

1. 家族传统方面

我国重视家族传统的文化因素对于求职择业影响较大，家庭环境的熏陶对其职业兴趣的形成具有十分明显的导向作用。一个人最初的职业认识大部分来自家庭和父母的职业情况，因此，一个人的职业兴趣不可避免地带有家庭教育与家族传统的印迹。个体的求职择业常常受到家族长辈对职业选择的影响，在确定职业时，常常需要经过家庭成员的协商才能确定。

2. 个体受教育程度方面

求职者自身接受教育的程度是影响其职业兴趣的重要因素。任何一种社会职业在客观上对从业人员都有知识与技能等方面的要求，而求职者本人的知识与技能水平的高低在很大程度上取决于其受教育程度。一般意义上，求职者学历层次越高，其职业取向的领域就越宽。

3.社会舆论导向方面

主要体现在传统文化、政策导向、社会习俗等方面。就业政策的宣传是主导的影响因素，传统的就业观念和就业模式往往制约个人的职业选择，而社会习俗与风尚是求职者特别是年轻人追求的目标。

4.职业需求方面

职业需求对求职者的职业兴趣具有一定的导向性，在一定条件下，它可强化求职者的职业选择，或抑制求职者不切实际的职业取向，也可引导求职者产生新的职业取向。

【课堂阅读】

对职业兴趣的认识误区

明确个人的职业兴趣是职业生涯规划的重要依据之一。大学生在寻找职业兴趣的过程中要避免以下几个错误观念。

（1）把简单的喜欢、感兴趣当作职业兴趣。有些人看了几本小说，就认为自己应当去从事作家职业；有些人喜欢打游戏，就觉得自己应该去学计算机。而真正接触这些专业时，却发现并不适合。职业兴趣是要与将来的工作相关的，只有想清楚自己要从事什么样的具体工作，并对工作的内容、职责、性质等有所了解，且乐于准备可以达到工作要求的知识技能时，才谈得上是真正的职业兴趣。

（2）从事自己感兴趣的工作，就意味着轻松愉快。做自己感兴趣的工作是快乐的，甚至可以激发工作热情，但不一定轻松。实际上，不管任何职业都要付出努力和辛劳才能取得成就、做出成绩。另外，有的时候坚持自己的职业兴趣，还要付出经济报酬和社会地位的代价，毕竟不是所有人都会对待遇高、地位高的职业感兴趣。

（3）不是自己感兴趣的工作就不做。能从事自己感兴趣的职业是每个人的理想，但职业选择除了兴趣以外，还要综合考虑性格、能力等问题，这也是理想与现实的差距和矛盾。有调查显示，超过 60% 的大学生正在就读自己不喜欢的专业，50% 的职场人士正在做着自己不感兴趣的工作。但由于各种原因，大家只能面对现实。因此，很多人需要在现实中追求自己的理想，立足于现实，把自己不喜欢的工作做好，并在这个过程中培养兴趣、积累技能，寻找新的机会。

（二）职业兴趣的培养途径

我国当前就业形势严峻，但并不意味着不考虑个人需要和兴趣而随意择业。如果将职业仅仅作为谋生的手段而不是达到个人实现自我价值的途径，将降低职业的稳定性，不仅会给个人带来困扰，阻碍个人发展，还会造成国家资源的浪费。在选择职业时必须了解自己的兴趣所在，努力使职业与兴趣相吻合。大学生必须正确评价自己的职业理想，客观看待社会发展条件是否允许实现个人职业理想。

人可以主动认识世界和改造世界，个人的职业选择也应该是一个动态的过程。人的兴趣是可以培养的，职业兴趣也一样，虽然职业兴趣一旦形成就具有一定程度的稳定性，但个体可以通过主动培养自己的职业兴趣，从而改善求职择业状况。

培养职业兴趣主要有以下四种途径：

1. 培养广泛兴趣

具有广泛兴趣的人不仅对自己职业领域的东西有浓厚的兴趣，而且对其他方面也有一定的兴趣。这种人眼界比较开阔，解决问题时可以从多方面得到启发，在职业选择上有较大的余地。

2. 培养中心兴趣

人的兴趣应广泛，但不能过滥，还要有一定的集中爱好，既广泛又有重点，才能学有所长。如果没有中心职业兴趣，就不会有明确的职业方向，也就难以有所成就。所以，青年学生还应着重培养自己在某一方面的职业兴趣，促进自己的发展和成才。

3. 保持兴趣稳定

人应在某一方面有持久稳定的兴趣，不能朝三暮四、见异思迁，这样才能投入更多的热情和精力，深入钻研相关内容，在事业上有所发展和成就。在培养自己职业兴趣的同时，还应客观评价自己的能力，看自己是否适合某种职业，在此基础上形成的职业兴趣才是长久的。

4. 积极参加实践活动

职业实践活动内容十分丰富，包括生产实习、社会调查、参观访问及组织兴趣小组等。每一个人都可以通过参加各种职业实践活动调节和培养兴趣，根据社会和自我需要，有意识地培养和发展兴趣，从而为事业的成功创造条件。

【拓展阅读】

人生的秘密

美国内华达州的麦迪逊中学在入学考试中出了一道题目：比尔·盖茨的办公桌有五只带锁的抽屉，分别贴着财富、兴趣、幸福、荣誉、成功五个标签，盖茨总是只带一把钥匙，而把其他四把锁在抽屉里，请问盖茨带的是哪一把钥匙？其他四把锁在哪一只或哪几只抽屉里？一位刚移民美国的中国学生恰巧赶上这场考试，看到题目后，一下慌了手脚，因为他不知道这到底是一道语文题还是一道数学题。考试结束后，他去问他的担保人，即该校的一名理事。理事告诉他，这是一道智力测试题，内容不在课本上，也没有标准答案，每个人都可根据自己的理解自由作答，老师有权根据他的观点给一个分数。中国学生在这道9分的题上得了5分。老师认为，他没答一个字，至少说明他是诚实的，仅凭这一点应该给他一半以上的分数。令中国学生不解的是，他的同桌回答了这个题目，仅得了1分。同桌的答案是：盖茨带的是财富抽屉上的钥匙，其他钥匙都锁在这只抽屉里。后来，这位同学写信向盖茨请教答案，盖茨在信中写了这样一句话：在你最感兴趣的事物上，隐藏着你人生的秘密。

第二节　霍兰德职业兴趣类型

一、霍兰德基本的理论假设

霍兰德（Holland）兴趣测验的理论基础主要由四个基本假设组成：

（1）职业兴趣类型可以分为六种。大部分人都能归纳为六种职业兴趣类型中的一种。

（2）工作环境类型也可以分为六种。这些不同的环境分别由不同职业兴趣类型的人所组成，其名称及性质与职业兴趣类型的分类一致。

（3）人们都尽量寻找那些符合自己职业兴趣、让自己的能力充分发挥，让自己愉快的职业。例如，一个现实型的人会尽力去寻找现实型的职业。

（4）一个人的行为表现是兴趣和环境相互作用的结果。如果一个人能清楚地界定自己的兴趣类型，能敏锐地辨别环境类型，他就可以预测自己的职业选择、工作变换、教育及社会行为等。

二、霍兰德的六种职业兴趣类型

霍兰德将职业兴趣归纳为六种类型：现实型（R）、研究型（I）、艺术型（A）、社会型（S）、企业型（E）和常规型（C），如表4-1所示。

表4-1　霍兰德职业兴趣表

职业兴趣类型	职业兴趣特征	匹配的职业领域
现实型（Realistic）	一般具有技术与运动取向，相对具有较强的身体技巧和机械的协调能力，对于机械和物体显示出强烈的关注。他们稳重、实际，喜欢从事规则明确的活动和技术性工作，甚至非常狂热地自己动手创造新事物。他们缺乏人际交流的技巧，对人事管理和监督工作不太感兴趣	需要熟练技能方面的职业；动植物管理方面的职业；机械管理方面的职业；手工艺或机械修理、机械操作等职业
研究型（Investigative）	对于理论思维和数理统计具有浓厚的兴趣，对于解决抽象性的问题具有极大的热情。他们倾向于通过思维分析解决复杂的问题，喜欢具有创造性、挑战性的工作。他们不会主动去做人员领导或人际交流工作，独立倾向明显	分析员、设计师、生物学家等
艺术型（Artistic）	对于创造性的、想象的、具有自我表现空间的工作显示出明显的偏好。他们创造倾向明显，对于结构化程度较高的职业及环境都不太喜欢，对机械性及程式化的工作缺乏兴趣，比较喜欢独立行事	美术雕刻、工艺工作、舞蹈、戏剧等

职业兴趣类型	职业兴趣特征	匹配的职业领域
社会型（Social）	乐于从事人际交流工作。通常他们的语言能力优于数理能力，善于言谈，乐于帮助别人，具有人道主义倾向和强烈的责任心。他们习惯于通过和别人商讨或调整人际关系来解决面临的问题，对于以机械和物品为对象的工作没有兴趣	学校教育和社会教育方面的工作、社会福利事业、医疗与保健方面的工作、商品营销工作等
企业型（Enterprising）	追求高出平均水平的收入，喜欢利用权力、关系、地位，希望成就一番事业。企业型的人通常精力充沛、自负、热情、自信，具有冒险精神，能控制形势，擅长表达和领导。他们大多会在政治或经济领域取得成就	商业管理者、律师、推销商、市场经理或销售经理、体育运动策划者、电视制片人和保险代理等
常规型（Conventional）	更愿意在一个大的机构中处于从属地位、随大溜。大多具有细心、顺从、依赖、有序、有条理、有毅力、效率高等特征。他们多擅长文书或数据工作，通常会在商业事务性工作中取得成就	会计、银行出纳、图书管理员、秘书、档案、税务等

三、霍兰德的六种职业环境类型

20世纪70年代初，考虑到个体行为的解释与预测应结合其所处环境的特点，霍兰德将职业环境分为六种模式。

霍兰德提出了六种职业环境类型，并采用了与六种兴趣类型相同的命名。霍兰德认为，一种职业环境就是一种职业氛围，而这种职业氛围又是由具有类似职业兴趣的人所创造出来的特定环境，它具有特定的价值观念、态度倾向和行为模式。这六种类型在不同的职业和环境中或多或少地存在着，只是其中的两三种会占据主导地位。如果人格类型与职业环境适配，就会取得令人满意的结果，如增加职业满意度、带来职业成就感和提高职业稳定性等。

（一）现实型的职业环境

通常指那些对物体、工具、机器、动物等进行操作的工作。从事现实型职业的人具有现实型的人格特质。他们大多是现实的、机械的，并具有传统的价值观，倾向于用简单、直接的方式来处理问题，也用他们的机械和技术能力来进行生产。

（二）研究型的职业环境

通常指那些对物理学、生物学或文化知识进行研究和探索的职业。从事这一行业的人具有研究型的人格特质，他们大多是有学问的、聪明的，他们取得成就的方式主要是证明他们的科学价值，这样的人一般会以复杂、抽象的方式看待世界，并倾向于用理性和分析的方式来处理问题。

（三）艺术型的职业环境

通常指那些进行艺术、文学、音乐和戏剧创作的职业。从事这一职业的人具有艺术型的人格特质。他们大多擅长表达，富有创造力，直觉能力强，不随大溜，独立性强。他们通常以展示自己的艺术价值来获取成就，以复杂的和非传统的方式来看待世界，与他人交往更富于情感和表达。

（四）社会型的职业环境

通常指那些与人打交道的工作，如教导、培训、发展、治疗或启发人的心智等。从事这一类职业的人具有社会型的人格特质。他们通常助人为乐、易于合作、善解人意、灵活而随和。他们取得成就的方式通常是展示自己的社会价值，并常常以友好、合作的方式来与人相处。

（五）企业型的职业环境

通常指那些通过控制、管理他人而达到个人或组织目的的职业。从事这一职业的人具有企业型的人格特质。他们一般具有领导和演说才能，通过展示自己的金钱、权力、地位等来获取成就，常常依据权力、地位、责任等来衡量外界事物，并通过控制的方式来处理问题。

（六）常规型的职业环境

通常指那些对数据进行细致有序的系统处理的工作，如录入、档案管理、信息组织和工作机器操作等。从事这一职业的人具有常规型的人格特质。他们通常整洁有序，擅长文书工作，一般会在适应性和依赖性的工作中获取成就。他们通常以传统的和依赖的态度看待事物，并以认真、现实的方式来处理问题。

四、霍兰德的职业兴趣类型与职业环境类型之间的关系

霍兰德的理论体系认为，某一类型的职业通常会吸引具有相同人格特质的人，而具有相同人格特质的人对许多生活事件的反应模式也是相似的。他们创造了具有某一特色的生活环境，也包括工作环境。霍兰德认为，在同等条件下，人和环境的适配性或一致性将增加个体的工作满意度、职业稳定性和职业成就感。

霍兰德设计出了六边形模型来解释六种职业环境之间的关系。在六边形模型上，任何两种职业类型之间的距离越近，其职业环境的相似度越高，如图4-1所示。

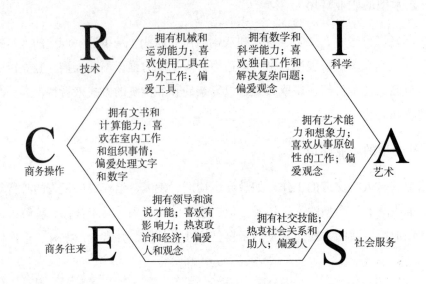

图 4-1 霍兰德的六边形模型

这个六边形模型也可以用来解释六种职业兴趣之间的关系。任何两种职业兴趣之间的距离越近,其相似度就越高。个体可能同时具备多方面的兴趣特征,不过会有一种占优势,其他相对较弱。六种职业兴趣类型(R、I、A、S、E、C)按顺时针方向排成环形。两种兴趣类型间有相邻、相对、相隔三种关系。其中,相邻职业兴趣类型间的关系最紧密,共同点较多;相对的兴趣类型间的共同点较少。

【课堂阅读】

兴趣评估

人的一生中面临许多选择,职业方面的选择是关乎一生幸福的重要内容之一,其中职业兴趣起到了极为重要的作用。但影响职业选择的因素是多方面的,因此,在确定职业发展方向时要"重兴趣而不唯兴趣"。既要重视兴趣所发挥的作用,也要结合实际情况,参照社会的职业需求及获得职业的现实可能性做出选择,将理想融入现实。

一、兴趣的标准化评估:霍兰德自我职业选择指导问卷

本测验量表将帮助你发现和确定自己的职业兴趣和能力特长,从而更好地做出求职择业的决策。如果你已经考虑好或选择好了自己的职业,本测验将使你的这种考虑或选择具有理论基础,或向你展示其他合适的职业;如果你至今尚未确定职业方向,本测验将帮助你根据自己的情况选择一个恰当的职业目标。

本测验共有七个部分,每部分测验都没有时间限制,但请你尽快按要求完成。

第一部分　您心目中的理想职业（专业）

对于未来的职业（或升学进修的专业），您得早有考虑，它可能很抽象、很朦胧，也可能很具体、很清晰。无论是哪种情况，现在都请您把自己最想干的三种工作或最想读的三种专业，按顺序写下来。

1.　　2.　　3.

第二部分　您所感兴趣的活动

下面列举了若干种活动，请就这些活动判断你的好恶。喜欢的，请在"是"栏里打√；不喜欢的，请在"否"栏里打×。请按顺序回答全部问题。

R：现实型活动

1. 装配修理电器或玩具　　　　　　　　　是□　　否□

2. 修理自行车　　　　　　　　　　　　　是□　　否□

3. 用木头做东西　　　　　　　　　　　　是□　　否□

4. 开汽车或摩托车　　　　　　　　　　　是□　　否□

5. 用机器做东西　　　　　　　　　　　　是□　　否□

6. 参加木工技术学习班　　　　　　　　　是□　　否□

7. 参加制图描图学习班　　　　　　　　　是□　　否□

8. 驾驶卡车或拖拉机　　　　　　　　　　是□　　否□

9. 参加机械和电气学习班　　　　　　　　是□　　否□

10. 装配修理机器　　　　　　　　　　　　是□　　否□

统计"是"一栏得分计。

I：研究型活动

1. 读科技图书和杂志　　　　　　　　　　是□　　否□

2. 在实验室工作　　　　　　　　　　　　是□　　否□

3. 改良水果品种，培育新的水果　　　　　是□　　否□

4. 调查了解土和金属等物质的成分　　　　是□　　否□

5. 研究自己选择的特殊问题　　　　　　　是□　　否□

6. 解算术或玩数字游戏　　　　　　　　　是□　　否□

7. 物理课　　　　　　　　　　　　　　　是□　　否□

8. 化学课　　　　　　　　　　　　　　　是□　　否□

9. 几何课　　　　　　　　　　　　　　　是□　　否□

10. 生物课　　　　　　　　　　　　　　　是□　　否□

统计"是"一栏得分计。

A：艺术型活动

1. 素描／制图或绘画　　　　　　　　　　是□　　否□

2. 参加话剧/戏剧　　　　　　　　　　　　　是□　　否□

3. 设计家具/布置室内　　　　　　　　　　　是□　　否□

4. 练习乐器/参加乐队　　　　　　　　　　　是□　　否□

5. 欣赏音乐或戏剧　　　　　　　　　　　　　是□　　否□

6. 看小说/读剧本　　　　　　　　　　　　　是□　　否□

7. 从事摄影创作　　　　　　　　　　　　　　是□　　否□

8. 写诗或吟诗　　　　　　　　　　　　　　　是□　　否□

9. 进艺术（美术/音乐）培训　　　　　　　　是□　　否□

10. 练习书法　　　　　　　　　　　　　　　是□　　否□

统计"是"一栏得分计。

S：社会型活动

1. 学校或单位组织的正式活动　　　　　　　　是□　　否□

2. 参加某个社会团体或俱乐部活动　　　　　　是□　　否□

3. 帮助别人解决困难　　　　　　　　　　　　是□　　否□

4. 照顾儿童　　　　　　　　　　　　　　　　是□　　否□

5. 出席晚会、联欢会、茶话会　　　　　　　　是□　　否□

6. 和大家一起出去郊游　　　　　　　　　　　是□　　否□

7. 想获得关于心理方面的知识　　　　　　　　是□　　否□

8. 参加讲座会或辩论会　　　　　　　　　　　是□　　否□

9. 观看或参加体育比赛和运动会　　　　　　　是□　　否□

10. 结交新朋友　　　　　　　　　　　　　　是□　　否□

统计"是"一栏得分计。

E：企业型活动

1. 说服鼓动他人　　　　　　　　　　　　　　是□　　否□

2. 卖东西　　　　　　　　　　　　　　　　　是□　　否□

3. 谈论政治　　　　　　　　　　　　　　　　是□　　否□

4. 制订计划、参加会议　　　　　　　　　　　是□　　否□

5. 以自己的意志影响别人的行为　　　　　　　是□　　否□

6. 在社会团体中担任职务　　　　　　　　　　是□　　否□

7. 检查与评价别人的工作　　　　　　　　　　是□　　否□

8. 结交名流　　　　　　　　　　　　　　　　是□　　否□

9. 指导有某种目标的团体　　　　　　　　　　是□　　否□

10. 参与政治活动　　　　　　　　　　　　　是□　　否□

统计"是"一栏得分计。

C：常规型（传统型）活动

1. 整理好桌面和房间　　　　　　　　　　　是□　　否□

2. 抄写文件和信件　　　　　　　　　　　　是□　　否□

3. 为领导写报告或公务信函　　　　　　　　是□　　否□

4. 检查个人收支情况　　　　　　　　　　　是□　　否□

5. 打字培训班　　　　　　　　　　　　　　是□　　否□

6. 参加算盘、文秘等实务培训　　　　　　　是□　　否□

7. 参加商业会计培训班　　　　　　　　　　是□　　否□

8. 参加情报处理培训班　　　　　　　　　　是□　　否□

9. 整理信件、报告、记录等　　　　　　　　是□　　否□

10. 写商业贸易信　　　　　　　　　　　　　是□　　否□

统计"是"一栏得分计。

第三部分　您所擅长获胜的活动

下面列举了若干种活动，其中你能做或大概能做的事，请在"是"栏里打√；反之，在"否"栏里打×。请回答全部问题。

R：现实型能力

1. 能使用电锯、电钻和锉刀等木工工具　　　是□　　否□

2. 知道万用表的使用方法　　　　　　　　　是□　　否□

3. 能够修理自行车或其他机械　　　　　　　是□　　否□

4. 能够使用电钻床、磨床或缝纫机　　　　　是□　　否□

5. 能给家具和木制品刷漆　　　　　　　　　是□　　否□

6. 能看建筑设计图　　　　　　　　　　　　是□　　否□

7. 能够修理简单的电气用品　　　　　　　　是□　　否□

8. 能修理家具　　　　　　　　　　　　　　是□　　否□

9. 能修理收录机　　　　　　　　　　　　　是□　　否□

10. 能简单地修理水管　　　　　　　　　　　是□　　否□

统计"是"一栏得分计。

I：研究型能力

1. 懂得真空管或晶体管的作用　　　　　　　是□　　否□

2. 能够列举三种蛋白质多的食品　　　　　　是□　　否□

3. 理解铀的裂变　　　　　　　　　　　　　是□　　否□

4. 能用计算尺、计算器、对数表　　　　　　是□　　否□

5. 会使用显微镜　　　　　　　　　　　　　是□　　否□

6. 能找到三个星座　　　　　　　　　　　　是□　　否□

7. 能独立进行调查研究　　　　　是□　　否□

8. 能解释简单的化学　　　　　　是□　　否□

9. 理解人造卫星为什么不落地　　是□　　否□

10. 经常参加学术的会议　　　　　是□　　否□

统计"是"一栏得分计。

A：艺术型能力

1. 能演奏乐器　　　　　　　　　是□　　否□

2. 能参加二部或四部合唱　　　　是□　　否□

3. 能独唱或独奏　　　　　　　　是□　　否□

4. 能扮演剧中角色　　　　　　　是□　　否□

5. 能创作简单的乐曲　　　　　　是□　　否□

6. 会跳舞　　　　　　　　　　　是□　　否□

7. 能绘画、素描或书法　　　　　是□　　否□

8. 能雕刻、剪纸或泥塑　　　　　是□　　否□

9. 能设计板报、服装或家具　　　是□　　否□

10. 写得一手好文章　　　　　　　是□　　否□

统计"是"一栏得分计。

S：社会型能力

1. 有向各种人说明解释的能力　　是□　　否□

2. 常参加社会福利活动　　　　　是□　　否□

3. 能和大家友好相处和工作　　　是□　　否□

4. 善于与年长者相处　　　　　　是□　　否□

5. 会邀请人、招待人　　　　　　是□　　否□

6. 能简单易懂地教育儿童　　　　是□　　否□

7. 能安排会议等活动顺序　　　　是□　　否□

8. 善于体察人心和帮助他人　　　是□　　否□

9. 帮助护理病人和伤员　　　　　是□　　否□

10. 安排社团组织的各种事务　　　是□　　否□

统计"是"一栏得分计。

E：企业型能力

1. 担任过学生干部并且干得不错　是□　　否□

2. 工作上能指导和监督他人　　　是□　　否□

3. 做事充满活力和热情　　　　　是□　　否□

4. 有效利用自身的做法调动他人　　　　　是□　　否□

5. 销售能力强　　　　　是□　　否□

6. 曾作为俱乐部或社团的负责人　　　　　是□　　否□

7. 向领导提出建议或反映意见　　　　　是□　　否□

8. 有开创事业的能力　　　　　是□　　否□

9. 知道怎样做能成为一个优秀的领导者　　　　　是□　　否□

10. 健谈善辩　　　　　是□　　否□

统计"是"一栏得分计。

C：常规型能力

1. 会熟练地打印中文　　　　　是□　　否□

2. 会用外文打字机或复印机　　　　　是□　　否□

3. 能快速记笔记和抄写文章　　　　　是□　　否□

4. 善于整理保管文件和资料　　　　　是□　　否□

5. 善于从事事务性的工作　　　　　是□　　否□

6. 会用算盘　　　　　是□　　否□

7. 能在短时间内分类和处理大量文件　　　　　是□　　否□

8. 能使用计算机　　　　　是□　　否□

9. 能收集数据　　　　　是□　　否□

10. 善于为自己或集体做财务预算表　　　　　是□　　否□

统计"是"一栏得分计。

第四部分　你所喜欢的职业

下面列举了多种职业，请逐一认真地看，如果是你有兴趣的工作，请在"是"栏里打√；如果是你不太喜欢、不关心的工作，请在"否"栏里打×。请回答全部问题。

R：现实型职业

1. 飞机机械师　　　　　是□　　否□

2. 野生动物专家　　　　　是□　　否□

3. 汽车维修工　　　　　是□　　否□

4. 木匠　　　　　是□　　否□

5. 测量工程师　　　　　是□　　否□

6. 无线电报务员　　　　　是□　　否□

7. 园艺师　　　　　是□　　否□

8. 长途公共汽车司机　　　　　是□　　否□

9. 电工 是□ 否□

10. 火车司机 是□ 否□

统计"是"一栏得分计。

I：研究型职业

1. 气象学或天文学者 是□ 否□

2. 生物学者 是□ 否□

3. 医学实验室的技术人员 是□ 否□

4. 人类学者 是□ 否□

5. 动物学者 是□ 否□

6. 化学者 是□ 否□

7. 数学学者 是□ 否□

8. 科学杂志的编辑或作家 是□ 否□

9. 地质学者 是□ 否□

10. 物理学者 是□ 否□

统计"是"一栏得分计。

A：艺术型职业

1. 乐队指挥 是□ 否□

2. 演奏家 是□ 否□

3. 作家 是□ 否□

4. 摄影家 是□ 否□

5. 记者 是□ 否□

6. 画家、书法家 是□ 否□

7. 歌唱家 是□ 否□

8. 作曲家 是□ 否□

9. 电影电视演员 是□ 否□

10. 电视节目主持人 是□ 否□

统计"是"一栏得分计。

S：社会型职业

1. 街道、工会或妇联干部 是□ 否□

2. 小学、中学教师 是□ 否□

3. 精神病医生 是□ 否□

4. 婚姻介绍所工作人员 是□ 否□

5. 体育教练 是□ 否□

6. 福利机构负责人 是□ 否□

7. 心理咨询员 　　　　　　　　　　是□ 　否□

8. 共青团干部 　　　　　　　　　　是□ 　否□

9. 导游 　　　　　　　　　　　　　是□ 　否□

10. 国家机关工作人员 　　　　　　 是□ 　否□

统计"是"一栏得分计。

E：企业型职业

1. 厂长 　　　　　　　　　　　　　是□ 　否□

2. 电视制片人 　　　　　　　　　　是□ 　否□

3. 公司经理 　　　　　　　　　　　是□ 　否□

4. 销售员 　　　　　　　　　　　　是□ 　否□

5. 不动产推销员 　　　　　　　　　是□ 　否□

6. 广告部长 　　　　　　　　　　　是□ 　否□

7. 体育活动主办者 　　　　　　　　是□ 　否□

8. 销售部长 　　　　　　　　　　　是□ 　否□

9. 个体工商业者 　　　　　　　　　是□ 　否□

10. 企业管理咨询人员 　　　　　　 是□ 　否□

统计"是"一栏得分计。

C：常规型职业

1. 会计师 　　　　　　　　　　　　是□ 　否□

2. 银行出纳员 　　　　　　　　　　是□ 　否□

3. 税收管理员 　　　　　　　　　　是□ 　否□

4. 计算机操作员 　　　　　　　　　是□ 　否□

5. 簿记人员 　　　　　　　　　　　是□ 　否□

6. 成本核算员 　　　　　　　　　　是□ 　否□

7. 文书档案管理员 　　　　　　　　是□ 　否□

8. 打字员 　　　　　　　　　　　　是□ 　否□

9. 法庭书记员 　　　　　　　　　　是□ 　否□

10. 人口普查登记员 　　　　　　　 是□ 　否□

统计"是"一栏得分计。

第五部分　您的能力类型简评

表4-2是您在6个职业能力方面的自我评定表。您可以先与同龄者比较出自己在每一方面的能力，然后经斟酌后对自己的能力做评估。请在表中适当的数字上画圈。数字越大，表示你的能力越强。注意，请勿全部画同样的数字，因为人的每项能力不可能完全一样。

表4-2（A） 自我评定表A

R 型	I 型	A 型	S 型	E 型	C 型
机械操作能力	科学研究能力	艺术创作能力	解释表达能力	商业洽谈能力	事务执行能力
7	7	7	7	7	7
6	6	6	6	6	6
5	5	5	5	5	5
4	4	4	4	4	4
3	3	3	3	3	3
2	2	2	2	2	2
1	1	1	1	1	1

表4-2（B） 自我评定表B

R 型	I 型	A 型	S 型	E 型	C 型
体育技能	数学技能	音乐技能	交际技能	领导技能	办公技能
7	7	7	7	7	7
6	6	6	6	6	6
5	5	5	5	5	5
4	4	4	4	4	4
3	3	3	3	3	3
2	2	2	2	2	2
1	1	1	1	1	1

第六部分　统计和确定您的职业倾向

请将第二部分至第五部分的全部测验分数按前面已统计好的6种职业倾向（R型、I型、A型、S型、E型和C型）得分填入表4-3，并做纵向累加。

表4-3 自我评定统计表

测试	R 型	I 型	A 型	S 型	E 型	C 型
第二部分						
第三部分						
第四部分						
第五部分A						
第五部分B						
总分						

请将表4-3中的6种职业倾向总分按大小顺序从左到右排列：

_____型、_____型、_____型、_____型、_____型、_____型

最高分_____您的职业倾向性得分_____最低分_____

第七部分　您所看重的东西——职业价值观

这一部分测验列出了人们在选择工作时通常会考虑的9种因素（见所附工作价值标准）。现在请您在其中选出最重要的两项因素，并将序号填入下边相应空格上。

最重要：_____　次重要：_____　最不重要：_____　次不重要：_____

附：工作价值标准

1. 工资高、福利好

2. 工作环境（物质方面）舒适

3. 人际关系良好

4. 工作稳定有保障

5. 能提供较好的受教育机会

6. 有较高的社会地位

7. 工作不太紧张、外部压力少

8. 能充分发挥自己的能力特长

9. 社会需要与社会贡献大

以上全部测验完毕。

现在，将你测验得分居第一位的职业类型找出来，对照兴趣代码分析，判断一下自己适合的职业类型。

二、非标准化评估：职业兴趣自我探索（兴趣岛游戏）

兴趣岛游戏（资料来源：中智视野 http：//vision. cic com. cn/ default. aspx？ tabid=60&ArticleId= 154）将霍兰德代码（Holland Codes，即 RIASEC）的 6 种个体类型比喻成岛屿，通过选择岛屿，洞察自己真正的个体类型，匹配自己所喜欢的职业内容，帮助自己把握职业定位和方向。

我们先来参观一下 6 个神奇的职业兴趣岛：

R 岛——自然原始岛

这是个自然生态优良的绿色之岛。岛上不仅保留有热带雨林等原始生态系统，而且建立了相当规模的植物园、动物园、水族馆。岛民以手工制造见长，他们自己种植花果，栽培蔬菜，修缮房屋，打造器物，制作工具。

I 岛——深思冥想岛

这个岛平畴绿野，人少僻静，适合夜观星象。岛上有很多天文馆、科技博物馆、科学图书馆。岛民们最喜欢猫在自己的小房子里，天天钻研学问，沉思冥想，探究真知。哲学家、科学家和心理学家们在这里约会，讨论学术，交流思想。

A 岛——美丽浪漫岛

这个岛上有美术馆、音乐厅，弥漫着浓厚的艺术文化气息。岛民们保留着传统的舞蹈、音乐与绘画。许多文艺界人士都喜欢来这里开沙龙派对寻求灵感。

S 岛——温暖友善岛

这个岛的岛民们都性情温和，乐于助人，人际关系十分友善。大家互助合作，重视教育后代。每个社区都能自成一个密切互动的服务网络，处处充满着人文关怀气息。

E 岛——显赫富庶岛

该岛经济高度发展，遍布高级饭店、俱乐部、高尔夫球场。岛民性格热情豪爽，善于企业经营和贸易活动。岛上往来者多是企业家、经理人、政治家、律师等。这些商界名流与上等阶层人士在岛上享受着高品质生活。

C 岛——现代井然岛

处处耸立着现代建筑，标志着这是一个进步的、都市形态的岛屿，岛上的户政管理、地政管理及金融管理十分完善。岛民们个性冷静保守，处事有条不紊，善于组织规划。

你总共有 15 秒的时间回答以下问题：

（1）如果你必须在 6 个岛之中的一个岛上生活一辈子，成为这里岛民中的一员，你第一会选择哪一个岛？

（2）你第二会选择哪一个岛？

（3）你第三会选择哪一个岛？

（4）你打死都不愿意选择哪一个岛？

选好之后，依次记下 4 个问题的答案。

分析：R、I、A、S、E、C 这 6 个岛事实上分别代表了 6 种职业类型，它们的描述以及矛盾关系如下：

A 岛——艺术型 vs C 岛——常规型

E 岛——企业型 vs I 岛——研究型

R 岛——现实型 vs S 岛——社会型

问题 1 的答案体现了你最显著的职业性格特征、最喜欢的活动类型以及最喜欢（很可能是最适合）的大致职业范围。

反之，问题 4 的答案则是你最不喜欢的活动，等等。

具体内容如下：

R 岛——现实型

总体特征：个性平和稳重，看重物质，追求实际效果，喜欢实际动手进行操作实践。喜欢活动：愿意从事事务性活动，如户外劳作或操作机器，而不喜欢待在办公室里。喜欢的职业：总体来讲，喜欢与户外、动植物、实物、工具、机器打交道的工作内容。例如，农业、林业、渔业、野外生活管理业、制造业、机械业、技术贸易业、特种工程师军事工作。

I 岛——研究型

总体特征：自主独立，好奇心强烈，敏感并且慎重，重视分析与内省，爱好抽象推理等智力活动。喜欢活动：喜欢独立的活动，比如独自去探索、研究、理解、思考那些需要严谨分析的抽象问题，独自处理一些信息、观点及理论。喜欢的职业：总体来讲，喜欢以观察、学习、探索分析、评估或解决问题为主要内容的工作。例如，实验室工作人员、物理学家、化学家、生物学家、工程师、程序设计员、社会学家。

A 岛——艺术型

总体特征：属于理想主义者，具有独创的思维方式和丰富的想象力，直觉强烈，感情丰富。喜欢活动：喜欢创造和自我表达类型的活动，如音乐、美术、写作、戏剧。喜欢的职业：总体来讲，喜欢"非精细管理的"创意类和创造类的工作。例如，音乐家、作曲家、乐队指挥、美术家、漫画家、作家、诗人、舞蹈家、演员、戏剧导演、广告设计师、室内装潢设计师。

S 岛——社会型

总体特征：洞察力强，乐于助人，善于合作，重视友谊，热情关心他人的幸福，有强烈的社会责任感，总是关心自己的工作能对他人及社会做多大贡献。喜欢活动：喜欢与别人合作的活动，帮助别人解决困难。喜欢的职业：总体来讲，喜欢帮助、支持、教导类工作。例如，牧师、心理咨询员、社会工作者、教师、辅导员、医护人员、其他各种服务性行业人员。

E 岛——企业型

总体特征：为人乐观，喜欢冒险，行事冲动，对自己充满自信，精力旺盛，喜好发表意见和见解。喜欢活动：喜欢领导和影响别人，或为达到个人或组织的目的而说服别人，成就一番事业。喜欢的职业：总体来讲，喜欢那种需要运用领导能力、人际能力、说服能力来达成组织目标的职业。例如，商业管理者、市场或销售经理、营销人员、采购员、投资商、电视制片人、保险代理、政治运动领袖、公关人员、律师。

C 岛——常规型

总体特征：追求秩序感，自我抑制，顺从，防卫心理强，追求实际，回避创造性活动。喜欢活动：喜欢固定的有秩序的活动，如组织和处理数据等。愿意在一个大的机构中处于从属地位，并希望确切知道工作的要求和标准。喜欢的职业：总体来讲，喜欢有清楚的规范和要求的、按部就班、精打细算、追求效率的工作。例如，税务专家、会计师、银行出纳、簿记、行政助理、秘书、档案文书、计算机操作员。

为了更进一步分析，将问题 1/2/3 的答案依次排列，可形成一个不同岛屿的字母代码组合（例如，问题 1/2/3 的答案分别是 A 岛、C 岛、I 岛，组合起来就是 ACI），对照表格的"兴趣组合"一项，相应找出与自己的答案最接近的排列组合，即找到了可能会使自己真正感兴趣的职业。

第三节　兴趣与职业发展

当人们的兴趣对象指向职业活动时，就形成了人的职业兴趣。

职业兴趣主要是回答"我喜欢什么"的问题。职业兴趣对人的职业活动有着重要的影响，一份符合自己兴趣的工作常常能够给自己带来愉悦感、满足感。在选择职业时，人们总会将自己是否对此有兴趣作为考虑因素之一。从感兴趣开始，到逐渐形成更加稳定、持久的乐趣，进而与自己的奋斗目标相结合，形成有着明确方向感和意志性的志趣，这是人的兴趣发展的过程。

从事自己感兴趣的职业活动时，可以激发出强烈的探索和创造热情，可以在良好的体能、智能、情绪状态下从事有意义的职业活动，从而心甘情愿地全身心地投入。此外，从事自己感兴趣的职业活动可以使人比较容易适应变化的职业环境，可以使人在追求职业目标时表现出坚定持久的意志力。由此可见，职业兴趣是个人在进行职业选择时必须考虑的重要因素之一。

具体来说，兴趣对人们的职业生涯的影响主要表现在以下三个方面。

一、兴趣是人们职业选择的重要依据

兴趣是最好的老师，这句至理名言无论是对于学习、工作，还是对于择业来说都有一定的指导作用。正像人们在日常生活中喜欢参加自己感兴趣的活动一样，一定兴趣类型的人更倾向于寻求与此有关的职业，特别是在外界环境限制较小时，人们都会选择自己感兴趣的职业。因此，对个人的兴趣类型有了正确的评估后，就能帮助人们进行正确的职业选择。

二、兴趣可以提高工作效率

兴趣可以通过工作动机促进个人能力的发挥，兴趣和能力的合理结合能大大提高工作效率。研究表明，如果一个人从事自己感兴趣的职业，就会发挥他的全部才能的80%~90%，而且长时间保持高效率却不感疲惫；而对所从事的工作没有兴趣，只能发挥其全部才能的20%~30%。正如诺贝尔奖获得者丁肇中教授所说："任何科学研究，最重要的是要看对自己所从事的工作有没有兴趣。换句话说，也就是有没有事业心，这不能有丝毫的强迫。比如搞物理实验，因为我有兴趣，我可以两天两夜，甚至三天三夜待在实验室里，守在仪器旁，我迫切地需要我所要探索的东西。"

三、兴趣是保证职业成功的重要因素之一

兴趣会影响一个人的工作满意度和稳定性。一般来说，从事自己不感兴趣的职业很难让人感到满意，容易导致工作不稳定。古往今来的一些成功人士，他们的职业选择大都建立在兴趣的基础之上，如我国著名的戏剧家曹禺在中学时就热衷于看文明戏和京剧，最终成为我国著名的戏剧家；世界女子乒乓球冠军邓亚萍也是从小就爱上了乒乓球，最终成为世界乒坛的风云人物。这样的事例很多，都说明了兴趣可以引导人们攀登事业的顶峰。

第五章 我能做什么——自我探索之能力探索

【案例导读】

卢强是一所普通高校的管理专业的学生。四年前因为高考发挥不理想，与梦想中的大学失之交臂。大学期间，他努力学习、成绩优异，在大四上学期，他参加了北京大学的保送研究生面试，通过扎实的专业知识功底、面试时良好的表现，最终被北京大学免试录取为研究生。

刘强是一所大学工科专业的毕业生。成绩中等，为人老实，性格较为内向，和同学相比，他的沟通能力、自我表达能力比较弱。临近毕业，班上同学几乎都找到了工作，他也参加了不少面试，却迟迟没有成功，同学和老师都为他着急。

一般来说，能力是人顺利地完成某种活动所必须具备的技能。能力总是和人的某种活动相联系并表现在活动中，只有从一个人所从事的某种活动中，才能看出他具有某种能力，离开了具体活动，能力就无法形成和表现。

第一节　能力概述

一、能力的概念

能力是个性心理特征之一，是指人顺利地完成某种心理活动所必需的个性心理条件和心理特征。能力总是和人完成一定的活动联系在一起。人的能力是在活动中逐渐形成和发展起来的。例如，公司经理的管理能力、组织能力、交往能力以及预测能力等就是在长期的经营和管理实践中形成的。离开了具体活动既不能表现人的能力，也不能发展人的能力。

从一个人从事的活动中，就能看出他是否具有某种能力，以及这种能力达到了什么水平。例如，在学习掌握数控机床知识时，有些人学得快一些，有些人则学得慢一些，这里的"快"与"慢"，实际上就是指每个人学习掌握某种技能的能力不同。能力直接影响活动的效率，是活动顺利完成的最重要的内在因素。但是，只有那些完成活动所必需的直接影响活动效率并能使活动顺利进行的心理特征才是能力。

人的能力可以划分为三个层次，即一般能力、特殊能力和创造能力。其中一般能力，主要是指人在从事不同种类的活动时所表现出来的共同能力，如观察能力、语言能力、注意能力、记忆能力、思维能力、判断能力、操作能力以及想象能力等，其中记忆能力、思维能力、观察能力和想象能力这四种能力综合成为智力，是人认识世界的基础；特殊能力，也被称为专业能力，主要是指人从事某种特殊的专业活动时所表现出来的能力；创造能力，则指人在面临并解决一系列新情况、新问题时，所表现出来的具有独创性与新颖性的能力。

总之，人的能力是在人的心理素质的基础上，经过后天的教育和培养，在实践活动中形成和发展起来的。

二、能力分类

一般情况下，按照倾向性可将能力分为一般能力和特殊能力；按照所参与的活动性质可将能力分为模仿能力和创造能力；按照功能可将能力分为认知能力、操作能力和社交能力。

三、影响个人能力的因素

能力的形成受多方面因素的影响，基本因素有四个方面。

（一）遗传因素

研究表明，遗传因素的作用是重要的：同卵双生子之间的智商相关是最高的，无血缘关系者之间的智商相关联最低。遗传因素是能力发展的自然基础，决定着能力发展的可能性。每个人都有一定的遗传优势和不足，你可以发现你的优势并好好地利用它，同时发现自己的不足，通过努力去克服或者通过其他方式补偿改变。

（二）环境因素

环境是指客观现实，包括自然环境和社会环境。心理学认为，每个人从遗传基因中所得的潜在能力不同，但这种潜能开发到何种程度取决于环境。越来越多的心理学研究都证明：早期环境，对能力的形成和发展具有重要影响。胎儿的产前环境（即在母体内的环境）对胎儿的生产发育和出生后的智力发展有重要影响。父母在儿童1~3岁时采用的教养方式，会决定孩子一生的主要性格特征，从而影响孩子能力的发展。学校教育对能力形成和发展所起的作用是系统性的。学生通过系统地接受教育，能力也不断得到发展。

（三）实践活动

人的各种能力是在社会实践活动中最终形成和发展起来的。虽然，掌握知识对于能力发展是重要的，但越来越多的科学家认识到，个人直接经验的积累在人的能力发展中有着不可替代的重要作用。我国古代思想家王充指出"施用累能"，即指能力是在使用中积累的。

（四）个性品质

在实践活动中优良的个性品质对能力的形成和发展具有重要的意义，如勤奋、谦虚和坚强的毅力等都有助于能力的形成和发展。有些人虽然天资聪慧，但由于缺乏勤奋，最终事业无成；有些人虽然天生智力并不优越，但通过勤学苦练，最终取得事业的成功。

四、职业能力

在其他条件相同的情况下，职业能力强的人更能使工作顺利进行，更容易获得成功。一个人如果不能很好地评估自己的能力，错误地选择职业，将无法发挥自己的潜力，一事无成，大学毕业生可以通过表5-1来认知自己的职业能力。

表5-1 职业能力的类型及其特点

职业能力类型	特点
操作型职业能力	以操作能力为主，是运用专业知识或经验，掌握特定技术或工艺，并形成相应的职业技能与技巧的能力
艺术型职业能力	以想象能力为核心，是运用艺术手段来再现现实生活和塑造某种艺术形象的能力
教育型职业能力	运用各种教育手段传授知识和思想或组织受教育者进行知识与态度学习的能力
科研型职业能力	以创造性思维为核心，是通过实验研究、社会调查和资料检索等手段进行新的综合、发明与发现的能力
服务型职业能力	以敏锐的社会知觉能力和人际关系的协调能力为主，是借助人际交往或直接沟通使顾客获得心理满足的能力
经营型或管理型职业能力	以决策能力为核心，是能够广泛地获得信息，并以此独立地做出应变、决策或形成谋略的能力
社交型职业能力	以人际关系协调能力为核心，是指深谙人情世故，能够掌握人际吸引规律，善于周旋、协调，且能使对方通力合作的能力

第二节　能力与职业生涯的关系

一、能力影响职业匹配

（一）能力的类型要与工作的性质、内容和环境要求相匹配

不同能力类型的人适合不同的职业，不同职业和岗位对人的能力要求也不一样。因此，大学生在进行职业生涯规划与职业选择时，应充分考虑自己的最佳能力或能力群，选择最

能发挥和运用自身优势能力的职业。如果不考虑自身的能力类型，而从事与能力不匹配的职业，会严重阻碍自己的职业发展。

（二）能力水平要与职业层次相匹配

同一种能力会体现出水平上的差异，如从事美术相关职业的人都具备色彩辨别能力，但是水平的高低肯定是不一样的。同一类型的职业由于工作方向、职责大小等方面的差异，也分为不同的层次（基层、中级、高级），而每一层级对能力的要求是不一样的。大学生要从自己实际能力水平出发，选择合适的职业层次，切勿好高骛远。

二、能力影响职业活动

（一）能力影响个人职业发展路线

能力可以说明一个人在既定的职业方面是否能够胜任，也说明一个人在该职业中取得成功的可能性。通俗地说，能力影响着一个人能否做这项工作，能否做好这项工作，以及能否在做好的基础上挑战更高难度的工作以使个人的能力发展到更高水平。因此，一个人能力的发展水平、发展速率以及发展方向都影响着个人职业生涯发展路线。

（二）能力影响工作种类的选择

萨伯的职业发展理论认为，一个人会踏入某一类型的行业，是由多种因素决定的：个人的兴趣、能力，个人的价值观及需求，个人的学历，利用社会资源的程度及社会职业结构、趋势等。对某些职业，如果你不具备这个职业所要求达到的能力，你即便再努力工作也收效甚微。

（三）能力影响工作的质量

在职业生涯中，个人能力与职业工作岗位的匹配程度直接影响着个人的自我效能感。艾伯特·班杜拉认为，当人们实现了追求的目标时，就会觉得有能力，就会感到自豪、骄傲；如果无法达到标准时，就会感到焦虑、羞愧和没有能力。这种从成功的经验中衍生出来的能力信念叫作自我效能。当一个人的能力与其所从事的工作的要求相匹配时，自我效能感就高，才最容易发挥出自己的潜能，更好地完成任务。

（四）能力影响个人的工作满足程度

能力是决定一个人在职业中取得成就的基本条件。当个人的能力水平高于职业工作岗位所需能力时，个人就会感到只是在重复低水平的工作，任务没有挑战性，不能激发自身热情和潜力，影响了个体自我价值的实现，当然也就不能从工作中得到满足；相反，当个人的能力水平低于职业工作岗位所需能力时，个体不能按时高质量地完成任务，自然也会降低个体对工作的满意程度。

（五）能力影响职业成就感

人们在以能力胜任工作的基础上，又在职业活动中使能力得到发展和创造，在职业活动中不断激发自身的热情和潜力，达到一定的成就，然后反过来促进能力的提高，由此形成一个良性循环。在这个良性循环中，人们通过能力的作用获得一定的成就，从而提高了人们的职业成就感。

三、不同能力与职业的匹配

不同的人其能力结构与能力倾向是不同的。人们的职业能力存在着个体差异，这是客观存在的，它制约着人们活动的领域与职业选择的范围。每个人拥有的技能是不同的，有优势能力，也有弱势能力。可以说，"通才"与"全才"是少有的，大多数人都只在某个或某些方面能力突出。对照表5-2，可以得出不同能力的人所适合的职业。

表5-2 职业能力类型与其所适合的职业

职业能力类型	适合的职业类型
操作型职业能力	打字、驾驶汽车、种植、操纵机床、控制仪表等
艺术型职业能力	写作、绘画、演艺、美工等
教育型职业能力	教育、宣传、思想政治工作等
科研型职业能力	研究、技术革新与发明、理论研究等
服务型职业能力	商业、旅游业、服务业等
经营型或管理型职业能力	经理、厂长等管理领域及各行业负责人
社交型职业能力	联络、洽谈、调解、采购等

第三节　自我能力探索

随着社会的发展，用人单位对大学生的能力要求越来越高，即将踏入社会的毕业生应具备以下几种基本能力：

第一，学习能力。当代大学生无论是在大学学习阶段还是踏入社会，都要勤于学习，坚持学习，不断完善自身的知识结构，以增强社会竞争力。

第二，社会适应能力。一般来讲，一个综合素质较高、各方面能力较强的毕业生踏入社会后，能很快适应环境和工作。

第三，实践动手能力。大学生要牢牢把握理论与实践相结合的原则，在掌握了一定理论知识后，还要将其应用到实践中，在实践中检验自己所学知识，并在实践中加深对知识的理解。

第四，组织管理能力。当代大学生要充分利用一切可以利用的机会和条件，努力锻炼自己的组织管理能力，以适应未来职业的需要。

第五，沟通协调能力。随着现代社会分工的日益精细，人与人之间的协作越来越重要，大学生无论是在学校还是踏入社会，都要学会与他人合作，沟通协调能力越来越受到用人单位的重视。

第六，创新能力。创新是一个民族兴旺发达的不竭动力，是一个国家的灵魂。大学生作为社会主义事业的接班人和建设者，要不断汲取新知识、新事物，以不断完善自己的思维结构和思维方式，提高自己的创新能力，成为践行科学发展观、构建和谐社会的中流砥柱。

【课堂讨论】

夸夸我自己

请你在5分钟内尽可能多地写下自己拥有的能力。与你的同伴分享，看看谁写得多。大家写的一样吗？有什么不同？

第四节　三种技能的综合表达

无论是简历还是面试，求职者其实要达到的目标都是试图向雇主证明：我有良好的能力，足以胜任这份工作。因此，面对"我为什么要雇你"这样的问题，你在简历和面试中的回答都应当以自己与工作相关的能力为主线。你所谈到的任何能证明你能力的事情，将增加你得到工作的机会。要做到这一点，你需要对自己拥有什么样的能力有清楚的认识，同时还要了解具体职业所要求的技能是什么。最后，你还需要在简历和面试中将自己与职业相关的技能以恰当的语言和实力充分地表达出来。

对个人技能的认识，建立在对技能分类的了解上。辛迪·梵和理查德·鲍尔斯（Sidney Fine & Richard Bolles）将技能分为三种类型：知识技能、自我管理技能、可迁移技能（或称通用技能）。通常人们比较容易想到自己具有的知识技能，但实际上后两种技能更为重要。

一、知识技能

（一）知识技能概述

知识技能是指那些需要通过教育或者培训才能获得的特别的知识或能力，也就是个人学习的科目、懂得的知识。比如，你是否掌握外语、中国古代历史、计算机编程或化学元素周期表等知识？知识技能一般用名词来表示。

知识技能不可迁移，也就是说，它们是一些特殊的词汇、程序和学科内容，必须经过有意识的、专门的培训才能掌握。它们常常与我们的专业学习或工作内容直接相关。正因为如此，许多大学生由于不喜欢自己的专业，在找工作时往往陷入两难的境地：一方面，他们认为找工作必须"专业对口"，但是又不喜欢自己的专业，不想将之作为一生从事的职业；另一方面，如果"专业不对口"，自己不是"科班出身"，则担心自己与专业出身的应聘者相比缺乏竞争力，甚至觉得很难跨越专业的鸿沟。在这种情况下，似乎唯一可行的方式就是通过考研来改换专业。

（二）知识技能的发现和获得

如何发现自己是否拥有某项技能或哪些方面的技能？可以通过以下几个问题加以探索：你大学学习的是什么专业？你的专业课程有哪些？除了专业课以外，你还选修了哪些课程？你参加过哪些相关培训？你最近在看什么书？通过一系列与所学专业相关的关键问题，思索是否已掌握了一定的专业知识技能。

事实上，知识技能并非只有通过正式的专业教育才能获得。除了学校课程，接受系统的专业教育外，课外培训、专业会议、讲座、研讨会、自学、资格认证考试等方式都可以帮助个人获得知识技能。此外，通过业余爱好、娱乐休闲、社团活动、家庭职责、岗前培训、在职教育等渠道都可以获取知识技能。例如，很多公司会为新员工提供岗位培训，即使是一些专业要求较高的职业，如会计师等，其专业技能也可以在就职后的培训中获得。

需要注意的是，技能的组合更为重要。通常我们所说的"复合型人才"，正是指具有不同知识技能的人。技能的组合使我们在人才市场上更具竞争力，也更有可能将工作做好。例如，如今懂外语的人很多，但既精通英语又精通建筑专业知识的人就没有那么多，而在大型合资建筑工程中，急需能与外国专家进行良好沟通的专业人才。再如，一个辅修平面设计专业的心理系学生，更有可能在进行设计工作时运用消费心理学知识与客户进行充分的沟通，令客户更加满意。从这个角度来说，无论你现在学习的专业是否是你所喜爱的，或是你将来要从事的，你从中获得的专业知识在某个时候都有可能派上用场。

如果想从事本专业之外的工作而又不愿或不能重新选修一个专业的话，仍然有许多途径可以帮助我们获得相关的知识技能。在招聘中，专业知识技能绝对不是用人机构唯一重视的。当前的状况是知识技能的重要性被夸大，以至于许多学生在校内选修很多课程、在校外参加各种培训班并考取一大堆证书。他们在简历上以大篇幅列举学习成绩、获得的证书、拿到一等奖学金等，无非是想证明个人的知识技能。殊不知，一大堆互不相干的知识技能堆砌在简历上，只能给人以庞杂的感觉，不能让招聘人员明白它们与应聘的职位之间有多大关系。实际上，所有得到面试机会的人，应该说其简历上表述的知识技能都已基本达到了应聘职位的要求（当然，这一点还需要在面试中加以审核）；而进入最后一轮面试的人，实际上都是能够胜任该职位专业技能要求的人。最终使人获得工作机会，并在工作中能够长久发展的，还是自我管理能力和可迁移技能。因此，大学生在校期间，一定要在学好专业知识的基础上，加强对自我管理技能和可迁移技能的培养。

二、可迁移技能

（一）可迁移技能概述

可迁移技能是指一个人能做的事，比如教学、组织、设计、安装、计算、考察、分析、搜索、决策、维修等。

可迁移技能的特征是它们可以从生活中的方方面面，特别是工作之外得到发展，却可以迁移应用于不同的工作之中。比如，当宿舍里发生大家争用电话而产生矛盾时，宿舍长可以组织室友们一起开会讨论，协商解决如何平等地使用电话的问题。在这里面就用到了组织、商讨、问题解决、管理等重要的可迁移技能。几乎在所有的工作中都或多或少地会用到这些技能。因此，可迁移技能也被称为"通用技能"。基于这样的原因，可迁移技能也是个人最能持续运用和最能够依靠的技能。

信息时代的到来，新技术日新月异的发展以及知识更新换代速度的加快，这些都意味着个体需要不断学习新的知识技能才能跟上时代的发展。例如，三十年前，我们对手机、计算机还几乎闻所未闻，但如今它们却在我们的生活中占据了极其重要的位置，而与它们相关的行业知识也都是近些年才出现的，并且处于飞速发展变化中。正因为如此，当今的时代越来越强调"终身学习"。"学习能力"（可迁移技能）已经比拿到某个专业的学位（知识技能）更为重要。

（二）可迁移技能的发现和获得

可迁移技能可通过参与实践、归纳总结、观察学习、模仿体会、专业训练、实习培训、业余爱好、娱乐休闲、社团活动等获得。

与知识技能相比，可迁移技能无所谓更新换代，而且无论你的需求和工作环境有什么变化，它们都可以得到应用。随着我们工作经验和生活阅历的增加，可迁移技能还会得到不断发展。由于它们在许多工作中都会用到，它们的重要性不容忽视。

索尼技术中心会计部某经理曾说："我在聘用一个人时，最为看重的是他的人际沟通能力。这项能力极为重要，因为必须有能力与人交谈才能获得需要的信息。……我把80%的时间用在与索尼其他部门打交道上，我的员工也花费大量时间与本部门之外的人打交道。"

事实上，知识技能的运用都是在可迁移技能基础之上的。例如，你的知识技能也许是动物学，但你将怎样运用它呢？是"教授"动物学，还是当宠物医生"治疗"宠物，或是"写作"科普文章宣传爱护野生动物的知识，抑或在流浪小动物协会帮助"照料"小动物？这些加了引号的词都是可迁移技能。

三、自我管理技能

（一）自我管理技能概述

自我管理技能经常被看作个性品质而非技能，因为它们被用来描述或说明人具有的某些特征。它涉及个体在不同的环境下如何管理自己：是勇于创新还是循规蹈矩，是认真对待还是敷衍了事，能否在压力下保持镇定，是否对工作有热情，是否执行，等等。

良好的自我管理技能能够帮助个体更好地适应周围的环境，应对工作中出现的问题，因此它也被称为"适应性技能"。一个人是如何使用自己的专业知识，以什么样的态度从事工作的，这甚至比工作内容本身更为重要。正是这些品质和态度，将求职者与许多其他具有相同知识技能的候选人区别开来，最终得到一份工作，并能够适应新的环境和规则，在工作中取得成就，获得加薪和晋升的机会。因此，有人称它们为"成功所需要的品质、个人最有价值的资产"。大学生从校园走向社会之前，培养良好的自我管理技能，学习如何为人处世，是至关重要的。

（二）自我管理技能的发现和获得

自我管理技能无论是一个人先天具备的还是后天习得的，都需要练习。它们可以从非工作（生活）领域迁移转换到工作领域。也就是说，耐心、负责、热情、敏捷这些技能并不是通过专门的课程学到的，而是在日常生活中随时随地培养的。例如，一位大四同学在回顾自己的实习经历时写道："这段经历为我毕业后进入社会做了良好的准备。在这次实习中，我懂得了在工作中不仅要具备良好的知识技能，还要具备良好的社交能力，才能在工作中营造良好和谐的工作氛围。在工作中要积极主动，要虚心向同事、前辈请教；要知难而上，不能遇到一点困难就放弃；要严格要求自己，不为自己的失职找借口。平时要和同事多多交流，和谐相处。"

【课堂测试】

1. 你有哪些知识技能

对下面的经历进行分析，尽可能全面地列出你所掌握的知识技能，从中分别挑选出你感觉自己比较精通的和你在工作中应用或希望应用的知识技能，最后排列出对你来说最重要的五项知识技能：

·在学校课程中学到的，如英语、CAD 等：

_____

·在工作（包括兼职和暑期工作）中学到的，如销售等：

_____

·从课外培训、辅导班、研讨班学到的，如绘画等：

_____

·从专业会议中学到的，如职业规划知识在求职中的作用等：

_____

·从志愿者工作中学到的，如英语翻译等：

_____

·从爱好、娱乐休闲、社团活动、家庭职责中学到的，如摄影、钓鱼、跆拳道等：

_____

·通过阅读、看电视、听磁带、请家教等方式学到的，如钢琴演奏、PPT 制作等：

_____

·请家人和同学帮你回忆你在校内外都学过哪些专业知识（不管程度如何）：

_____

2. 知识技能的组合

想一想，在上一个练习你所列出的知识技能之间可以相互组合吗？它们的组合能够使你更好地完成什么样的工作？

我的知识技能组合：

_____

与你的同学相比，除了你们共同的专业以外，你还掌握什么其他的知识是他们所没有的？你有什么特别擅长的？无论这些知识是大是小，都不要忽略它们，因为也许就是这小小的一点独特之处，有助于你在竞争中胜出。思考一下这些知识是否有可能应用在你将来的专业工作中。

我独特的知识技能：

_____

3. 与什么样的人共事

请列出你愿意与之共事的人的特质，并在小组中讨论，看看大家最重视的特质都有哪些：

_____

请思考：我是这样的人吗？是符合大家所描述的理想同事吗？我的个性特征会怎样影响我的生涯发展？

_____

你通常以什么样的态度从事工作或学习？你是怎样与人交往的？与你的同学或朋友相比较，你有何与之不同的特点？根据你对自己的了解，试着写下用来描述自己的形容词，写得越多越好。

4. 撰写成就故事

请写下生活中令你有成就感的具体事件，然后对其进行分析，看看你在其中使用了哪些技能（尤其是可迁移技能）。

这些"成就事件"不一定是工作或学习上的，也可以是课外活动或家庭生活中发生的，比如同学聚会，一次美好而难忘的旅游，等等。它们不必是惊天动地的大事，只要符合以下两条标准，就可以被视为"成就"：①你喜欢做这件事时体验的感受；②你为完成它所带来的结果感到自豪。如果同时你还获得了他人的认可和表扬，那就更好了，不过这并不重要。

在撰写成就故事时，每一个故事都应当包含以下要素：

（1）你想达到的目标，即需要完成的事情。

（2）你面临的障碍、限制或困难。

（3）你的具体行动步骤，即你是如何一步步克服障碍、实现目标的。

（4）对结果的描述，即你取得了什么成就。最好能够量化评估（用某种方法衡量或以数据说明）。

至少写出五个故事（越多越好）。如果有条件的话，请和两三个同伴一起逐一分析讨论，在其中你都使用了哪些技能。最后，看看在这些故事中是否有重复出现的技能，如果有，它们就是你喜爱施展也擅长的技能。将这些技能按优先次序加以排列。

·我的成就故事：

_____

·我所喜爱使用且擅长的技能：

_____

注：本章节部分资料摘录于《大学生职业生涯发展与规划》(钟谷兰、杨开著)。

第六章　外部世界探索

【案例导读】

　　X大建筑专业学生A来自一个单亲家庭，有一个自闭症妹妹，A因为这个妹妹从小就对心理学非常感兴趣，上大学前就自学了大量心理学知识，但是高考填报志愿的时候，由于心理学专业毕业生在当时就业收入较低，A同学考虑到家庭的需要，于是选择了非常热门、毕业后收入较高的建筑学专业。在大学期间，A学习努力，不仅很好地完成了本专业课程学习，还自学了心理学专业课程，A的生涯规划原本是大学毕业后报考心理学研究生，但由于家庭条件所限，A必须尽早地走上社会，帮单亲妈妈一起撑起这个家。因此，品学兼优的A放弃了继续深造的机会，毕业后直接走向社会。教师了解到A的情况后，给她的生涯规划做了如下指导：毕业后本专业建筑行业就业获取较好的收入，一方面养家，另一方面做些储蓄和稳健型理财，同时继续深入学习A热爱的心理学知识；还要努力考取建筑学相关资格证书，未来凭借这个证书可以到一些公司兼职工作会有一份稳定的收入，之后再重新回学校攻读心理学专业的硕、博学位，最终完成向自己热爱的专业和行业转型。

　　在职业生涯规划教育中，要想取得良好的教育效果，就必须先了解职业，即进行必要的职业世界认知教育。只有通过职业认知教育，大学生才能对职业有一个深入的认识，也才能根据自己的实际情况制订科学合理的职业规划。本章将从家庭环境、社会环境和职业环境（工作世界）三方面进行探索，并给出一些实践指导方法。

第一节　家庭环境探索

　　任何人的性格和品质的形成及个人的成长都离不开家庭环境的影响，大学生在进行职业生涯规划时，家庭的经济状况、家人期望、家族文化等因素都是必须重点考虑的。

　　家庭环境分析指的是对家庭软、硬环境的分析。其中，家庭软环境是指家庭给人的内在情绪和感受，它对人起着潜移默化的作用，是家庭生活中人与人之间相互联系时所形成的一种气氛；家庭硬环境是指特定的物质条件，它是人得以发展的基础条件。每个人从出生伊始就受到家庭环境的影响，这种影响往往是多方面的、深远的，往往能够影响人的一生。

家庭环境还有内环境和外环境之分。其中，家庭内环境是指自己家里的人或事，一般家庭内环境都是说夫妻和睦相处、家长对子女的教育方式等；家庭外环境是指家庭外的环境，如家庭的周围环境、周围人群情况、外部活动场所、外部人际关系等。

美国临床心理学家罗伊（Anne Roe）理论依据临床心理学经验加上各类杰出人物有关适应、创造、智力等特质的研究结果，综合了精神分析论、莫瑞的人格理论与马斯洛的需要层次论，于20世纪60年代提出人格发展理论。罗伊的理论假设：每一个人天生就有一种扩展心理能量的倾向，这种内在的倾向配合着个体不同的儿童时期的经验，塑造出个人需求满足的不同方式。而每一种方式对于职业生涯选择的行为都有不同的意义。人格发展理论试图说明遗传因素和儿童时期的经验对于未来职业行为的影响。人格发展理论认为：早年经验会增强或削弱个人高层次的需求，进而影响人的生涯发展。她特别强调早期经验对个体以后的择业行为的影响。罗伊人格发展理论认为：需求满足的发展与个人早期的家庭气氛及成年后的职业选择有着密切的关系。例如，个体成长过程中，父母对他（她）是接纳的还是拒绝的，家中气氛是温暖的还是冷漠的，父母对他（她）的行为是自由放任的还是保守严厉的，这些都会反映在个人所做的职业选择上，如图6-1所示。

父母对孩子管教的态度从"温暖"和"冷漠"两个基本方面，划分为"关心子女型""逃避型""接纳型"三种类型、六种情况，如图6-1所示。

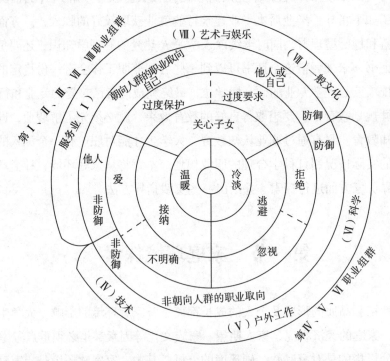

图6-1 亲子关系与职业选择的关系（罗伊，1957）

"关心子女型"的父母有两种——"过度保护型"和"过度要求型"。"过度保护型"父母会毫无保留地满足子女的生理需求，却不见得能满足子女对爱与自尊的需求，即使这些需求都能得到满足，子女的行为未必表现出社会认可的行为。所以，在这类氛围下长大的子女，日后显示出较多的人际倾向，而且不是出自防御的心理机制。"过度要求型"父母，对于子女需求的满足往往附加某些条件，也就是当子女表现出顺从的行为，或表现出父母认可的成就行为时，其生理需求或爱的需求才能得到满足，这种在父母的高标准严要求下长大的孩子会变成完美主义者。他们会为表现得不够完美而焦虑，因而在做职业选择时较为困难。

在"逃避型"父母养育下长大的儿童，无论是受到拒绝或忽视，儿童需求满足的经验都是痛苦的，即无论生理需要还是安全需要的满足都会有所欠缺，更谈不上高级需要的满足。所以，这类儿童日后会害怕和他人相处，宁可在自己的工作岗位上，靠自己的努力满足自己的需求。

"接纳型"家庭的氛围大体上是温暖的。在温暖、民主气氛下长大的孩子，各类层次的需求不会缺乏，长大之后也能做独立的选择。

一、家庭支持的力度

家庭对大学生选择较好职业的支持态度是毋庸置疑的，但支持的力度有很大差别。这主要是由于家庭成员的社会地位、经济条件、社会关系等不同造成的。如果没有家庭的支持，或家庭支持的力度太小，有一部分学生在选择职业方向时，会将自己的兴趣、爱好等打折扣，而转向较容易进入的职业和较顺利获得的职位。反之，则会寻求更高更好的职业方向，职业规划也将更好地实现。

二、家庭需要

任何家庭都有正常的需要，这些需要对大学生选择职业方向也会有影响，但一些家庭还有特殊的需要，这些特殊需要对大学生的影响更大。例如，家庭成员中有患疑难病或慢性病的，大学生选择医药职业方向的概率就会比较高；也有些品学兼优的大学生由于家庭条件所限必须尽快走上社会赚钱养家，从而不得不放弃读硕博进一步深造的计划。

三、家庭期望

家庭对大学生的期望大小不同、高低不同影响大学生的生涯规划。大学生回应家庭对自己的期望常见主要形式有违抗父母意愿、弥补父母的失败、吸引父母的注意、获得父母认可、征服父母的敌意等。一般说来，家庭对大学生的期望值较低的，大学生往往有更大的自由空间选择那些与自己爱好、能力等相匹配的职业方向；家庭对大学生的期望值高的，大学生往往随大溜选择社会上的热门，社会地位和收入等都较高的行业或职业。

第二节　社会环境探索

　　每一个人都生活在特定的社会中，都要受到社会环境的影响。社会经济发展、政治秩序、就业政策和体制等社会大环境都会影响职业岗位的数量和结构，人们的职业观念和职业理想，对一个人的职业规划和职业发展都会产生重大的影响。任何脱离社会实际环境而设计出来的职业生涯路线都是一种"臆想"。一个社会的大环境对职业的类别和职业发展前景影响极大，从而也影响个人职业生涯规划、选择和发展。因此，大学生在进行职业生涯规划时，首先应对社会大环境进行分析。

一、政治法律因素

　　当今社会，政治法律环境对职业选择和职业发展有重要影响。大学生在进行职业生涯规划时，要了解以下几个方面：①政治环境因素，主要涉及国家的方针、政策，还包括教育制度、政治体制、经济管理体制、人才流动的政策等；②法律环境因素，指中央和地方政府的有关法律法规和有关规定。例如，在中国直销最多只能到第二层，超过两层的多层次直销和传销都是违法的，因此，大学生在进行生涯规划过程中首先要符合国家法律法规。

二、经济环境因素

　　经济环境也是社会环境因素的一部分，主要包括以下几个方面。

　　（1）经济形势。经济形势的变化对职业的影响是最为明显又最为复杂的。当经济处于萧条时期，企业的效益降低，对人力资源的需要减少，因而职业选择和职业发展的机会也随之减少；当经济处于高速发展时期，企业处于扩张阶段，对人力资源需求量增加，职业选择和职业发展的机会也就随之增多。

　　（2）劳动力市场供求状况。劳动力市场的供求状况对职业选择和职业发展产生重要影响，如某类职业的人力资源供不应求，则职业选择和职业发展的机会就多；相反，某类人才供过于求，职业选择和职业发展的机会就少。我国普遍的情况是高级管理人才和高级技术人才不足，而没有专业技能和只有一些初级技能的劳动力供给相对充裕。

　　（3）收入水平。社会对人力资源需求是一种派生的需求。当人们的收入水平提高时，对商品消费的需求就会增加，企业扩大生产，从而增加对人力资源的需求，职业选择和职业发展的机会就会增多；相反，职业选择和职业发展的机会就少。

三、科技环境因素

　　科学技术对职业生涯规划的影响具体体现在以下两个方面：

（1）自动化的冲击。工业自动化的普及和提高，对工业科学化、技术化的发展起到了促进作用，给就业市场也带来了一定的影响。一方面，自动化增加了新的工作岗位；另一方面，自动化又淘汰了一些旧的工作岗位。从长远来看，自动化程度的提高有利于就业岗位供给的增加；但在短期内，有可能是自动化带来新增工作岗位的数目小于被淘汰的旧的工作岗位的数目。自动化程度的提高既为我们带来机遇，同时也使就业竞争加剧，给我们带来危机。

（2）产业结构调整的冲击。我们处在一个科学技术迅猛发展的世界里，产业结构在不断地调整。从劳动密集型产业转化到资本密集型再转化到知识密集型，对我们人生的发展提出新的挑战。这就要求我们根据环境的变化不断地更新自己的知识结构，顺应产业结构的调整和社会发展的需要。如果不及时地学习新知识、新技能，就会落后于社会发展，表现为难以胜任工作，导致自己的人生事业失败。产业结构的调整给我们带来危机感，但同时也为我们提供更多的机遇，尤其对创新型人才来说，其发展空间更大。

四、社会文化环境因素

社会文化环境包括教育条件和水平、社会文化设施等，在良好的社会文化环境中，个人能得到良好的教育和熏陶，从而为职业发展打下坚实的基础。

社会文化是影响人们行为、欲望的基本因素，社会文化反映着个人的基本信念、价值观和规范的变动。我国是一个大国，社会文化的复杂性决定了个人职业选择与职业发展要考虑组织（企业）所在地的文化因素。大学生在进行职业生涯规划时，主要了解以下几方面内容：①社会政策。主要是人事政策和劳动政策。②社会变迁。比如知识经济和信息化社会的发展，会对人的职业生涯发展产生较大的影响。③社会价值观。价值观会随着社会的不断发展和进步而发生不同程度的变化，从而影响社会对人的认识和对职业的要求。④科学技术的发展。科技的发展会带来理论的更新、观念的转变、思维的变革、技能的补充等，而这些都是职业生涯规划中不可或缺的要素。

五、人口环境因素

人口环境尤其是个人所在地区的人文因素对职业选择与职业发展有重要影响。

对此，大学生在进行职业生涯规划时，要考虑以下几方面内容：①人口规模。社会总人口的多少影响社会人力资源的供给，从而影响职业选择和职业发展的机会。②年龄结构。不同的年龄段有不同的职业价值观，在收入、价值观念、生活方式和社会活动等方面都存在差异性。③劳动力质量和专业结构。社会劳动力的质量和专业结构影响职业选择和职业发展的机会。例如，在某些地区，未经培训的普通劳动力可能很充裕，但受过高级培训的劳动力可能不足；某些地区可能某方面的人才比较充裕，但有些方面的人才欠缺，这些因素都会影响职业选择和职业发展。④人口的城市化。我国的城市化进程正在加快，劳动力正在由农业转移到非农业；由于户籍制度的改革，户籍对就业的限制已经放开，对就业市场造成了重大的影响。⑤人口老龄化。人口统计数据表明，当前我国人口正在迈向老龄化阶段，这种老龄化趋势将推动医疗保健行业和社会服务领域的就业机会增多。⑥人口流动。目前，就业和职业发展的机会主要集中于东部沿海地区，但近几年中央开发中西部地区的战略会对中西部的发展产生一定的推动作用。

六、重大突发事件因素

一些社会重大突发事件因素对职业选择与职业发展有重要影响。有些突发事件甚至足以改变不同行业和职业的市场地位，例如，2020 年的新冠肺炎疫情在全球大流行，对于医疗和卫生防护用品产业及线上相关产业都是一个发展机会，但对于线下餐饮、娱乐等实体产业却是一个巨大的威胁。大部分的突发事件是无法预知的，大学生在进行生涯规划时必须加强危机意识，辩证认识运动与静止的关系，必须认识到外部环境的变化是永恒的，稳定只是暂时的，改变片面追求稳定的就业观念，以积极的心态迎接变化、拥抱变化、创造变化。

第三节　工作世界认知

一、工作世界的概貌

我们处在一个日新月异的时代，工作也在这样的时代持续变化着。中国有句古话，"三百六十行，行行出状元"。今天的行业早已超出了三百六十行，随之衍生出三千甚至三万种职业。这样的变化一方面使我们看到了从事新奇职业的可能性，另一方面使我们对工作世界的探索难上加难。但不可否认的是，我们既要了解宏观的工作世界概貌，也要了解有关工作的一些微观事实。

宏观工作世界的探索包括对产业的探索、对行业的探索和对职业的探索。

产业指的是经济社会的物质生产部门，一般划分为三大产业。第一产业指的是生产物取自于自然，具体包括农、林、牧、渔等，目前中国农村富余劳动力超过 1.5 亿，因此第一产业基本对大学生需求较少。第二产业指的是加工取自于自然的生产物，具体包括采、建、制、电、煤、水，目前中国第二产业对大学生的需求占大学生总需求的三分之一。第三产业指的是流通和服务业（有人将信息业和高科技行业划分为第四产业），目前中国第三产业对大学生的需求占大学生总需求的三分之二。第三产业主要有：

（1）流通产业：商务、饮食、交通运输、物流、仓储、邮政、电信通信等；

（2）服务产业：金融、保险、建筑、房地产、居民服务、旅游、咨询服务、公共事业；

（3）科学、文化、教育、卫生、体育行业；

（4）机关团体：国家机关、党团组织、社会团体等。

目前中国第三产业占 GDP 的比例不到 50%，而发达国家第三产业占 GDP 的比例已经超过 65%，第三产业将为广大学生提供广阔的就业空间。

行业指的是按生产同类产品或具有相同工艺过程或提供同类劳动服务划分的经济活动类别。2003 年出版的《国民经济行业分类》一书将中国社会当时主流行业分成 20 个行业门类、95 个大类、396 个中类、913 个小类。这是一个变化的数据，随着社会的发展而不断发展。

职业是指人们从事的相对稳定的、有收入的、专门类别的工作。职业是某种精细的、专门具体的社会分工，能反映一个人的社会身份、社会地位与自身的知识、能力、素质水平等。

职业由三个方面组成：行业、职位和组织。

首先，任何一份职业都处在不同的行业中，而行业的整体发展趋势也必然影响职业的发展。大学生进入什么类型的行业应该考虑自己的职业兴趣。其次，一份职业最主要的工作内容是通过职位来体现的。不同的职位会有不同的工作内容，需要不同的能力，在自我探索中，能力的探索指向的是职业当中的职位，同学们可以参照心仪职位的招聘启事来了解自己需要在大学培养的能力。最后，不同企业的组织文化会影响个人的工作满意度。对职业的需求标准可以通过个人工作价值观的探索进行选择和调整。

在了解职业的过程中，我们还必须明白，每一份职业都有优点和缺点。由于职业价值观的不同，不同的人会对同一职业产生不同的感受。例如，外资企业的高薪带来的是压力和竞争，事业单位的稳定伴随的是程序化和呆板。因此，要知道没有哪种工作能够满足你所有的需要。我们的决定很可能不会持续一生，而需要不断调整和变化才能保持满意感。我们需要学会的是如何应对工作的变动，而不是如何去避免它。

二、工作世界的发展趋势

进入 21 世纪，工作世界在经济全球化的大背景之下发生了翻天覆地的变化。中国的劳动力市场也在这样的大背景之下经了历快速的发展与变化。这些变化既有和其他国家共性的部分，也有和其他国家不同的个性化特征，这些变化主要包括以下方面。

（一）劳动力的变化

中国是世界上劳动力资源最丰富的国家，虽然我国已经走出了最严峻的就业困境，但是我国的劳动力市场供大于求的状况仍然要持续 30 余年。供大于求的现状一方面是因为农村解放出来的劳动力人口不断增加，另一方面是因为高校连年扩招使得大学生毕业人数不断增长。

劳动力供给结构性短缺的另一表现就是技能型人才短缺和大学毕业生过剩，这与我国经济迅猛发展，尤其以制造业的快速发展有着极为密切的关系。尽管近年来，我国总体就业趋势供大于求，但是对于大多数技术工种则是需求多于供给，技能型人才短缺已成为我国经济发展的"瓶颈"。

我国就业市场的结构性失业也体现在大学生的就业选择上。很多大学生把留在大城市作为自己就业的唯一目标，使"北上广"等大城市人才过剩，而真正需要人才的中西部地区却招不到合适的人才。除了地理因素，基层就业冷、创业冷等都是造成我国现阶段结构性失业的主要原因。

劳动力的变化除了上述总体趋势外，还受到多种因素的影响，包括行业因素、教育、经验、准入因素等。如果我们过多地把决策建立在劳动力市场的需求和现状上，我们就会面临进入我们不喜欢的领域的风险。如果我们的决策更地建立在有趣的和有吸引力的事情上，我们会发现自己训练有素、富有情感，但可能面临失业的风险。因此，我们在考虑自己的职业时必须学会合理地平衡两者之间的关系。

（二）技术及职业变化加快

科技化和自动化的结果，导致工作内涵发生变化。因此，未来只有具备广博的知识和专门技术的职业人员才能更好地胜任工作。技术更新的加快也使得失业率不断提高，今天能胜任的工作会因为新技术的使用而不再胜任。因此，未来是知识的时代，只有不断学习新的工作技能，发展多职能，才有可能适应不断变化的工作世界。

全球化竞争带来的是新企业不断建立和原有企业不断破产。在一个企业工作到退休的时代一去不复返，我们不得不改变自己的工作态度，适应组织扁平化的发展趋势，自己为自己的发展负责。

技术的进步也使得研究与发展型的工作日趋重要。创新是企业发展的根源，未来依然需要高知识型人才，未来的工作世界也必然会成为"学习的社会"，树立终身学习的观念对于应对这些变化是必需的。

（三）工作价值观的改变

就业市场带来的变化也体现在了价值观的改变上。从传统的"我是革命一块砖，哪里需要哪里搬"的集体主义工作价值观，到现在自己为自己的成长负责，追求自我实现，"80后"与"90后"重新定义了工作的意义和价值。在自由竞争的环境下，企业的快速建立与破产，使得对企业"从一而终"的价值观不复存在，如何在变化的工作中成长是每一个职业人必须解决的生涯问题。

对于在校大学生来说，与其以"计划赶不上变化"为借口浑浑噩噩过日子，不如积极应对，提升自我适应能力。

三、职业与新职业

（一）职业

从数量上来看，职业群体是非常庞大的。美国的《职业名称词典》定义了 12700 多种不同的职业，这些职业中有很多没有太大意义，因为大约 95% 的劳动力都集中在 400 多种职业中。可是即便只有 400 多种，依然是很庞大的数字。我们如何认识清楚所有的职业？最简单的方法就是将它们分类。

职业分类就是按不同职业的性质和活动方式、技术要求及管理范围进行系统划分和归类，以达到劳动力素质与职业要求相适应的活动过程。

《中华人民共和国职业分类大典》（以下简称《大典》）将我国职业归为 8 个大类，66 个中类，413 个小类，1838 个细类（职业）（自《大典》出版以后，每年都要出增补版本，增补新增加的职业类型）。

8 个大类分别是：

第一大类：国家机关、党群组织、企业、事业单位负责人，其中包括 5 个中类，16 个小类，25 个细类；

第二大类：专业技术人员，其中包括 14 个中类，115 个小类，379 个细类；

第三大类：办事人员和有关人员，其中包括 4 个中类，12 个小类，45 个细类；

第四大类：商业、服务业人员，其中包括 8 个中类，43 个小类，147 个细类；

第五大类：农、林、牧、渔、水利业生产人员，其中包括 6 个中类，30 个小类，121 个细类；

第六大类：生产、运输设备操作人员及有关人员，其中包括 27 个中类，195 个小类，1119 个细类；

第七大类：军人，其中包括 1 个中类，1 个小类，1 个细类；

第八大类：不便分类的其他从业人员，其中包括 1 个中类，1 个小类，1 个细类。

（二）新职业

产业的不断细分，导致社会分工越来越明确，对从业人员的专业要求也越来越高。我国近年来的职业变迁体现了两个特点：首先，职业分类越来越细、越来越专业。比如，银行职员这个职业有了进一步的划分，更加专业化，出现了资金交易员、资金结算员、清算人员等新职业。其次，职业的标准化程度提高，与国际职业发展接轨。比如，我们把以前的供销员改为市场营销员；企业和公司负责人也不再笼统地称为厂长或经理，而演变出不同层级的职业，如董事长、总经理（总裁）、CEO、总监、部门经理、项目经理等。

在我国，新的职业正在以惊人的速度产生。这些新职业的开发和评定，并不仅以职业的冷热程度和从业人数的多少为标准，更重要的还是考虑这个职业是否具备了较高的技能性、是否具有向大众推广的可行性，以及这个职业将产生怎样的社会影响和价值。这些新职业主要分为两种情况：一是全新职业，是指随社会经济发展和技术进步而形成的新的社会群体性工作；二是"更新职业"，是指原有职业内涵因技术更新产生较大变化，从业方式与原有职业相比已发生质的变化。比如，说过去只有传统的车工，随着数字技术在制造业中的广泛应用，又出现了数控车工。

新涌现出来的大批新职业，主要集中在第一、第二产业的高新技术产业和蓬勃发展的第三产业。从分布情况来看，新职业主要分布于基因和转基因工程、遗传工程、生态农业、生化试验等高新技术领域，加工中心、环境监测、计算机辅助设计、计算机辅助制造、纳米材料生产等领域也涌出大批新职业，而新职业分布最广的是社会服务领域。

四、岗位

岗位也称职位。在组织中，在一定的时间内，当由一名员工承担若干项任务，并具有一定的职务、责任和权限时，就构成一个岗位。

岗位设置也是对承担的责任进行划分。一般区分为主责、部分和支持三类，确定配合关系。主责是指某一个人所负的主要责任；部分是指只负一部分责任；支持是指责任很轻，只协助他人。每个岗位的主责、部分和支持一定要划分清楚。

五、工作分析

（一）工作分析的含义

工作分析，即岗位分析，就是对组织中某个特定工作职务的目的、任务或者职责、权力、隶属关系、工作条件、任职资格等相关信息进行收集与分析，以便对该职务的工作做出明确的规定，并确定完成该工作所需要的行为、条件和人员的过程。

（二）工作分析的内容

工作分析主要包括工作说明和工作规范两方面内容。

1. 工作说明

工作说明是用来确定职位基本信息和工作的具体特征，如对工作的目标、范围、任务、内容、责任、考核标准、方法和工作环境等的详细描述，主要包括以下内容：

（1）"做什么"是指员工所从事的工作活动，主要包括以下内容：①任职者须达到的工作目标。②任职者须完成的工作内容。③任职者完成此工作须达到的工作标准。

（2）"为什么做"是指任职者的工作目的及该项工作在整个组织中的作用，主要包括以下内容：①该项工作的目的。②该项工作与组织中其他工作之间的联系。

（3）"谁来做"是指谁从事此项工作及组织对从事该项工作的人员所必备的素质的要求，主要包括以下内容：①对身体素质的要求。②对知识技能的要求。③对相关工作经验的要求。④对教育和培训的要求。⑤对个性特质的要求。

（4）"何时做"是指对员工从事此项工作的时间安排，主要包括以下内容：①对工作时间的安排以及工作的时间特征。②对该项工作每日、每周和每月的工作进程的安排。

（5）"在哪里做"是指员工工作的地点、环境等，主要包括以下内容：①从事该工作的自然环境。②从事该工作的社会人文环境。

（6）"为谁做"是指员工从事的工作与组织中其他部门之间的相互关系，主要包括以下内容：①负责该工作的部门直接上级，即员工请示汇报的对象。②在工作过程中，由于横向的需要，应与组织中的哪些部门、哪些人员取得联系。

（7）"怎么做"是指员工如何从事或者组织要求员工如何从事此项工作，主要包括以下内容：①工作程序、规范。②开展该项工作所必备的各种硬件、软件设施。③从事该项工作所拥有的权利。

2. 工作规范

工作规范是指完成某项工作所需要的知识、技能及职责、程序的具体说明，它是工作分析结果的一个组成部分。工作规范可以让员工更详细地了解其工作的内容和要求，以便顺利地进行工作。工作规范主要包括以下内容：

（1）知识与学历，指完成某项工作的知识要求和学历要求。

（2）技能要求，指完成某项工作所应具备的基本技能。

（3）身体素质要求，指身体健康状况。

（4）工作职责和工作权限，指对其他人和自己的工作职责和工作权限。

（5）工作环境和工作条件，指工作场所、工具设备、工作危害等。

第四节　外部环境探索实践

职业认知的方法有很多种，可以根据自己的实际情况选择适合自己的方法。简单来说，个人进行外部环境探索通常采取查阅资料、职业咨询、参观实习、生涯人物访谈的方法。

一、查阅资料

查阅资料，是将个人希望了解的职业方向，通过网络、书籍、期刊及有关声像资料，进行初步查阅。首先选定各种典型职业，然后对其所需的基本条件如学历、资格证书、身体条件等进行查阅。通过查阅使自己对做好职业工作所需要的知识、技能、生理条件及个性特征有一个初步的认识，对该职业的生存环境及发展前途，以及个人循此发展可能取得的职业成就等形成初步印象。现代社会网络极其发达，充分利用网络资源了解职业环境是进行职业探索的主要方法之一。

这种方法的优点是方便、快捷、信息量大、成本低，但同时存在的不足为间接的、隔离的信息可能与现实感受有差距。

二、职业咨询

针对大学生的职业咨询可以分为两类：一类是与相关的从业人员进行职业交流和讨论，另一类是寻求专业的职业咨询类的服务机构和服务人员。

通过和相关的从业人员交流，了解相关职业的知识、技能需求、待遇和发展前景。

交流的职业内容主要包括：工作性质、任务或内容，工作环境，就业地点，所需教育、培训或经验，所需个人的资格、技巧和能力，收入或薪资范围、福利，工作时间和生活形态，相关职业和就业机会，组织文化和规范，未来展望等。另外，还要提醒大学生们在与相关从业人员的讨论中关注如下问题：对于这个工作喜欢什么？不喜欢什么？对自己进入这个领域有什么建议？

这种访谈法的优点是结果比较客观，对工作的要求比较客观。进行职业交流讨论，意味着与别人共享对职业的探索结果。个人对职业的探索总是有局限性的，与别人一起讨论大家都感兴趣的职业问题、共享职业探索成果，会互相打消一些不现实或前景暗淡的东西，而共同发现一些更好的东西、更多的前进道路。

但是，由于访谈对象的不同，结果可能差异很大：有的人对职业比较积极，赞誉较多；有的人对职业比较消极，评价较低。因此，向专业的职业咨询服务机构和服务人员求助成为另一种可能。

目前，我国职业咨询类服务初具发展，进行职业咨询成为新鲜事物之一。向专业人士寻求帮助，走出求职择业的误区与困惑更为实际。

三、参观实习

参观，是指到相关职业现场短时间的观察、了解。通过参观，可以了解职业相应工作的性质、内容，职业环境及氛围，获得实实在在的职业感受。但缺点是无法对职业的实质进行深入了解，易被营造的氛围迷惑。

更进一步是实习，即到职业场所进行一定时间的打工、义务劳动或教学实习、实践。实习是一种比较全面的了解职业的方法，实习可以更深入、更真实地了解职业的工作任务、工作要求、工作环境，判断个人的适应情况，可以了解工作的程序、报酬、奖罚、管理及升迁发展的各种信息，还可以通过与工作人员的实地接触，感受职业对人的影响。

四、生涯人物访谈

生涯人物访谈是指通过对现实生活中职业人的访谈来了解自己感兴趣的职业的方法。相比较其他方法，生涯人物访谈能帮助个人收集做出明智职业生涯决策的信息。扩大你的职业人际关系网，树立工作面试的信心，确定你的专业实力和不足，帮助个人更好地了解组织，从内部看组织。在进行生涯人物访谈时，一定要注意不要利用生涯人物访谈来找工作或开展职业面试，否则不但会使你感到尴尬，也会使潜在雇主反感。

第七章　职业生涯规划和管理

　　几年前，一个重要人士向南卡罗纳州的一个学院的全体学生发表演讲，我前往听讲。那个学院规模不大，我到场时，整个礼堂坐满了兴高采烈的学生，大家都对有机会聆听到这种大人物的演说而兴奋不已。演讲者走到麦克风前，眼光由左到右扫视一遍观众，然后开口道：

　　"我的生母是一个聋哑人，因此没有办法开口说话，我不知道自己的父亲是谁，也不知道他是否尚在人间，我这辈子找到的第一份工作，是到棉花田去做事。"

　　台下的听众全都呆住了。"如果情况不尽如人意，我们总可以想办法加以改变。"她继续说，"一个人的未来怎么样，不是因为运气，不是因为环境，也不是因为生下来的状况。"她轻轻地重复刚才说过的话，"如果情况不尽如人意，我们总可以想办法加以改变。"

　　"一个人若想改变眼前充满不幸或无法尽如人意的情况，"她以坚定的语气向下说，"只要回答这个简单的问题：'我希望情况变成什么样'，然后全身心投入，采取行动，朝理想目标迈进即可。"

　　接着她的脸庞绽放出美丽的笑容："我的名字是阿济·泰勒·摩尔顿，今天我以美国财政部部长的身份，站在这里。"

（资料来源：程社明，卜欣欣，戴洁.人生发展与职业生涯规划 [M].北京：团结出版社，2003：99-100.）

　　"我希望情况变成什么样"，这就是你在为自己拟定一个理想目标。目标对人生具有重要的导向作用，它能给你的生命带来目的感、意义和方向，引导你实现一个既成功又幸福的人生。现实中你的茫然无助、怨天尤人或不尽如人意，很多时候是因为你为环境所困，却又不想去做一些改变和改善。

　　经过前面的信息探索，我们进入了生涯决策阶段。职业生涯决策涉及目标、道路和计划的选择，是职业生涯规划的核心和重要组成部分。在本章中，我们首先解决生涯决策的三大难题，即认知问题、技术问题和心理问题；然后，提供鼓励和具体方法指导大家制定目标、开发计划以及做出评估与调整；最后，为了有效地推进规划的拟订和执行，我们提供了一些思维上、认知上和技能上的建议和训练。

第一节　职业生涯决策

一、职业生涯决策概述

（一）什么是职业生涯决策

1.决策的含义

简单地讲，决策就是做决定，就是在一系列方案中做出选择。生涯决策涉及你人生大部分重大事情的决定，职业决策是其中极其重要的决策。职业决策就是人们根据自身特点和社会需要做出合理的职业方向抉择的过程。从一定程度上来讲，职业生涯规划包括两个环节：一是信息探索；二是职业决策。也就是说，在经过前面的对自我和外部环境的信息探索之后，我们需要对信息进行分析和评估，然后形成不同的目标与方案，最后进行决策。所以，决策绝不仅仅是一个结果，而是一个比较复杂的过程。如图 7-1 所示，职业决策是职业生涯规划的最后环节，也是驱动职业生涯规划的起点，从这个角度而言，职业决策使你成为自己职业生涯规划发展的"问题解决者"和"自我激励者"。

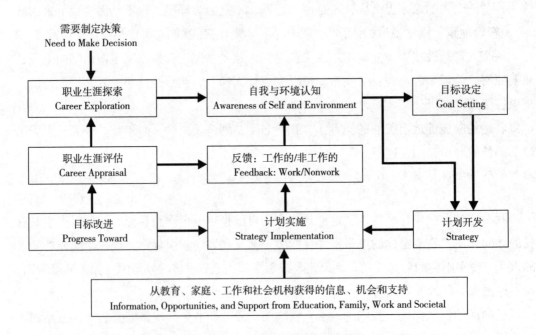

图 7-1 职业生涯规划模型

2.决策的本质

我们每一天都在做各种各样的决定。试想，你如何安排你的周末？是否早起、是否吃早饭、早饭吃什么、吃完要干吗……所以，决策无所不在、无时不在，不可避免。即使你不做决定的时候，这本身也形成了一个决定：你选择不做决定。通常，一个决定对你来说越重要，决策也就越困难。你吃什么、穿什么总是比选什么专业、去哪里工作要容易得多。生涯规划面临的大部分都是比较复杂和困难的，因为它对你的生存和未来发展影响较大。

【课堂练习】

为了让你理解不同决策的相对重要性，试着回忆你近期所做的各种决定，按照重要性程度将这些决定的具体事项填入表 7-1。

表 7-1 不同决策的重要性程度

重要性等级	描述	具体事例
0	决定不在你的控制之下，它是由他人或环境所决定的	
1	决定是无意识或常规性的，你对它从不多加思索，已经形成习惯了	
2	你偶尔会在选择之前思考一下如何决策	
3	你会对这个决定加以考虑，但不会对它做什么研究或调查	
4	你会对这个决定做一点研究，在选择之前，你会进行思考或征求其他人的意见	
5	你会对这个决定进行大量的思考和研究，在选择之前，你会问一些有关的问题并做相关信息搜索与分析	

我们是否可以自由地做出选择？选择与自由是一个长久的话题。通常情况下，我们所理解的自由有两种状态：第一，你可以完全遵照逻辑和理性来做决定，而不受个人主观因素影响；第二，你可以不假思索、随心所欲、完全凭感性地做出选择，而不受外界客观因素影响。赫伯特·西蒙（Herbert Simon）的"有限理性"理论认为，人的理性在决策中会受到限制。社会文化决定论告诉我们，你的选择会受到不可控外力的影响。安妮·罗伊（Anne Roe）博士研究指出，有 12 个因素影响着一个人的职业选择，包括：社会总体经济状况、机遇、家庭背景、同伴群体、婚姻状况、一般的学习和教育、后天学到的特定技能、生理特点、认知能力或特殊天赋、气质与个性、兴趣和价值观、性别。所以，现在大部分人认为我们的选择都不是自由的，我们很多时候是没办法随心所欲地做决定的，但同时我们也认为拥有选择的权利是我们的自由。

以上，我们探讨了三个问题：决策是可以避免的吗？是简单的吗？是自由的吗？我们要解决的是你对生涯决策的认知问题。其实，不必为自身的认知偏见和局限、不必为社会压力和偶然性因素的存在而感到失望和沮丧，你仍然有很大的机会可以做出有意识的、科学理性的生涯规划。而且你必须认识到，生涯决策如此重要，决不能让别人代劳，你要承担起生涯决策的责任，并接受选择的结果。

推动你的决策，需要解决三个问题：认知问题、决策能力和心理障碍。上述关于决策的含义和本质的阐述，是为了解决你的认知问题。接下来，我们探讨为什么要做决策以及为什么你不做决策，这是要解决你的心理问题。然后，我们再教授你决策的能力，包括明确自己的决策风格和能力水平、学习决策的技术和步骤。你要相信，决策能力是可以学会的，你的心理障碍也是可以克服的。本章的目的就是帮你发展生涯决策的能力，你在一生中会很多次用到它，而且它会使你在生涯规划上所付出的努力给你带来心理上和经济上的丰厚回报。

（二）为什么你要做生涯决策

1. 你是否已做出决策

目前，你的困惑是什么？你觉得你遇到了或将会遇到哪些问题？你是否针对这些困惑或问题做了一些思考、决定或准备？你是否已经采取一些措施来解决这些问题？彼得森、桑普森和里尔登的研究鉴定了三种生涯决策者的类型，即做出决策的、尚未决策的和无法决策的。现在的你，属于哪一类呢？

【课堂阅读】

职业生涯决策就跟买笔记本电脑一样。

以下是学生 A 在挑选笔记本电脑。假设 B 是服务员。

B："你好，请问您想挑选一台什么样的笔记本电脑？"

A："我不知道。这个问题困扰我好久了，我觉得很难挑选一款笔记本电脑。你能给我一些引导吗？"（A 看上去很焦虑）

B："好的。那你觉得哪几款笔记本电脑让你觉得很难挑选？我可以给您比较一下。"

A："其实我也不知道有哪些笔记本电脑的牌子，我知道的很少。就是觉得牌子太多了，不知道该选哪一个？"

B："没关系，我给您介绍几款牌子吧，您听听对哪个更感兴趣。"

（介绍没多久）

A（声音中带着抱怨）："那么多电脑，我怎么来得及一个个听下来。你推荐几个不就完事了？"

B："好，那您能给我描述一下您对笔记本电脑有什么要求吗？"

A："我想找一个我喜欢的笔记本电脑，用起来让我觉得舒服的。"

B："能不能说得具体些，比如什么样的笔记本电脑你会用起来舒服？"

A："就是用起来会很方便的。"

B："您能不能更清晰地和我说说您到底需要一款什么样的笔记本电脑。比如，价钱不超过 12000 元，12 寸宽屏的。"

A："噢，那我想找一个 8000 元左右、双核的、IBM 或者 Apple 的品牌机。"

B："对不起，双核的 IBM 或 Apple 品牌机至少要 20000 元。"

A："为什么会这样？"

B："您为什么一定要买 IBM 或 Apple 呢？"

A："学校里很多人都说这个很好呀！我听到最多的就是这两个牌子了。"

B："那您能告诉我您的使用习惯是什么吗？这样我能够猜测一下什么样的电脑可以

让您使用起来非常舒服。"

A："这个我说不清楚。"

B："您要不看看其他笔记本电脑，很多款式。您也可以试一试，感觉一下，我想这样挑选起来就比较方便了。"

A："这太费功夫了，也太累。今天一定要买的，没时间啊！"

B："其实就一小会儿。"

A："为什么那么麻烦呀？"

B："那我给您推荐宏碁，性价比很好，欧洲销量第一。"

A："不行不行，我妈妈说不能用台湾货！"

B："那您看看 BenQ 可以吗？这款电脑很轻巧，您用会很方便。"

A："啊，为什么颜色这么差，我不喜欢。"

B："Sony 可以吗？这款外观不错，配置也可以，很酷。"

A："这个按钮不舒服……"

B："女士，不好意思，您到底想要一个什么样的笔记本电脑？"

A："我不是在挑吗？"

B：……

2. 良好决策的重要性

（1）指明方向与激发行动。存在主义大师萨特说："我们的决定，决定了我们。"决策为我们做了决定，给我们立了目标，它将引导你接下来要走的每一步，将决定你的时间和精力的分配。决策是行动的奠基石。如果你不做决定，你将不知道要做什么。大学生活丰富多彩，你可以专心读书甚至做点研究，你可以参加各种创新创业竞赛甚至开始创业，你可以热心公益和各种社团活动，你可以谈谈恋爱或者过一过悠闲的小日子。不管你的选择是什么，你的时间和精力都很有限。所以，可以肯定的是，你的时间和精力花在哪儿，你的成就就在哪儿。

（2）解决问题与实现自我。做出一个好的决定，新生和成长就近在咫尺。戴安·萨克尼克（Diane Sukiennik）等鼓励我们说，运用自我肯定和自我鼓励，通过决策使自己产生积极的变化是可以实现的。对于大学生而言，生涯决策的重要性在于：它有助于解决问题和实现自我。认知心理学认为"问题"就是事件的现在状态与更理想的状态之间的差距。消除这个差距的需要就是我们解决生涯问题和决策制定的动机源泉。驱动决策的可能是意识到问题的存在，也可能是我们想要"过得更好"。现在就让我们来做一些决定吧！

（三）为什么你不做生涯决策

1. 你决策时的感受

既然意识到了生涯决策的重要性，那你为什么还不做决策？你不做决策的原因是认知问题、能力问题还是心理问题？如果是能力问题，我们建议你阅读本章余下的内容，包括决策步骤、生涯平衡、拟定目标、开发计划等。如果是心理问题，那跟随我们来探讨以下内容。

在讲心理问题之前，我们再来澄清一下关于决策的一些认知问题。在你不做计划和决定的原因中，常见的有：计划赶不上变化；我很忙没时间；我太懒不想思考。虽然计划和决定不能消除变化，但它正是为了应对变化的，不是因为有变化而不做计划，而恰恰是因为有变化才要做计划。计划和做出决定是降低不确定性和不踏实感并增加实现预期目标的手段之一。如果你以很忙为借口，那你就会陷入恶性循环之中。如果你做了计划和决定，那很多紧急的事情是可以避免的，成功的计划者和决策者很少会面对紧急事件。或许，你会说你太懒了，你不想那么痛苦地去思考和抉择。你更愿意立刻采取行动，你选择活在当下。其实，这也无可厚非。但现实中，我们通过观察发现对未来缺乏思考，没有面对未来做出选择和计划，这往往会导致更多的危机。所以，我们认为这些说辞都是不愿意做计划的人的借口。

【课堂练习】

你平常都会做哪些决定？什么时候你犹豫不决？什么时候你担心害怕？试着想一想这些问题，结合近期你所做的各种各样的决定，将你做决定或不做决定的原因都填入表7-2。你也可以与同学聊聊，填入尽量多的理由。

表7-2 你做决定与不做决定的原因

决定类型	原因
做决定	
不做决定	

我们发现，很多时候阻碍我们做决策的是焦虑、风险与压力。职业决策涉及风险和未知结果。有时候，你总想自由地做出选择，但最终你总会感到沮丧，因为其中会牵涉到责任。甚至有些时候你会放弃选择的自由，因为这样一来，当决策的后果不那么令人满意时，你就可以怪罪于别人。职业决策涉及许多因素，人们往往感到焦虑，他们难以果断地做出决定，而是长期性地犹豫不决。研究人员用来描述"长期性地犹豫不决"的人的词汇有：普遍而深刻的无目的感和不确定感、缺乏澄清自己价值观及目标的动力、害怕投入、自卑感等。以下是一封学生的来信，你可以感受到她面临选择时的焦虑与压力。

【课堂阅读】

一封学生的来信

老师：

不知道你是否还记得我，上学期有发邮件给您，期末论文也写完了，但是说实话上学期是抱着应付的心态写的论文，因为觉得毕业离自己还太遥远。如今，虽然只过了几个月，但是这学期课很少。宿舍的人准备出国的出国，考驾照的考驾照，还有考公务员、注会的。我现在的心也开始跟着纠结，之前跟您讨论的问题我至今没有确定的答案。虽然期末您问我的时候我坚定地说，我以后想做财务总监。但真到了抉择的时候还会犹豫到底我是考公务员好还是考注册会计师好。两个都很难，考的人也多，鱼和熊掌不可兼得，只能择一准备之，我该怎么办啊？

2. 犹豫不决及其应对

虽然决策时犹豫不决不一定不好，但一般情况下，生涯决策中的犹豫不决不仅会干扰甚至有害于生涯发展。杰佛里·H.格林豪斯等学者为我们分析了择业犹豫的原因、类型和解决办法，对大学生生涯决策具有很好的指导意义。请对照表7-3，分析你上一次决定时犹豫不决是属于哪一种或哪几种原因。前三个原因是缺乏信息，通过加强对自己和工作环境的认知与探索，可以解决。而缺乏自信、害怕决策和对决策的忧虑反映的是决策时的心理障碍。非工作要求和境遇制约也会给决策带来很大的不确定性和不适感。

表7-3 择业犹豫的七种原因

原因	解释	自我评估
缺乏自我信息	指人们不了解自己的兴趣、长处、价值和生活方式偏好	"我十分明白最需要从工作中得到什么（例如，大量的金钱、充分的责任、旅行的机会）。"
缺乏内部工作信息	指人们对本组织内部的职业生涯机会和工作可能性了解不够	"我十分清楚我们组织在未来5~10年中将往何处发展。"
缺乏外部工作信息	指人们对本组织以外的其他职业、组织和行业的工作机会缺乏足够的了解	"换个老板，我就能很好地抓住任何适合我的工作机会。"
缺乏决策自信	指人们在做出有关职业生涯决策时不具备足够的自信	"我确信自己能做出适合自己的职业生涯决策。"
决策恐惧和忧虑	指人们在进行职业生涯决策时，由于害怕和忧虑而不敢做出决策	"让我做出与职业生涯相关的决策，这种念头令我害怕。"
非工作的要求	指人们的职业生涯愿望与来自非工作（例如家庭）的压力之间的冲突	"家庭的压力与我期望的职业生涯发展方向互相矛盾。"
境遇之约	指人们职业生涯决策受收入状况、年龄和在既定职业中的工龄等的影响	"我在现在的职位上已经干了这么多年，其他工作即使很吸引人，也不去想了。"

（资料来源：杰佛里·H.格林豪斯等.职业生涯管理[M].王伟译.北京：清华大学出版社，2014：83-84.）

3. 决策中的策略和风险

在你做决定时，你永远得不到全部的信息。当你收集到了全部的信息后，其实你是在做预料中的事情。所以，大部分决定都是在一定程度的风险和不确定的情况下做出的，人们因此发展了各种不同的选择策略。策略就是根据你的价值观和能力，你所收集到的有关备选职业的资料以及所涉及的风险进行决策的方法。

想想你在以下情境中会做何种选择。假设你在职业选择上寻求高收入和成功，现在有四个工作机会，你会挑选哪一个？

A. 这份工作为你提供了极好的赚大钱的机会，但你在这份工作中取得成功的机会微乎其微。

B. 这份工作的收入适中，但你极有可能在其中取得成功。

C. 你决定不在这三份工作中挑选，指望自己能找到另一份报酬不错、失败风险又小的工作。

D. 这份工作的报酬大体上普普通通，有一些机会能赢得较多的收入，你成功的可能性也比较大。

（1）选择 A："一厢情愿"型策略。这种策略让你选择最能满足自己愿望的那个选择。此时风险和可能性都被忽略了。你挑选了最合乎心意的结果而不考虑要付出的代价或失败的可能性。这种策略很容易实行。你只要列出一个可供选择的清单然后挑出你最喜欢的那个选择即可。风险和成功的机会到底有多大在这里都被忽略了。

（2）选择 B："安全保险"型策略。这种策略会建议你选择最有可能成功的路线。你必须能够估计自己在各种选择中成功的可能性，这样，你才能挑选出成功概率最大的那个。

（3）选择 C："逃避"型策略。这种策略让你选择避免最坏的结果。你试图通过预测各种选择的后果并判断最坏的结果是什么来避免灾祸和不幸。在挑选工作时，拖延也是逃避的一种。

（4）选择 D："综合"型决策。这种策略要求你把"一厢情愿"型和"安全保险"型策略综合在一起，来挑选出一种既合乎心意的结果又有可能成功的选择。这是最合乎逻辑的一种策略，但也是最难实行的一种。它要求你了解自己的价值观和能力，衡量自己在各种选择中成功的机会，预测可能的后果，明确陈述自己的目标，并按各种选择的理想程度对其进行排列或指定各种选择的相对重要性。虽然这种策略有难度，但使用这种策略最有希望做出有效的决策，个人也最有可能对结果感到满意。这种策略的风险程度中等，相关研究证明，高成就需求者在做决定时通常愿意冒中等程度的风险。

二、生涯决策步骤

（一）评估你的决策风格

决策是一种可以学会的技能。在学习这门技能之前，我们先评估一下你惯常的决策风格。请结合自己平常做决定的习惯，完成以下【课堂讨论】。然后，再回忆一下自己最近一次比较重大的决策，完成以下【课堂练习】，以增进对自己决策风格的了解。

【课堂练习】

为了帮你增进对自己决策风格的了解，请结合自己平时大部分时候做决策的实际情况，做一个二维评估。这里不存在正确与错误的答案，甚至也不用考虑优劣，只是为了使你了解自己的决策风格，如表 7-4 所示。

表 7-4 评估你的决策风格

类型	请在代表你的决策风格的地方画 "√"								
谨慎的									敢于冒险的
直觉的									有逻辑的
依赖的									独立的
易受他人影响									自己拿主意
凭感觉 / 情绪化									理智的
悲观的									积极的
犹豫的									果断的

（资料来源：戴安·萨克尼克等.职业指导——职业生涯规划教程 [M].李洋等译.北京：中国劳动社会保障出版社，2005：164.）

（二）理性决策的步骤

戴安·萨克尼克等学者为我们提供了一个理性决策的步骤，如图 7-2 所示。遵循这些步骤让你学会采用分析、逻辑和演绎推理的方式思考，这样的决策是可控的，而不是交给运气或感性。请注意图中双向箭头表示在决策过程中新的信息和想法会不断产生，从而使这个决策的过程往复与循环，不断完善。

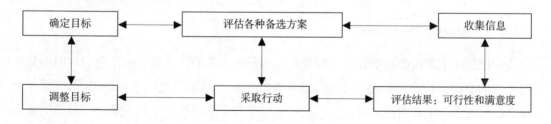

图 7-2 理性决策的步骤

在理性决策过程中，有两点需要提醒。第一，不管是多么科学合理的决策，只有将你的行动计划付诸行动，它才能算是一个决定。第二，直觉在决策过程中扮演着重要角色，不应该盲目否定，但也不要过分依赖。直觉决策对某些人有用，但对我们大多数人而言，逻辑性的、一步一步的决策过程比较有效，如表 7-5 所示。

表 7-5 理性决策的步骤指引

步骤	指引
1. 确定目标	■ 你能将问题转化为确切定义的目标吗？ ■ 在规定期限内你能达到什么样的目标？ ■ 你现在能够清晰地表述你的目标吗？
2. 评估各种备选方案	■ 你的各种备选方案是什么？ ■ 你的各种备选方案和你最重要的价值观是否相符？ ■ 你能否用文字描述你最重要的价值观？ ■ 完成各种备选方案需要多长的时间比较合理？
3. 收集信息	■ 你对各种备选方案了解的程度如何？ ■ 你所做出的哪些假设需要仔细地检验？ ■ 对各种备选方案你需要做哪些更深入的了解？ ■ 哪些信息资源可以帮助你收集更多的有关备选方案的信息？ ■ 哪些资源可帮助你发现更多的备选方案？
4. 评估结果和影响	■ 可行性：每一个备选方案成功的概率有多大？每一个备选方案都能反映你最重要的价值观吗？ ■ 满意度：你能否立即从清单中剔除满意度最低的备选方案？你对最佳备选方案的期待值有多大？为了得到你想要的，你愿意做出多大牺牲或付出什么样的代价？
5. 建立一个行动计划	■ 权衡有关决定所掌握的一切信息，你准备做出一个什么样的行动计划？ ■ 确定行动计划的启动日期了吗？ ■ 你的行动计划是否有一个明确的目标？ ■ 行动计划是否包含一个具体的完成目标的步骤？ ■ 行动计划是否包含详细的完成目标所必须具备的条件？

（资料来源：戴安·萨克尼克等.职业指导——职业生涯规划教程 [M].李洋等译.北京：中国劳动社会保障出版社，2005：164.）

（三）CASVE 循环五步骤

认知信息加工理论能帮助我们了解我们是如何做决策的。决策是一个过程，而不是某个时点上的事件，只有过程科学才能保证决策结果科学。系统地思考 CASVE 循环的五个步骤，能够提供一个有用的工具，大学生可运用这五个步骤进行生涯决策，以提高决策质量，成为一个有效率的人。在这个过程中，任何一个阶段出现问题都会毁坏或误导整个问题解决过程，且决策结果的好坏将由最糟的那个阶段所决定。

CASVE 循环的五个步骤以及各步骤处理的顺序是：沟通（Communication）、分析（Analysis）、综合（Synthesis）、评估（Valuing）、执行（Execution），如图 7-3 所示。CASVE 是一个自身不断循环的过程。在执行阶段之后，个体又回到沟通阶段，以确定已经选取的选择是否是好的——现实和理想状态间的差距是否已经被消除。

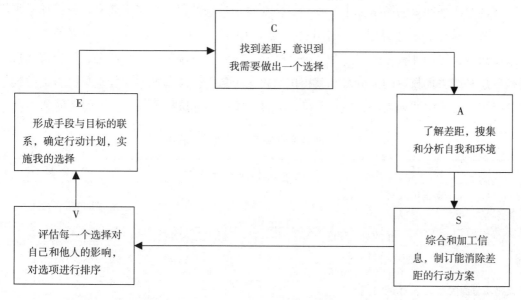

图 7-3 CASVE 循环五步骤

三、生涯决策平衡

（一）职业生涯决策平衡单

生涯决策最难的其实是平衡。有时候，你不是没有目标，而是不知道怎么在多个目标之间做选择，这就类似于你处于人生的三岔口。你的时间和精力是有限的，鱼与熊掌总是不可兼得，在这种情况下，多目标之间的抉择以及平衡就显得很重要。在决策时，我们常用生涯决策平衡单这个工具来对多个目标进行评估、比较和选择，找到一条相对合理的发展路径。

职业生涯决策平衡单是指在职业生涯倾向性定位后，用以有系统地分析每一个可能的选项，梳理利弊得失，然后依据其在利弊得失上的加权计算分数来排定各个选项的优先顺序，以执行最优先或最偏好的选项。表 7-6 为职业生涯平衡单——样单，横坐标为你根据职业生涯规划得出的未来可能的几个就业方向或行业、岗位，一般以 3~5 个选项为宜。纵坐标为个人支持系统，一般分为个人—他人—物质—精神四个内容。每个人都可以根据自己的情况确定需要考虑的因素和每个因素的权重，不同的人在做决定时，需要考虑的主要因素是不同的，赋予每个因素的权重也是不同的。加权范围一般为 1~5 倍，权数越大，说明你越重视该要素。也就是说，不同的人其决策平衡单是不一样的，你需要根据自己的情况开发一份平衡单。

当你为自己设计了一份平衡单后，也就是设置了考虑因素，赋予了权重。那么接下来，你就可以按以下步骤完成这份平衡单。步骤一，根据职业生涯规划确定几个未来可能的选项，将其填入平衡单的横坐标中。步骤二，对每个选项的每一个考虑要素打分，加号表示优势得分，减号表示劣势减分，计分范围为 1~10 分。步骤三，将每一个因素的得分和失分乘以权数，得到加权后的得分和失分，然后计算每个选项的得失分总和，最后将加权后的得分总和减去加权后的失分总和就得出"得失差数"。步骤四，比较选项的得失差数，得分越多，说明该选项越适合你。最终，通过平衡单，你选择了一个优先的选项。

表 7-6 职业生涯决策平衡单——样单

可选项目 考虑因素		重要性的权数 （1~5 倍）	选项一：		选项二：		选项三：	
			＋	－	＋	－	＋	－
个人物质方面的得失	1. 收入							
	2. 工作的难易程度							
	3. 升迁的机会							
	4. 工作环境的安全							
	5. 休闲时间							
	6. 生活变化							
	7. 对健康的影响							
	8. 就业机会							
	9. 其他							
他人物质方面的得失	1. 家庭经济							
	2. 家庭地位							
	3. 与家人相处的时间							
	4. 其他							
个人精神方面的得失	1. 生活方式的改变							
	2. 成就感							
	3. 自我实现的程度							
	4. 兴趣的满足							
	5. 挑战性							
	6. 社会声望的提高							
	7. 其他							
他人精神方面的得失	1. 父母							
	2. 师长							
	3. 配偶							
	4. 其他							
加权后合计								
加权后得失差数								

（资料来源：王莹等 . 大学生职业生涯规划 [M]. 北京：清华大学出版社，2020：226-227.）

（二）职业生涯决策平衡单案例

为了更好地展示如何完成一份职业生涯决策平衡单，以下【课堂阅读】引用了一则案例加以说明。经过职业生涯规划分析后，你可以仿照这个案例为自己制定一份职业生涯决策平衡单，并利用该平衡单对你的多个职业发展方向进行利弊得失评估，最终确定一个职业生涯发展的目标职业。

【课堂阅读】

小丽的生涯决策平衡单

基本情况：小丽，女，某职业技术学院初等教育专业二年级学生，性格外向，开朗活泼，喜欢与人交往，口头表达能力很强，是学院学生会干部，组织能力强。还有一年就要毕业了，她考虑自己的职业有三个发展方向：中小学教师、市场销售总监、考取初等教育专升本。以下是她的具体想法。

1. 中小学教师。小丽认为这个职业是她的本专业，具有最大的专业优势，工作也比较稳定，但目前社会需求量不大。

2. 市场销售总监。小丽希望用 10 年时间能实现这个目标，认为这个职业符合自己的性格和兴趣，同时她也曾利用暑假和课余时间兼职做一些销售工作，她认为可以利用自己的专业来帮助自己更好地做销售工作。

3. 考取初等教育专升本。小丽的父母都是学校的老师，他们希望小丽能够继续深造，以后到学校任教。但小丽认为学校教师工作稳定，收入也不错，但她不喜欢中小学教学工作，且专升本考试也有一定的困难。

表 7-7 是小丽利用职业生涯决策平衡单做出的职业决策的结果——市场销售总监。

表 7-7 小丽的职业生涯决策平衡单

可选项目 考虑因素		重要性的权数（1~5倍）	选项一：中小学教师		选项二：市场销售总监		选项三：专升本	
			＋	－	＋	－	＋	－
个人物质方面的得失	1.符合理想生活方式	5		3	9			5
	2.适合自己的处境	4	8		9		7	
	3.有较高的社会地位	3	5			3	9	
	4.工作比较稳定	5	9			9	9	
	5.其他							
他人物质方面的得失	1.优厚的经济报酬	4	5		8		9	
	2.足够的社会资源	5	8		7		9	
	3.其他							
个人精神方面的得失	1.适合自己的能力	4	8		9		7	
	2.适合自己的兴趣	5	5		9			8
	3.适合自己的价值观	5	6		8		5	
	4.适合自己的个性	4	7		9		6	
	5.未来发展空间	5		3	9		9	
	6.就业机会	4	3		8		9	
	7.其他							
他人精神方面的得失	1.符合家人的期望	2	6		5		9	
	2.与家人相处的时间	3	7		4		9	
	3.其他							
加权后合计			312	30	399	54	384	65
加权后得失差数			282		345		319	

（资料来源：王莹等.大学生职业生涯规划 [M].北京：清华大学出版社，2020：228-229.）

第二节 目标与计划

一、制定目标

（一）目标及其类型

目标泛指努力或奋斗所要达到的目的。人生中，我们有很多美好的愿望和理想，它们只有具体化为可以落实的行动，并加入时间坐标，才能成为一个明确的目标。人生目标是对人生理想的一般概念性表述，它必须体现个人核心价值观和所偏好的生活方式。

【课堂讨论】

能否给35岁的你写一封信？35岁以前是个人和职业的成长期，35岁以后你是否有"令自己骄傲的事业"，是否有一个良好的发展平台，是否累积了升职和创业的足够资源，还是仍然和二十几岁一样在抱怨着生活，又或者需要重新再就业。

根据规划期限，目标包括短期、中期和长期三种目标以及人生目标。人生目标是指引一个人成长和发展的导航标，如表7-8所示。人生目标，在一定程度上就是你的生涯目标，它不局限于职业目标，其内容更加丰富和多元化。人生目标主要描述以下问题：你要成为什么样的人？你的一生该如何度过？怎样才能使人生过得有意义、有价值？怎样才能取得成功？怎样才能拥有幸福的生活？

表7-8 大学生职业生涯规划目标的类型

目标期限	物质目标	非物质目标
短期目标 2~3 年		
中期目标 5~6 年		
长期目标 10 年		
人生目标		

上表中，这四个目标又包括物质目标与非物质目标。物质目标侧重于职业过程的外在标记，包括工作内容目标、职务目标、工作环境目标、经济收入目标、工作地点等。非物质目标侧重于职业过程中的知识与经验的积累、理念的提升、能力的提高、内心的感受等。

（二）目标分解与整合

首先，我们必须认同长期目标的价值。目标为未来的行动指明方向，而使我们的人生保持效率，越是长期的目标对我们人生的影响越大、指导我们行为的时间越长。另外，一个良好目标的实现是需要较长一段时间的。只看眼前利益而忽视了长远规划，结果往往是"赢在起点"，却"输在终点线"，甚至很多时候过于强调短期目标会以个人的长远健康发展为代价。但环境的快速变化令长期目标变得更加困难。其次，我们可以通过"以始为终"的目标分解来缓解这个两难的困境。长期目标可以分解为中期目标,中期目标又分解为短期目标,类似于构建目标——手段链条,最终形成一个完整的个人生涯目标体系。长期目标可以相对宽泛点,中期目标应与长期目标保持一致,但比长期目标更具体,用明确的语言来定量说明,有比较明确的时间限定,且可做适当调整。短期目标以每日、每周、每月、每季、每年为单位,是中长期目标的具体化、现实化和可操作化,必须清晰明确。

最后,你必须把这些不同类型的目标整合起来,短中长期目标要互为因果、相互一致,物质目标与非物质目标要互为条件、相互依赖。短期目标是在即将来临的一年或两三年内完成的有关具体行动计划的目标。你可以首先设定自己的人生目标和长期目标,然后思考完成每个目标的所有必要步骤,每个步骤代表的正是一个个中期或短期目标,这样就能够保证自己的短期目标导向长期目标的实现。如果发现有所偏离,那就需要做出改变。

【课堂阅读】

一个老人躺在床上感慨:我 30 岁时想改变世界;50 岁时想改变我们的国家;70 岁了,我现在躺在床上,只想改变我周围的人。结果我一事无成。如果我可以倒着过来做,应该能有所作为。

(三)目标的积极意义

1.目标与人生成功

哈佛大学有一项非常著名的关于目标对人生影响的跟踪调查。调查的对象是一群智力、学历、环境等条件都大体相同的年轻人,如图 7-4 所示。调查结果发现目标对人生具有巨大的导向作用,有什么样的目标就会有什么样的人生。你有没有目标?有多长时间的目标?你的目标清晰吗?有没有写下来?你是否经常检查自己的目标?你想成为图 7-4 中27%、60%、10%、3%中的哪一类人?

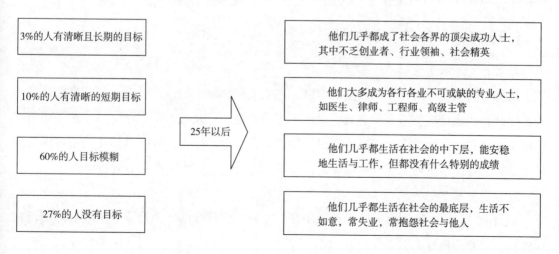

图 7-4 目标与人生成功的关系

2. 目标与人生幸福

20世纪80年代初，哈佛大学的两位心理学家曾做过一项调查研究，对象是一些自称幸福的人。结果发现，这些自称"幸福的人"，其共同之处不是人们通常认为的那样，是金钱、成功、健康或爱情什么的。他们只有两点是共同的：他们明确地知道自己的生活目标，同时，他们也都感受到了自己正在稳步地向着目标前进。

【课堂练习】

试着按照表7-9的指引，填写你的愿景清单，特别是你认为有幸福感的事项。心动程度和信心程度可用一到五颗星表示。

表7-9 你的愿景清单

毕业时的目标清单	心动程度	信心程度
我成了一个 ___/___/___ 的人（填写三个你最希望自己实现的形容词）		
在学业方面，我会……		
在社团方面，我会……		
我交到……样的朋友		
我去过……的地方		
我获得一份……样的工作		
我开始了一段……的恋爱		
父母会以……样的眼光看待我		
我学会了……拥有了……的技能		
我培养了……好习惯		
我对于……有了全新的思考和认识		
我成为……的高手		
……		

（四）如何拟定一个有效的目标

1. 目标的基本属性

目标有两个基本属性：明确度和难度，它们共同影响人的行为结果。目标难度是目标的挑战性和达成目标所需要的努力。目标不应当是遥不可及或者唾手可得的，它必须是比较现实而又有一定的难度，这样才会对人的行为产生激励作用。目标具体化是指目标要清晰和准确。目标不应当是模糊或错误的，否则难以对人的行为提供明确的指导。

2. 设置有效目标的原则

SAMRT和FEW原则多数时候是用于指导企业拟定目标的，但对职业生涯目标的设置同样具有重要的指导意义。

（1）SAMRT原则：S——具体的（Specific）。你的目标是否太模糊，以至于不知道如何下手？你为实现此目标而需要采取的行动计划是否清晰？A——可实现的（Attainable）。它是可实现的吗？你能实际完成这个目标，还是你料定自己会失败？M——可衡量的（Measurable）。你如何知道自己是否实现了目标？这个目标是否给予了你一些可测量的具体事情——比如储存金钱的数量、阅读书本的数量、步行的里程？R——现实的（Realistic）。鉴于你的价值观、技能和兴趣，此目标是可能的和可取的吗？是你行动的方式吗？它符合你的日程表和经济状况吗？你的人格？你的其他目标？T——时间相关的（Time-bound）。该目标是否包含一个可用来评估你是否实现了它的时间框架？它是否促使你立刻开始，还是在未来某个时候开始？

（2）FEW原则：F——集中重点（Focused Targets）。是否有太多的目标让你无所适从？你是否总是无法集中主要精力于一件事情上？目标不能太多，处处是重点也就没有重点，你必须集中有限的时间和精力于最重要的事情上，而且最好一个阶段只有一个重点。E——承诺投入（Empowerment Level）。你是否知道要实现你所拟定的目标需要付出很多的努力？在必要的时候，你是否愿意做出一些牺牲？很多人虽然拟定了目标，但却不知道任何目标的达成都需要付出一定的努力，缺乏基本的心理准备或无法信守承诺。W——主次之分（Weighted Grade）。你在多个目标之间是否有主次之分？你是否总是感到很忙，但总是缺乏效率，目标总是难以实现？其实，每个人在一个阶段通常会有几个目标，关键是这些目标必须有主次之分，否则只能让你疲于奔命却收效甚微。

（五）职业目标定位

1.目标定位的重要性

人的时间和精力是有限的，定位能够使你把注意力集中在最重要的事情上，并且寻找到适合自己发展的道路，开拓属于自己的领域。能够做出准确定位的学生，知道自己处于什么位置而不盲目发展，而且能够在激烈的人才竞争中创造差异，形成独特的竞争优势。缺乏定位的学生，往往感到盲目，即使忙碌，也是缺乏效率的，效果自然不会很好。

2.目标定位方法

（1）树立并固守核心价值观。

①你的人生追求是什么。价值观是你想获得的东西，它反映的是一个人的人生追求。核心价值观是你最重要的价值观，它要回答的是"我为什么而活"这个基本问题，是指导个人行为的永恒的原则。树立并固守核心价值观是目标定位的关键环节，你必须保证你终生追求的正是你想要获得的东西，它是人生成败最关键、最重要的因素。偏离了价值观的追求，到头来只能导致无限的后悔和唏嘘感叹。

布鲁克林·德尔提出了职业生涯成功的五种方向，这反映的正是个人价值观的差异所导致的不同的职业发展目标。

A. 进取型：升入企业或职业最高阶层。

B. 安全型：长期稳定的工作或业界认可。

C. 自由型：不愿被控制，视成功为经历的多样性。

D. 攀登型：不断尝试、挑战新的工作。

E. 平衡型：在工作、家庭和自我发展之间取得平衡。

②你所应承担的社会责任是什么。核心价值观的另一层意思是一种关于人应该承担"社会责任"的深刻认识，是一种关于一个人生命意义的敏锐判断和凝练概括，是长期指导和激发自己待人处事行为的永恒准则。著名经理人李开复在《做最好的自己》一书中提出了"成功同心圆"说，认为一个人要想获得成功，首先必须拥有正确的价值观，如图7-5所示。价值观处于圆心，是人生的基石，是成功的前提，决定着一个人的人生态度和实际行动。同心圆的第二层是人生态度，它受价值观指导，是行动的前提。同心圆的第三层是行为方式，它受价值观和态度引导，是态度在学习、生活和工作中的具体表现。

图 7-5 成功同心圆

（2）职业目标三环定位。柯林斯提出的"刺猬理念三环图"表明职业成功所要具备的三个基本要素，如图7-6所示，即职业志趣、职业能力和职业需求，可用于指导职业目标的定位。职业志趣是指"我对什么充满激情"，职业能力是指"我在什么领域能成为最优秀的"，职业需求是指"是什么驱动我的经济引擎"。三环重叠的核心是你最理想的职业，也就是说，理想职业目标必须是你感兴趣的，也是你能够胜任的，同时还必须是能够符合社会需求的。当然，现实中往往难以"三全其美"，可以首先选择能够兼顾两者的准理想职业，然后再根据实际情况适当调整。

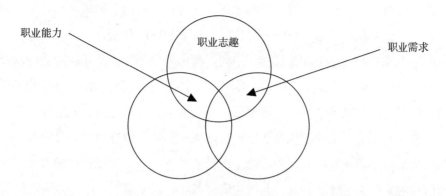

图7-6　刺猬理念三环图

（3）职业锚定位。埃德加·施恩的职业锚理论和霍兰德的职业性向理论为我们提供了很好的将个性特征类型与职业类型联系起来的方法，这使我们得以在人职匹配的基础上拟定合适的目标职业。职业锚是个人动机、价值观和能力互动作用的结果，是人们选择和发展自己职业时所围绕的核心。职业性向反映的同样是价值观、动机和需求的互动作用，强调个人职业性向与职业类型的相适应。这两者都对职业定位具有重要的指导意义。

施恩及后来的学者将职业锚分为技术型、管理型、自主型、安全型、创造型、服务奉献型、挑战型和生活型八种职业锚。霍兰德将职业性向和职业类型分为现实型、研究型、艺术型、社会型、企业型和常规型六类。大学生应通过职业锚和职业性向心理测试和自我探索，明确自己的职业锚和职业性向类型，然后围绕该类型选择职业目标和发展道路。

（4）SWOT分析法。SWOT分析法是战略规划中的一个主要工具，也可适用于职业规划。SWOT分析就是，在职业选择中通过对自身拥有的优势和劣势以及外部环境的机会和威胁进行分析，发挥自己的优势和规避劣势，利用环境机会和化解威胁，进行目标定位。

SWOT分析法包括四个方面的分析。第一，内在——优势（Strength），个人本身可控并能充分利用的具有积极影响的方面。第二，内在——劣势（Weakness），在可控范围之内的，希望能进一步提高的内在的影响因素。第三，外在——机遇（Opportunity），积极的外部条件，你无法控制但是可以充分利用的。第四，外在——局限性（Threat），负面的外部条件，你无法控制，但是可以弱化的。

如何进行SWOT分析？一般来说，对自身的职业/职业发展问题进行SWOT分析时，应遵循以下五个步骤：第一，评估自己的长处和短处。请做个表，列出你喜欢和不喜欢做的事情与你的长处所在。同样，通过列表，你可以找出自己不是很喜欢做的事情和你的弱势。第二，找出你的职业机会和威胁。不同的行业（包括这些行业里不同的公司）都面临不同的外部机会和威胁，所以，找出这些外界因素将助你成功地找到一份适合自己的工作。请列出你感兴趣的一两个行业，然后认真地评估这些行业所面临的机会和威胁。第三，列出今后 3~5 年内你的职业目标。仔细地对自己做一个 SWOT 分析评估，列出你从学校毕业后 5 年内最想实现的四至五个职业目标。第四，列出一份今后 3~5 年的职业行动计划。这一步主要涉及一些具体的内容，即拟出一份实现上述第三步列出的每一目标的行动计划，并且详细地说明为了实现每一目标，你要做的每一件事，以及何时完成这些事。如果你觉得你需要一些外界帮助，请说明你需要何种帮助和你如何获取这种帮助。第五，寻求专业帮助。能分析出自己职业发展及行为习惯中的缺点并不难，但要以合适的方法改变它们却很难。相信你的父母、老师、朋友、上级主管、职业咨询专家都可以给你一定的帮助。

二、开发计划

（一）职业发展路径

1. 两种基本的职业发展路线

在选择职业发展道路时，有两种基本模式，即直线形职业生涯和螺旋形职业生涯。直线形职业生涯是指终身从事某一专业领域的工作，在线形等级结构中，从低级走向高级，不断取得更大的权力，承担更多的责任和获得更多的报酬。例如，沿着实习生、服务员、领班、主管、部门经理、总监、总经理这样的职业阶梯升迁。螺旋形职业生涯是指一种跨专业的职业生涯方式，围绕着职业锚这个核心，从事不同的专业工作，不断找到发展的新起点。例如，围绕着安全型职业锚，先后从事公司文员、学校教务秘书、政府部门公务员等不同职业。

2. 职业生涯甜筒图

施恩提出了一个关于个人在组织中发展的三维模型，即职业生涯甜筒，如图 7-7 所示。向上发展是指沿着椭圆边上的直线向上升迁，比如在销售部门，从销售员荣升为销售主管、销售经理或销售总监等。如果没有提升的机会，也可以在同一椭圆内（同一级别）向本部门的其他职位或别的部门发展，扩大工作领域，增加工作经验，提升职业宽度和职业综合竞争力，这就是横向发展。

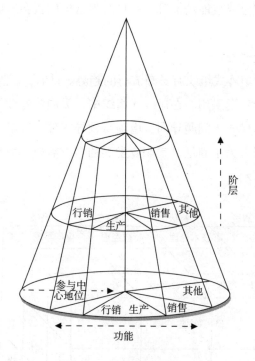

图 7-7 职业生涯甜简

【课堂阅读】

剩者为王

所谓剩者，看起来是剩下，但其实质是，大凡能剩下者不少人成了"王"，即便成不了王，也是骨干分子，这几乎是一条典型的职场铁律与法则。一般来讲，能在一个团队中剩下者，要么其具有较好的团队精神，十分敬业；要么在某一方面有优于他人的才干且能独当一面，执行力强。还有可能是心态良好，耐得住寂寞，坚持在简单的事情重复做与快乐做的日子里，将自己的追求与目标融入团队的使命之中，自觉勤于本职，踏实尽心尽责。

跨界而生

对职场人士来说，职场是一个缓慢向前同时需要自己审时度势、不断调整方向的努力过程。所以，现阶段职业规划与未来职业发展有一定的承接性，但也不会是完全的相同性。在某种外力或机会的催化下，个人的职业发展在某个时间点上可能出现令人诧异的华丽转身。炒菜师傅转身成了经营者、外语老师变成了网站 CEO、公务员成了畅销书作家等。世界正朝着一个"跨界"的方向发展，在新的时代背景下，个人职业发展不再"从一而终"，多元化、多技能、多身份已成为职业发展的一种新时尚。智者总能随时代变化而改变，在保证正职工作不断提升的基础上，我们需要进行适当的跨界发展，即利用适当的条件去培养自己某种技能、新的兴趣点或创建新的平台。

在椭圆中心向上发展是一种微妙的发展，职员必须充分理解企业政治，具有圆滑的人际关系。一些人判断成功的标准是："个人是否渗入组织的核心层"，获得影响力和权力，但它并不一定要伴以职位或技能的提升。一旦获得这样的机会，职业的成长线就是坐直升机提升。

3. 矩阵式职业发展路径

在企业管理领域，矩阵式组织有日渐流行的趋势。目前，矩阵式组织结构被 IT 行业、咨询机构、研究院所等广泛采用。在矩阵式组织中，纵向为专业导向，由专业人士负责，顺应专业发展的规律；横向为问题导向，由项目领导管理，以解决实际问题为目的。在矩阵式组织中，组织管理者为了满足员工职业发展的多方需要，应为员工设计多种职业生涯发展通路，如图 7-8 所示。

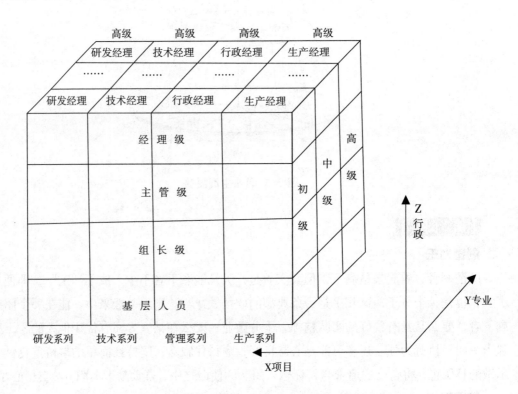

图 7-8 矩阵式组织的员工三维职业道路

如表 7-10 所示，矩阵式组织中的员工至少有以下六种职业发展方向：

（1）Z 向发展——在同一专业上向行政高度发展成为管理专家。例如，业务员—区域经理—大区经理—销售总监—总经理。

（2）X 向发展——在不同专业之间转换，成为项目专家。例如，程序员—技术架构师—营销 / 管理人员—项目经理。

（3）Y 向发展——在同一专业上向纵深发展，成为技术专家。例如，技术员—工程师—技术总监 / 高级工程师。

（4）ZX 向发展——在管理和项目两个维度上发展，成为项目管理专家。例如，技术人员—研发人员—项目负责人—项目副总—总经理。

（5）ZY 向发展——在行政和专业两个维度上发展，成为技术管理专家。例如，财务分析员—会计主管—财务总监—财务副总/总经理。

（6）XY 向发展——在项目和专业两个维度上发展，成为项目咨询专家。例如，程序员—首席信息官—独立 IT 咨询/顾问/讲师。

表7-10 矩阵式组织的员工三维职业发展方向

职业道路	职位设计举例				发展目标
Z 向 行政专家	职员	部门主管	部门经理	副总经理	总经理/厂长/行政副总
X 向 项目专家	技术人员	研发人员	营销人员	管理人员	项目经理
Y 向技术专家	未定级研究人员	研究实习员	助理研究员	副研究员	研究院/高级工程师
ZX 向 项目行政专家	技术人员	研发人员	项目负责人	项目总监	总经理/项目副总
ZY 向 技术管理专家	研究实习员	助理研究员/ 技术负责人	副研究员/技术主管	研究员/ 产品经理	总设计师/总工程师
XY 向 项目咨询专家	技术人员	研发人员	项目负责人	项目经理	咨询专家/顾问/讲师

4.无边界职业生涯

然而，社会大环境在发生变化，职业和雇员本身也在发生变化，在同一组织中一直做下去已不现实，终身雇佣制不再是一个理想的职业模式。不管是个人还是组织，都出现了新的需求。近年来，兼职工不断出现并日渐发展成为一个群体，可供选择的工作方式包括永久性全职工作、非全职工作、弹性工作、加班工作、轮班工作、兼职或多重职业、远程办公、工作共享等。职业发展已出现了很多不同的模式，如无边界职业生涯，未来必将会更加多元。

在知识经济时代，无边界职业生涯被认为是大学生职业发展的基本模式。无边界职业生涯（boundaryless career）是指超越某一单一雇佣范围设定的一系列工作机会，即员工不再是在一个或者两个组织中完成终生职业生涯，而是在多个组织、多个部门、多个职业、多个岗位实现自己的职业生涯。无边界职业生涯转换可以分为三个层面：组织内的转换；组织间的转换；职业间的转换。当然，这并不是鼓励大学生频繁地、盲目地跳槽。无边界职业生涯并不是没有规划的、随波逐流的职业生涯，它更需要大学生因应环境和自身变化做出规划与调整，在寻找职业锚的过程中，通过提升职业技能和培育社会资本等手段，提高职业的适应性和灵活性。

（二）拟订行动计划

1.计划及其有效性

（1）计划及其要件。计划方案是一种文件，它规定了怎样实现目标，通常描述了资源的分配、进度以及其他实现目标的必要行动。计划要件一般包括5个 W 和2个 H，即：① What to do it；② Why to do it；③ When to do it；④ Where to do it；⑤ Who to do it；

⑥ How to do it；⑦ How much to do it。你是否拟订了一个较为完备的计划方案，可以根据上述 7 个要件进行评估。

（2）计划的有效性。行动计划必须注意有效性，多数大学生拟订的计划大都是泛泛而谈，缺乏针对性，无法真正指导实践行动。第一，有效的计划必须针对不同的阶段任务与特征，包括几个实现目标的步骤，同时还必须具体地指出有利于与不利于目标实现的各项措施。第二，计划的拟订还需要考虑社会、家庭和组织的需求、规范和价值观，毕竟计划不是在真空中执行的。第三，你的时间和精力是有限的，你愿意为实现你的目标投入多少？在多个目标之间你是要兼顾还是能够取得平衡，如果为了实现一个目标而需要放弃与家人、爱人、朋友相处的时间，你是否愿意接受？第四，有效的目标能够提供反馈并具有允许及时做出调整的灵活性，计划不仅是为了实现目标，它还可以用于检验自己的个性特征及其与目标职业的匹配性，通过在做中学进一步认知自我与环境。第五，通过生活观察和与亲友、专业教师、业界人士等交流讨论，识别方案的有效性。第六，多数时候是不存在唯一的"最佳"方案的，不应该将自己局限在一个方案上，可以尝试几个不同的方法。

2. 拟订计划方案

拟订计划方案，将目标转化为切实的行动，这是职业生涯规划中最关键、最重要、最艰难的一步。在这一步，你必须在信息探索的基础上实现对未来的设想，同时还必须忠于承诺和具有强大的执行力。"知易行难"，很多职业规划正是因此变成了"纸上谈兵"或流于形式。

首先，你必须平衡和联结短中长期目标与计划。如表 7-11 所示，目前职位能帮你获得希望得到的工作吗？你可以做些什么来增加目前职位作为踏脚石的价值？中期目标的实现是否有利于实现长期目标？而实现这些目标需要你在经验、训练、个人特质和形象上等做哪些准备？需要某人的政治支持吗？大学生对于自己大学生活的规划同样可以借鉴该表格，你所修的课程、所参加的活动、所寻求的资源等必须有利于你最终目标的实现。

表7-11 短中长期的职业发展计划

计划	经验	训练	个人特质和形象	某人的政治支持
最终目标： 职位 公司／部门 达成日期				
中期目标： 职位 公司／部门 达成日期				
其他有踏脚石价值的职位				
下一份职业				
目前职位				

其次，针对每一个目标制订详细的执行方案，特别是短期目标的实现。大学生职业生

涯规划应该对大学四年的学习和生活计划有更为明确的和具体的行动方案。如表 7-12 所示，需要将你的目标分解，明确主要措施与事务，并进行日程安排，以及能够对未知变化做出一些评估与调整。

表 7-12　职业生涯行动计划日程安排

日程	目标分解	主要措施	事务安排	补充和调整
第一季度：				
1 月：				
上旬				
中旬				
下旬				
2 月：				
3 月：				
第二季度				
第三季度				
第四季度				
年度总计划				

我们为大学生提供一个更具体的计划表，如表 7-13 所示。计划是为未来制订的，是对未来行动的预先安排。计划工作就是在现在和未来之间搭起了一座桥梁。我们为自己选择了目标职业，那从现在开始就需要拟订和执行一些计划，以保证在未来可以获得该目标职业。通过信息探索，你可以了解到为了实现该目标职业所需要的知识、技能和其他条件，将这些内容列下来，并为获得这些内容撰写一份具体的执行方案。

表 7-13　大学生职业生涯行动计划

目标职业		目标职业 1：	目标职业 2：	目标职业 3：
所需知识	主要知识（what）：			
	执行方案（how）：			
所需技能	主要技能（what）：			
	执行方案（how）：			
其他条件（资质、经验、资源等）	主要条件（what）：			
	执行方案（how）：			

3. 行动的力量

规划是思维的体现，行动是开花结果的支脉。没有切实有效的行动，再好的规划都是枉然。执行是目标与结果之间的桥梁。敢行动，梦想才生动。大学时光会过得很快，一晃眼你就要毕业了，回想当初的规划似乎都没完成。当我们叩问原因时，听到最多的理由是"我太懒了"。生活中，很多人都在歌颂"坚持"的价值，但却很少有人去探讨坚持背后的原因。

首先，我们要找到拖延行动的真正原因。请回忆自己过去的经历，想一想有哪些事情你应该去做但却没做的，或者某一次的行动拖延。将这些事例以及你拖延行动的原因填在表 7-14 内，不管是什么事例或什么原因都可以填上，至少写五个事例。这些原因有些是不可控的外界因素，有些是可控的外界因素，但更多的可能是自身原因。

表 7-14 拖延行动的原因

事例	原因
第一个事例:	
第二个事例:	
第三个事例:	
第四个事例:	
第五个事例:	

其次，一方面，要有意识地控制和激励自己的行为。你也是一个需要激励的个体，而且你必须自己激励自己，自我激励是保持热情和持续性行动的燃料。另一方面，任何人都有惰性，你需要用一些方法来控制自己的行为。很多这方面的书籍和项目在培训我们激励和控制自己的行为，例如：罗曼·格尔佩林的《动机心理学》、理查德·卡斯威尔的《征途捷径》、柯维的《高效能认识的七个习惯》、斯科特的《拖延心理学》、古川武士的《坚持，一种可以养成的习惯》、加布里埃尔·厄廷根的《反惰性》、菲尔·奥莱的《极简目标管理法》、迪安·德尔·塞斯托的《快行动，慢思考》等。这是一条漫漫长路，我们建议学生阅读上面的书籍，然后针对自己的原因，在生活中、学习上以及日后工作中有意识地激励和控制自己的行为，逐步养成高效率的行为习惯，期待着总有一天你会感慨"行动的力量"，会尝到开花结果的甜美。

三、评估调整

（一）评估与调整的必要性

1. 保持计划的灵活性以应对未来变化

计划是一种具有稳定性和权威性的结果，其本身意味着不可轻易改变的承诺，但这并不意味着计划是对变化的否定或会成为行为调整的障碍。人生风云多变幻，计划最大的挑战在于如何应对未来及其不确定性，从而更好地平衡计划的稳定性和灵活性。计划着眼于未来。

首先，应该具有预见性。外界环境的变化既有机会也有风险，计划的任务就是洞察未来的机会并将风险降至最低。其次，计划工作是一个持续的过程，应当准备在环境发生变化时改变前进的方向，保持这种灵活性在计划实施阶段是非常重要的，灵活性和改变航道本就是计划工作的重要原则。

2. 动态反应以保证目标与方案的有效性

职业生涯管理是一个持续不断的动态过程，在设定了职业目标与计划后，应因情势实施和根据反馈做出评估与调整是十分必要的。当你在实施自己的职业选择时，无论是通过学习、求职还是工作的方式，你都有可能会在某个时候感到不舒服、受阻碍或觉得厌倦与疲惫。你甚至会因为某些负面的感受而不得不放弃曾经一度令你心仪而成为你首选的职业。这些信息告诉你必须做出一些改变或调整来修正自己的目标与行动计划。这一点也说明了职业生涯规划和管理本就是集中于问题解决的，它是一个学习的过程。你永远不会结束职业决策，因为职业生涯规划在很大程度上就是对人生的规划，它是终生教育的一部分。

（二）搜集反馈信息

1. 信息渠道

你可以从很多渠道进行预见性的评估和搜集反馈信息。

首先，在进行自我和环境探索过程中，你可能感觉到了问题的存在，比如面对你感兴趣的职业，你觉得自己性格不合适或缺乏进入该职业的技能或资格，你的父母也可能会提出比较强烈的反对意见，如果这些情况真的发生，你该怎么办？其次，通过与相关人士交谈、讨论获得进行事前评估的信息，这些人包括你的专业老师、已毕业的师兄师姐、同行业的亲朋好友或成功人士等。最后，你自己是最好的获取反馈信息的渠道，当你去执行你的计划时，你的亲身感受、你所观察到的你自己的工作和家庭，以及周围同事的变化等都可以为你提供十分有用的信息。

2. 注意事项

在搜集反馈信息时，第一，要注意职业生涯早期的一些危险信号。第二，要真诚地面对自己的内心，关注自己对一些经历的亲身感受。第三，愿意"睁眼看世界"，并在合适的时候勇敢地做出改变。第四，保持持续的监控与评估，时刻对照你的计划方案，你是否实现了或更接近你的目标与期望的结果？第五，从各种经历中进行反思与学习，必要时做出调整。第六，经常与前辈或优秀人士进行比较和交流，真诚地与同辈人分享自己的经历与感受。第七，反馈信息还可能来自非工作环境，特别是家中父母与亲友的感受、态度和建议，在你成家之后，这方面的信息就显得格外重要，因为工作与家庭必须取得平衡。

（三）拟订调整方案

1. 如何评估

规划很重要，但在一定程度上，调整更为重要。调整方案的拟订是基于评估的基础上。你可以采取对比反思、交流反馈、分析总结等方法进行评估，评估的内容一般包括职业目标、职业前景、实施计划、其他因素等。具体来讲，你的调整方案应该回答以下问题：①造成评估结果与原先规划之间有差距的原因是什么，是目标设置不合理、实施方案不准确还是执行力度不够等？②在实现上述理想目标和职业路径的过程中还可能遇到哪些问题，这些问题是外部环境因素还是自身实际情况导致的？③当这些差距和问题发生时，我该怎么办？是只需要做一些小调整还是需要转换跑道？④择业和职业发展的其他可能性，这些可能性来源于社会机会、家庭支持、自我个性特征等，针对这些可能性可另外拟订一份计划。

2. 如何调整

根据事前评估和事后反馈所获得的信息,你必须拟订调整方案,这有助于你在求职或职业发展过程中做一个有准备的人。调整方案有时就是另外拟订一份计划,这个计划主要是为了应对一些不理想的现实状况,但它最终还是能够实现你的理想目标。调整方案中包含很多改变。比如,你可能会在同一职业内寻找另一个职位,也可能会完全改变自己的职业,也有可能是曾经一度令人激动的职业失去了挑战性,因此你需要在职业方向上做一个大的改变来激励自己。这种变化的原因包括职位晋升、失去职位、家庭或企业搬迁、工作条件的变化等。当你的理想职业因为家庭约束或社会条件不支持等原因在短期内难以实行时,你需要立即启动事先拟订的调整方案。

第三节 生涯规划管理

一、思维上的改变

(一)生涯教育

1. 生涯教育的含义

生涯教育是对传统教育的修正和提升,它贯穿于一个人的整个教育过程,通过将知识的学习和生涯、生命、生活教育等联系在一起,甚至主张以生涯规划为目的的知识学习,其目的是使个人成为自我认知、自我实现及自觉有用的人,从而享受事业和生活、实现成功及美满的人生。以下【课堂阅读】是黄天中教授关于生涯教育的两个观点。

【课堂阅读】

生涯教育是对全民而非部分人民的教育,它是从义务教育开始,延伸至高等教育及继续教育的整个过程,它教育下一代在心理上、职业上及社会上平衡与成熟地发展,使每个国民成为自我认知、自我实现及自觉有用的人。这种教育同时具备学识与职业功能、升学及就业准备,它强调在传统的普通教育中建立起职业价值,使学生具有谋生能力。因此,其基本目标是培养人能创造、有生产价值的生活,这是发挥教育真实价值的整体构想。

生涯教育是改变所有教育系统,以求造福全民的革命,它强调所有教育的经验、课程、教学及咨询辅导,要以预备个人能过一种经济独立、自我实现及敬业乐群的生活为目标,它凭借改善职业选择的技巧与获得职业技能的方式,来提高教育的功能,使每位学生能享受成功及美满的人生。

2. 生涯教育的主题

传统的职业辅导大都以"帮助个人选择职业、准备就业、安置职业,并且在职业上获得成功"为主要内容。生涯辅导在此基础上,进一步扩大了职业辅导的领域,特别强调以下六个主题,即生涯决策能力的发展、自我概念的发展、个人价值观的发展、选择的自由、重视个体差异、对外界变迁的因应。生涯教育所要传授给学生的理念、思维、方法和技能,也必须围绕这六大主题并努力达成与这些主题相一致的目标。

(二)思维教学

1. 人职匹配的理念和方法

职业生涯理论大都认同这样的观点,即"人和环境的适配性或一致性将会增加个体的工作满意度、职业稳定性和职业成就感"。因此,"人职匹配"被认为是职业指导的基本原则,其方法也是目前获得最广泛使用的重要方法。本篇正是采用"人职匹配"的理念和方法,对大学生进行职业生涯规划指导。理念是指"怎么想",方法是指"怎么做"。唤醒学生的生涯意识,教会学生"怎么想",着实要比教会他们"怎么做"困难得多。关于职业指导与生涯辅导的教学,不单单是方法与技能的问题,更重要和更困难的是理念和思维的问题。只有学生"这样想"了,他才有可能"这样去做"。

2. 思维教学的策略

美国耶鲁大学心理系和教育系教授斯滕伯格(R. J. Sternberg)提出了三种教学策略,如表7-15所示。第三种策略最适合思维教学,即以思维为基础的问答策略,也称对话策略。该策略鼓励师生之间以及学生之间进行交流,教师提出问题以刺激学生的思维和讨论。通常这些问题没有固定的正确答案,所以教师的反馈也并不是简单的对或错。相反的是,教师乐于评论或补充学生的发言,甚至会隐藏自己的真实看法,或故意发表一些偏激意见,扮演一个魔鬼代言人的反面角色。所以,在这种策略中,师生之间的界限趋于模糊,教师更像向导或协助者,而不是传统意义上的"老夫子"。

表7-15 三种不同的教学策略

教学策略	特征	最适合	例子
1. 以讲课为基础的策略(照本宣科策略)	教师以讲课的形式呈现材料,师生之间以及学生之间互动最少	呈现新信息	教师:"今天我将给大家讲法国大革命。"
2. 以事实为基础的问答策略	教师提问主要是为了引出事实;教师的反馈是"对"或"错";师生之间互动频繁,但对个别问题不追根究底;学生之间的互动很少	复习刚学的新知识,测试学生掌握的知识,作为照本宣科式策略和对话式策略的桥梁	教师:"法国大革命是什么时候发生的?当时的国王和王后是谁?"
3. 以思维为基础的问答策略(对话策略)	教师提问是为了刺激学生的思维与讨论,教师评论学生的反应;师生之间和学生之间存在大量的互动	鼓励课堂讨论,在关键时激发思维	教师:"法国革命和美国革命有哪些相同点,又有哪些不同点?"

(资料来源:斯滕伯格,史渥林,著. 思维教学——培养聪明的学习者[M]. 赵海燕,译. 北京:中国轻工业出版社,2008:53-56.)

二、认知上的障碍

（一）自我探索陷入困境

1. 自我探索的重要性和困境

自我探索是人职匹配职业规划方法的第一步。如果你连自己都不了解，那你如何做出选择？而且当你面对外界众多选择时，你对自己越不了解，你就越困惑。然而，当学生从"自我探索"开始规划职业生涯时，却陷入了困境。"认识自己"是人一生中最大、最难的命题，但是人职匹配职业规划方法却要你在人生最开始的时候通过思考和测试做出选择，试问，一个人生经验不多的大学生如何回答自己想要什么、适合什么、喜欢什么、擅长什么等问题？因此，有很多大学生面对职业规划要么无从下手，要么心潮澎湃开始，却发现无从执行，最终不了了之。

2. 走出困境的对策

在教学过程中，首先通过一些实例让学生明白了解自己并没有想象中的那么难或无从下手。了解自己其实是一个很有趣的过程，只有激发学生的兴趣，才能引导学生积极主动去探索自我个性特征。另外，短短的课堂授课时间不能帮助学生得出一个关于自我个性特征的完整和准确的结论，但可以让学生意识到了解自己的重要性和必要性，并开始关注和探索自我个性特征。

接着可以采用以下方法引导学生进行自我探索。第一，要学生从回忆自己的过去开始，并对自己的过往经历进行反思以及说出自身感受。经历和回忆对了解自己很重要，但更重要的是自己对这些经历的感受和反思。第二，使用一些心理测试题或自我盘点的练习来帮助学生了解自己，但必须注意心理测试只是了解自己的手段，绝不是目的，不可迷恋或盲从。第三，鼓励学生进行自我探索而不是对号入座。个性特征是一个十分复杂的心理现象，尽管存在非常多的理论和方法用于判别个性特征类型，但我们一般很难对一个人的个性特征做出完全准确的描述。

（二）忽视价值观的探索

1. 价值观探索的重要性和难度

职业规划指导课大多会要求学生探索性格、兴趣和天赋，但却经常忽视职业价值观的重要性。价值观与随后的工作满意度水平相关；当我们根据自己的价值观生活时，会得到最大限度的幸福感和高自尊。所以，价值观的探索十分重要，但这却不是一件容易的事情。"你想要什么""你能够舍弃什么""什么东西对你而言更重要"这些问题并不好回答，而且你还要对你所想要的东西进行澄清和排序，因此价值观的探索是十分艰难和痛苦的。

2.重视职业价值观的探索

在实际授课时，首先通过生活的一些事例，清楚而简单地阐述价值观的概念和重要性。生活中很多人在观点上和行为上的差异，反映的就是价值观的差异。然后需要运用一些工具帮助学生探索职业价值观类型。例如，列出"经济收入、稳定性、独立自主、创造性、管理与领导、工作环境、人际关系、成就感、社会奉献、知识性、多样性而不是单调的工作、生活方式、社会地位"等职业价值类型让学生选择和排序。也可以借用职业价值观测验题，或者通过游戏、情景假设等方式辅助学生明确自己的价值观类型。这一过程的难点在于如何有效地帮助学生依据步骤澄清价值观，并对这些价值观进行排序。

值得指出的是，工作本身是具有激励性的，即从人职匹配的理念来看，做什么工作比一份工作可以带来什么更重要，这是一个重要的职业价值观。对于中国社会而言，我们更在意一份工作能够带来什么，而不是这份工作到底是做什么的。当你告诉欧美朋友你有了一份工作时，他们肯定会首先问你："这是一份什么样的工作，你喜欢它吗？"而同样的问题，中国的朋友可能会首先问你，"工资多少""福利待遇如何""在哪里上班"等。在这样的观念下，我们怎么可能去探寻能够满足自己兴趣、发挥所长、使自己获得成就感与满足感、快乐地去付出的职业？这是有悖于职业规划理念的。

（三）难以逾越父母意志

1.重视家庭环境的影响

成功的职业生涯规划必须平衡个人、工作与家庭之间的关系。家庭的经济状况、人际关系网络以及家人需求、家庭生活等都会对职业选择、职业心态产生重要影响。舒伯的职业生涯彩虹图也指出，工作者、持家者、配偶、孩子、休闲者、父母等9个生活角色之间是高度相关的。对家庭的责任和义务对一个人所形成的压力远远超出一项工作或职业的压力，并对其职业选择和职业生涯产生重大影响。

2.跨越障碍的对策

第一，我们鼓励学生自主选择。在择业过程中，父母往往单方面强迫自己的孩子，剥夺了学生的主体选择权，学生也没有考虑过父母安排的工作是否适合自己，双方均缺乏职业规划的理念，没有从人职匹配的角度考虑问题。第二，我们要求学生多与父母沟通。学生需要了解家庭对自己择业和职业发展能提供哪些支持、存在哪些障碍，以及家人在金钱、情感和时间方面对自己的要求等。父母也需要了解孩子的个性、兴趣和天赋，这样才能真正当好孩子的参谋。另外，职业生涯规划和管理的目标不仅是成功，父母也应该关注孩子的职业满足感。第三，我们进行开放式的课堂讨论。父母常常把自己的期望、理想或遗憾等强加在孩子身上，剥夺了孩子探索和发展兴趣爱好的机会。他们总是为孩子包办一切，然后对孩子的缺点严加指责，试问，这些孩子长大以后怎么能够独立地、自信地做好职业选择？

（四）难以激发成长需求

1. 大学生成长需求的差异

个人成长需求的缺失是当前影响大学生合理规划自身职业生涯的重要因素。学生的成长需求和个性、家庭背景、性别等都有关系。有些学生较为理性，拥有内向控制点（个体充分相信自我行为主导未来而不是环境控制未来的观念），表现得比同年龄人更成熟，这些学生的成长需求一般较高。在家庭背景方面，"穷人的孩子早当家"，部分家庭经济条件比较好的学生的确在成长需求上比较低。但是也有部分家庭条件较差的学生可能出于自卑等心理，或者因为过于现实地看待这个社会，认为求职和职业发展均取决于家庭关系网络，从而放弃了努力和成长的欲望。另外，研究发现学生成长需求在性别方面也表现出差异，女性一般比男性低，部分女学生坦言自己对工作没有多大的要求，也没有什么期待。

2. 激发与引导学生成长需求

第一，教师应该要求学生对自己的未来负起责任，并进行理性思考和自主决策。职业规划主要是一个理性的过程，对于偏向任性、感性的学生应多加引导，可以通过多个例子说明任性地对待自己的人生会导致不良后果。第二，对于家庭条件优越的学生，教师应激发他们实现自我的愿望；对于家庭条件较差的学生，教师应引导他们正确看待自己和社会的差距，让他们学会处理自我和世界的矛盾。第三，对于女性角色，一方面，教师应要求学生正视和重视女性职业发展的特殊性，她们应更多地思考如何取得家庭和职业发展的平衡。另一方面，工作对现代女性的独立和发展具有重要的价值和意义，因此教师必须向女学生讲明工作的意义和职业规划的重要性。当然，女性所面临的家庭和工作的冲突是一个社会问题，需要各方面的共同努力。

（五）对职业规划的误解

社会普遍缺乏对职业规划的理解，相关部门的调查充分反映了这一点。中国的职业规划教育虽日渐普及，甚至计划进入中小学教育课程内，同时也在高校获得重视，但总体而言，仍处于起步阶段。学生在接受职业规划教育时仍对职业规划存在诸多质疑。这可能源于中国职业规划教育的初级性及其表现出的在研究、教学和实践中的不成熟性。

学生认为未来不可预测，"计划赶不上变化"，质疑职业规划的可行性。这个质疑主要是因为学生对计划工作的不理解所造成的。规划是计划的一种类型，计划本身存在一定的缺陷，如缺乏灵活性、容易导致僵化等，计划工作最难的正在于如何处理好稳定性和灵活性之间的关系。其实，也正是因为未来难以预测所以才需要制订计划，如果学生连最基本的计划都没有，那如何去应对变化？另外，职业规划并不是一锤定音式的，它不是也不能成为禁锢学生发展的方框，它必须保持一定的灵活性。职业规划过程包括自我探索、环境探索、制订目标与计划、调整与评估四个部分，最后一个部分正是为了保持职业规划的灵活性。

其余的很多质疑均源于学生对职业规划理念和方法的不理解。在教学过程中，学生提出了一系列问题，如"不同性格的人常常做着同一份工作，工作与个性真的能够匹配吗""多数工作都是乏味的，把兴趣变成工作可能吗""难道我们不能改变自己吗""很多人在不适合自己的工作岗位上成功了，这说明什么"……这些问题都指向了人职匹配理论的可行性。最后，学生的认知还存在诸多误区，如将职业规划等同于职业选择、就业指导、创业计划、晋升计划等。这些认识误区都必须在教学过程中——给予指正和耐心地加以释疑，否则职业生涯规划就只能流于形式。

三、管理上的困难

（一）目标管理

目标对人生具有重大的导向作用。我们通常说的目标管理有三大步骤。第一步，要对目标的数量进行控制。有人说："两个以上的目标就等于没有目标。"集中的目标一点即明，让人心中有数；分散的目标则不切中要害，让人难以执行。

【课堂阅读】

不要"期待太多"

1796 年的意大利战役中，拿破仑率领装备极差的 3 万部队，同反法联军进行了 14 次会战、70 次战斗，全部获胜，歼敌 25 万余人。在谈到取得这一系列胜利的时候，他说："其实欧洲有很多优秀的将领，只是他们期待得太多，而我心目中所考虑的只有一个，那就是——敌人的兵力。"功成名就的人，从来都不是"期待太多"的人，反之，大都是拥有坚定目标的人，他们总会坚定信念，乘风破浪，不达目标誓不罢休。

第二步，对目标进行完美表达。有些人在制定目标时，往往很注重其内容的科学性，却拙于目标的表达。优秀的目标表达必须是清楚而流畅的，它们不仅仅使事情保持简单，而且进行了高度的概括与人性化的设计，而严重的信息超载使人们丧失了辨别轻重缓急的能力。

【课堂阅读】

一分钟目标

目前，一些国家正在兴起"一分钟目标"。所谓"一分钟目标"，就是"写在一页纸上，最多不超过 250 字"，"任何人都可以在一分钟内看完"。这要求目标的表达要简明、集中。很难想象一项目标隐藏在洋洋万言，甚至数万言的文字海洋中，却指望自己或别人能深刻而透彻地领悟。表达形式烦琐的目标只能使自己或别人茫茫如在云雾中，不得要领。

第三步，对目标进行科学分解。将总目标具体化和精细化，称为目标分解。总目标往往是笼统而抽象的，不便于测量与操作，这就需要把笼统的总目标分解为具体、精确的小目标。在现实中能够有效运转的目标并不是单一的，而是一个由不同层次、不同性质的目标组成的目标体系，它来源于总目标的分解。

【课堂阅读】

用智慧战胜对手

1984 年，在东京国际马拉松邀请赛中，名不见经传的日本选手山田本一出人意外地夺得了第一名。记者围拢过来，最渴望知道的一点是，他凭什么取得如此卓越的成绩？山田本一的回答，简短到只有一句话："凭智慧战胜对手。"参加马拉松赛，运动员之间比的是意志和耐力，与智慧到底有什么关系？1986 年，又一次国际马拉松大赛在意大利米兰举行，山田本一再次代表日本参加比赛，结果又是独占鳌头。面对记者伸过来的话筒，山田本一的回答还是那句话："凭智慧战胜对手。"运动员在赛场上，看上去是斗勇，实际上也在斗智。记者们猜测，山田本一之所以这么说，肯定有他的道理。至于怎样运用智慧，仍是叫人摸不着头脑。1996 年，山田本一过了运动高峰期，在自传中他披露了个中奥妙：每次参赛之前，我都要乘车把比赛路线仔细看一遍，并将沿途醒目的标志画下来，比如说第一个标志是一家银行，第二个标志是一棵大树，第三个标志是一座红房子，就这样一直画到终点。比赛开始后，我就以短跑的心态奋力奔向第一个目标，跑到第一个目标后，又以同样的心态奔向第二个目标。整个路程被我分解成几十个小目标，比较轻松地就跑完了。开始我没有认识到这一点，就把目标定在 42 千米外的终点线上，结果跑到十几千米就已经疲惫不堪了，因为我被前面那段遥远的路程吓到了。

（二）情绪管理

情绪是指人们对客观事物是否符合自己的需要而内心所产生的心理体验及相应的行为反应。情绪的产生和变化不是毫无缘由，而是受自身需要、生理因素、认知因素、早期生活经历等影响和制约的。

1. 大学生常见的情绪困扰

（1）焦虑。焦虑是人类生存适应过程必然会产生的基本情绪，主要体现在个体在预料将会有某种不良后果或模糊的威胁出现时产生的一种不安情绪。被焦虑困扰的大学生常表现出烦躁不安、紧张着急、惶恐害怕、注意力难以集中、思维迟钝、记忆力减退、动作不敏捷，同时伴有头痛、心律不齐、失眠、食欲不振及胃肠不适等身体反应。适度的焦虑具有一定的积极意义，但高度的焦虑则会影响人们的学习和生活，对身心健康不利。

（2）抑郁。抑郁是一种以情绪异常低落为表现的、不愉快的情绪反应，是普遍存在于人类生活中的负性情绪问题。有时候，大学生会闷闷不乐，对任何事情都不感兴趣，对自己和生活缺乏信心，不想与任何人交往，伴随沮丧、灰心、自卑、自责等心理。一般这种体验比较短暂，会随着时间的流逝恢复正常。如果长期抑郁，除带来更多的痛苦体验外，还合并愤怒、敌意、恐惧、羞愧和负罪感等情绪，则是异常情绪。抑郁导致人的回避行为及自我困扰，从而极度消沉。

（3）冷漠。冷漠是一种对外界刺激漠不关心、冷淡、退让的消极情绪状态。冷漠是一种对环境和现实的自我逃避的退缩性心理反应。它本身虽然带有心理防御的性质，但是它会使当事者萎靡不振、退缩躲避和自我封闭，并严重影响一个人的身心健康。情绪冷漠的学生，对外界刺激缺乏相应的情感反应，对学习应付了事、缺乏兴趣，成绩好坏也无所谓，对集体和同学冷淡，对亲人朋友和生活中的悲欢离合无动于衷，内心孤独、压抑，感到生活平淡无味，缺乏创造性，难以适应社会生活。

（4）愤怒。愤怒是由于客观事物与人的主观愿望相违背，或因愿望无法实现时，个体内心产生的一种激烈的情绪反应。研究表明，当愤怒发生时，可能导致个体心跳加快、心律失常、高血压等躯体性疾病，同时还会使人的自制力减弱，甚至丧失自制力，思维受阻，行为冲动，甚或干出一些后悔不迭的蠢事或造成不可挽回的损失。愤怒的情绪会给人带来巨大的伤害。

（5）嫉妒。嫉妒是指因他人在某些方面胜过自己而引起的不快甚至痛苦的情绪体验。英国科学家培根说："在人类的一切情欲中，嫉妒之情恐怕要算作最顽强、最持久的了。"如果长期嫉妒，极容易产生压抑感，引起忧愁、消沉、怀疑、痛苦、自卑等消极情绪，严重损害身心健康，因此，嫉妒心强的人容易得心身疾病。嫉妒是自尊心的一种异常表现，在大学生中普遍存在。

（6）自卑。自卑是个体由于某种生理或心理上的缺陷或其他原因所产生的对自我认识的态度体验，表现为对自己的能力或品质评价过低，轻视自己或看不起自己，担心失去他人尊重的心理状态。不同的经历、文化差异、能力差异以及理想与现实的冲突带来的挫折是常见的引发大学生自卑的原因，归根结底，是因为大学生自我意识发展和自我评价不当。

（7）恐惧。恐惧是当一个人面对危险境地或巨大灾难时而产生的一种极度的恐慌和畏惧感。恐惧的情绪会使人感到呼吸急促、紧张、心悸、全身战栗，甚至使人本能地产生想逃离的心理。恐惧在一定程度上对人的自身产生保护作用，但是如果过于强烈或者过于持久，就会影响个体的身心健康。常见的大学生恐惧症主要表现为社交恐惧。随着社交恐惧症症状的加重，恐惧对象还会从某一具体的事物（异性）或情境（演讲）泛化到其他无关的事物或情境。

（8）羞怯。羞怯是一种常见的心理现象，主要表现为心跳加速、脸红、思维混乱、语无伦次、举止失常等。羞怯是人们情感的隐藏流露，但不适当和习惯性的羞怯会导致压抑、焦虑、孤僻、自卑等不良心态，从而阻挠人们进行积极的交往，还会影响个人才智的发挥。羞怯还是大学生中较为普遍存在的一种情绪，他们正处于这种自我意识高度发展时期，渴望得到别人的理解和尊重，但同时又经常担心、怀疑自己能否得到承认和尊重。

（9）情绪失控。美国著名心理学家艾利斯提出了著名的情绪失控"ABC 理论"。在这个理论中，A 代表诱发事件；B 代表当事人对事件的看法、解释、评价和信念；C 代表继这一事件后，当事人的情绪反应和行为结果。通常情况下，人们会认为是外部事件（A）直接引起了情绪和行为结果（C）。实际上，人们忽略了当事人的内心活动这个重要因素，忽视了当事人对事件的解释和评价，正是这一部分（B）导致了不同的情绪和行为状态。比如，焦虑、沮丧、敌意等不良情绪，并不是由于某个刺激引发的，而是源于其对那个刺激的看法。一般说来，观念（B）有合理与不合理之分。合理的观念可以引起人对事物适当的情绪及行为反应，不合理的观念则会导致不适当的情绪及行为反应。若一个人固守某些不合理的观念时，就会陷入不良的情绪之中，甚至导致心理障碍的产生。情绪失控是大学生常见的一种消极情绪反应。处于精力充沛、血气方刚的青年时期的大学生，在情绪情感发展上往往具有好激动、易动怒的特点。例如，有的大学生因一句刺耳的话或一件不顺心的小事而暴跳如雷；有的因人际交往受阻而怒不可遏、恶语伤人，甚至有的还因此走上违法犯罪的路；有的因别人的观点或意见与自己相左而恼羞成怒；有的因一时的成功、得意而忘乎所以；有的因暂时的挫折或失败而悲观失望、痛不欲生。

【课堂测试】

完成下面的句子：哪些事件会引起你生气、难过、焦虑、害怕、丢人、无助的感觉呢？

我最生气的一件事：＿＿＿＿＿＿＿＿＿＿＿＿＿＿＿＿＿＿

我最难过的一件事：＿＿＿＿＿＿＿＿＿＿＿＿＿＿＿＿＿＿

我最焦虑的一件事：＿＿＿＿＿＿＿＿＿＿＿＿＿＿＿＿＿＿

我最害怕的一件事：＿＿＿＿＿＿＿＿＿＿＿＿＿＿＿＿＿＿

我最丢人的一件事：＿＿＿＿＿＿＿＿＿＿＿＿＿＿＿＿＿＿

我最无助的一件事：＿＿＿＿＿＿＿＿＿＿＿＿＿＿＿＿＿＿

2. 学会管理自己的情绪

（1）寻找奋斗目标。"一位百发百中的神箭手，如果他漫无目标地乱射，也不能射中一只野兔。"许多大学生感到郁闷、无聊，找不到生活的方向，逃课玩游戏，甚或上网成瘾。目标是航向，没有目标的人生是无趣和空洞的。大学生应该客观地认识与评价自己，有生涯规划的意识和能力，为自己制定正确的奋斗目标。有了明确的奋斗目标，就有了克服困难和应对挫折的勇气，有了前进的动力才能使人保持积极愉快的精神状态。

（2）掌握一些幽默知识。当一个人面对一种不友好的或对自己不利的氛围时，为了不使自己陷入激动状态和被动局面，最好的办法是以超然洒脱的态度去应付。一个得体的幽默往往可以使愤怒、不安的情绪得以缓解。善于幽默的人，不开庸俗的玩笑，更不随便拿别人开心，而是以机智的头脑、渊博的学识，巧妙诙谐地揭露事物的不合理成分，既一语破的，又使人容易接受。在一些非原则问题上，宁可自我解嘲，也不刺激对方、激化矛盾。

（3）扩大自己的活动圈。对于精力比较充沛的大学生来说，缓解情绪还有一个非常重要的方法就是积极参加学校活动。学校活动丰富多彩，大学生可以根据自己的兴趣爱好、锻炼需求等积极主动参加学校的社团活动；主动扩大自己的交往圈子，结交一些密友，同他们分享感受、快乐和忧虑。发展、保持和拓展社会支持网络，会在一定程度上帮助我们维护情绪健康。

（4）控制负性情绪。在各种负性情绪中，冲动和愤怒是大学生最为常见的负性情绪。在日常生活中，虽然我们不能选择何时生气，但是却可以控制自己生多大的气、生多久的气以及生气时我们该怎么办。因此，生气是可以选择的，愤怒也可以掌控。当你出现愤怒的情绪时，你可以选择适当的处理愤怒的方式。

【课堂讨论】

控制不住的情绪

刚上大学时，我有些不习惯，但不觉得生疏，与同学相处比较好，但总觉得压力很大，没有精神，情绪很不稳定。上课、自习、吃饭、逛街，感觉一个人自在，不受约束，我经常一个人单独行动（习惯了独处）。当情绪不好的时候，就吃东西。经常是在这个食堂吃过，又跑到另一个食堂去吃，然后再到超市买一大堆饼干或者其他东西回宿舍吃，我觉得我近乎疯狂，不可理喻。就想让胃撑满，有时近乎疼痛，好像这样我会得到快感和满足。买东西的次数越来越多，也越来越贵，家里承受不起，我觉得对不起父母，因而自责。越是这样，我就越想放松自己。好像是有两个我在做斗争，一个让我恢复理智，另一个让我奢侈、放纵，而我总是屈服于后者。我觉得生活学习一团糟，对什么都没信心，也许这就是我情绪不稳定、对什么都没兴趣的原因。我对不起很多人，对不起所有对我有期望的人，可是我还是控制不了自己的情绪，我觉得好像有两种人格在厮杀。我很害怕，但是不知该如何做……

（5）解决情绪认知问题。人的心理有两个层面，一个是情绪层面，另一个是认知层面。宣泄法是通过心理宣泄解决情绪层面的问题，情绪层面的问题解决了，人的理智就会逐渐恢复。但是，有时人的认知层面的问题不解决，情绪层面问题的解决也是暂时的，以后遇到问题仍然会受挫。因此，解决认知层面的问题对于调控情绪是非常必要的。①合理的自我期望。俗话说：希望越大，失望也就越大。在现实生活中，不少人的挫折感均来源于对自己的期望值过高、苛求自己。因此，我们要学会以平和的心态待人处事，学会给自己留下一定的空间，把目标锁定在能力所及的范围之内，而不是好高骛远，四处出击，要求自己事事都超过别人。②学会取舍。人的一生会有许多愿望和追求，但由于主客观条件的限制，不可能一一得到实现。这就需要我们学会放弃和妥协，否则，我们就会被这些目标和欲望所累，而失去了人生的洒脱和生活的乐趣。如果一个登山者，一心想登上顶峰而急于赶路，结果忘了欣赏沿途的风景，那么，登山的乐趣也无从体现。③学会自我开导。自我开导是指个体遭受挫折后，为了维护自尊，减少焦虑，就找出种种理由为自己辩解，增加自己行为的合理性和可接受性，以起到减轻心理压力的作用。其实，只要有坚定的奋斗目标，哪怕遇到一时的挫折、困难，告诉自己坚持，再坚持，努力，再努力，不愉快的情绪很快就会灰飞烟灭。

【课堂讨论】

六只狐狸的命运

一个炎热的夏天，六只口干舌燥的狐狸，来到一个葡萄架下。它们抬头仰望，琳琅满目、晶莹剔透的大个葡萄挂满枝头，狐狸的口水都流下来了。

第一只狐狸开始跳，够不着；咬牙、跺脚、使劲，再跳，还是够不着；再使劲，再跳，葡萄还是高高挂在上面；去周围找找，梯子、板凳、砖头、瓦片、竹竿等，什么都没有。"这葡萄肯定是酸的，不好吃。走吧，捉只鸡，喝杯可乐、矿泉水，有什么不行嘛！"于是乎，这只狐狸心安理得，哼着小曲走了。

第二只狐狸使劲跳，同样也是够不着葡萄，心想："我吃不着葡萄，死不瞑目。"于是从天亮跳到天黑，又从天黑跳到天亮，结果呢，这只狐狸累死在葡萄架下，两眼圆睁，望着高高挂在枝头上的葡萄。

第三只狐狸吃不着葡萄，开始骂大街："谁这么缺德，把葡萄栽这么高，让老子吃不着！"结果骂出老农："怎么着，这葡萄是我栽的，你骂什么，偏不让你吃。再骂，再骂就打死你！"于是老农抢起锄头打狐狸，狐狸含恨而死。

第四只狐狸也没有办法吃到葡萄，它还挺内向，憋在心里，就这样整天压抑、愁眉苦脸，结果抑郁成疾，得癌症而死。

第五只狐狸心想："想吃葡萄都吃不着，真没用，活着还有什么意思呀？"于是乎，找棵歪脖树上吊了。

第六只狐狸跳了几下，吃不着葡萄，一气之下精神分裂了，整天蓬头垢面，满大街转悠，口中念念有词："吃葡萄不吐葡萄皮，不吃葡萄倒吐葡萄皮。"

阅读《六只狐狸的命运》，请思考现实生活中你是哪一只狐狸？你愿意做哪一只狐狸？为什么？

【心理测验】

职业定位问卷

这份问卷的目的在于帮助你思索自己的能力、动机和价值观。下面给出了31道问题，根据你的实际情况，从1~6中选择一个数字。数字越大，表明这种描述越符合你的实际情况。1分，表示"从不"；2分，表示"偶尔"；3分，表示"有时"；4分，表示"经常"；

5分，表示"频繁"；6分，表示"总是"。

请尽可能真实而迅速地做出选择，除非你非常明确，否则不要做极端的选择，例如"从不"或者"总是"。

1. 我希望做我擅长的工作，这样我的内行建议可以不断被采纳。

2. 当我整合并管理其他人的工作时，我非常有成就感。

3. 我希望我的工作能让我用自己的方式，按自己的计划去开展。

4. 对我而言，安定与稳定比自由和自主更重要。

5. 我一直在寻找可以让我创立自己事业的创意。

6. 我认为只有对社会做出真正贡献的职业才算是成功的职业。

7. 在工作中，我希望去解决那些有挑战性的问题，并且胜出。

8. 我宁愿离开公司，也不愿从事需要个人和家庭做出一定牺牲的工作。

9. 将我的技术和专业水平发展到一个更具有竞争力的层次是职业成功的必要条件。

10. 我希望能够管理一个大公司，我的决策将会影响许多人。

11. 如果职业允许自由地决定自己的工作内容、计划、过程，我会非常满意。

12. 如果工作的结果使我丧失了自己在组织中的安全稳定感，我宁愿离开这个公司。

13. 对我而言，创办自己的公司比在其他公司争取一个高的管理位置更有意义。

14. 我的职业满足来自我可以用自己的才能去为他人提供服务。

15. 我认为职业的成就感来自克服自己面临的非常有挑战性的困难。

16. 我希望我的职业能够兼顾个人、家庭和工作的需要。

17. 对我而言，在我喜欢的专业领域内做资深专家比做总经理更具有吸引力。

18. 只有在成为公司的总经理后，我才认为我的职业人生是成功的。

19. 成功的职业应该允许我有完全的自主与自由。

20. 我愿意在能给我安全感、稳定感的公司中工作。

21. 当通过自己的努力或想法完成工作时，我的工作成就感最强。

22. 对我而言，利用自己的才能使这个世界变得更适合生活或居住，比争取一个高的管理职位更重要。

23. 当我解决了看上去不可能解决的问题，或者在必输无疑的竞赛中胜出时，我会非常有成就感。

24. 我认为只有很好地平衡个人、家庭、职业三者的关系，生活才算是成功的。

25. 我宁愿离开公司，也不愿频繁接受那些不属于我专业领域的工作。

26. 对我而言，做一个全面管理者比在我喜欢的专业领域内做资深专家更有吸引力。

27. 对我而言，用我自己的方式不受约束地完成工作，比安全、稳定更加重要。

28. 只有当我的收入和工作有保障时，我才会对工作感到满意。

29. 在我的职业生涯中，如果我能成功地创造或实现完全属于自己的产品或点子，我会感到非常成功。

30. 我希望从事对人类和社会真正有贡献的工作。

31. 我希望工作中有很多机会，可以不断挑战我解决问题的能力或竞争力。

现在重新看一下你给分最高的描述，从中挑选出与你的日常想法最为吻合的三个，在原来评分的基础上，将这三个题目的得分再加上 4 分，例如，原来得分为 5 分，则调整后的得分为 9 分，然后就可以开始评分了。

计分方法：将每一题的分数填入表 7-16 的空白表格（每个题号边上）中，然后按照纵行进行分数累加得到一个总分，将每纵行的总分除以 5 得到每纵行的平均分，填入表格。记住：在计算平均分和总分前，要将最符合你日常想法的三项额外加上 4 分。

表 7-16 计分表

类型	TF	GM	AU	SE	EC	SV	CH	LS
题号	1	2	3	4	5	6	7	8
	9	10	11	12	13	14	15	16
	17	18	19	20	21	22	23	24
	25	26	27	28	29	30	31	32
	33	34	35	36	37	38	39	40
总分								
平均分								

解释：

TF：技术 / 职能型职业锚

你始终不肯放弃的是在专业领域中展示自己的技能，通过施展技能获取别人的认可，乐于接受技术工作挑战，将不断提高自己的技术能力，也可能愿意成为职能领域的管理者，但极力避免全面管理的职位。

GM：管理型职业锚

你始终不肯放弃的是升迁至组织中更高的管理职位。你明显地表现出向上发展的愿望，渴求更多的领导机会，愿意承担更大的责任。你对技术工作并不感兴趣，视此为必要的经验积累。为此，你需要提高以下能力：分析能力、人际协调与团队协作能力、情感管理能力。

AU：自主 / 独立型职业锚

你始终不肯放弃的是按照自己的方式工作和生活，希望留在能够提供足够的灵活性，并由自己来决定何时及如何工作的组织中。你无法忍受任何程度上的组织约束，你为了自主独立宁可放弃升职加薪的机会。你可能会选择教育、咨询行业，为了能有最大限度的自由和独立，你也可能选择创业。

SE：安全 / 稳定型职业锚

你始终不肯放弃的是稳定的或终身被雇用的职位，关注财务安全和就业安全。政府部门和事业单位对你很有吸引力，你会对自己的组织感到自豪，对组织忠诚，即使你没有担任很高的或重要的职位。

EC：创造 / 创业型职业锚

你始终不肯放弃的是凭借自己的能力和冒险愿望，扫除障碍，设计属于自己的东西或创立属于自己的公司。你希望向世界证明你有能力创建一家企业，在为别人打工的同时，你会学习和评估未来的机会，一旦时机成熟，你会尽快开始自己的创业历程。

SV：服务奉献型职业锚

你始终不肯放弃的是做一些对社会有意义的事情。你希望职业能够体现个人价值观，关注工作带来的价值，而不在意是否能发挥自己的才能。

CH：挑战型职业锚

你始终不肯放弃的是去解决看上去无法解决的问题、战胜强硬的对手或克服面临的困难。对你而言，职业的意义在于战胜不可能的事情。新奇、多变和困难是挑战的决定因素，如果一件事情非常容易，它马上会变得令人厌倦。这个挑战可能是需要高智商的活动、高难度的任务、处理复杂的关系、激烈的竞技比赛等。

LS：生活型职业锚

你始终不肯放弃的是平衡并整合个人的、家庭的和职业的需要。你希望生活中的各个部分能够协调统一向前发展，因此你希望职业有足够的弹性满足你的需求。事业对你来说并不那么重要，所以有些时候你可能会放弃职业中的某些方面，如晋升等。

【阅读思考】

以下是一个学生的个人职业生涯规划书的部分内容，请问：

1. 该生提出了哪些具体目标？
2. 该生对专业有哪些深刻的认识？
3. 该生是否有具体的计划？
4. 该生是如何判断自己的选择是适合自己的？

目标与计划

目标能够确立前行的方向，让自己的努力有的放矢。制定一个适合自己的目标，能够让自己的努力变得被看见和更有成效。我的短期目标是：努力地学习专业课程，夯实自己的专业基础，抓住每一次提高专业技能的机会，争取通过司法考试。大一的时候，可能对此还没有清晰的认识，所以相对比较迷茫。但是大二以后通过不同的途径，对自己的专业有了深刻的认识，目标渐渐开始清晰明确。既然有了目标，那么只有通过自己的努力去实现自己的目标才是正当的。一旦确立了目标，你的体内便会产生一种动力，不断地促使你前进，成功也就会接踵而来。只有树立远大的目标才能够取得佳绩，因为远大的目标能够创造一种取得成功所必需的兴奋感。这种兴奋感在平凡的碌碌之辈身上是不存在的。仅仅满足于买一所房子、买一辆汽车或得过且过的人是无法产生这种兴奋感的。你只有树立了适合自己的目标并且全力以赴为之奋斗的时候，这种兴奋感才会随之而来。

针对我确立的目标，接下来为自己的目标努力奋斗才是最重要的。我对于我的目标的观点是：目标不难，但贵在坚持。我的目标制定相对来说是比较符合我自身的情况的，既没有过高、过难，也不是轻易便可达到。在专业的学习中我会更加注重与同学的交流学习，因为法学专业的特点决定了交流沟通对我们专业的重要性。在伏尔泰的作品中曾经提到过一个谜语："世界上有一样东西，它是最长的也是最短的，它是最快的也是最慢的，它最不受重视但却又最受惋惜；没有它，什么事也无法完成，这样的东西可以使你的渺小消失，也可以使你的伟大永续不绝。"所以，时间也是我在学习中要时刻牢记和把握的。既要保证足够的学习时间，又要保证高的学习效率。在学习中，不仅要懂得珍惜时间，更要学会运筹时间，使自己在最短的时间内，得到最大的学习效果。在学习中，必须分清主次，合理地分配自己的精力，从而使自己在繁重的学习中保持清醒的头脑，用有限的精力来帮助自己取得尽可能高的学习效率。在学习中，来自外界和自身的一些干扰都会影响你的学习效率，必须学会排除和隔离这些学习中的消极因素，将它们的负面效应降到最低。学习时间是有限的，但学习内容却是无限的，所以要学会选择，把握重点，不要平均使用力量。在学习的过程中还要懂得把握重点。所谓重点，一是指自己学习中的弱科，二是指各学科中的重点内容。重点确定以后，必要时还可以根据本身的系统性，将重点内容再细分为几个专题，在兼顾其他各学科学习的同时，集中时间专攻第二个专题、第三个专题……这种各个击破、集中力量打歼灭战的学习方式，无论对于补差或是提高，都是行之有效的方法。

对于我的计划和目标的实现，首先我是有足够的信心的，因为这些目标与计划是按照我自身的实际情况和特点制订的，并且符合一般规律。在大学以前，也是有过制定类似目标的经验，通过自身的努力最终实现了当初制定的目标，所以说，在经验方面也是有前车之鉴的。我制定的目标并没有好高骛远，每一个目标都是脚踏实地结合实际制定的，所以对于目标的实现我认为是可行的。至于我目标的细化程度，可以说我的目标制定非常具体，有针对专业的目标，有关于人际的目标，以及短期内的学习目标，这些具体的目标又综合构成了我的职业规划目标，可以说是相互照应、相互促进的。我相信，有科学的目标并且加上我自己的努力，最终我会实现我的目标。

评估与调整

这只是我现在对自己职业的规划，我是从实际出发考虑各种因素的，我相信它很符合自己，我也会按照上面写的一样努力去做，争取能够像自己现在规划的一样。当然，计划赶不上变化，所以制订的规划不是一成不变的，它总是随着环境、个人爱好、社会需求等因素不断变化的，所以，自己的职业计划只有不断改进完善才能够行之有效。对我个人而言，从高中时期就开始为学习制订计划，因为受各种因素的影响，制订的计划总是在改动中逐步完善的，职业生涯规划也是如此。刚进入大学的时候，对学校的环境、人际关系以及周边的环境和工作的性质没有深入的了解，制订的职业生涯规划相比之下较为简单，也不全面。随着学习的深入和对自己以及社会环境的了解，逐步改变了一些目标并调整了一些方法。在这个过程中，对自己已经实现的目标进行总结，从中得到经验，学习克服困难的方法，将其纳入新增的目标里应用，能够取得很好的效果。这种对目标的改进与完善不断重复进行，自己的规划就不断地向现实靠拢，自己也会慢慢地完成规划。现在我对自己有了比较清醒的认识，加之我的短期目标和中期目标已经确定，接下来我该为目标而奋斗了。既然制订了规划，就要坚持不懈地朝着规划的要求去完善，虽然会遇到很多不可预知的困难和阻碍，但我会坦然地面对，绝不会因为外界因素而改变自己人生的大目标。总之，为了实现目标，我会脚踏实地地学习，更努力更勤奋。我相信，凭着自己能吃苦，有上进心，踏踏实实的精神，一定能坚持到最后，直至达到一个让自己满意的结果。每个人要想达到自己理想的高度就必须付诸行动，没有人能随随便便就取得成功。由于自己对未来目标很有信心，加之自己制订了详细的规划，我相信我一定会成功的。

【课后练习】

1. 罗素说："选择职业是人生大事，因为职业决定了一个人的未来……选择职业就是选择将来的自己。"我们也常讲"男怕入错行，女怕嫁错郎"。你认为选择比努力更重要吗，为什么？如果选择错了，该怎么办？

2. 与你周围一位工作的亲戚或朋友交谈，识别和分析他或她的职业生涯管理活动，比如他或她是否进行了职业探索，对自我和环境的认知水平如何，有职业发展目标吗，下一步计划是什么等。

3. 试以《红楼梦》中的贾宝玉为原型，分析其个性特征类型，并为他拟订几个合适的目标职业。

4. 谈谈如何从认知和情感角度提高生涯决策的质量。

5. "我想做自己感兴趣的工作"；"我想进入营销业"，这两个目标有效吗？如果无效，试着做一些修改。

6. 以通过四级或六级考试为目标，试拟一份三个月的行动计划，注意其有效性。

7. 你觉得大学生求职比拼的是社会资本还是个人能力，为什么？

8. 可能使你在毕业后做出职业调整的因素有哪些？你是否会因此放弃自己的理想职业？如果不会，你又该如何去谋求发展？

9. 有些同学认为，现在这个社会，谁都信不过，因此没有必要跟人掏心掏肺地相交，自己遇到压力和负面情绪自己想办法解决，找不到人也没关系，其实也没必要跟别人倾诉，靠自己才是最保险的。你同意这些观点吗？大学生该如何学会与人交往？

第二篇

应用篇

第八章　时间管理技能

安筠和凌青在同一家公司上班，在同样的职位上做着相同的工作。这天，她们面临着同样的工作安排：①拟订下季度的部门工作计划，第二天上午交给主管；② 11∶30 去机场接一位外地客户，并将他送到酒店；③去银行办理相关的手续；④下班后和朋友约会，因为今天是个纪念日。

先看安筠是怎么做的。

由于她前一天晚上加班，睡得有点晚，所以早晨起床有些迟，她匆忙赶到公司，结果还是迟到了 5 分钟。走进办公室刚一坐下，她就听到电话响，原来是主管提醒她要按时交计划书。

然后，她打开计算机，开始了一天的工作。她首先打开了自己的邮箱，查看邮件，并一一回复内部以及客户的邮件。随后就一直处理各类电话，有的是客户的，有的是分公司的，当她处理完最后一个电话，已经 11 点了。这时，她突然想起还要去机场接客户，于是匆忙在外出登记上做了一下记录，就赶往机场。赶到后，客户已经在机场等了十几分钟，她一边解释一边向客户道歉，将客户安顿好并陪客户吃完饭，已经到了下午两点。

回到公司，她刚刚坐定，想写工作计划，银行那边就打电话来催了。于是她又匆忙赶到银行，没想到银行突然须加一份文件，急得她跟银行工作人员理论了半天，最后还是不得不返回公司取文件。就这样，当她处理完银行事务返回公司时，离下班只剩下一个小时了。这时，她觉得太累了，不想再写那份计划书了，于是就先给朋友打了一个电话，聊聊天感觉好了许多。放下电话，看到满桌堆着的文件，她忽然觉得特烦，决定整理已拖了几个星期的文件。整理完文件，已经到了下班时间。18 点跟朋友约会，一起吃晚饭庆祝纪念日，吃完饭已经很晚了。回到家，由于工作计划还没有完成，她不得不泡了一杯浓浓的咖啡，坐在计算机前，继续加班。

再来看凌青是怎么做的。

凌青在前一天晚上休息前就把第二天要做的重要事情在脑海里过了一遍。

第二天赶到公司后，根据安排，她先给各分公司打电话，并请他们将相关材料传送过来，并且礼貌地告知上午不再接受他们的其他询问，下午她会在适当时间给予答复，然后又给机场打电话，确定班机到达时间。最后，她又给银行打电话，以确认需要的相关手续及要准备的材料。打完电话后，她开始抓紧写工作计划，对此计划她早已构思得差不多了，所以很快就完成了，并提前交给了主管。中间除了几个重要的来电，她暂停了其他的工作。11点她离开公司前往机场，顺便带上到银行办理业务所需的一切资料。等她赶到机场时，客户刚下飞机，由于提前订了酒店，所以她很快就将客户安顿好，并在愉快的氛围中同客户共进了午餐。告别客户后，她又顺道去银行办完手续，在下午3点回到了公司，将上午各分公司的事务集中处理完结。17∶30，接到朋友打来的电话，她到洗手间重新打扮一番，开开心心地去赴约，过了一个富有情调的纪念日。

从安筠和凌青对工作时间的安排及对工作的处理来看，安筠没有按照事情的轻重缓急来安排自己的工作，所以弄得自己既紧张又忙碌，而且工作还没有做到位。而凌青深谙有效进行工作时间安排及管理的精髓，最终从容不迫而又出色地完成了任务。

人生最宝贵的两项资产，一项是头脑，一项是时间。无论你做什么事情，即使不用脑子，也要花费时间。因此，管理时间的水平高低会决定你学习、生活、事业的成败。时间管理不是要把所有事情都做完，而是更有效地利用时间。进行时间管理，除了要决定你该做些什么事情之外，还要决定什么事情不应该做。

第一节　时间管理的概念与要素

一、时间管理的概念

时间管理是指在同样的时间消耗情况下，为提高时间的利用率和有效性而进行的一系列控制工作。从某种意义上说，时间管理就是对个体资源和自我行为的管理。一辈子不清楚自己到底想要什么是对时间的巨大浪费。大多数人长期处于"我不知道做什么"的状态中。他们等着外力使自己目标明确，殊不知，目标是靠自己明确的。

【自我提问】

我的时间与效率

今天有哪些事情是在适当时间内完成的？＿＿＿＿＿＿

今天有哪些事情是在不适当的时间内做的？＿＿＿＿＿＿

今天效率最高的是哪一段时间？＿＿＿＿＿＿

为什么在这段时间效率最高？＿＿＿＿＿＿

今天效率最低的是哪一段时间？＿＿＿＿＿＿

为什么在这段时间效率最低？＿＿＿＿＿＿

今天的时间利用过程中最大的干扰是什么？＿＿＿＿＿＿＿

今天做了哪些不必要做的事？＿＿＿＿＿＿＿

今天花了多少时间做不重要的事？＿＿＿＿＿＿＿

今天有没有由于安排不合理而浪费的时间？＿＿＿＿＿＿＿

二、时间管理的目的

时间管理的目的就是将时间投入与你的目标相关的工作达到"三效"，即效果、效率、效能，如图 8-1 所示。

效果，指确定的期待结果。

效率，指用最小的代价或花费所获得的结果。

效能，指用最小的代价或花费，获得最佳的期待结果。

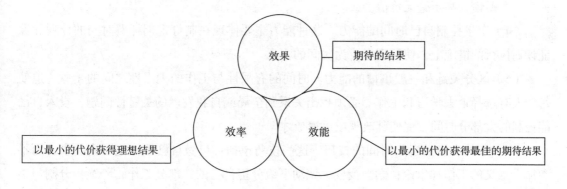

图 8-1 工作的效果、效率、效能

【自我提问】

假如我有 80 岁寿命（29200 天），到今天为止，我的生命已用去＿＿＿天，只剩下＿＿＿天。学习知识的黄金时期是 6~25 岁，这 20 年大约有 7300 天，我还有＿＿＿天黄金时间。

三、时间管理的关键

时间管理的关键就是事件的控制，即把每一件事情都能够控制得很好。时间管理是在日常事务中常用的一种有目标的、可靠的工作技巧。例如，如何安排自己的生活，怎样规划自己的职业生涯或者工作的步骤，其中的关键都是如何合理有效地利用可以支配的时间。

生活中很多人都有一句口头禅：我没有时间。那他到底什么时候有时间呢？成功者与失败者最大的差异在于，失败者总是说，我没有时间；而一个成功的人，他一定会说自己能腾出时间来。赢得时间，就可以赢得一切。时间管理的关键就是对事情的控制，只有把事情控制得很好，才能够赢得时间。

四、时间管理的要素

时间管理有以下七要素：

（1）强烈的时间观念。所谓时间观念，就是指运用时间的自觉性。时间观念的强弱，决定了管理者和每一个人能否有效地利用时间。这是时间管理的基础。

（2）清晰的时间成本效益观念。时间成本效益，是指做某项工作取得的效果与耗费时间之比，取得的效果越大，或耗费的时间越少，时间成本效益就越高。效果是目的，合理利用时间是手段，效果决定了时间的价值，合理利用时间又保证了效果。

（3）明确的时效观念。所谓时效观念，是指不要错过时机。对现代管理来说，永远是机不可失，时不再来。一项工作，在一定时间内会产生令人瞩目的效果，然而时机一过，就会大大贬值，甚至毫无价值。

（4）定量控制自己时间的能力。这种能力主要体现在制订定期耗费时间的计划和保证计划执行的措施上，使管理者成为时间的主人。

（5）区分关键和一般事情的能力。时间的有限性与工作的无限性之间的矛盾，迫使每个人有选择地去学习和工作。必须找出关系到全局或自我发展的关键性问题，投入自己能控制的大部分时间，促使其改观或迅速成才。

（6）节约和灵活运用时间的技巧。这些技巧包括：只做自己职权范围内的事，而不参加无意义的工作和争论；学会授权，调动下级分担自己的一部分工作；隔绝、分割与集中时间，使若干不可控的时间变为可控时间。

（7）完成工作的熟练技能。这是减少时间耗费的有效手段，因为熟练的工作技能能提高工作效率，加强工作的可靠性，在单位时间内取得更多的成果。

五、大学生时间管理

大学，是我们青春绽放的地方，我们一生中最美好的时光都给了它。在精彩的大学生活里，合理的时间管理起着不可忽视的作用。拥有合理的时间管理可以助你成长、成功，而那些不会管理时间的同学则会在毕业后感叹自己什么也没有学到。

（一）大学生时间管理中的不良现象

"严进宽出"是中国高等教育的特征之一，这种方法原则上比较合理，能够给予大学生更多的自我空间。但是中学阶段的强压式教育使他们几乎没有自我管理的机会，加之家庭教育的局限，大学生一旦拥有绝对的自主权，不免导致各类问题的产生。

1. 时间价值感的深度不足

大学生时间价值感是其对成长价值的稳定的认识、态度和观念，直接影响时间监控度和效能。大部分大学生具有一定的时间价值感，知道时间与自身发展的关系，也能意识到时间的有限，但能够做到深入思考的人却很少，多数局限在教条式的认识上，在提高思维水平、知识储备以及自我实现等方面缺少必要的实践。

2. 时间监控度弱

大学生时间监控度主要体现在目标的设置、计划的拟订、优先级别的安排、时间的利用等外在行为上，无法系统有序地去执行子项目就造成了个体时间监控上的薄弱。

（1）思考缺乏理性与主动性。没有了父母的严格管束，没有了高中老师的具体要求，大学生对自身的时间具有了较高的掌控力，合理安排时间，主动进行规划，成为大学生的必然需要。然而调查发现，真正能习惯性地做时间计划和安排的大学生不到两成，而对时间规划缺乏理性思考的大学生近四成。尤其在时间监控的目标设定上，大学生存在根本性的认识不足和行动的缺乏。

（2）时间的分配利用不合理。时间分配上，许多大学生在学习与娱乐活动的平衡上有所偏差。

首先，大学生忽视课堂学习时间，不当行为普遍存在，睡觉、玩手机发生率最高，个别学生存在逃课现象。其次，课外学习时间不足，并且功利化。与基础教育阶段相比，大学阶段课堂讲授的内容增多、讲解减少，自修时间增加。大学生主要利用课外学习去消化和补充，同时发展个人兴趣、挖掘潜能。然而，目前认为应将个人时间多花在学习上的学生并不多，更多学生认为课外学习只占一小部分，从而导致课外学习时间明显偏少。最后，生理时间分配缺乏规律。个体睡眠不足或无规律，会产生注意力不集中，处理问题的灵活性、敏感性下降的现象，久而久之，会出现记忆力减退、生理免疫功能降低，甚至滋生心理疾病。学习是一项高强度的脑力劳动，对于大学生来说更是如此，充实而规律的休息是必要的，然而实际上，大学生休闲时间挤占休息时间的情况较普遍，看电视剧、玩游戏、上网是晚睡的主要原因。生理时间管理不善，对大学生的学习过程产生了较大的影响，那些在课堂上打瞌睡的学生基本上都是因为睡眠不足，长此以往，也会出现记忆力减退等神经衰弱现象。

（3）大学生时间效能低。大学生时间效能是制约时间监控的一个重要因素。虽然多数大学生都能够管理好时间，但是实际执行中却事与愿违，仅少数学生能严格按照计划执行。对于无法按计划行事的原因，多数学生不会主动检讨、总结，而是忙于找各种理由，仅仅口头上重视，实际行动严重滞后、缺乏落实，直接导致时间管理效能的降低。

（二）大学生出现时间管理问题的原因

1. 客观原因

（1）现代新媒体。现代的大学生几乎人手一部智能手机或掌上移动设备，他们是互联网的主要使用人群之一。网络、智能设备为大学生提供了快捷的学习方式，也带来了弊端，有些学生开始沉迷于网游、网购和其他娱乐中，耽误了课余甚至上课的时间。更糟糕的是，这种影响并不仅局限在校园内，还延伸到了校外，比如，通过社交网络结识校外不良人员，可能会对大学生造成巨大的身心伤害。

（2）家庭教养方式。父母教养方式是父母的教养观念、行为及其对子女情感表现的一种组合形式。父母的爱和理解让子女体会到温暖，产生信任感，有助于养成良好的学习习惯，学会正确支配时间、设定目标并合理安排时间，最终形成正确的时间价值感和监控观。相反，父母的过分干涉会使子女产生逆反心理和自卑感，对学习产生厌恶，而且这类学生的人际关系通常不佳，学习成绩落后。

另外，在我国传统的家庭教育观念中，父亲经常是严父的形象。这种家庭教育观念下培养出的大学生由于父亲的严厉管教，中学时代有着优良的学习成绩，他们能把这种严厉内化为自我认识，但一旦离开父亲，就会失去管理时间的能力。

（3）性别、年级和专业。不同性别、年级大学生的时间管理倾向存在差异。女大学生的时间管理倾向水平要高于男大学生，高年级大学生的时间管理倾向水平高于低年级大学生。对于应届毕业生，由于面临就业、考研的压力，会对时间、职业目标等进行管理规划，表现出较高的时间管理水平。另外，不同专业的大学生在时间价值感方面存在差异，理工科学生的时间价值感要明显高于文科生。

（4）学校氛围。普通专科和重点本科院校的学生在学习能力、学习动机、学习主动性上存在一定差异，其中学校的学习氛围是主要影响因素之一。重点本科院校集中了高中时学习成绩较好的学生，自然形成了良好的学习氛围，这种氛围会对身处其中的个人产生影响。

2. 主观原因

大学生适应相对自由的学习生活，需要一个必然的过程，学生的个体差异在某种程度上决定了他们不同的适应力，也对其时间管理的能力产生了不同程度的影响。

（1）心理健康。心理健康 (Mental Health) 即正常的心理状态，是指精神活动正常，心理素质好。时间管理倾向是影响大学生心理健康和生活质量的因素之一，大学生时间管理能力越强，其体验到的焦虑情绪就越少。个体主观幸福感的积极情绪越高，消极情绪越少，时间价值感和效能感就越高。

（2）完美主义。完美主义（Peretionism）是一种人格特质，是个体设立过高的标准，并根据目标的实现与否来评价自己的倾向。消极的完美主义者总希望把任何事情都做得无可挑剔，在没有把握顺利完成某项任务之前，迟迟无法开展行动，一拖再拖。因此，完美主义往往造成结果与期望的巨大差距，影响了大学生的心理健康。

（3）自立人格。夏凌翔和黄希庭将自立人格（Self – Supporting Personality）的概念界定为在社会背景下，个体在自己解决关于基本生存与发展问题中所形成的个人、人际的特质，主要是独立个性、主动性、责任性、开放性和灵活性等。自立人格对个体的行为起着重要作用，自立人格对大学生时间管理的优先级、反馈性、时间分配和行为效能预测力最强。

（4）身份认同。在很长的时间里，大学生由于数量稀少以及在社会阶层中起到决定性作用而成为众人羡慕的对象。然而，随着高等教育向大众普及，培养对象已扩充到大部分普通青年，大学生不再稀奇。学生怀着憧憬步入大学，但面对专业枯燥乏味、校区配套设施欠佳等问题，理想与现实的巨大差距使身份认同产生了偏差，导致大学生对大学生活产生迷茫，时间管理意识也就不足。

（三）规划和管理好大学时间

1. 认清学习生活的改变

（1）学习的变化。

第一，从非定向到定向。中学教学是多科性、全面性、不定向性的基础知识，但是大学是培养高级专门的人才，是有目的地进行系统的专业理论知识学习和专业技术训练，为今后的专业工作或相关工作打下坚实的基础。

第二，从被动性到自主性。中小学阶段的学习，更多带有强制性和被动性色彩。大学生求知欲、观察力和记忆力都很强，学习自由度相对增大，可根据自身的特长特点、兴趣爱好，合理地安排学习计划，需要更强的学习主动性和自我组织性，较强的自我识别、自我选择、自我培养、自我控制和自我设计的能力。

第三，从单一化到多样化。大学生学习空间大大扩展，有知识密集的教师群体，有设备先进的实验室，有藏书丰富的图书馆。学习方法灵活多样，有课堂讨论、看参考书、写读书笔记或论文等。学习途径多样，包括上选修课、听学术讲座、加入教师的科研、参与第二课堂等。大学生可以积极主动地获取知识，其中自学是关键。

第四，从局限性到博大性。大学课程多、单元授课时间信息量大，教学内容具有高深的理论性、鲜明的定向性和较强的实践性。大学教师上课内容既要立足于课本，又要跟踪国际先进科学技术的发展和新科学发现等学科的前沿知识，无疑提高了学生学习的兴趣，但同时又加重了他们的负担，因为这些内容是书本上没有的，他们又必须了解。

第五，从安稳到探索竞争。大学生除学习专业知识外，还要学习外语、计算机等多种课程，学习任务繁重。大学的环境决定了大学生的学习生活并不是一件轻松的事，搞好学习不仅要有刻苦精神，还要掌握科学的学习方法。同时，在学习过程中遇到的障碍很多，同学之间竞争激烈，只有处理好各种矛盾，才能更好地投身到学习中去。

（2）生活的变化。与中学阶段相比，大学阶段不仅在很多方面发生了改变，更是一个从学校到社会的过渡期。这个过程自由而矛盾，是人生发展和实现自我价值的必经阶段，因而尽早地把握大学生活的规律十分关键。

第一，人际关系从熟悉到陌生。大学新生陡然从一个"熟人型"社会进入"陌生人"社会，人际交往由"一元化"向"多元化"转变。来自五湖四海的同学组成一个宿舍、一个班级、一个学院，生活习惯、兴趣爱好难免存在差异，相互理解和关心就成为一种需要。

第二，生活方式由包办到独立。大部分同学读大学都需要离开父母独立生活，许多同学还要远离家乡。这样，大学生就必须独立支配自己的生活，衣食住行、经济开支等都要由自己安排，独立处理遇到的问题。

第三，学校管理由封闭到自由。大学校园管理与中学相比也有许多不一样的地方，学校管理由中学的"封闭型"向大学的"松散型"转变。在大学里一般没有固定的教室上晚自习，没有统一的作息时间要求，老师不像中学时那样紧随身边监督，学校的规章制度也有所变化。

第四，社会活动范围由窄变宽。进入大学后，参加各种社会活动的机会大大增加：党团组织、学生会、班委会、学生社团丰富多彩的活动有很强的吸引力，老乡交往、舍友交往、师生交往等人际交往也将不同程度地占据学生的生活空间。大学生可以根据需要选择活动，在与他人的交往中培养能力、拓展人脉。

【课堂阅读】

一项对 500 名应届大学毕业生就业前的各项能力的测试显示，九成大学生不会合理管理时间，只知熬夜。专家指出，这可能会导致大学生毕业后工作效率低下。

ACCA 特许公认会计师公会在上海组织了一个模拟求职训练营，吸引了复旦、上海交大、同济、上外、上海财大的 500 多位应届毕业生。这期间，测试了大学生就业前的各项能力，其中时间观念是重要的一项。

这道时间管理的测试题如下。如果你是一个农产品贸易公司的中层管理者，早晨 8:30 上班，中午休息 1 小时，下午 5:30 下班。今天需要处理 7 件事情：第一，处理当天紧急事宜，需要 1 小时；第二，谣传公司的产品有质量问题，处理投诉需要 2 小时；第三，和公司总监沟通需要 4 小时；第四，和总经理一起吃工作餐需要 1 小时；第五，编写下一年度的预算报告需要 2~3 天时间；第六，处理前一天未处理完毕的事宜需要 1 小时；第七，准备下午开会的材料，需要 30 分钟。你如何安排自己一天的工作流程？

测试结果显示，九成大学生将一天的工作流程安排到深夜 12 点。尽管如此，他们还没有处理完一些重要的事情。

从事培训 20 多年的美国培训师 ShiBisset 介绍，测试结果说明学生不会分辨事情的重要性，从而导致工作效率低下。其实这些事情是无法在 24 小时内完成的，因此需要根据事情的重要程度进行取舍，对一些有关联的事情可以合并处理。比如，第一、第二件事情很重要，最好尽快完成；第二和第三件事情可以合并处理，这样可以节省 1 小时，工作效率也提高了；第五件事情需要化整为零，每天做一些就可以了，这样就不需要熬夜工作了。ShiBisset 说，长期熬夜不仅不利于健康，也会导致人精神涣散，影响工作效率，所以，学生们需要从现在起学会管理时间，珍惜每一分钟，合理安排每天的日程，提高做事效率。

参加完时间管理测试，复旦大学会计系某学生说，听完培训师的分析后，自己感触很深。平时在学校，即使没事，也会上网到深夜 12 点才休息；如果一天内要处理很多事情，自己就习惯持续工作下去，昼夜颠倒；做事时，自己习惯按事情发生的时间顺序来处理。

现在，他有意识地给自己每天要做的事情划分等级，对一些可做可不做的事情，会考虑不去做，以提高自己做事的效率。

（四）大学生加强时间管理的意义

著名数学家华罗庚曾说过："凡是较有成就的科学工作者，毫无例外都是利用时间的能手。"时间就是生命，时间就是效率，时间就是金钱。时间的宝贵人人知道，但是科学地管理时间、合理地利用时间、有效地珍惜时间却并非人人都能做到。

有效地管理时间对大学生的发展具有极其重要的意义。科学地管理时间可以缓解紧张情绪、提高学习效率和生活质量，使繁杂的事情变得井井有条，使自身变得自信从容。

研究发现，大学生的时间管理能力越强，其成就动机就越强、自尊水平越高、健康状况越好。同时，有效的时间管理还能发挥调节作用，降低压力带来的焦虑和抑郁程度。

第二节　时间管理的方法与技巧

【课堂阅读】

某堂课上，教授在桌子上放了一个玻璃罐子，然后从桌子下面拿出一些正好可以从罐口放进罐子里的鹅卵石。当教授把石块放完后问学生："你们说这罐子是不是满的？""是！"所有学生异口同声地回答。教授笑着从桌底下拿出一袋碎石子，把它们从罐口倒进去，摇一摇，再问学生："现在罐子是不是满了？"这回他的学生不敢回答得太快。最后班上有位学生怯生生地细声答道："也许没满。"教授不语，又从桌底下拿出一袋沙子，慢慢地倒进罐子里，然后又问班上的学生："现在呢？""没有满！"全班同学很自信地回答说。教授又从桌底下拿出一瓶水，缓缓倒进看起来已经被鹅卵石、小碎石、沙子填满了的罐子。

如果不先将大石头放在罐子里，也许以后就没有机会放进去了。如何分配时间，才能在有限的时间中，依序放进鹅卵石、小碎石、沙子和水，是这堂课的重点。

（资料来源：章小莲·大学生就业与创业指导[M].北京：航空工业出版社，2015：80.）

时间管理的重要性在于它占绩效的很大比重，时间管理没做好，忽略事情轻重缓急的顺序，就和把鹅卵石留到最后，却放不进罐子里的道理是一样的。

一、四象限法

四象限法是一个重要的时间管理工具，它是美国管理学家科维提出的一个时间管理的理论，按照重要和紧急两个不同的程度，将工作划分为四个象限：第一象限是紧急并且重要的事情，第二象限是不紧急但是重要的事情，第三象限是紧急但不重要的事情，第四象限是既不紧急也不重要的事情，如图 8-2 所示。

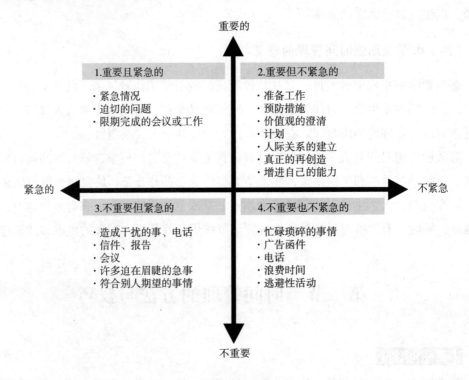

图 8-2 时间管理四象限

人们对时间的利用，不外乎这四种情况。也就是说，不外乎有这四种不同类型的事件，可以供你选择和控制。

（一）第一象限

这一象限的事情是紧急而重要的事情，是一定要优先去做的事情。

有些人做事不分轻重缓急，遇事就赶紧去做，不加考虑，这样的人看起来好像天天都有紧急的事情去做，其实是对第一象限紧急而重要的事情的错误理解。

紧急的事情并不是经常出现、随时发生的。发洪水危及人们的生命财产安全就是紧急而重要的事情，水火无情，一旦发生洪水，任何事情都变得不重要，抗洪救灾成了头等大事。一切力量和资源都要为优先处理这件事服务。如果洪水发生在无人居住的地方，不会有人身和财产的损失，发洪水这件事就变得无关紧要。

如果一个企业要与美国的商贸界人士谈判，但没有人精通英文，找一个精通商务英语的翻译就成了紧急而重要的事情，翻译找不到会直接影响与外商谈判的可能性和进程。如果在与外商谈判前就已经有了一个很好的翻译，寻找翻译也就不再是紧急而重要的事情了。

并不是所有的事情在任何情况下都会成为紧急而重要的事情。只有在极少数情况下，各种因素在同一个时空出现，相关条件具备时，这件事才可能成为第一象限中的事情。

不要为第一象限的事情忧心忡忡，因为第一象限的事情并不会经常出现。

【课堂阅读】

海啸的预警机制在东南亚海啸发生以前没有得到应有的重视，尽管人们早就认识到它能够有效疏散人员，转移财物。在海啸没有发生的时候，海啸预警机制虽然并不需要紧急建立，但是它对于沿海国家来说非常重要。

海啸发生之前，海啸预警机制固然重要，但人们并不认为它需要马上设立，所以就忽视了这件非常重要的事情。当海啸发生时，沿海一些国家由于没有事先设立海啸预警机制，致使信息沟通困难，各部门反应迟钝，造成了极其重大的生命财产损失。

海啸预警机制的建立并不紧急，但是对于沿海国家来说非常重要。这件重要的事情的完成如果不能未雨绸缪的，当与此相关的事情发生的时候，它的缺位必然会导致巨大的损失。

（二）第二象限

在四个时间象限中，最有价值的象限就是第二象限，也就是那些不紧急但重要的事情，而这些事情往往被人们所忽视。

【课堂阅读】

某外资企业向一个管理专家提出了一个问题，即为什么同样的设备，同样的管理，我们本土员工的工作效率是你的三倍多？我们不断地对各级管理人员和工作人员进行培训，提高他们的执行力和技能，另外，还通过绩效考核和奖惩激励机制，想办法去刺激他们，但效率为什么还是提不上去？

于是，这个专家就到这个企业进行调查。他发现问题不是出在管理人员和员工的素质上，而是出现在两种文化的冲突上，这个企业的本土文化和中国的文化发生了冲突。后来，这个专家给该外资企业制订了一个方案，让这个企业用 18 个月来解决两种文化冲突的问题。

该企业在这个方案的指导下，经过 18 个月的改革，企业效率明显提高，基本上达到了企业本土的效率。

企业文化的改变对于企业的效率提升来说并不是紧急的事件，如果企业文化制约企业效率提升，企业文化的改变就成了提高企业效率很重要的事情。企业文化的改变与提高企业效率并不在同一个时空出现，它对于提高企业效率很重要，但并不紧急，因此，这件事属于第二象限的事情。

（三）第三象限

美国西部的牛仔戴着牛仔帽，穿着牛仔服，横枪跃马，驰骋于茫茫的草原。他们杀富济贫，打家劫舍，行侠仗义，扶危济困。遇上什么事就管什么事，大有天下人管天下事的豪杰风范。

现在职场中的很多管理者就像西部牛仔一样。但他们每天不是横枪跃马驰骋于茫茫草原,而是带着公文包驰骋于茫茫的商场。他们每天解决的事情很多,在他们看来也是非常紧急的,比如公司停电、工商局来检查、员工要辞职、客户要退货、原材料不足等各种各样的问题。这些管理人员倒是很负责任,左冲右杀,对这些事情逐一处理,充分显示了个人能力。但是,其实公司停电、工商检查、客户退货、材料不足都有相应的部门来处理。它们虽然紧急,但对于管理者来说并不是特别重要的事情。

有些事情虽然紧急但是并不重要。这些紧急但不重要的事情处理起来要花费一定的时间,不过,这些事情处理完以后,不会给企业带来多大的收益。

(四)第四象限

这一象限包含的是既不紧急也不重要的事情,通俗地说,那些是消磨和打发时间的事情。

我们到车站接人,但是火车晚点了,这时,我们或者看报纸,或者坐在那里看过往的行人,或者什么也不做就在那里发呆来打发时间。这段时间里做的事情,既不紧急也不重要,而且,做完以后也没有意义。

第四象限是一个完全没有必要进入的象限,进入它没有任何意义。避免进入它的方法就是多留意对自己重要的事情,最好把它带在身边,当你无事可做的时候再去处理这些事情。

(五)四个象限的关系

第一象限和第四象限是相对立的,而且是壁垒分明的,很容易区分。

第一象限是紧急而重要的事情,每一个人,包括每一个企业,都会分析判断那些紧急而重要的事情,并优先解决。

第四象限是既不紧急又不重要的事情,有志向而且勤奋的人断然不会去做。

第二象限和第三象限最难区分,第三象限对人们的欺骗性是最大的,很紧急的事实造成了它很重要的假象,耗费了人们大量的时间。

依据紧急与否是很难区分这两个象限的,要区分它们必须借助另一标准,看这件事是否重要。也就是按照自己的人生目标和人生规划来衡量这件事的重要性。如果它重要就属于第二象限的内容;如果它不重要,就属于第三象限的内容。

【课堂阅读】

威廉森和德鲁是一家小型技术咨询公司的业主,他俩每天都工作八九个小时。德鲁离开办公室时,他的公文包中通常塞得满满的。他经常要花两个小时来"完善"一份原本四十五分钟即可完成的报告，一谈到时间，它便成了自己最可怕的敌人，吃尽了按惯例办事这种痼疾的苦头。

相反，威廉森却很少把工作带回家。在上班的八小时内，他完成了德鲁可能要花两倍时间才能做完的工作。两个人工作的不同之处在于：德鲁工作起来按部就班，把所有的工作都列出来，逐一去完成；而威廉森工作不仅得力，而且很有效率，他总是首先完成最紧要的工作，其余琐碎的事情要么不做，要么授权下属去做。一段时间以后，德鲁觉得自己越来越力不从心，不但整天忙于工作，疲于应付，而且很多该做的事情都没有做。相比之下，威廉森看上去倒是挺轻松，整天精力充沛，有的时候还能出去度假、打高尔夫球，而工作成果一点儿也不比德鲁差，甚至还会超过德鲁。去年，威廉森分管的业务增长率竟然是德鲁的 2 倍还多。

好的时间管理能够提高工作效率，好的时间管理一定是找到了好的管理方法。

按处理顺序划分：先是既紧急又重要的，接着是重要但不紧急的，再到紧急但不重要的，最后才是既不紧急也不重要的。四象限法的关键在于第二和第三类的顺序问题，必须非常小心地区分。另外，也要注意划分好第一类和第三类事，都是紧急的，区别就在于前者能带来价值，实现某种重要目标，而后者不能。

二、80：20 时间法则

这是经济学中的帕累托理论，意思是说，在工作或生活上可能有一种现象，就是少数的几桩事却成就了大部分价值，如果我们能管理好这少数的几桩事，就掌握了大部分利益。反之，如果不善管理，忙着处理 80% 的事情，到头来可能发现这些收益只有 20% 而已。所以，做事情做重点，成为重要的时间管理法则。

怎样才是做重点呢？比如，对一个公司来说，可能 80% 的业务来自 20% 的客户，80% 可以用的资料集中在 20% 的档案中，80% 的电话来自 20% 的人，因此掌握 20% 就是掌握关键。再如，你一天的工作有十几二十项，但关键的工作只有三四项。时间管理就是掌握关键工作，掌握关键人物，参与关键活动，这会让你少花时间而得到大功效。

【课堂阅读】

穆尔于 1939 年大学毕业后，在哥利登油漆公司找到一份业务员的工作。当时的月薪是 160 美元，但满怀雄心壮志的穆尔仍拟定了一个月薪 1000 美元的目标。当穆尔对工作得心应手后，他立即拿出客户资料以及销售图表，以确认大部分的业绩来自哪些客户。他发现，80% 的业绩来自 20% 的客户，同时，不管客户的购买量大小，他花在每个客户身上的时间都是一样的。于是，穆尔的下一步就是将其中购买量最小的 36 个客户退回公司，然后全力服务其余 20% 的客户。

结果如何？第一年，他就实现了月薪 1000 美元的目标，第二年便轻松地超越了这个目标，而成为美国西海岸数一数二的油漆制造商。最后他还当上了凯利穆尔油漆公司（Kelly-Moore Paint Company）的董事长。

这个案例除了告诉我们树立正确目标的重要性外，还体现了帕累托定律（也称 80/20 原理）：总结果的 80% 是由总消耗时间中的 20% 所形成的。按事情的"重要程度"，编排行事优先次序的准则建立在"重要的少数与琐碎的多数"的原理基础上。举例说明：

80% 的销售额源自 20% 的顾客；

80% 的电话来自 20% 的朋友；

80% 的总产量来自 20% 的产品；

80% 的财富集中在 20% 的人手中。

……

80/20 原理给予我们一个重要启示：避免将时间花在琐碎的多数问题上，因为即使你花了 80% 的时间，你也只能取得 20% 的成效。所以，你应该将时间花在重要的少数问题上，因为掌握了这些重要的少数问题，你只需花 20% 的时间，即可取得 80% 的成效。

掌握重点可以让你的工作计划不致产生偏差。一旦一项工作计划成为危机，犯错的概率就会增加。我们很容易陷在日常琐碎的事情处理中。但是能有效进行时间管理的人，总是确保最关键的 20% 的活动具有最高的优先级。

三、角色平衡法

每个人身上都有多重社会角色，这些角色和时间保持动态的平衡。事实上，各种角色是一个整体的不同面，就好像一个生态系统，生活的均衡不是穿梭在各个角色之间，而是一种动态的平衡，动态地花不同比例的时间在不同的角色上，各个角色之间的关系是双赢的，彼此共同组成紧密的整体，一个角色的成功无补于另一个角色的失败，如事业的成功不能弥补家庭的失败。

【课堂阅读】

李开复谈时间管理

人的一生中有两个最大的财富：你的才华和你的时间。才华越来越多，但是时间越来越少，我们的一生可以说是用时间来换取才华。如果一天天过去了，我们的时间少了，而才华没有增加，那就是虚度了时光。所以，我们必须节省时间，有效地使用时间。如何有效地利用时间呢？我有下面几个建议：

1. 做你真正感兴趣、与自己人生目标一致的事情

我发现我的"生产力"和我的"兴趣"有着直接的关系，而且这种关系还不是单纯的线性关系。如果面对我没有兴趣的事情，我可能会花掉 40% 的时间，但只能产生 20%

的效果；如果遇到我感兴趣的事情，我可能会花100%的时间而得到200%的效果。要在工作上奋发图强身体健康固然重要，但是真正能改变你的状态的关键是心理而不是生理上的问题。真正地投入你的工作中，你需要的是一种态度、一种渴望、一种意志。

2.知道你的时间是如何花掉的

挑一个星期，每天记录下每30分钟做的事情，然后做一个分类（例如，读书，准备GRE，和朋友聊天，社团活动等）和统计，看看自己什么方面花了太多的时间。凡事想要进步，必须先了解现状。每天结束后，把一整天做的事记下来，以每15分钟为一个单位（例如，1:00—1:15等车，1:15—1:45搭车，1:45—2:45与朋友喝茶……）。在一周结束后，分析一下，这周你的时间为什么可以更有效率地安排？有没有活动占太大的比例？有没有方法可以增加效率？

3.使用时间碎片和"死时间"

如果你做了上面的时间统计，你一定发现每天有很多时间流失掉了，如等车、排队、走路、搭车等，可以用来背单词、打电话、温习功课等。现在随时随地都能上网，所以没有任何借口再发呆一次。我前一阵和同事一起出差，他们都很惊讶为什么我和他们整天在一起，但是我的电子邮件都可以及时回复。后来，他们发现，当他们在飞机上和汽车上聊天、读杂志和发呆的时候，我就把电子邮件全回了。重点是，无论自己忙还是不忙，你都要把那些可以利用时间碎片做的事先准备好，到你有空闲的时候有计划地拿出来做。

4.要事为先

每天一大早挑出最重要的三件事，当天一定要做完。在工作和生活中每天都有干不完的事，唯一能够做的就是分清轻重缓急。要理解急事不等于重要的事情。每天除了办又急又重要的事情外，一定要注意不要成为急事的奴隶。有些急但是不重要的事情，你要学会放掉，要能对人说"NO"！而且每天这三件事里最好有一件重要但是不急的，这样才能确保你没有成为急事的奴隶。

5.要有纪律

有的年轻人会说自己"没有时间学习"，其实，换个说法就是"学习没有被排上优先级次序"。曾经有一个教学生做时间管理的老师，他上课时带来两个大玻璃缸和一堆大小不一的石头。他做了一个实验，在其中一个玻璃缸中先把小石、沙子倒进去，最后大石头就放不下了。而另一个玻璃缸中先放大石头，其他小石和沙子却可以慢慢渗入。他以此为比喻说："时间管理就是要找到自己的优先级，若颠倒顺序，一堆琐事占满了时间，重要的事情就没有空位了。"

6.运用80:20原则

人如果利用最高效的时间，只要20%的投入就能产生80%的效率。相对来说，如果使用最低效的时间，80%的时间投入只能产生20%效率。一天头脑最清楚的时候，应该放在最需要专心的工作上。与朋友、家人在一起的时间，相对来说不需要头脑那么清楚。所以，我们要把握一天中20%的最高效时间（有些人是早晨，也有些人是下午和晚上；

除了时间外，还要看你的心态，血糖的高低，休息是否足够等，综合考量），专门用于最困难的科目和最需要思考的学习上。许多同学喜欢熬夜，但是晚睡会伤身，所以还是尽量早睡早起。

7.平衡工作和家庭

我对家庭的时间分配是用下列原则：

（1）划清界限、言出必行——对家人做出承诺后，而且一定要做到，但是希望其他时间得到谅解。制定较低的期望值以免造成失望。

（2）忙中偷闲——不要一投入工作就忽视了家人，有时10分钟的体贴比10小时的陪伴更受用。

（3）闲中偷忙——学会怎么利用时间碎片。例如，家人没起床的时候，你可以利用这段空闲时间去做你需要的工作。

（4）注重有质量的时间（quality time)——时间不是每一分钟都是一样的，有时做事情需要全神贯注，有时坐在旁边上网就可以做。要记得家人平时为你牺牲很多，度假、周末是你补偿的机会。

（资料来源：李开复谈时间管理[EB/OL].[2012-06-02].http://blog.renren.com/share/ 274341102/7471248628.）

第三节　有效进行个人的时间管理

有许多职场人士，尽管终日"两眼一睁，忙到熄灯"，可往往还是感觉时间紧张，时间不够用。最终给人留下的印象不过是付出不少，效率却不高。

对于职业人士来说，要想实现更高的工作效率，赢得比别人高的评价，获得比别人多的成就，就必须学会有效利用时间，对工作进行统筹安排，对时间进行合理的排列组合，以便让有限的工作时间发挥出最大的效用。

【课堂阅读】

约翰·琳达受聘于一家顾问公司，她平均每年要负责处理数百宗案件，而且她的大部分时间都是在飞机上度过的。这在常人看来几乎是难以完成的任务，因为任务太重，时间太紧。然而琳达却能够游刃有余地处理自己的工作。她认为和客户保持良好的关系非常重要，由于自己的大部分时间是在飞行中，所以，为了提高工作效率，她就在飞机上争分夺秒地给客户们写邮件。她说："我已经习惯如此了，这样能够让我充分利用一切可以利用的时间，同时也能保证工作的高效与按时完成，何乐而不为呢？"

和她一起等候提行李的一位旅客对她说："在近3个小时里，我注意到你一直在写邮件，相信你一定会得到老板重用的。"

琳达则笑着说："不瞒你说，我早已是公司的副总了。"

那些善于管理时间的员工，不仅能在有限的时间内轻松而高效地完成工作，同时也会得到公司的认可与重用。

有效地进行个人时间管理不仅能够促进工作任务的完成，而且能够影响公司的整体发展规划。大多数重大目标无法完成，主要是因为员工把大多数时间都花在次要的事情上。所以，大学生初入职场必须学会根据自己的职责，将自己的日常工作排序，具体可从以下方面入手。

一、设立明确的目标

时间管理的目的是在最短的时间内实现更多想要实现的目标。把当年要实现的4~10个目标写出来，找出一个核心目标，并依次排列重要性，然后依照目标制订详细的计划，并依照计划进行。

二、学会列清单

把自己要做的每一件事情都写下来，列一张总清单，这样做能随时明确自己手头上的任务。接下来在列好清单的基础上对目标进行切割。

（1）将学年目标切割成学期目标，列出清单，每学期要做哪些事情。

（2）将学期目标切割成月目标，并在每月初重新再列一遍，遇到突发事件而更改目标时应及时调整。

（3）每个星期天把下周要完成的每件事列出来。

（4）每天晚上把第二天要做的事情列出来。

三、做好时间日志

花了多少时间在哪些事情上，把它详细地记录下来，例如，每天从刷牙开始，洗澡、早上穿衣花了多长时间，早上搭车的时间，出去见客户的时间。把每天做各种事花的时间一一记录下来，会发现浪费了哪些时间。只有找到浪费时间的根源，才能有针对性地改变它。

【课堂阅读】

小李是某大学生物系的学生。出于对生物的爱好，她上大学以来就一直认真学习，在大一、大二也取得了不错的成绩。但是她发现自己过得很累，每天除了上课，就是参加学生活动，有时还要和同学逛街，结果搞得自己的生物实验都无法按时完成。

每天晚上回到宿舍，小李都哀叹时间怎么过得这么快，她还没完成当天的事情呢，然后就下决心明天一定要完成计划的事情。但是到了第二天，原来想好的事情又被其他事情给耽误了，时间就这样一点一点过去了。快到期末考试时，小李一看自己的平时课程没有学好，只能临阵磨枪了，为了不挂科，搞得身心疲惫。

小李的经历告诉我们，大学生要管理好自己的时间，不要让烦琐的事情占据自己重要事情的时间。做好自己的时间规划，充分、合理地利用时间，才能把握现在，赢得未来。

四、制订有效的计划

绝大多数难题都是由未经认真思考的行动引起的。在制订有效的计划时每花费 1 小时，在实施计划时就可能节省 3~4 小时，并会取得更好的结果。

五、遵循 80 : 20 定律

该定律表示用 80% 的时间来做 20% 最重要的事情。生活中肯定会有一些突发事件和迫切需要解决的问题，如果发现自己天天都在处理这些事情，那表示你的时间管理并不理想。成功者往往花更多时间在最重要但不是最紧急的事情上，而一般人往往将紧急但不重要的事情放在第一位。

六、安排"不被干扰"的时间

假如每天能有一个小时完全不受任何人干扰地思考一些事情，或是做一些最重要的事情，这一个小时可以抵过一天的工作效率，甚至比三天的工作效率还要高。

七、确立个人的价值观

价值观不明确，就很难知道什么是最重要的，也就无法做到合理地分配时间。时间管理的重点不在于管理时间，而在于如何分配时间。你永远没有时间做每件事，但永远有时间做对你来说最重要的事。

八、严格规定完成期限

巴金森（C.Noarthcote Parkinson）在其所著的《巴金森法则》中写下这段话，"你有多少时间完成工作，就会需要那么多时间"。如果你有一整天的时间可以做某项工作，你就会花一天的时间去做它。而如果你只有一个小时的时间可以做这项工作，你就会更迅速有效地在一小时内做完它。

九、学会充分授权

列出当前所有你觉得可以授权别人做的事情，把它们写下来，让他人去做。

十、同类事情最好一次做完

如果我们在一段时间内专注于做同类事情，效率会比较高，因此，同类事情最好一次做完。

【课堂测试】

测测你的时间管理能力

下面的每道问题，请你根据自己的实际情况，如实地给自己评分。

A. 从不 　　　 B. 有时 　　　 C. 经常 　　　 D. 总是

1. 我在每个工作（学习）日之前，都能为计划中的工作（学习任务）做些准备。

2. 凡是可以往后推的工作（学习任务），一般都有推后的想法和做法。

3. 我利用工作（学习任务）进度表来书面规定工作任务（学习任务）与目标。

4. 我尽量一次性处理完毕每份资料。

5. 我每天列出一个应办事项清单，按重要顺序来排列，依次办理这些事情。

6. 我尽量回避干扰电话、不速之客的来访，以及与工作（学习任务）无关的事情。

7. 我试着按照正常节奏变动规律曲线来安排我的工作（学习任务）。

8. 我的日程表留有回旋余地，以便应对突发事件。

9. 当其他人想占用我的时间，而我又必须处理更重要的事情时，我会说"不"。

10. 当天工作（学习任务）没有完成时，我会经常拖到明天，没有日事日毕。

计分方式：选择"从不"为 0 分，选择"有时"记 1 分，选择"经常"记 2 分，选择"总是"记 3 分。

结果分析：

0~12 分：你自己没有时间规划，总是被别人牵着鼻子走。

13~17 分：你试图掌握自己的时间，却不能持之以恒。

18~22 分：你的时间管理状况良好。

23~27 分：你是值得学习的时间管理典范。

【实践活动】

养成合理分配时间的习惯

[活动思路]

依据美国著名心理学家埃里克森提出的人格发展理论，青少年的基本任务是发展自我同一感。如果不能顺利完成这一任务，就可能发生自我同一性的混乱，其中的一个表现就是时间混乱，如缺乏时间观念、不考虑时间限制、任意拖延或者急于立时解决问题等。

[活动对象]

大学生。

[活动准备]

1. 为使大学生对自己的时间管理情况有明确的认识，课前可以安排其连续记录一周自己的时间分配状况，课上进行分析。

2. 给每个学生准备一张长40厘米、宽5厘米左右的纸条，分为十等份，为节约时间可以事先画好刻度。

3. 课上学生分组活动，每组准备一张白纸，一支水彩笔，用于记录讨论结果。

[活动过程]

1. 体验活动：度量人生

假设我们可以活到100岁，用带有0~100刻度的纸条象征人的一生。

（1）找到你现在的年龄刻度，把走过的人生撕掉。

（2）通常人们在60岁退休，找到那个年龄刻度，把那之后的人生撕掉。

（3）想想你希望自己什么时候做到事业有成，找到那个年龄刻度，把那之后的人生也撕掉。

2. 体验活动：我的时间馅饼

学生事先绘制饼图，分析自己一周内每天放学后的时间是如何分配的。

[讨论]

在活动中你感悟到了什么？应该如何高效、合理地安排自己的时间？学生可以分享自己的感受，教师做适当的点评。

【课后思考】

1. 时间的本质是什么？时间管理的内涵是什么？时间管理一般存在哪些误区？

2. 时间管理的原则有哪些？

3. 时间管理的方法与技巧有哪些？

第九章　有效沟通技能

面试后参加饭局

"大家都别走啊，等会儿我们一起吃个饭，增进一下了解。"几天前，小林和其他4名考生一起参加了某协会秘书岗位的求职面试。正当所有人准备离开时，招聘者忽然发出了饭局邀请，5位学生受邀入"局"。

晚上饭局开始，大家依次入座。单位领导很热情，5位学生望着偌大的包厢，有些不知所措。

小林挑了靠近包厢门的座位坐下去："这里是上菜的位置，今天我给大家服务啊！"

菜很丰盛，但5位学生的胃口似乎都很小，大多闷头吃菜，也不太愿意喝酒。

"第一次吃饭如果喝多了，肯定会给人留下不好的印象，工作肯定没希望的。"一名应聘者悄悄告诉同伴。

小林却有些"外向"，首先跟在座的各位打了招呼，接着向大家介绍自己。看见饭局有些清冷，小林还主动给大家讲了个笑话。

在小林看来，这场饭局可能并非想象中那么简单。"以前听说有些单位招聘公关人员时，会考虑让他们参加一些饭局，趁机考察他们的交际能力。难道现在大学毕业求职也要面临这样的'考验'了？"

饭局过后4人出局

饭后，用人单位负责人告诉5名应聘者，刚才设下的饭局也是面试的一部分。惊讶很快写在每个人的脸上。招聘负责人表示，小林被录取了。

该单位一名姓金的女负责人说，其实在第一轮面试了解了5位应聘者的大致情况后，发现他们的水平不相上下。当时恰好临近晚饭时间，于是有了通过饭局进一步考察考生的想法，没想到通过这样的方法找到了需要的人。"应聘者小林虽然在饭桌上的表现仍有些稚嫩，但他却努力地调动气氛，希望打开沉闷的局面，我们需要这样的意识。"负责招聘的金女士说。

小林说，在应聘这份工作前，他曾做过一段时间的汽车销售，跑业务的同时也见识了不少应酬场面，所以相对于其他大学毕业生，他显得更"成熟"一些。毕业于某职业技术学院的应聘学生小蒋，在听说这个饭局会跟面试结果有关后，有些后悔。"我刚从学校里出来，一些礼数根本不了解，早知道就不会一个劲推辞喝酒了"。

金女士说，他们这次招的协会秘书要跟许多企业老总打交道，所以着重考察了应聘者在饭桌上与人沟通及调节气氛的能力。同时，他们还希望借助饭局考察应聘学生处理人际关系的能力。

"真没想到，现在饭桌上的礼数也成一门学问了。大学毕业找工作，竟然会遭遇这些。"小蒋说。

什么样的大学生最受企业欢迎？不少企业透露，在专业成绩相近的条件下，优先选择沟通能力较强的学生。有的企业直言不讳地说，对专业成绩要求不高，但沟通能力一定要过硬。再看看一些知名企业对职场新人的要求，"沟通能力"一定在最重要的衡量指标之列。任何能力都是在后天的学习、塑造中获得、提升的，沟通能力也是如此。目前，沟通能力已经成为一个人的核心竞争力。

第一节　有效沟通概述

一、有效沟通概述

（一）有效沟通的概念

所谓有效的沟通，是通过听、说、读、写等载体，通过演讲、会见、对话、讨论、信件等方式将思维准确、恰当地表达出来，以促使对方更好地接受。

达成有效沟通须具备两个必要条件。

首先，信息发送者清晰地表达信息的内涵，以便信息接收者能确切理解；其次，信息发送者重视信息接收者的反应并根据其反应及时修正信息的传递，免除不必要的误解。两者缺一不可。有效沟通主要指组织内人员的沟通，尤其是管理者与被管理者之间的沟通。

有效沟通能否成立关键在于信息的有效性，信息的有效程度决定了沟通的有效程度。信息的有效程度又主要取决于以下几个方面：

（1）信息的透明程度。当一则信息作为公共信息时就不应该导致信息的不对称性，信息必须是公开的。公开的信息并不意味着简单的信息传递，而要确保信息接收者能理解信息的内涵。如果以一种模棱两可的、含混不清的文字语言传递一种不清晰的，难以使人理解的信息，对于信息接收者而言没有任何意义。另外，信息接收者也有权获得与自身利益相关的信息内涵。否则，有可能导致信息接收者对信息发送者的行为动机产生怀疑。

（2）信息的反馈程度。有效沟通是一种动态的双向行为，而双向的沟通对信息发送者来说应得到充分的反馈。只有沟通的主、客体双方都充分表达了对某一问题的看法，才真正具备有效沟通的意义。

有效沟通与一般对话既有相同之处，又有本质的区别。它们的相同点都是双向的，都表达出个人的某种意愿，并且能使对方接受；它们的区别点是有效沟通往往具有明显的目标，目的是通过与对方交流使对方理解、接受并取得共识。

（二）有效沟通的本质

有效沟通是为了一个设定的目的，把信息、思想和情感在个人或人群间传递，并且达成共同协议的过程。其本质是通过双方坦诚、广泛、细致的沟通，在关键点上达成共识。关于"沟"，每个人都有体验，也有自己的风格；关键是"通"，"通"一方面传达信息内容本身，另一方面还要让对方认可你，这种认可，可能是赞赏、夸奖、鼓励、理解等，达到了这一点，才是沟通共识的全面达成。

一次有效的沟通必须符合以下三个条件：

（1）明确的目标。真正的沟通要从内心开始，只有你懂得了为什么来沟通，并带着目的真诚地与顾客沟通，才能获得成功的沟通。

（2）共同的协议。沟通就是一个通过创造一种和谐的人际关系，相互理解、相互信任，以达成共同认识的过程。

（3）主要的内容：信息、思想和感情。与顾客能否达成有效的沟通，关键在于营销服务人员能否真正了解顾客在理性和感性方面的需求。人的基本特征首先在于关注自己的利益，期待对方关注自己，因此我们与顾客沟通应当基于为顾客提供利益和价值，找准顾客的利益点。

二、沟通的类型

按照是否采取语言形式，可以分为语言沟通和非语言沟通；按照发生的主客体，可以分为人际沟通、人机沟通和组织沟通；按照一个沟通过程所涉及的人员是否属于一个组织内部，可以分为内部沟通和外部沟通；按照沟通的正式性程度，可以分为正式沟通和非正式沟通；按照沟通双方在组织中所处的层次高低，可以分为纵向信息沟通、横向信息沟通和斜向信息沟通；按照沟通主体的文化背景是否相同，可以分为同文化沟通和跨文化沟通。

（一）语言沟通和非语言沟通

1. 语言沟通

语言是人类交流和沟通的基本工具，无法想象如果没有语言，人类的生活将会变得怎样。语言包括词汇和语法两个部分。词汇是语言的基本构成要素，每个词汇都代表着某一类特定的事物、动作、情感、特征或关系。从沟通的角度看，语言实际上是人们表达思想的一种代码或编码形式。只有沟通双方赋予词汇相同的含义，沟通才能得以顺畅进行。由于词汇的有限性，很多词汇都存在多种含义，因此在具体的语句中首先必须弄清楚每个词汇的含义，否则就会出现误解。词汇不仅存在多义性，而且随着时间的推移也会发生变化。此外，不同国家、不同地区甚至不同的个人对同一词汇的理解也不尽相同。因此，在沟通时，必须首先弄清楚沟通对象的语言习惯，否则不是词不达意就是误会不断。语言沟通的形式可以分为两大类，即书面和口头。书面语言沟通的特点是正式、权威和持久，有利于准确地理解，并且在一定程度上排除了传递过程中信息遗失或信息被曲解的可能性，通常运用于组织正式沟通中。口头语言沟通主要通过声音符号来传递信息，其特点是反馈快、弹性大、效果好，而书面语言沟通则通过文字和图案等视觉符号传递信息。口头语言沟通的优势在于除了能表达具体的信息内容外，还可通过语音和语调等副语言来表达信息发送者的感情和态度，较书面语言更具有灵活多变性。口头语言表达中副语言的辅助作用使口头语言沟通的信息解码更加复杂，更容易出现歧义和曲解。

2. 非语言沟通

非语言沟通，是指用语言以外的，即非语言符号系统进行的信息交流。这种形式一般表现为身体语言沟通，即人们在生活和工作中约定俗成的具有明确指代意义的动作，如点头、摆手、耸肩和皱眉等。非语言沟通形式是最古老的沟通形式，早在人类诞生以前就产生了，如各种动物都具有自己的非语言表达形式。与动物相比，人类的身体语言和表情等更加复杂。现在，人类已经创造了非常发达的标志符号体系。很多文字在早期都有明显的符号特征，如交通标志和危险标志等。与语言沟通形式相比，非语言沟通形式更加直观、迅速，具有个性。有时非语言沟通在某种程度上更能充分地体现一个人的素质、能力和修养。

【课堂阅读】

一家著名的公司为了增进员工之间的相互信任和情感交流，规定在公司内部 200 米以内不允许用电话进行沟通，只允许面对面地沟通，结果产生了良好效果。公司所有员工之间的感情非常融洽。同时，我们也看到，很多 IT 公司和网站公司有非常好的沟通渠道：E-mail、电话、互联网，但忽略了最好的沟通方式——面谈，致使在电子化沟通方式日益普及的今天，人和人之间的了解、信任和感情淡化了。所以，无论作为一个沟通者，还是作为一个管理者，你一定不要忘记使用面谈这种方式进行沟通。

实验证明，7% 的信息沟通取决于语言用词，38% 的信息沟通取决于语音音质，55% 的信息沟通取决于眼神、手势、双方距离等非语言因素。因此，最好的沟通方式是面对面的沟通。

（二）人际沟通、人机沟通和组织沟通

1.人际沟通

人际沟通是指主要发生在两个人或两个组织之间的沟通。人际沟通是沟通的基本形式，人际沟通由于主要发生在两个个体之间，传递一次信息就可以形成交流，所以沟通过程比较简单，不容易发生传输错误。另外，在个体沟通中，由于沟通对象单一，也比较容易根据对方的特点采取相应的沟通形式和风格，并对沟通过程加以控制。

【课堂阅读】

美国著名学府普林斯顿大学对 10000 名调研对象进行分析的结果显示："智慧""专业技术"和"经验"只占成功因素的 25%，75% 取决于良好的人际沟通。

哈佛大学就业指导小组 1995 年调查结果显示，在 500 名被解职的人中，因人际关系不良而导致工作不称职者占 82%。

在现实生活中，为什么有些人从逆境中披荆斩棘走出来，而有些人却在困难面前倒下去，从此一蹶不振？更有甚者，还会走向自暴自弃和死亡！这里的差别就在于：有些人有很好的沟通能力，有良好的人际关系，机会和运气就会处处光顾；而有的人缺乏沟通能力，没有好的人际关系，人生因而处处碰壁。可以说，沟通能力是现代社会一个人拥有的核心竞争力。

【课堂测试】

测测你的人际沟通能力

下面是一组有关沟通能力的小测试，请选择一项最适合你的情形。

1. 在说明自己的重要观点时，别人却不想听你说，你会（　）。

A. 马上气愤地走开

B. 不说完，但可能会很生气

C. 等等看还有没有说的机会

D. 仔细分析对方不听的原因，找机会换一个方式去说

2. 去参加老同学的婚礼回来，你很高兴，而你的朋友对婚礼的情况很感兴趣，这时你会告诉他（　）。

A. 详细述说从你进门到离开时所看到和感觉到的相关细节

B. 说些自己认为重要的

C. 朋友问什么就答什么

D. 感觉很累了，没什么好说的

3. 你正在主持一个重要会议，而你的一个下属却在玩手机，并且手机发出的声音干扰了会议现场的秩序，这时你会（　　）。

A. 幽默地劝告下属不要玩手机

B. 严厉地命令下属不要玩手机

C. 装作没看见，任其玩手机

D. 给那位下属难堪，让其下不了台

4. 你正在跟老板汇报工作时，你的助理急匆匆跑过来说有你一个重要客户的长途电话，这时你会（　　）。

A. 说你在开会，稍后再回电话过去

B. 向老板请示后，去接电话

C. 说你不在，叫助理问对方有什么事

D. 不向老板请示，直接跑去接电话

5. 与一个重要的客人见面前，你会（　　）。

A. 像平时一样随便穿着

B. 只要穿得不要太糟就可以了

C. 换一件自己认为很合适的衣服

D. 精心打扮一下

6. 你的一位下属已经连续两天下午请事假了，第三天中午快下班的时候，他又拿着请假条说下午要请事假，这时你会（　　）。

A. 详细询问对方为何要请假，视原因而定

B. 告诉他今天下午有一个重要会议，不能请假

C. 你很生气，什么都没说就批准了他的请假

D. 你很生气，不理会他，不批假

7. 你刚应聘到一家公司就任部门经理，上班不久，你了解到本来公司中就有几个同事想就任你的职位，老板不同意，才招了你。对这几位同事你会（　　）。

A. 主动认识他们，了解他们的长处，争取成为朋友

B. 不理会这个问题，努力做好自己的工作

C. 暗中打听他们，了解他们是否具备与你竞争的实力

D. 暗中打听他们，并找机会为难他们

8. 与不同身份的人讲话，你会（　　）。

A. 对身份低的人，你总是漫不经心

B. 与身份高的人说话，你总是有点儿紧张

C. 在不同的场合，你会用不同的态度与别人讲话

D. 不管是什么场合，你都是用一样的态度与别人讲话

9.你在听别人讲话时，总是会（ ）。

A. 对别人的讲话表示兴趣，记住所讲的要点

B. 请对方说出问题的重点

C. 对方总是讲些没必要的话时，你会立即打断他

D. 对方不知所云时，你很烦躁，会去想或做别的事

10. 在与人沟通前，你认为比较重要的是了解对方的（ ）。

A. 经济状况、社会地位

B. 个人修养、能力水平

C. 个人习惯、家庭背景

D. 价值观念、心理特征

评分方法：

在1、5、8、10号题目中，选A得1分、B得2分、C得3分、D得4分；在其余题目中选A得4分、B得3分、C得2分、D得1分。将10道测验题的得分相加，就是你的总分。

结果分析：

如果你的总分为10~20分，说明你经常不能很好地表达自己的思想和情感，所以你也经常不被别人所了解；许多事情本来是可以很好解决的，正是因为你采取了不适合的方式，所以有时把事情弄得越来越糟；但是，只要你学会控制自己的情绪、改掉一些不良的习惯，你随时可以获得他人的理解和支持。

如果你的总分为21~30分，说明你懂得一定的社交礼仪，尊重他人；你能通过控制自己的情绪来表达自己，并能实现一定的沟通效果；但是，你缺乏高超的沟通技巧和积极的主动性，许多事情只要你继续努力一点儿，就可大功告成。

如果你的总分为31~40分，说明你很稳重，是控制自己情绪的高手，所以，他人一般不会轻易知道你的底细；你能不动声色地表达自己，有很高的沟通技巧和人际交往能力；只要你能明确意识到自己性格的不足并努力优化，一定能取得更好的成绩。

2. 人机沟通

人机沟通是指发生在人与机器之间的沟通，如计算机的使用者和计算机之间的沟通。人机沟通的效果主要取决于设备、软件及使用者的技巧三个方面。当人们使用这些物品时，物品就与人产生了一种相互的关系，这种相互的关系称为人机关系。"机"，除了指机器外，还指工具、设施、家具和交通车辆等。人机关系要实现如下目标。

高效：在设计中，应把人和机作为一个整体来考虑，合理或最优地分配人和机的功能，以促进两者的协调，提高人的工作效率。

健康：其是指人在操作或使用产品的过程中，产品对人的健康不会造成不良的影响。

舒适：其是指人在使用产品的过程中，人体能处于自然的状态，操作或使用的姿势在人们自然、正常的肢体活动范围之内，从而使人不至于过早地产生疲劳。

安全：其是指人在操作和使用产品的过程中，产品对人的身体不构成生理上的伤害。

3. 组织沟通

组织沟通，又称群体沟通。它是指组织成员之间的信息交流和传递。按照信息在组织内部传递的方向，组织沟通又分为下行沟通、上行沟通和平行沟通。下行沟通是指组织中上级对下级命令、指示、通报等形成的沟通；上行沟通是指下级向上级反映情况的沟通；平行沟通是指组织同一层次之间的沟通。在组织沟通中，随着个体数目的增加，要想使每个个体之间都发生一次沟通活动，需要进行信息传递的次数就会迅速增加，因此，在组织沟通中必须进行有效的控制，也就是领导和协调，否则沟通很难顺利进行。

（三）内部沟通和外部沟通

所谓内部沟通，是指属于同一组织的内部人员之间的沟通；外部沟通则指不属于同一组织的人员之间的沟通。内部沟通和外部沟通之间存在很大的差别，正所谓"内外有别"。内部沟通由于彼此之间比较了解，在沟通过程中对礼仪方面的要求比较低，在沟通风格上比较轻松自如。而外部沟通的对象由于彼此之间存在一定的生疏感，在沟通过程中十分注重礼仪。此外，内部沟通的对象由于同属一个组织内部，往往存在很多彼此之间心知肚明但不能明确说出的利益共享或冲突问题，因此，即使在沟通形式和风格上可以比较随意，但一些敏感问题也是不可以轻易触及的。而外部沟通虽然注重礼仪，但在沟通的范围上可以开诚布公，约束很少。总体来说，内部沟通要更多地考虑各种相关因素的影响，外部沟通的重点则是寻找共识或共同的礼仪。

（四）正式沟通和非正式沟通

1. 正式沟通

正式沟通，是指通过正式的组织程序，依照组织结构进行的信息沟通。这种沟通的媒介物和线路都是事先安排的，因而被认为是正式且合法的。

2. 非正式沟通

非正式沟通，是指不按照正式的组织程序进行的沟通，其信息传递的媒介和路线均未经过事先安排，具有很强的随意性、自发性。对非正式沟通可以采取"管理"的态度，以便更好地扬长避短。

区分正式沟通与非正式沟通的标准有很多。可以按照职位身份和个人身份来划分正式沟通和非正式沟通，如某位官员以自己的公职身份与媒体沟通属于正式沟通，以自己的私人身份与某位记者沟通属于非正式沟通。可以按照一方或双方的重视程度来划分，如一位经理与一位员工在就餐时随意的闲谈属于非正式沟通。可以按照沟通内容的效力进行区分，如果沟通双方对内容的准确性十分确定，并准备受其约束，则为正式沟通。

（五）纵向信息沟通、横向信息沟通和斜向信息沟通

纵向信息沟通，是指沿着组织的指挥链在上下级之间进行的信息沟通。横向信息沟通和斜向信息沟通是脱离组织的指挥链而跨系统发生的。在一些严格、正规的机械组织中，它们并不被看作正式的、法定的沟通形式，而常常被当成非正式的沟通渠道。

（六）同文化沟通和跨文化沟通

不同文化背景的人在价值观念、思维方式、生活环境、生活习惯、禁忌爱好、宗教信仰、工作理念、商业伦理、经济状况和受教育水平等方面存在明显的差异。

随着经济全球化的发展，不同文化之间的沟通越来越密切和频繁，同时，文化上的差异表现得更为明显。这种文化背景的差异使人们在沟通过程中对同一现象或表达方式在解读上会产生明显的差异。为了更好地进行跨文化沟通，人们必须以一种更加开放的心态努力了解不同文化背景的人群。

【课堂测试】

测一下你的沟通能力

1.你跟新同学打成一片一般需要的天数为：

A.1 天

B.1 个星期

C.10 天甚至更久

2.当你发言时有些人起哄或者干扰，你会：

A.礼貌地要求他们不要这样做

B.置之不理

C.气愤地走下台

3.上课时家里有人来找你，恰好你坐后排，你会：

A.悄悄地暗示老师，得到允许后从后门出去

B.假装不知道，但心里很焦急，老走神

C.偷偷从后门溜出去

4.放学了，你有急事要快点走，而值日的同学想让你帮忙打扫教室，你会：

A.很抱歉地说："对不起，我有急事，下次一定帮你。"

B.看也不看地说："不行，我有急事呢！"

C.故意听不见，跑出教室

5.开学不久你就被同学选为班长，你会：

A.感谢同学们的信任和支持，并表示一定把工作做好

B.觉得没什么大不了的，只是要求自己默默地把工作做好

C. 觉得别人选自己是别有用心，一个劲地推托

6. 有同学跟你说："我告诉你件事儿，你可不要跟别人说哦……"这时你会说：

A. "哦！谢谢你对我的信任。我不是知道这件事的第二个人吧？"

B. "你都能告诉我了，我怎能不告诉别人呢？"

C. "那你就别说好了。"

7. 老师布置你和另一位同学一起完成一项任务，而这位同学和你不怎么友好，你会：

A. 大方地跟他握手："今后我们可是同一条船上的人哦！"

B. 勉强接受，但工作中决不配合

C. 坚决向老师抗议，宁可不做

8. 你和别人为一个问题争论，眼看就要闹僵了，这时你会：

A. 立即说："好了好了，我们大家都要静一静，也许是你们错了，当然，也有可能是我的错。"

B. 坚持下去，不赢不休

C. 愤然退场，不欢而散

评分方法：

选 A 计 3 分，选 B 计 2 分，选 C 计 1 分。

结果分析：

8~12 分表明你的沟通能力较低。由于你对沟通能力的重视不够，而且也没有足够的自信心，导致你在成长的道路上，一些机遇经常与你擦肩而过。你应该以轻松、热情的面貌与同学进行交流，把自己看作集体中的一员。同时，对别的同学也不可存在任何偏见。经常与人交流，取长补短，改变自己拘谨封闭的状态。记住：沟通能力是成功的保证和进步的阶梯。13~19 分表明你的沟通能力较强，在大多数集体活动中表现出色，只是有时尚缺乏自信心。你还需加强学习与锻炼。20~24 分表明你的沟通技能很好。无论你是学生干部还是普通学生，你都表现得非常好，在各种社交场合都表现得大方得体。你待人真诚友善，不狂妄虚伪。在原则问题上，你既善于坚持并推销自己的主张，同时还能争取和团结各种力量。你自信心强，同学们都信任你，你可以使你领导的班级充满团结和谐的气氛。

第二节　有效沟通的实施步骤

一、沟通的基本程序

沟通是一个信息传递的过程，一般来说，一个完整的信息沟通包括信息策划、信息编码、信息传递、信息接收、信息解码和信息反馈六个环节，如图 9-1 所示。信息发送者发

出某个信息仅仅是沟通的开始，只有当信息的接收者做出信息发送者所期望的翻译或解释时，沟通的过程才算成功地结束了。具体地讲，沟通包括下列步骤：

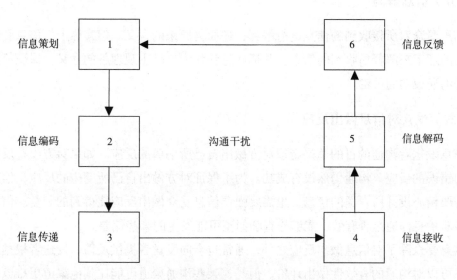

图 9-1 沟通过程六环节及相互作用

（一）信息发送者产生了传递某种信息的想法

当信息发送者产生某种想法，并有传送出去与人分享的意向时，沟通过程就开始了。对于一次成功的沟通，信息发送者所产生的创意必须是清楚的，所传递的目标也是确定的，否则，商务沟通的效率就会受到影响。信息策划是决定质量的关键一步，收集信息是根据确定的信息范围收集符合要求的信息以备整理和分析。

（二）信息编码

发送者将自己的想法编码成信息。具体地讲，就是信息发送者把自己的想法通过言辞描述或行动表示，变成为信息受众能够理解的信息，而且力求避免信息的失真。

（三）信息传递

信息发送者通过某种渠道把信息传递给信息受众。技术的不断发展为信息发送者选择沟通渠道提供了更多的可能。要确保有效沟通，信息发送者需要选择最合适的渠道，减少各种障碍和干扰的影响，保证信息迅速准确地到达受众的手中。信息传递必须依靠一定的渠道，选择的渠道不一样，传递的效果也就不同。

（四）受众接收信息

如果信息传递渠道通畅，目标受众就能顺利接收到信息。但是，只有保证信息不被遗忘，不被忽视，沟通过程才能继续进行。信息接收是指信息通过一定的传输渠道送达接收者，在这一过程中注意避开传递中的障碍。

（五）信息解码

信息受众对所接收到的信息进行解释，还原为原来的含义。但实际上，信息受众总是按自己的理解来解释所收到的信息，并把信息转化为自己主观理解的含义。保证信息不被误解是沟通成功的关键。

（六）受众对信息做出反应

信息发送者沟通的目的总是希望对方做出自己所期望的反应。如果对方没有反应，或者做出错误的反应，沟通仍然没有成功。为了保证对方做出自己所期望的反应，信息发送者既需要精心设计所发送的信息，也需要强调信息受众做出反应能得到的利益。信息反馈可以检验信息沟通是否有效，能够检查和纠正可能发生的某些偏差。

信息受众除了对信息做出反应之外，通常也会向发送者提供反馈。发送者根据所获得的反馈可以对沟通的有效性做出评价。但是，某些沟通渠道可能比其他渠道更难以传递反馈信息，尽量选择容易获得反馈信息的渠道，将有利于沟通的顺利进行。

（七）克服沟通干扰

来自沟通本身的干扰有些是人为的，如故意把话说得很含糊，也有些是因为语言表达能力较差、语言不流畅或紧张而出现语无伦次等情况。沟通是一个过程，这个过程中的每个步骤都存在诸多干扰沟通的障碍。许多沟通从表面上看，信息传递已经顺利地完成了，但是结果却被严重地误解了。为此，清楚地认识并努力克服那些可能产生的障碍是保证沟通成功的重要手段。

二、有效沟通的基本步骤

有效沟通的基本步骤为：事先准备→确认需求→阐述观点→处理异议→达成协议→共同实施。

【课堂练习】

假如你要进行工作汇报，请列举出你汇报工作情况的几个步骤，对照有效沟通的六步骤，你缺少了哪些步骤？为什么？你认为这些步骤是如何影响沟通效果的？

（一）事先准备

在工作中，我们需要提前准备这样一些内容。

1. 设立沟通的目标

这非常重要，我们在与别人沟通之前，心里一定要有一个目标，明确自己希望通过这次沟通达到什么目的。毫无目的地交流叫作聊天，不是沟通。

2. 制订计划

有了目标就要有计划，先说什么，后说什么。如果情况允许，列一个表格，把要达到的目的，沟通的主题、方式，以及时间、地点、对象等列举出来。

机会总是留给那些有准备的人。

3. 预测可能遇到的争端和异议

首先要有充分的心理准备；其次要根据具体情况对其可能性进行详细的预测。

4. 对情况进行 SWOT 分析

运用著名的 SWOT 分析法，明确双方的优势、劣势，设立一个合理的目标，大家都能接受的目标。

在事先准备过程中，要注意的一点就是准备目标。双方都有一个目标时，才容易通过沟通达成协议，因此，在与别人沟通面谈时，首先要说："我这次与你沟通的目的是……"

（二）确认需求

1. 确认需求的三步骤

第一步，积极聆听。要用心和脑去听，要设身处地地去听，目的是了解对方的意思。

【课堂阅读】

某地着火了，当事人立即拨通了消防队的电话。

消防队："哪里着火了？"

报警人："我家。"

消防队："我是问在什么地方？"

报警人："在厨房。"

消防队："我是说我们怎么去？"

报警人："你们不是有消防车吗？"

报警人的回答显然没有提供给消防队员足够的信息，以便消防队员快速地解决所面临的问题。所以，倾听不仅需要真诚的同理心，还应该具备一定的技巧，只有这样，才能更好地理解对方的想法，从而找到有利于双方的解决方法。

第二步，有效提问。通过提问更明确地了解对方的需求和目的。

【课堂阅读】

猴子读了《西游记》之后，非常崇拜孙悟空，经常自豪地对别的动物说："你知道吗，孙悟空很厉害，无所不能。"

有一次，猴子对松鼠再次提起此事，松鼠忍不住反问道："孙悟空能造出一个它自己都拿不动的金箍棒吗？"

猴子顿时哑口无言。

松鼠运用发问的方式，使猴子的观点不攻自破。在沟通的过程中，我们要善于发问，根据对方的问题，找出其漏洞，让对方不攻自破。

第三步，及时确认。当你没听清楚或者没有理解时，要及时沟通，一定要完全理解对方所要表达的意思，做到有效沟通。

【课堂阅读】

某公司早晨上班，领导发现小王请假没来。一打听，A说："小王生病了，好像还挺重的。"再问，B回答说："小王病重，好像住医院了。"之后又有人问："小王怎么没来？"C说："小王住进医院，好像病危了。"再往下问，D说："小王病危，好像快死了。"而事实上，小王只是得了感冒而已。

这样的事情，我们在生活中经常碰到。这就是单向沟通，信息在传递过程中被扭曲，产生了偏差。有效的沟通，不但要有向前的渠道，而且要有回来的渠道，形成沟通的回路，才能抗干扰。

我们在沟通过程中，首先要确认对方的需求是什么。如果不明白这一点就无法最终达成共同的协议。我们必须通过提问来了解对方的需求。沟通过程中有三种行为：说、听、问。提问是非常重要的行为，可以控制我们沟通和谈话的方向。

【课堂阅读】

一家著名的公司在面试员工的过程中，经常会让10个应聘者在一个空荡的会议室里一起做一个小游戏，很多应聘者在这个时候都感到不知所措。应聘者在一起做游戏的时候主考官就在旁边看，他不在乎你说的是什么，也不在乎你说的是否正确，他是看你这三种行为是否都出现，并且这三种行为的出现是有一定比例的。如果一个人要表现自己，他的话会非常多，喋喋不休地说，可想而知，这个人将是第一个被请出考场或者淘汰的。如果你坐在那儿只是听，不说也不问，那么也将很快被淘汰。只有在游戏过程中既会说也会听，同时还会问，这样才意味着你具备良好的沟通技巧。

每个人在沟通的时候，一定要掌握一个良好的沟通技巧：说、听、问三种行为都要出现，并且这三者之间的比例要协调，如果具备了这些，这将是一个良好的沟通。

2. 问题的两种类型

要掌握提问的技巧，必须明确区分问题的两种类型：开放式问题和封闭式问题。举个简单的例子说明两者之间的不同之处。

封闭式问题：会议结束了吗？我们只能回答结束了或者没有。

开放式问题：会议如何结束的？对方可能会告诉你许多信息，比如会议是几点到几点，达成了什么协议，等等。

（1）两种类型问题的优劣比较。

①封闭式问题：可以节省时间、控制谈话的气氛；但不利于收集信息。

②开放式问题：收集信息全面、谈话气氛轻松；但浪费时间，容易偏离主题。

（2）避免不利于收集信息的提问。

①少问为什么。尽量少问为什么，可以用其他的话来代替，如"你能不能说得更详细些？"这样对方的感受会更好一些。

②少问带引导性的问题。例如，难道你认为这样不对吗？这样的问题会给对方留下不好的印象，也不利于收集信息。

③避免多重问题。就是一口气问了很多问题，对方不知道如何下手，这同样不利于收集信息。

3. 积极的聆听技巧

请判断下面的情况是不是积极聆听：

①当别人在讲话时，你在想自己的事情。

②一边听一边与自己的观点做对比，进行评论。

我们聆听的目的是理解而不是评论。当你处于这样的情况时，就不可能听到准确的信息。

那么积极的聆听需要掌握哪些技巧呢？

（1）倾听回应。当你在听别人说话的时候，一定要有一些回应的动作，如"好，我也是这样认为的""不错！"，在听的过程中适当地点头或者使用其他的一些表示你理解的肢体语言，也是一种积极的聆听，会给对方非常好的鼓励。

（2）提示问题。当你没有听清楚的时候，要及时提问。

（3）重复内容。在听完了一段话的时候，要简单地重复一下内容。其实这不是简单的重复，而是表示你认真听了，还可以向对方确认你所接收到的信息是否准确。

（4）归纳总结。在听的过程中，要善于将对方的话进行归纳总结，以更好地理解对方的意图。

（5）表达感受。要养成一个好的习惯，及时给对方以回应，表达感受，比如："非常好，我也是这样认为的。"这是一个非常重要的聆听技巧。

（三）阐述观点

1. 表达技巧举例

（1）说"我会……"以表达服务意愿。许多人听到"我尽可能……"后会感到很生气，因为他不知道"尽可能"有多大的可能。但当他们听到"我会……"后就会平静下来，因为你表达了明确的帮助意愿，以及你将要采取的行动计划，对方就会满意。通过使用"我会……"这一技巧，你自己也能从中受益。当你说"我会……"而且列出了你要采取的步骤时，你就给了自己一个好的开端，你的脑子里会明确自己所必须采取的行动。

（2）说"我理解……"以体谅对方情绪。对方需要你理解并体谅他们的情况和心情，而不要进行评价或判断。

（3）说"你能……吗？"以缓解紧张程度。

①消除人们通常听到"你必须……"时的不愉快。

②避免责备对方"你本来应该……"所带来的不利影响。

③保证对方清楚地知道你需要什么。

什么时候使用"你能……吗？"——急于通知对方或原来的要求没有得到满足的时候。

（4）说"你可以……"来代替说"不"。其作用是：

①会得到别人的谅解。

②可以节省时间。

③令工作更容易。

什么时候使用"你可以……？"——不能完全满足对方要求，但还有别的办法；可能不能立刻帮上忙，但却想表达真诚的服务意愿；对方不明确需要时，以建议激发其思路。

【课堂阅读】

南北战争时，林肯要求各司令官发到白宫来的报告务必翔实。麦克利兰将军是一个急性子，接到这道命令着实有些受不住，于是马上发电报到白宫，电报称："林肯大总统钧鉴：俘获母牛6头，请示处理办法。——麦克利兰"林肯接到麦克利兰将军的电报后，马上给他回了一封电报："麦克利兰将军勋鉴：电悉。所俘母牛6头，挤其牛乳可也。——林肯。"

林肯从电报中读出了麦克利兰的情绪，给出一个什么样的反馈才能平息他的不满呢？林肯很聪明，他用自己惯有的幽默巧妙地化解了对方的怨气。

2.表达原则

在表达观点的时候，有一个非常重要的原则，就是FAB原则。F就是Feature，即属性；A就是Advantage，即优势；B就是Benefit，即利益，如图9-2所示。

在阐述观点的时候，按照这样的顺序来说，对方更容易懂，也容易接受。

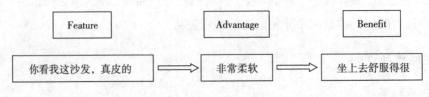

图9-2 FAB原则

（四）处理异议

在沟通中遇到异议时，我们可以采取一种借力打力的方法。这种方法不是要强行说服对方，而是用对方的观点去说服对方。

在沟通中遇到异议时，首先要了解对方的某些观点，然后找出其中对你有利的一点，再顺着这个观点发挥下去，最终说服对方。在保险业，客户说："我收入少，没有钱买保险。"业务员却说："正因为你收入少才需要买保险啊，以便从中获得更多的保障。"服装业客户说："我这身材穿什么都不好看。"销售人员说："就是因为这样，你才需要设计，来修饰你身材不好的地方。"

（五）达成协议

一定要注意，是否完成了沟通，取决于最后是否达成了协议。在达成协议的时候，要做到以下几个方面：

感谢：对于别人的支持表示感谢。

赞美：积极转达外部的反馈意见。

庆祝：愿与合作伙伴、同事分享成功；对合作者的杰出工作给予回报。

（六）共同实施

在实际工作中，任何沟通的结果仅仅意味着一个工作的开始，而不是结束。

最后，检查沟通过程是否按照计划进行，以及为什么不能按计划进行，如表 9-1 所示。

表 9-1 沟通计划表

沟通计划		
沟通的目的		
参与沟通者		
地点		
开场白重点		
沟通进行项目及自己表达的重点	项目 1	
	项目 2	
	项目 3	
结果	达成共识点	
	实施	
	差异点	
下次沟通重点		
本次沟通重点		

第三节　克服有效沟通的障碍

【课堂阅读】

是什么让他失去机会

小张是某公司用高薪从人才市场招来的网络工程师。半年多来，小张在工作中表现突出，技术能力得到了大家的认可，每次均能按计划、保证质量地完成项目任务。在别人手中的难题，只要到了他那里，十有八九迎刃而解。公司对小张的专业能力非常满意，有意提升他为项目主管。为此公司对他进行了全面的考察。然而，公司在考察中发现，小张除了完成自己的项目任务外，从不关心其他事情，且常以保护知识产权为由，很少为别人答疑；对分配的任务有时也是挑三拣四，若临时额外追加工作，便表露出非常不乐意的态度。另外，他从不参加公司举办的各种集体活动。结果公司放弃了重用他的计划。

障碍是沟通行为中的干扰因素，是阻止正确理解和准确解释信息的噪声。障碍发生在发送者和接收者之间，可分为三种形式：外部干扰、内部干扰和语义干扰。外部干扰来自环境，如沟通的时间、地点和不当的场合。内部干扰发生在发送者与接收者的头脑中，沟通任何一方的思想和情绪处于不利于沟通的状态下，都将影响沟通的正常进行。内部干扰有时也来源于信念和偏见，因情感不同和理解不同而造成沟通障碍。

一、语言障碍

语言障碍导致沟通失败屡见不鲜。语言障碍包括两个方面：一是口头语言障碍，二是书面语言障碍。比如，模棱两可的语言，难以辨认的字迹，表达能力不强，词不达意，或逻辑混乱，艰深晦涩等，存在于沟通过程的任何环节之中，都将严重影响沟通效果。

【课堂阅读】

表达不明确导致的危机

在航空史上，曾由于飞行员的表达不明确，导致了一场灾难。那是1990年1月29日，一架航空公司的班机从哥伦比亚飞往纽约，途中不幸坠毁，共有73人遇难。在坠毁前，飞机在肯尼迪机场上空盘旋了45分钟，耗尽了燃料。这明显是由于飞机驾驶员与地面控制台之间不准确的沟通所致，驾驶员应该对此负责，因为他们从未说"燃料出现紧急情况"或"只剩最低限度的燃料"，如果他说了，地面控制台肯定会对此做出紧急反应。只是说燃料不多了，并不意味着立即就会出现问题。这是一起由于沟通不清楚而造成悲剧性结果的典型案例。

下面仅从令人生厌的说话者和听话者两个方面展开讨论并给出对策。

1. 令人生厌的说话者

（1）不良习惯是说话中最主要的障碍。不良的说话习惯有面无表情、动作过多、眼神飘移、声音欠佳、有口头禅等。克服办法：对着镜子说话，观察表情是否过于严肃，利用录音机审查自己的语音条件，说话时保持双唇的距离，尽量用胸腔发音，除非你说的是秘密，否则不要低声细语。大声朗读，检查自己的声音是否单调，控制好说话的速度。说话时，动作不宜太多，要与听众进行眼神交流。当你意识到自己出现多余动作时，应立即改正。

（2）言语粗俗的人登不了大雅之堂，严重影响说话者的形象。言语间看修养，这种人常被看成是缺少思维能力和知识浅薄的人。克服办法：加强自身修养，用词当心，注意形象。

（3）好为人师者喜欢指出别人的不足，喜欢给人忠告，把自己的想法强加于他人。有些忠告是好的，但要注意方式方法。解决方法：多数时候应采取含蓄委婉的暗示，让别人自觉为好。

（4）啰唆者想把一件非常琐碎而又无趣的事情说得有趣而重要，那滔滔不绝的言谈，却使你感到代人受过般的难熬。克服办法：要做点有意义的事情，想些大问题，不要生活在一个狭窄的圈子里。

（5）自说自话者有一个比世界上任何话题都好的题目，他不管他人愿不愿意接受，自顾自地把他人拉入谈话中来。对付方法：尽力转移话题，不让其有机会自说自话。

（6）固执己见者心胸太狭窄，一旦他认准的理，十头牛都拉不回来，沟通起来很费劲，不能成为一个很好的谈话对象。和这种人谈话你会很不舒服，空气中常常充满紧张气氛。解决方法：让其广结朋友，广听不同意见。

2. 令人生厌的听众

（1）感情色彩是听话中最关键的障碍，可以分为夸张、淡化和忽略三个方面。所谓夸张，就是错误地夸大了某条信息的重要性。听者把注意力放在几句话或几个词上，从而忽略了对方的话。例如，当有人说我们自私时，给别人留下印象的就只有这个词，而忽略了其他的话，这是不公正的评价。由于对这个评价的气愤，而不愿意听对他其他方面的描述。当感到自己夸大某条信息时，要力求理解整体，不要停留在某一环节上；承认分歧并解决它，坚决抵制由于一句评论而影响整体听话的内容。淡化意味着我们在别人的讲话突出重点之前降低其重要性，整条信息都被淡化了，以致没有什么明显的内容留在听者的脑海里。例如，某人盛赞某部电视剧，可你对战争片不感兴趣，所以你将他的话理解为"这部电视剧还可以吧"。避免淡化的最好办法为，从你听到的话中找出主要信息，尽量抓住说话人最主要的意愿，寻找一些能表示他对某个特别话题的感受的线索。忽略是一种消极的方式，决定我们是否应该忽略说话者讲话的两个因素是能力和信任。如果判断出说话者是无能的或是靠不住的，我们就可以忽略他说的话。

（2）插话，即不等别人把话讲完他就打断，有时竟代为说出。讲话者对此非常不高兴，但他并未察觉，还得意洋洋地炫耀自己的光彩之处。更有甚者，在别人毫无准备之下，突然说"我知道这件事的结果"，使讲话者不得不中断讲话。这类人应该提高作为听众的素质。

（3）心不在焉者在他人说话时，注意力经常分散，等需要他回答时，他只能很尴尬地说："对不起，你刚才讲了什么？我没有注意听。"也许这是因为讲话者的话很难吸引他，即便如此，也不可原谅。要改变自己的不良习惯就要学会尊重他人，专注于讲话者。

（4）自作聪明者常把一个讨论得很好的话题转了方向，把你正发表得好好的意见或极严肃的话题打断。若要这类人改掉毛病，就只有当他不在场，不予理睬。几次之后，他就自感无趣了。

（5）喜欢辩论者，即常说的爱"抬杠"的人，思维非常敏捷，好斗逞强，经常发表与别人相反的观点。这类人需改变其好斗的天性，学会与他人和平共处。

（6）轻视他人者由于自我感觉良好，或瞧不起说话者，喜怒形于色，这对说话者会造成一定的心理压力，乃至沟通失败。请体谅讲话者，给予鼓励支持，哪怕是你极不喜欢的话题或是跟你相反的意见，先保持沉默，不要流露出不满行为。

（7）交头接耳者是别人大声说，他在小声说，就像上课讲话的学生，开会讲话的员工，当别人讲话时，他在下面叽叽咕咕，品头论足，不尊重说话人。请注意，只有尊重他人才是充分尊重自己。

（8）随便离席者，即有的人在沟通过程中进进出出，随便离席。这是对正在讲话的人最大的不尊重。

二、个性障碍

在人际沟通中，一些不利因素会导致沟通交往产生障碍，主要有：

（一）年龄差异障碍

由于年龄差异出现代沟，主要是对社会持有不同的态度和观念，比较难以交流和沟通。克服的办法是换位思考，用与时代同步的意识观念沟通。

（二）各种偏见障碍

人们常常持有一些偏见，如阶层的偏见、种族和民族的偏见、地区的偏见、性别的偏见等，形成了态度障碍。人们经常以貌取人，只凭第一印象就下结论。例如，一个人穿一身旧衣服，就认为不整洁；看到一个女司机，就认为其驾驶技术一定不怎么样；等等。克服的办法是力求用客观、公正的视角看问题。

（三）认知差异障碍

交往双方的文化程度、认知方式、观点意见、兴趣爱好以及经历背景等各方面的显著差异，将不可避免地引起双方认知失调，从而妨碍进一步交往。克服的办法是尽可能向对方靠拢。例如，有位丈夫不慎丢了钱包，回到家，他笑容满面地对妻子说："今天我把钱包弄丢了，可我一路跟着一辆公共汽车跑回来，结果省了五角钱。"妻子听后，貌似严厉地说："你可真蠢，你怎么不跟着一辆出租车回来呢？那样不就可以省五元钱了吗？"接下来，自然是一笑而过。

（四）自我认知障碍

有些人在认识上发生较大偏差，表现为过度自负或过度自卑。前者自视过高，盛气凌人，脱离群众，后者则妄自菲薄，两者均会引起人们的反感，难以交往。克服的办法是融入人群，融入社会。

（五）个性特征障碍

良好的个性特征可以促进沟通，不良的个性特征自然会破坏人际关系。典型的不良特征有自私、粗鲁、贪婪、虚伪、冷酷、恶意、狭隘、嫉妒、猜疑等。实践表明，这些不良的个性是导致沟通失败的最重要原因。克服的办法是提高思想道德修养，谦虚好学，养成乐观、自信、宽仁、友善、真诚的美德。

在我们平时的工作和生活中，不好的沟通比任何一种不良习惯给我们带来的伤害都大。如果你在工作、学习、生活中欠缺沟通技巧，那么不仅影响人际关系，无法和同事正常地合作，导致工作效率降低，同时也会影响个人职业生涯的发展；在家庭中，不好的沟通会造成家庭的破裂。所以，有效沟通对于我们来说非常重要。

三、环境障碍

环境障碍包括两个方面，一是小环境，二是大环境，小环境障碍如场所的限制、噪声较大、光线黑暗、空气污浊、色彩失调、结合不当、距离不对等。要选择合适的场所，应避免在噪声比较大的地方如施工场所、十字路口交谈，尽量寻找安静、舒适、雅致、有格调的咖啡厅、茶室等，同时力求避免电话、手机和他人干扰。如果在家中聚会，则有必要将电视的音量关小，保证室内的空气清新、舒适。还应选择恰当的时间，公众场合都有高峰期，如餐馆在中午 12：00 前后、下午 6：00 以后客人较多。时间选择对沟通效果有直接的影响。

除自然环境外，还有政治环境的影响。政治环境突变，对于地位低的沟通者是一个极大的考验。如果语言不当，就有很大的危险。

当然，并不是说在险要的政治环境中就完全不能发表自己的看法，只是要巧妙应对。

四、情绪障碍

在每天的生活中，我们在绝大多数时候都有意或无意地受着情绪的控制。它既能使人精神焕发、充满激情、思维敏捷、干劲倍增，又能使人萎靡不振、情绪低落、思路阻塞、消极怠慢。心理学家把人的情绪分为积极情绪与消极情绪两大类，积极情绪对人有正面的、积极的作用；消极情绪则对人有负面的、消极的作用。大学生应该有意识地努力发展自己的积极情绪，要遵守规律、睡眠充足、亲近自然、经常运动、合理饮食、积极乐观；对于消极情绪，则要主动寻找原因，严格控制，努力消除，不让自己成为情绪的奴隶，不让那些消极的心境左右我们的生活。知道了自己在哪些时间、面对哪些人、哪类事容易生气，就可以先预习，用自我教导法，帮自己打预防针，到时候就不会被消极的情绪牵着鼻子走了。

第四节　有效沟通的技巧

与人交流要求我们巧妙地听和说，而不是无所顾忌地谈话。而与那些充满畏惧的人、怒火中烧的人或是遭受挫折的人交流就更难了，因为在这种情绪的控制下，会更加束手无策。用什么样的方法和感觉将信息传递过去是决定沟通成败的关键因素之一。另一个关键因素就是如何接收对方的信息。下面我们介绍一些沟通过程中应关注的重点和技巧。

一、沟通双方互为主体

沟通总是在某种特定的环境、场合、条件下进行的，双方情景相融。在实际交际中，彼此的认同是一种直达心灵的技巧，彼此认同又表现为对沟通双方的动机和目的的认同。这样，认同就是外在技巧和内在动机比较完美的结合。认同经由主客体的思想意识同步而来，沟通关系都是从"同步"开始跨出第一步的。认同的目的几乎就是达到"同步"，这就形成了一个奇妙的进程："同步—同—同步"。毫无疑问，后一个"同步"是在认同的基础上达成共识和形成一致行动，相比前一个"同步"已经产生了质的飞跃。沟通的双方或多方从感觉、直觉、知觉到理性化的认同，认同程度分为不同的层次，我们把它叫作"认同度"。"认同度"的高低与沟通的有效性成正比，"认同度"越高，沟通效果就越好；"认同度"越低，沟通效果就越差，沟通就很难达到目的。

同时，人的情感认同也是复杂的、立体的，而不是单面的。如果总以为逻辑事实如此，总以为有理走遍天下，就太简单化了。其实就改变人的态度而言，单纯的逻辑论证的效果是极其有限的。白居易笔下的诗句"可怜身上衣正单，心忧炭贱愿天寒"正是这种复杂感情的表现。在我们的日常生活中，如果喜欢一个人，明明知道他还有某种不足，却总会找出各种理由为他辩护；反之，如果是不喜欢的人，就算事情办得很好，也会找出各种理由不予承认。这些都在自觉或不自觉地完善着自己的认同结构。

二、注意沟通的双向性

沟通双方两个系统之间是双向信息交流而非一方只传递信息，另一方只接收信息的单向行为，沟通双方的角色互换，互为主客体。我们在工作和生活中，常把单向的通知当成了沟通。在与别人沟通的过程中，如果一方说而另一方听，这样的效果就非常不好。换句话说，只有双向的交流才叫作沟通，任何单向的都算不上真正的沟通。因此，沟通的另一个非常重要的特征是沟通一定是一个双向的过程。要形成一个双向的沟通，必须包含三个行为，即说的行为、听的行为和反馈的行为。一个有效的沟通就是由这三种行为组成的。换句话说，考核一个人是否具备沟通技巧，需要看这三种行为他是否都做到了。

三、保障沟通双方的符号一致

双方必须使用统一的符号，或由中介者把双方不相通的符号转换成相同的。例如，两个分别只懂英语或汉语的人不借助翻译就难以进行语言沟通。语言是人类特有的一种非常好的、有效的沟通方式。语言的沟通包括口头语言、书面语言、图形、图像。口头语言包括面对面的谈话、会议等。书面语言包括信函、文件、广告和传真，以及现在广泛使用的E-mail等。图片包括一些幻灯片和电影等，这些都统称为语言的沟通。在沟通过程中，对于信息的传递、思想的传递和情感的传递而言，语言沟通更擅长传递信息。非语言（肢体语言）沟通包含的内容非常丰富，如动作、表情、眼神等。

四、建立群体关系

沟通从尊重开始，如果希望别人怎样对待你，你首先就要考虑怎样对待别人。每个人都有尊严和自己的权利，包括说"不"的权利、说真话的权利、获取他们需要的权利、学习的权利、发展的权利和犯错误的权利、做他们认为是正确事情的权利、改变主意的权利、在必要的时候帮助他人的权利、享有平等机会和待遇的权利以及隐私权等，任何沟通都要从尊重对方的权利开始。

【课堂阅读】

人类是天生的社会性动物

亚里士多德说："人类是天生的社会性动物。"一个人的力量是有限的，个人的力量很难突破时空、环境的障碍。因此，个人加入了群体，借助团体的力量，再大的、客观的环境障碍也不成问题。一只蚂蚁谈不上有什么力量，但是，十万只、百万只蚂蚁组成的蚁群却可以摧毁千里之堤。现实中，你要做的就是找到你的群体，以构成有助于你的事业的

"网络"。而你寻找和构筑你的群体网络的过程，也就是你的沟通关系和沟通状态实现的现实过程。与拥有相同目标的人同行，能更快速、更容易地达到预期的目的，因为彼此能互相推动。

沟通就是为了建立这样一种群体关系。现代社会分工越来越细，人与人之间的依赖性越来越强，没有人能单独达到事业顶峰。大学生要想顺利地步入社会，并迅速得以成长和发展，成为出类拔萃的人，就必须寻求和吸收大量对你有帮助的资源。在各方面都有所建树的人是你所有资源中最宝贵的，你所要做的，就是找到他们，并努力与他们建立良好的关系，构建有助于你事业的群体网络。一旦你拥有了如此的人际网，就等于系好了安全带，到关键时刻便会发挥作用，使人获救，并重新获得安宁，而这种平衡又将传递新的信息，产生新的力量。

五、把握沟通的尺度

第一个尺度是空间的距离。即沟通双方保持多远的距离最合适，不要让对方产生个人空间被侵入的感觉。较近的距离可能有利于双方产生好感，也可能导致双方的不自在。

第二个尺度是时机的掌握。要选择适当的时机进行沟通，不要选择在对方忙碌或心烦的时候沟通。如果时机不对，会影响沟通效果。

第三个尺度是体态语言。在沟通的时候要保持微笑，发自内心的微笑是成功沟通的法宝。表情和身体语言所产生的沟通效果比仅仅用语言沟通的效果要好得多。

沟通时，要注意两个方面的问题：沟通不要太急于求成，最好事先做好铺垫工作；经常沟通是我们所赞成的，但是不能因为频繁沟通造成组织中的上下级是哥们儿的印象。为了更好地开展工作，上级或长辈一定要有一定的威严，"距离产生美"。

六、建立合作态度的技巧

信任是沟通的基础，在工作和生活中，如果双方之间缺乏信任，那么沟通肯定是无效的、失败的。在工作中与同事接触时，有些人易于沟通，而有些人则难于沟通。一个重要的因素，即你和不同人之间的信任度不一样。如果缺乏信任，沟通效果就不好，不易解决问题。信任是沟通的基础，每个人在沟通过程中，由于信任的程度不同，所采取的态度也不一样。如果态度问题没有解决，沟通的效果就不好。

在沟通过程中，根据果敢性和合作性的不同，可以分为5种不同的态度。

（1）强迫性态度。这种人非常果敢，却缺乏合作的精神。在现实生活中，确实有这样的情况：如父母对孩子、上级对下级，在这种强迫的态度下，沟通实际上很难达成一个共同的协议。

（2）回避性态度。这种人在沟通中既不果断地下决心，也不和他人主动合作，总是回避别人，不愿意沟通，所以得不到一个良好的沟通效果。

（3）迁就性态度。具有迁就态度的人虽然果敢性非常弱，但是他却非常愿意与人合作，无论说什么都表示同意，通常下级对上级采取迁就态度。如果与下级沟通，你要注意，他的态度是否发生了问题，采取的是不是迁就态度。如果是，那么沟通就失去了意义，就得不到一个正确的反馈。父母和孩子沟通的时候，孩子也可能无奈地说"好、行"，因为一方有权力，另一方没有权力。

（4）折中性态度。折中性态度有一定的果敢性，也有一定的合作性，非常圆滑。

（5）合作性态度。在沟通的过程中，需要有一个正确的态度，既有一定的果敢性，勇于承担责任、下决定，又有合作性。这样的态度才是合作性态度，才能产生共同的协议。合作性态度有如下 5 个具体表现。

第一，双方都能说明各自所担心的问题。如果双方认为某个地方有问题，而且都能毫无保留地说明自己所担心的问题和所遇到的困难，那么这就是一种合作的态度。在平时的工作和生活中，对方是否愿意说出自己的想法？如上级问下级：你觉得我们还存在哪些不足？那么下级是否愿意说出来？只有持有合作的态度，他才会说出所有他认为存在的问题。合作的态度表现为，双方都愿意说出所有的顾虑和所担心的问题。

第二，双方都积极地解决这个问题，而不是推卸责任。

第三，双方共同研究解决方案。共同研究不是一方告诉另一方，更不是一方命令另一方，而是双方共同研究解决问题的方法。

第四，在沟通过程中论事不对人，就是只谈论行为而不谈论个性。

第五，双方最后达成一个双赢的协议，一定是一个考虑到双方利益的协议。

实际上，在沟通过程中，要想达到一个合作的态度是非常困难的。在平时的工作中，我们经常会和不同的人沟通，只有我们的态度问题解决了，沟通才有可能成功。上下级之间要建立合作态度。面对下级的时候，我们是采取一种强迫的态度，还是一种合作的态度呢？怎样使自己有一个良好的合作态度，这是沟通中非常重要的一点。

【实践活动】

脱稿演讲

[活动目的]

帮助学生建立一套对复杂问题进行分析的思维模式，能够运用富有感染力的沟通方式进行表达、沟通、游说。

[活动形式]

1. 即兴演讲

每节课开始时，邀请 2~3 名学生主动上台进行即兴演讲，题目自拟，时间为 3~5 分钟。愿意进行演讲锻炼的学生可以利用这个机会。

2. 主题式演讲

把学生分成若干组，拟定若干题目，由学生自选。每个小组需完成三个主题的演讲。每次演讲时演讲者要面对老师和组内 20 多名同学。

[演讲主题]

1. 问题分析

可以对某一问题提出自己的见解。

2. 讲故事

以带着感情色彩的表述方式讲出一件小事（最好是发生在自己或者亲戚朋友身上的），然后简要分析，利用这件小事去说明你想要表达的某个观点或主题。训练目标是让演讲者学会如何平衡叙事与分析、利用叙事来充分说明观点与主张的说服力。

3. 危机沟通

假设你所工作的组织遇到了某种危机，由你负责宣布这个危机。

4. 面对带有敌意的观众

假设观众是敌对的或者充满怀疑的，由你来缓解他们的敌对情绪。

5. 最终演讲

可以是关于本课程教学内容的演讲，如对课程的反思、评论，也可以是对其他同学之前演讲的反驳，只要是与课程有关的主题皆可。

[讨论]

学生演讲结束后，老师和其他学生可以一起提出建议与批评。

第十章　压力管理技能

【案例导读】

小田本科毕业于国内某 211 重点高校，本科阶段不仅成绩优异顺利保送了本校的研究生，在学生工作方面也积累了大量的学生干部的经验，是一个品学兼优的好学生。然而在研究生新生入学的心理测试中，小田的测试结果显示出抑郁状态。教师经过和小田接触后了解到，进入研究生阶段后，面临增大的学业压力、科研压力、就业压力，小田焦虑了，开始为未来担心。

改革开放 40 多年来，中国经济迅猛发展，老百姓的物质生活水平发生了翻天覆地的变化。与几十年前相比，如今的衣食住行条件有了巨大的改变，这是有目共睹的事实。然而，快速发展的社会除了给人们带来优越的物质生活条件外，也带来了较为突出的心理问题。心理学家研究发现，人们在追求成功的同时，心态却变得日益浮躁，内心的"幸福感"没有上升反而下降。不少人常常感到心理压力大，以至于出现头痛、失眠、消化不良等诸多身体不适的症状，甚至有的人做出了轻生的举动。

在高校，学生面临着诸多学习、就业、发展的压力："忙、茫、盲"是学生最真实的写照，学业压力大，忙于学习、实践；不知道自己未来的出路在哪里；盲目考研、盲目求职，毕业后盲目地开始工作，三五年后忽然发现这份工作并不是自己想要的，而自己已年过三十，又不敢转行，因为身上背负着房贷、车贷和养育孩子的压力。

压力是当人们去适应由周围环境引起的刺激时，人们的身体上或者精神上的生理反应，它会对人们心理和生理健康状况产生积极或者消极的影响。许多企业管理者开始关注员工的压力管理问题，实施适当的压力管理能有效地减轻员工过重的心理压力，保持适度的、最佳的压力，从而使员工提高工作效率，进而提高整个组织的绩效。

第一节　压力管理概述

【课堂阅读】

压力管理失败的赵先生

赵先生是某公司销售总监。他工作积极努力，责任心强。每天早上 7 点就出门去公司，一直工作到晚上 11 点才回家。如果出差在外，就更不用说了。面对激烈的市场竞争和公司不断下滑的销售业绩，赵先生对下属的表现越来越不满意。他不明白，这些人为什么不能像他那样努力工作？明明非常简单的事情还处理不好，都要他亲自过问。为了扭转被动局面，他越来越忙，并不断压缩自己吃饭和睡觉的时间。他的脾气变得越来越暴躁。如果谁的表现稍不如意，他就不留情面地严厉批评。大家见到他都很害怕。有两位销售骨干近期提交了辞职报告。家中太太也开始抱怨他太不照顾家庭。面对来自工作和家庭的压力，他感到郁闷和不被理解，却又没有办法解决。他感到自己就像坠入一张网中，越陷越深，无力自拔……

赵先生积极向上、兢兢业业，但是不仅收效甚微，而且四面楚歌。不断提高的业绩要求，办公室里的明争暗斗，家庭的责任，蛮横的客户，健康受损等，像一座大山，压向职场人士。其后果轻则造成决策失误、团队关系紧张、公司里人际冲突频发、业绩表现失常、骨干人员流失，重则造成过劳死、公司重大决策失误等。所以，压力管理是每个人必须学习的一门技能。

一、正确认识压力

（一）压力的定义

压力的概念最早出现在物理学上，是指垂直作用于物体表面的力，或者外力作用下物体发生形态上的变化，这里的压力是指物理压力。而我们现在所讨论的主要是指心理压力。

国外的学者们从不同的角度提出了压力概念的内涵和外延。例如，塞利（Selye）把压力定义为任何需要所产生的一种非特殊性的反应，后来借指人类面临的困境与逆境。鲁斯和福克曼（Lazaras&Folkman）认为压力是当一定的事件和需要承担的责任超过个人应付能力时，由焦虑所引发的一种状态。法恩曼（Fineman）认为压力是个体对威胁或风险的认知及反应，希金斯（Hig-gins）等认为压力状态是个体的内心产生不平衡的状态。而杰瑞德·科里（GeraldCorey）的解释较易被一般人接受：压力是单一或连续引起身体及心理紧张的事件。

我国学者车文博认为压力是指个体的身心在感受到威胁时所产生的一种紧张状态，压力也可称为应激、紧张。张春兴指出，心理学上的"压力"一词有三种解释：其一，指环境中客观存在的某种具有威胁性的刺激；其二，指由某种具有威胁性的刺激引起的一种反应组型，只要类似的刺激一出现，就会引起同类的反应；其三，指刺激与反应的交互关系，即个体对环境中具有威胁性的刺激经认知其性质后所表现的反应。

由此可见，压力是由一定的刺激事件所引起，个体认为刺激事件已经超出了可控范围时所体验到的一种身心紧张状态，它引起当事人一系列生理上的变化。

（二）压力的种类与来源

压力可以分成两类，即内部压力和外部压力。内部压力来自人的体内，包括人的态度、思想和情感。挫折和冲突最容易带给人压力。

【课堂阅读】

小田是某高校的大二学生，今年的期末考试小田压力很大，如果考不好，再次受到学业警示，按照学校的制度规定，他就要被退学了。高中时的小田成绩非常好，高考的目标就是考一所全国重点大学，因为老师和家长都告诉他，到了大学就可以好好玩了。高考结束后，小田如愿以偿进入某全国重点大学，但是到了大学之后，他发现大学的学业压力同样很大，而且老师们的授课方式让他无法适应。找不到适合自己的学习方法，学习没有了动力，自然成绩就下降了。

大一结束小田多门挂科，受到了学业警示。家长知道小田的学习状态后非常担心，辅导员和班主任都找小田谈了话，告诉他学习的重要性，小田也很焦虑，但看着难度较大的基础课和专业课，小田内心既排斥又不得不学，身边人的不断提醒让小田感觉压力越来越大，大二快期末考试时，小田由于压力太大而出现失眠、头疼等身体疾病，开始接受心理治疗。

当代大学生处于社会经济、政治深化变革的时代，社会的高要求和自身的高抱负使他们更易感受到很大的压力。国内外从20世纪就已经开始关注大学生的压力问题。国外的研究发现，大学生压力源主要来自学习、社会、情绪或个人等几个方面。国内学者朱逢九的研究指出，当今大学生的心理压力主要是由大学生活、个人成长和社会大环境所造成的；张林、车文博、黎兵的研究发现，大学生心理压力主要包括两方面，一种是个人压力（家庭、健康、恋爱、自卑、适应、挫折），另一种是社会环境压力（人际、学业、择业、情绪、学校环境）。

综合国内众多心理学工作者对我国大学生压力源的调查分析，当代大学生的压力源可以概括为以下几个方面。

1. 学业压力

顺利完成学业是大学生面临的首要任务，因此，期末考试、资格考试、学位考试等仍是令大学生感到负担的学业任务。学业压力常表现为考试焦虑、失眠、注意力不集中、记忆力减退等。

2. 适应大学生活的压力

近年来，大学生因不能适应新生活而退学，因专业不理想而重新高考或是干脆放弃上学的例子屡见不鲜。经分析后不难发现，许多新生没有足够的经验和能力来适应全新的学习和生活，在心理方面也缺乏一定的准备。有些学生甚至根本不认同自己所选择的专业，无法激发学习热情，再加上突然远离亲人，远离被照顾的环境，一切都需要自己去负责的时候，不免感受到压力。

3.人际关系的压力

在大学里，性格迥异的学生来自不同地区、家庭，大家同住一室，同在一间教室，同在一个社团，难免会有摩擦和冲突，如果这些日常的小问题不能被恰当及时地沟通解决，日积月累就成了大问题，就会影响心情和生活。

4.成长方面的压力

由大学生自身发展而导致的压力是大学生的压力源之一，也叫个人成长压力。

首先，社会成长方面的压力。虽然大学生很重视个人交往能力的锻炼，但由于缺乏一定的技巧，所以常常处理不好人际关系。有人以自我为中心，总认为别人在干扰、侵犯自己；有人以他人为中心，总想取悦、迎合他人，对别人提出的要求不会说"不"，而且也不去争取他人的支持和帮助。这两种极端状况都易给大学生造成一定的心理压力。其次，来自情感方面的压力。对于性生理发展已经成熟的大学生来说，他们一方面感受到来自性的自然冲动，另一方面却对它持否定、批判和回避的态度，从而产生相应的性心理压力。另外，由于失恋或相关情感问题，如追求恋爱对象失败、未婚同居等导致的压力也会严重影响其情绪。

【课堂阅读】

小康同学是一个活泼开朗的女生，进入大学后不久就恋爱了，男朋友是同一个学院不同专业的同学。在恋爱初期，两个人如胶似漆，形影不离。但相处几个月后，双方的缺点开始暴露出来，两人经常因为意见不合而出现矛盾、争吵。小康对男朋友极强的控制欲让男朋友很痛苦，终于男朋友向小康提出了分手。小康认为自己非常爱男朋友，当男朋友提出分手后，非常痛苦，并通过多种方式挽留，但男朋友心意坚决。经过一番努力都没能挽回男朋友的心，小康觉得人生没有任何意义而选择了伤害自己。

最后，自我成长方面的压力。如今的大学生追求个性化、独特化的精神，这其实是自我意识发展、自我完善、自我塑造的方式。但是人人都想保持美好的形象，独特的个性，希望能够在行为举止、学习成绩、道德品质上优于他人，因此，难免会发生激烈的竞争和攀比行为，这样就导致了压力的产生。

5.前途方面的压力

急剧变革的社会环境、日益加快的生活节奏、身不由己的名利竞争，给人们带来了空前的压力。由于年轻，没有足够的竞争力，现实与理想之间的差距给大学生造成了压力，这样的压力是弥散性的、渗透性的和潜移默化的。这种压力就直接体现为大学生对未来前途生涯的担忧和焦虑，是一种很现实的压力。

【**课堂阅读**】

小杨是艺术设计专业即将毕业的学生，进入大四后不知道该选择求职还是继续读研。从小杨的大学经历来看，他参加了不少专业实习，同时在校园里也有学生会干部经历，是一名综合素质比较高的学生，加之他的专业优势，去求职可以找到不错的工作，小杨也认为自己对考研并没有很大的兴趣。大四开学后不久，小杨找到辅导员，表示自己不找工作了，要准备考研，因为父母强烈要求他读研。于是小杨开始准备考研，但看到身边的同学都找到了不错的工作，小杨的压力很大，结果可想而知，考研并没有成功。但小杨的父母认为，家里并不需要小杨赚钱养家，强烈要求小杨再考一年。

6.经济方面的压力

在大学，部分学生来自较贫困的地区或家庭，他们是通过学校的勤工助学活动自筹学费、生活费的，面对富裕学生的高消费和社会上各种奢侈品的诱惑，他们想提高生活质量就不得不面对更大的经济压力。有的人在学生时代就不停地做兼职，他们为了赚钱，甚至严重影响了学业和身心健康。

二、压力的危害

（一）压力过大容易产生消极悲观情绪

长期处于紧张压力的状态下，某些心理素质差的人会产生很强的挫败感。此外，身心疲惫时，人就会丧失竞争的勇气和做好事情的信心，从而产生莫名的烦恼、愤怒、抱怨和忧愁，不少人甚至会产生自杀的念头或实施自杀。

（二）压力过大容易引发饮食失调、免疫力下降

处于较大压力状态下，有的人表现为厌食、食欲不振、胃部不适、腹泻、恶心或呕吐等。压力过大也会导致人免疫力下降。现代医学研究发现，人的情绪状态和机体的免疫系统之间有着特殊的关系。长期巨大紧张的压力，会对机体的免疫系统产生负面影响。人会出现各种症状，如烦躁不安、精神倦怠、失眠多梦、心悸、胸闷、四肢乏力、性功能障碍等。

（三）压力过大导致认知功能下降

长期处在过度压力状态下，个体的反应速度会下降，记忆力减退，对非常熟悉的事物的记忆和辨别能力下降。人难以进入聚精会神的状态，经常遗忘正在思考和谈论的事情，出现中途"思维短路"的现象。

（四）压力过大导致失眠

无论是急性子的人还是慢性子的人，情绪处于紧张状态，首先受影响的就是睡眠。当

承受的压力较大时，常常躺在床上辗转反侧、难以成眠，压力反应一再被激起，人也因此筋疲力尽。

第二节 压力的作用与影响

一、压力的正面作用

著名的"感觉剥夺实验"是这样的：贝克斯顿（Boxton）在美国麦吉利大学募集了许多大学生志愿者，让这些志愿者每天躺在床上睡觉，并有 20 美元的酬劳。他们自己决定何时退出实验。这种毫无压力的生活看来应该是惬意的，还有钱可以拿。而实际情况怎么样呢？大多数志愿者在实验开始后 24~36 小时内要求退出，没有人坚持 72 小时以上。在实验期间，他们由惬意的睡眠逐渐变为厌倦和不安，而后开始唱歌、吹口哨儿和自言自语，甚至出现幻觉。可见，压力是普遍存在的。

学校放暑假或者工作中放长假，人们开始时感觉很舒服，但是时间一长，有点无所事事，反而很不舒服，希望能尽快回到之前忙碌的生活中。这个例子表明，一点儿压力都没有并不会让我们有非常幸福的感觉。

没有压力，就没有成长；有了压力，才有了驱动力。例如，当你有了欲望或出现紧迫感的时候，压力就随之而来，人生潜能也会得到更大发挥。同时，有压力说明你还没有放弃自己，人生轨迹还朝着你的目标前进。这就是压力的正面作用。

二、压力的负面影响

压力的影响既可以是正面的，也可以是负面的，这取决于压力的大小和一个人对压力的承受程度。一个处于长期压力之下的人就像一辆齿轮转动过快的汽车，引擎会过早报废。我们的身体同样如此。压力过大的负面影响会依次在人的心理、生理、行为等方面展现出来。

压力过大的心理症状：①焦虑、紧张、迷惑、烦躁、敏感、喜怒无常；②道德和情感准则削弱；③感情压抑，兴趣和热情减少，厌倦工作；④意志消沉，自信心不足，出现悲观失望和无助的心理；⑤短期和长期记忆力减退；⑥精神疲劳，错觉和思维混乱增加。

压力过大的生理症状：①心率加快，血压升高；②身体疲劳，肌肉紧张；③汗流量增加，恶心、胸闷、头痛；④睡眠不好，精神萎靡，注意力很难集中；⑤皮肤干燥，有斑点和刺痛（皮肤对压力特别敏感）；⑥消化系统问题，如胃痛、消化不良或溃疡扩散。

压力过大的行为症状：①工作懈怠，能力降低，错误率增加；②放纵自己，自暴自弃；③没胃口，吃得少，体重迅速下降；④孤僻、抑郁、自闭，烦躁不安；⑤冒险行为增加，包括不顾后果地驾车和赌博；⑥攻击、侵犯他人，破坏公共财产；⑦与家庭和朋友的关系恶化；⑧自杀或企图自杀。

第三节 压力的管理方法和技巧

【课堂阅读】

一杯水的重量

在一堂压力管理的培训课上，培训师拿起一杯水，问台下的听众。

培训师："各位认为这杯水有多重？"

听众甲："半斤吧？"

听众乙："不对，应该有一斤。"

培训师："这杯水的重量并不重要，重要的是你能拿多久。拿一分钟，谁都能做到；拿一个小时，可能会觉得手酸；拿一天，可能就得进医院了。其实这杯水的重量是不变的，但是你拿得越久，就越觉得沉重。我们要做的是放下这杯水，休息一下后再拿起这杯水，如此我们才能拿得更久。"

这位培训师将我们承担的压力比作杯中的水，告诉我们如果我们一直把压力放在身上，即使是很小的压力，时间一长也会觉得越来越沉重而无法承担。所以，压力一定要及时处理，并且要掌握正确处理的方法和技能。

一、压力诊断

根据负面影响的各种症状来诊断自己是否压力过大。同时，还应了解"目前我的压力有哪些""我最大的压力是什么"，以便有针对性地缓解压力。确切地说，到底是什么压垮了你？是工作、家庭生活，还是人际关系？如果认识不到压力的根源所在，就不可能解决问题。

【课堂测试】

下面是一份压力的诊断量表，共35题。请你根据自己近期的实际情况在相应的□中打"√"回答。

1. 经常患感冒，且不易治疗好。　　　　　　　□是□否

2. 常有手脚发冷的情形。　　　　　　　　　　□是□否

3. 手掌和腋下常有出汗的现象。　　　　　　　□是□否

4. 突然出现呼吸困难的苦闷窒息感。　　　　　□是□否

5. 时有心悸现象。　　　　　　　　　　　　　　□是□否

6. 有胸痛情况发生。　　　　　　　　　　　　　□是□否

7. 有头重感或头脑不清醒的昏沉感。　　　　　□是□否

8. 眼睛很容易疲劳。　　　　　　　　　　　　　□是□否

9. 有鼻塞现象。　　　　　　　　　　　　　　　□是□否

10. 有头晕眼花的情形发生。　　　　　　　　　□是□否

11. 站立时有发晕的情形。　　　　　　　　　　□是□否

12. 有耳鸣的现象。　　　　　　　　　　　　　□是□否

13. 口腔内有破裂或溃烂情形发生。　　　　　　□是□否

14. 经常有喉痛现象。　　　　　　　　　　　　□是□否

15. 舌头上出现白苔。　　　　　　　　　　　　□是□否

16. 面对自己喜欢吃的东西，却毫无食欲。　　　□是□否

17. 常觉得吃下肚的东西好像沉积在胃里。　　　□是□否

18. 有腹部发胀、疼痛感觉，而且常有下痢、便秘现象发生。□是□否

19. 肩部很容易坚硬酸痛。　　　　　　　　　　□是□否

20. 背部和腰经常疼痛。　　　　　　　　　　　□是□否

21. 疲劳感不易解除。　　　　　　　　　　　　□是□否

22. 近期有体重减轻的现象。　　　　　　　　　□是□否

23. 稍微做一点儿事情就马上感到疲劳。　　　　□是□否

24. 早上经常有起不来的倦怠感。　　　　　　　□是□否

25. 不能够集中精力专心做事。　　　　　　　　□是□否

26. 睡眠不好。　　　　　　　　　　　　　　　□是□否

27. 睡觉时经常做梦。　　　　　　　　　　　　□是□否

28. 深夜突然醒来之后，就很难重新入睡。　　　□是□否

29. 与人交往变得很不起劲。　　　　　　　　　□是□否

30. 稍有一点儿不顺心就生气，时有不安的情形发生。□是□否

31. 出门后时常怀疑门窗、电灯没有关好。　　　□是□否

32. 总想起上次做错的事。　　　　　　　　　　□是□否

33. 常常担心自己可能做错什么事。　　　　　　□是□否

34. 非常害怕自己考试不及格。　　　　　　　　□是□否

35. 非常害怕又被老师批评。　　　　　　　　　□是□否

评分规则：

在"是"的□中选一个"√"，得1分；在"否"的□中选一个"√"，得0分，得分介于0~35分。

结果分析：

如果你的得分为 0~5 分，说明你现在的心理状态良好，压力较小。

如果你的得分为 6~10 分，说明你现在承受着一定程度的压力。注意身心放松。

如果你的得分为 11~15 分，那就表明你正承受比较严重的压力，学习、工作和生活都不同程度地受到压力的干扰。要认真查找压力源，及时、合理地进行减压，也可以咨询心理专家。

如果你的得分超过 15 分，则表明你现在的压力很严重，学习、工作和生活难以正常进行。建议你去看看心理医生。

二、压力缓解

高压锅为什么要有减压阀？这个道理很简单，压力锅也是有压力限制的，压力大了它就会炸锅，而减压阀的作用就是将较高的压力减小到所需要的合适压力。同理，当我们压力过大时，首先要立即启动我们的"减压阀"，先释放部分压力，以免"炸锅"。每个人都有适合自己的减压阀，我们列举几个方法作为参考。

（一）休息片刻，呼吸一下新鲜空气

一天中多进行几次短暂的休息，做做深呼吸，呼吸一下新鲜空气，可以使大脑放松，防止压力情绪的形成。千万不要放任压力情绪的发展，不能使这种情绪在一天工作结束时升级成能压倒你的工作压力。

（二）转移并释放压力

让自己暂时躲开压力源，去做一下体育运动或者去 KTV 吼两嗓子，这样能让你很好地将压力转化并发泄出来，之后会感到很轻松，不知不觉间就可以把压力释放出去。或者给自己放假一天，彻底放松一下。

（三）找信得过的朋友聊一聊

或许你不喜欢把脆弱的一面展示给别人。但是，把所有的事情埋藏在心底只会令自己郁郁寡欢，有时候把你的烦恼跟信得过的朋友聊一聊，效果会很好。一是倾诉本身就会让你的心情感到舒畅；二是与朋友们交换一下近况，你会发现，自己那点事不算什么，可能别人的烦恼比你大多了，从而自己也就觉得没有什么了。

进行初步减压之后，就要正式面对压力源。要勇敢地面对存在的问题，进行深入、具体的分析，并寻找解决方案。"兵来将挡，水来土掩"，问题来了不要怕，攻克它就是。要努力争取以最有效的方式处理外界压力，将负面压力转为正面动力。

三、抗压能力提升

每个人的抗压能力都是不同的。对于企业来讲，更欢迎那种抗压能力强的员工。因此，做好压力管理，除了减压之外，我们还要增强自己的抗压能力。

（一）做好情绪管理，提升情商

在缓解压力的方法当中，很重要的一点就是转化对压力问题的情绪应对。因此，拥有良好的情绪管理能力并逐渐提升自己的情商，抗压能力自然会得到提升。例如，当我们遇到批评时，脸皮厚一点儿（这是情商高的表现），诚恳地接受建设性意见，不要太有挫折感，那么，压力感就不会很强，抗压能力就会提升。

（二）做好时间管理，让生活井井有条

有条不紊、井然有序的日程安排可以消除紧张情绪，也可以帮助你完成大量的工作。如果我们无法同时面对千头万绪的事情，可以在一段时间内只做一件事。美国心理辅导专家乔奇博士发现，构成忧思、精神崩溃等疾病的主要原因是患者面对很多亟须处理的事情，精神压力太大而引起精神上的疾病，要减少自己的精神负担，不应同时进行一件以上的事情，以免身心俱疲。

（三）养成健康的生活习惯，发挥减压阀的作用

每个人都可以设置自己的减压阀，但很多人往往沉浸在压力中不可自拔。如果能够平衡工作和休息的时间安排，经常锻炼身体，避免精神和体力上的过度疲劳，自然能够提高自己的抗压能力。据相关研究表明，10分钟的散步能带来随后2个小时的充沛精力，并减轻紧张感和疲劳感。

四、大学生的压力管理

所谓压力管理，可分成两部分，第一，针对压力源造成的问题本身去处理；第二，处理压力所造成的反应，即情绪、行为及生理等方面的纾解。

（一）压力反应阶段

压力作用于个体之后，会引发一系列的变化，如心跳加速，血液循环加快，血压升高；内脏血管收缩，骨骼肌血管舒张，血流量重新分布；呼吸加深加快，肺通气量增多；汗腺分泌迅速；代谢活动加强，为肌肉活动提供充分的能量；等等。这一系列活动均有利于机体动员各器官的储备力，尽力应对环境的变化。根据内分泌学和生化学家塞利的研究，在适应压力的过程中，个体的生理、心理及行为特点分为三个不同的阶段，如图10-1所示。

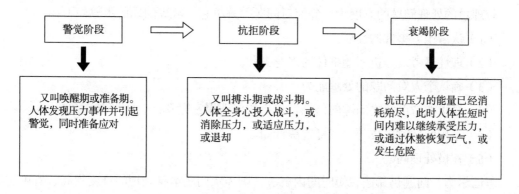

图 10-1 压力的反应阶段模型

1. 警觉阶段

警觉阶段又称唤醒期或准备期。发现事件并引起警觉，同时准备应对。交感神经支配肾上腺分泌肾上腺素和副肾上腺素，这些激素促进人体的新陈代谢，释放储存的能量，于是主要器官的活动处于兴奋状态，包括：呼吸、心跳加快；汗腺分泌加速；血压、体温上升；骨骼肌紧张；等等。

2. 抗拒阶段

抗拒阶段又称搏斗期或战斗期。继警觉之后，人体全身心投入战斗，或消除压力，或适应压力，或退却。这一阶段人体会出现以下生理、心理和行为特征：

（1）警觉阶段的生理生化指标恢复正常，外在行为平复，处于意识控制之下的抑制状态。

（2）个体内部的生理和心理资源以及能量被大量耗费。

（3）此时个体变得极为敏感和脆弱，即便是微小的刺激，也能引发个体强烈的情绪反应。

3. 衰竭阶段

衰竭阶段又称枯竭期或倦息期。由于抗击压力的能量已经消耗殆尽，此时人体在短时间内难以继续承受压力。如果一个压力反应周期之后，外在的压力消失了，经过一定时间的调理和休息，人体很快就能恢复正常的体征。如果压力源持续存在，人体仍不能适应，那么一个能量已经消耗殆尽的人，就必然会发生危险。此时，疾病、死亡都是极有可能的。长期处于叠加性压力和破坏性压力状态下易出现身心疾病，就是这个道理。

（二）压力问题处理技巧

通常，一般大学生在面对自己无法顺利处理的压力时，常采取不太理想的方式，如逆来顺受、逃避、紧张或鲁莽行事等。但是，这样的处理方式往往无法有效处理问题，有时还会惹来更大的麻烦。由于问题处理过程关系到压力的调节，一旦处理过程出了问题，压力严重程度可能增加或者持续时间更长，从而导致严重的情绪、生理及行为伤害，甚至引发各种身心疾病。

较理想的处理问题的态度为冷静面对问题并解决它。解决问题的步骤如下：

（1）认清压力事件的性质。

（2）理性思考及分析问题事件的来龙去脉。

（3）确认个人对问题的处理能力。

（4）寻求能帮助解决问题的信息，包括如何动用家庭及社会环境支持系统。

（5）运用问题解决技巧，拟订解决计划。

（6）积极处理问题。

若已尽力，问题仍无法在短时间内解决，则表示问题本身处理的难度很高，有可能需要长期奋战。此时除了需要培养坚韧不拔的斗志外，还需要其他的精神力量支持。

（三）压力反应处理

无论问题处理的结果如何，处理过程中所产生的压力对身心都会造成明显的反应，因此，如何适当处理身心的反应，也是压力管理相当重要的一环。

1. 情绪纾解

情绪的不适当表现常会干扰问题的解决过程，甚至会使问题本身恶化。如何有效纾解情绪，成为问题处理过程中相当重要的环节；否则，即使有了一个较好的解决计划，也可能因为情绪失控，使成效大打折扣。任何形式的心理治疗初期，纾解情绪均是最重要的步骤，只有如此，才能顺利进入问题的核心。情绪纾解的方法如下：

（1）接受情绪经验的发生。情绪经验的发生是相当正常的，因此觉察自己的情绪并接受自己情绪的过程，会使自己正面看待情绪本身，而采取较为适当的行动。问题不在情绪本身，重要的是当事人对情绪的扭曲及压抑而出现的问题。如果不能正视情绪的存在，反而会为情绪所奴役。

（2）情绪调节。适当宣泄情绪，有助于恢复思绪的平衡，如寻找忠实的聆听者诉苦，对方也可以给予精神上的支持与关怀。另外，也可以在不干扰别人的前提下，痛哭一场或捶打枕头，适当宣泄情绪，以避免在解决问题的重要时刻把不适当的情绪表露出来。

2. 正向乐观的态度

在处理压力问题时会遇到困难，如果这是因为自己的能力不足，那么整个问题的处理过程就会成为增强自己能力的重要机会；如果是环境或他人的因素造成的，则可以理性沟通解决。如果无法解决，则尽量以正向乐观的态度去面对每一件事。正向乐观的态度不仅会平息紊乱的情绪，也能使问题导向正面的结果。

3. 生理反应的调和

当一个人在沉思冥想或从事缓慢的松弛活动时，如肌肉松弛训练、练瑜伽、打坐等，在体内会产生一种宁静气息，使得心跳、血压及肺部氧气的消耗降低，而使身体各器官得到休息。对于常常不自觉地使自己神经紧绷，甚至下班后仍有工作压力的人而言，这是非常好的休息方式。另外，处于压力状态时，运动是使生理反应平静下来的相当有效的方式。

因为压力会促使肾上腺素分泌及流动性增加，而运动则可以减低并消散其作用。因此，形成规律、适当的运动习惯，是对抗压力行之有效的方式。

4. 行为上的调适

应该避免不适合的宣泄行为，如滥用药物、酗酒、大量抽烟及涉足不良场所等，而应该培养正当的休闲娱乐，如与朋友聚会、登山、参加公益活动及技艺学习、团体活动等。

【课堂测试】

中国大学生压力测试

请根据自己的实际情况，从 0~3 分中选择一个数字代表以下事件对你的压力程度。0= 没有压力；1= 轻度压力；3= 重度压力。

个人烦扰：

1. 渴望真 (爱) 情却得不到。

2. 青春期成长。

3. 同学关系紧张。

4. 外形不佳。

5. 身体不好。

6. 同学间互相攀比。

7. 居住条件差。

8. 遭受冷遇。

9. 社会上的各种诱惑。

10. 晚上宿舍太吵。

11. 没有人追或找不到男 / 女朋友。

12. 没有人说知心话。

13. 没有学到多少真本领。

14. 独立生活能力差。

15. 各种应酬有困难。

16. 家庭经济条件差。

学习烦扰：

17. 对有些科目怎么努力也学不好。

18. 学习成绩总体不理想。

19. 讨论问题时常反应不过来。

20. 考试压力。

21. 同学间的竞争。

22. 学习效率低。

23. 每学期期末考试成绩排名。

24. 完成课业有困难。

25. 有些课程作业太多。

26. 各种测验繁多。

消极生活事件：

27. 累计两门以上功课考试不及格。

28. 一门功课考试不及格。

29. 当众出丑。

30. 被人当众指责。

评分及结果分析：把每个项目的得分相加，如果高于 45 分，则说明你所承受的压力偏高，需要采取措施应对和调整；如果低于 45 分，则说明你面临的压力较低。

【课后思考】

1. 什么是压力？举例说明压力与身心健康的关系。

2. 当前大学生的压力源主要有哪些？

3. 什么是压力管理？大学生压力管理的途径和方法有哪些？

第十一章　个人理财管理技能

【案例导读】

卸下了高考的重担，挥别三年的汗水。当拿到那份"沉甸甸"的大学录取通知书时，周荣感受到了全身的释放和轻松。他知道，未来几年相比过去那些日子，同样有梦想、同样需要拼劲，可是多了一样以前没有的东西：自由感。因为踏入大学校园，意味着他可以全方位地感受从来没有的自由：衣食住行将由他自己决定，吃什么穿什么他自己做主；他可以选择自己喜欢的知识去涉猎，读自己喜欢的书，听自己喜欢的讲座；他可以自己安排时间，什么时间做些什么，都由他自己说了算。当然，也包括自己的钱包：一张银行卡。

周荣进入大学一个月后，逐渐适应了大学生活，绚烂多彩的社团活动让周荣眼花缭乱，这时，"Y 基金大学生理财社团"进入了他的视野。通过了解以后，他知道这个社团是由 Y 公司赞助，并且派出人员进行辅导，让大学生树立理财观念，管理好自己已有的少许零花钱，为未来选择自己的理财模式做好演练。周荣每个月有两千元零花钱，除去日常花销，计划好了每月都可以有些结余。周荣对这个社团很感兴趣，希望自己能够看到财富增值的"魔法"，于是申请加入。社团工作人员告诉他，马上就会有 Y 公司组织的财富讲座以及一个由 Y 公司赞助的理财大赛。

回到寝室后，周荣上网搜索了 Y 基金，发现该公司网站首页非常醒目的位置就有"大学生理财专区"的链接。他点开链接，发现里面除了介绍货币市场基金产品及购买方式以外，还设置了"大学生理财 Q&A""更多理财知识""趣味财商测试""你问我答"等板块。周荣通过这些板块，对这个基金有了更多了解，对它也更感兴趣了，每隔一段时间便会去观察一下，逐渐养成了关心基金相关新闻的习惯。

周荣通过一段时间的观察，开始尝试购买 Y 基金，由于他的资金量比较小，而且有时要取出来使用，因此他选择了货币基金作为投资对象。Y 货币基金购买方式非常简单，只要登录 Y 基金公司官方网站，开通网上交易，就可申购。网上开户及支付支持多种银行借记卡，方便快捷。相比于第三方渠道，"网上直销"的手续费也比较低，更适合像周荣这样的大学生群体。

周荣用每个月的生活费结余购买基金份额，一段时间后，他发现自己的财富确实有所增加，自己闲置资金的投资需求得到了满足，同时，也积累了这方面的理财经验。

在 Y 基金官网上，大学生投资货币基金可选择两种方式：一是一次性申购。如果在开学时有一定数额的资金，可以通过网站开通网上交易账户，一次性全部购买成货币基金。这种方式平时不用操心，只需每月初赎回一定资金作为当月日常生活费即可。二是定期定额投资。如果大学生每月有一定资金结余，可以在基金公司官网开通网上直销专户，并选择定投计划，每月投资一定金额 (最低 100 元)。

周荣毕业后在一家建筑设计公司工作，每个月上万元的工资，他的第一个想法就是购买基金。这个时候的他，已经掌握了不少相关理财知识，开始投资更高层次的基金产品。他并不熟悉其他的基金公司，但在大学生涯里，他已经完全弄清楚了 Y 财富基金，它就好像是他的管家，从他掌握了第一笔自己的自由财产开始就教他如何增值，他对它放心，它同时也会为他的财富护航。

时下，理财已经成为人们经济活动的重要组成部分。人们越来越注重生活的质量内涵。当人们生活从温饱型进入小康型，人们的消费结构也从过去的粗放型、紧缩型的消费阶段进入了更为注重消费质量的舒展型消费阶段，人们对理财需求的迫切渴望乃是必然的。走进理财时代，就能够走进美好生活。理财不是发财，任何时候，我们理财只是为了未来的生活更有保障。

第一节　个人理财管理概述

一、理财的含义

"个人理财"是一个时髦的词，然而一般人对理财的认识存在两个误区：一是认为理财就是生财，就是今年投下 10 万元，明年收入 12 万元，也就是投资赚钱。二是认为理财是有钱人的事儿，普通人没有几个钱，无所谓理不理财。实际上，这两种理财观念都是狭隘的。

理财其实是一种个人或家庭的人生规划，是指我们要善用钱财，尽量使得个人及家庭的财务状况处于最佳状态，从而提高生活质量。如何有效地利用每一分钱，如何及时地把握每一个投资机会，是理财的关键所在。同时，理财与我们每个人的生活息息相关，理财不是富人的专利，它已经成为每个人生活的一部分。因为每个人从出生到终老，天天有"钱进钱出"的理财行为。只是，每个人的理财方式不同而已，有的人合理运作，有的人却随性而为；有的人善于以钱生钱，有的人却习惯选择存储。不同方式的理财活动往往会导致差异的产生。

二、理财的目的

个人理财的目标是帮助我们每个人实现内心深处真正渴望的——拥有丰富的生活内容和美好的人生体验，使我们和我们所爱的人生命中充满快乐和安宁。通过个人理财达到财务自由的过程，就是我们一步步摆脱对金钱的恐惧、焦虑、担忧的过程。具体来讲，理财要达到如下几个目的：

（1）现金流的管理以保证满足个人家庭的日常消费支出。

（2）通过投资行为保值增值个人家庭资产，积累充分的财富以供支配。

（3）通过保险、年金等手段达到保障的目的，以转移风险，应对突发事件造成的家庭财富损失。

具体来说，它包括个人生命周期每个阶段的资产和负债分析、现金流量预算和管理、个人风险管理与保险规划、投资目标确立与实现、职业生涯规划、子女养育及教育规划、居住规划、退休计划、个人税务筹划及遗产规划等各个方面。

三、理财的一般原则

不同投资者的投资预期、财富多少和风险承受能力不尽相同，因此需要采用不同的策略。但在一些大的方面，绝大多数投资者的行动会大致相同。这些原则包括：

（一）量入为出原则

保证基本生活，余钱投资，有多少钱办多少事。任何不顾自身实际情况的购置、消费、投资活动都可能使自己陷入财务困境，使你品尝生活窘迫的滋味。要根据收入情况，合理安排各种支出，同时注意节省，进行储蓄并为将来的不时之需做准备。不能将全部资金用于投资，而必须认真计算未来的收入情况和投资产生的效益，以及会对正常消费和生活质量产生何种影响。

（二）因人而异原则

投资理财方式要根据个人的个性、偏好、年龄、职业、经历等特征进行选择。一般应做到"三个结合"，即结合自己的职业特征，选择业务熟悉又有把握的投资方式，并抓住时机，准确投资，减少或避免失误；结合自己的知识结构，以有利于增长知识，促进业务长进和事业发展；结合自己的兴趣爱好，从拓宽知识面和充实、丰富八小时以外的业余生活出发，使业余生活更充实。

（三）持之以恒原则

理财贵在坚持，正确选好理财标的之后，一定要坚持下去，否则会前功尽弃。有这样一个故事：1926年，一个名叫山姆的普通美国人出生了。小山姆的父母给他投资购买了800美元的美国中小企业发展指数基金。当山姆年老去世时，那始终没动的800美元投资变成了384.24万美元！这是让人难以置信的回报。我们对美国股市从1926年到2002年的历史数据分析发现：投资美国中小企业股票75年的累积收益率是4803倍，对应的以复利计算的年化收益率是11.97%。这个年收益率在很多人眼中并不是暴利。投资大蓝筹公司股票的累积收益率是1548倍，对应的复利计算的年化收益率是10.29%。因此，从理论上说，假设我们自己像山姆那样用800元来投资一只处于平均业绩水平的开放式基金的话，以复利计算，50年以后，我们的资产能够达到493万元之多。在投资时，除了报酬率之外，还有一项很重要的决胜因素——时间。

（四）安全性原则

组合投资，分散风险，不要把全部鸡蛋放在同一个篮子里，也不要把全部篮子挑在一个肩膀上。投资切勿单一化，而应当选择几种投资方式，这样可防止一种投资出现风险时导致"全军覆没"而造成重大损失。在选择多种投资方式进行投资组合的同时，根据自己的年龄和家庭成员构成来决定投资重点。

（五）适度原则

天有不测风云。个人的所有收入不应该全部用于投资上，应该在银行里存一笔钱，以解燃眉之急。一般来说，个人的"易变现资产"的保持足以应付4~6个月的各项生活支出。

第二节 个人理财计划与策略

一、个人理财观念

（一）树立坚强信念，投资理财不是有钱人的专利

在我们的日常生活中，总有许多工薪阶层或中低收入者持有"有钱才有资格谈投资理财"的观念。普遍认为，每月固定的工资收入应付日常生活开销已经捉襟见肘，哪来的余财可理呢？"理财投资是有钱人的专利，与自己的生活无关"仍是一般大众的想法。

事实上，越是没钱的人越需要理财。例如，你身上有10万元，但因理财错误，造成财产损失，很可能立即出现危及你生活保障的许多问题，而拥有百万、千万、上亿元身家的有钱人，即使理财失误，损失其一半财产也不至于影响其原有的生活。因此，必须先树立一个观念，无论贫富，理财都是伴随人生的大事，在这场"人生经营"过程中，越穷的

人就越输不起，对理财更应严肃而谨慎地看待。

当然，在芸芸众生中，所谓真正的有钱人毕竟占少数，中产阶层、工薪族、中下阶层百姓仍占极大多数。由此可见，投资理财是与生活休戚相关的事，穷人或初入社会又毫无固定财产的"新贫族"都不应逃避。即使捉襟见肘、微不足道也有可能"聚沙成塔"，运用得当更可能是"翻身"的契机呢！

因此，芸芸众生必须改变的观念是，既知每日生活与金钱脱不了关系，就应正视其实际价值。当然，过分看重金钱也会扭曲个人的价值观，成为金钱的奴隶，所以才要诚实面对自己。

总之，不要忽视小钱的力量，就像零碎的时间一样，学会充分运用，时间一长，其效果就自然惊人。最关键的起点问题是要有一个清醒而又正确的认识，树立一个坚强的信念和拥有必胜的信心。我们再次忠告：理财先立志，不要认为投资理财是有钱人的专利，理财从树立自信心和坚强的信念开始。

（二）理财重在规划，别让"等有了钱再说"误了你的"钱程"

在我们身边，有许多人一辈子工作勤奋努力，辛辛苦苦地存钱，却又不知所为何来，既不知有效运用资金，也不敢过于消费享受，或有些人试图"以小博大"，不看自己能力，把理财目标定得很高，在金钱游戏中打滚，失利后不是颓然收手、放弃从头开始的信心，就是落得后半辈子悔恨抑郁再难振作。

要圆一个美满的人生梦，除了制定一个明确的人生目标规划外，还要懂得如何应对人生不同阶段的生活所需，而将财务做适当计划及管理就更显其必要性。因此，既然理财是一辈子的事，何不及早认清人生各阶段的责任及需求，制订符合自己的职业生涯理财规划呢？

许多理财专家都认为，一生理财规划应趁早进行，以免年轻时任由"钱财放水流"，蹉跎岁月之后老来嗟叹空悲切。

（三）拒绝各种诱惑，不良理财习惯可能会使你两手空空

每个月领薪日是上班族最期盼的日子，可能要购置家庭用品，或是购买早就看中的一套服饰，或是与朋友约好去上一份"人情"，各种生活花费都在等着每个月的薪水进账。在我们身边不时地会看到这样的人，他们固定收入不多，花起钱来每个人却都有"大腕"气势，身穿名牌服饰，皮夹里现金不能少，信用卡也有厚厚一叠，随便抽出一张都能消费，获得的虚荣满足胜于消费时的快乐。

月头领薪水时，钱就像过节似的大肆花，月尾时再苦哈哈地一边节衣缩食，一边再盼望下个月的领薪日快点到来，这是许多上班族的写照。尤其是初入社会经济刚独立的年轻

人，往往无法抗拒消费的诱惑，也有许多人是用金钱（消费能力）来证明自己的能力，或是补偿心理某方面的不足，这就使得自己对金钱的支配力不能完全掌握。

面对这个消费的社会，要拒绝诱惑当然没那么容易，要对自己辛苦赚来的每一分钱具有完全的掌控权就要先从改变理财习惯下手。"先消费再储蓄"是一般人易犯的理财习惯错误，许多人生活常感左入右出、入不敷出，就是因为你的"消费"是在前头，没有储蓄的观念。或是认为"先花了，剩下再说"，往往低估自己的消费欲及零零星星的日常开支。对中国许多老百姓来说，养成"先储蓄再消费"的习惯才是正确的理财法，实行自我约束，每月领完薪水，先把一笔储蓄金存入银行（如零存整取定存）或购买一些小额国债、基金，"先下手为强"，存了钱再说，这样一方面可控制每月预算，以防超支；另一方面又能逐渐养成节俭的习惯，改变自己的消费观甚至价值观，以追求精神的充实，不再为虚荣浮躁的外表所惑。

（四）没有人是天生的理财高手，能力来自学习和实践经验的积累

常听人以"没有数字概念""天生不善理财"等借口规避与每个人生活休戚相关的理财问题。似乎一般人易于把"理财"归为个人兴趣的选择，或是一种与生俱来的能力，甚至与所学领域有连带关系。非商学领域学习经验者自认与"理财问题"绝缘，而"自暴自弃""随性"而为，一旦面临重大的财务问题，不是任人宰割就是自叹没有金钱处理能力。事实上，任何一项能力都非天生具有，耐心学习与实际经验才是重点。理财能力也是一样，也许具有数字观念或本身学习商学、经济等学科者较能触类旁通，也较有"理财意识"。

但基于金钱问题乃是人生如影随形的事，尤其现代经济日益发达，每个人都无法自免于个人理财责任之外。中国人的传统观念认为"女人是天生的理财高手"，从现今一般家庭由太太掌管财务的比例较高中似乎得到印证，但从家庭角色分工的角度来看，管家的人管钱也是理所当然的"分内事"，但并不表示女性擅长理财，不然为何在理财专业人士当中，女性的比例又偏低呢？

如今我们身处"理财时代"，五花八门的理财工具书多而庞杂，许多关于理财的课程也走下专业领域的舞台，深入上班族、家庭主妇、学生的生活学习当中。随着经济环境的变化，勤俭储蓄的传统单一理财方式已无法满足一般人的需求，理财工具的范畴扩展迅速。配合人生规划，理财的功能已不限于保障安全无虑的生活，而是追求更高的物质和精神满足。这时，如果一个人还认为理财是"有钱人玩金钱游戏"，是与己无关的行为，那就证明他已落伍，该奋起直追了！

（五）不追求一夕致富，别把所有鸡蛋放在同一个篮子里

有些保守的人，把钱都放在银行里生利息，认为这种做法最安全且没有风险。也有些

人买黄金、珠宝寄存在保险柜里以防不测。这两种人都是以绝对安全、有保障为第一标准，走极端保守的理财路线。这两种人或是说完全没有理财观念，或是对某种单一的投资工具有偏好。如房地产或股票，遂将所有资金投入，孤注一掷，急于求成。后者若能获利顺遂也就罢了，但从市面有好有坏波动无常来说，只靠一种投资工具的风险未免太大。

部分投资人是走投机路线的，也就是专做热门短期投资。今年或这段时期流行什么，就一窝蜂地把资金投入。这种人有投资观念，但因"赌性坚强"，宁愿冒高风险，也不愿踏实从事较低风险的投资。这类投机人往往希望"一夕致富"，若时机好也许能大赚其钱，但时机坏时亦不乏血本无归，甚至倾家荡产的活生生例子。

不管选择哪种投资方式，上述几种人都犯了理财上的大忌：急于求成，"把所有鸡蛋放在同一个篮子里"，缺乏分散风险观念。

随着经济的发展、工商业的发达，人们的投资渠道也越来越多，单一的投资工具已经不符合国情民情。而且风险太大，于是"投资组合"的观念应运而生，目的既为降低风险，同时又能平稳地创造财富。

目前的投资工具多样，最普遍的不外乎银行存款、股票、房地产、期货、债券、黄金、共同基金、外币存款、海外不动产、国外证券等。不仅种类繁多，名目也分得很细，每种投资渠道下还有不同的操作方式，若不具备长期投资经验或非专业人士，一般人还真弄不清。因此我们认为，一般大众无论如何对基本的投资工具都要稍有了解，并且认清自己的"性向"是倾向保守或具冒险精神，再来衡量自己的财务状况。"量力而为"选择较有兴趣或较专精的几种投资方式，搭配组合"以小博大"。投资组合的分配比例要依据个人能力、投资工具的特性及环境而灵活转换。个性保守或闲钱不多者，组合不宜过于多样复杂，短期获利的投资比例要少；若个性积极有冲劲且不怕冒险者，可视能力来增加高获利性的投资比例。各种投资工具的特性，则通常依其获利性、安全性和变现性（流通性）三个原则而定。例如，银行存款的安全性最高，变现性也强，但获利性相对低；股票、期货则具有高获利性，变现性也佳，但安全性低；而房地产的变现能力低，但安全性高，获利性（投资报酬率）则视地段及经济景气而有弹性。

理财规划应配合大经济环境而变化。一般说来，经济不景气、通货膨胀明显时，投资专家莫不鼓励投资人增加变现性较高且安全性也不错的投资比例，也就是投资策略宜修正为保守路线，维持固定而安全的投资获利，静观其变，"忍而后动"，经济复苏，投资环境改善时，则可适时提高获利性佳的投资比例，也就是冒一点风险以期获得高报酬率的投资。

了解投资工具的特性及运用手法时，搭配投资组合才是降低风险的"保全"做法。目前，约有八成的人仍选择银行存款的理财方式，这一方面说明大众仍以保守者为多；另一方面也显示，不管环境如何变化，投资组合中最保险的投资工具仍占一定比例。我们普遍认为，不要把所有资金都投入高风险的投资里去。"投资组合"乃是将资金分散至各种投资项目中，而非在同一种投资"篮子"中做组合，有些人在股票里玩组合，或是把各种共同基金组合搭配，仍然是"把所有鸡蛋放在同一个篮子里"的做法，依旧是不智之举啊！

（六）管理好你的时间胜于管理好你的金钱和财富

现代人最常挂在嘴边的就是"忙得找不出时间来了"。每日为工作而忙忙碌碌，常常觉得时间不够用的人，就像常怨叹钱不够用的人一样，是"时间的穷人"，似乎都有恨不得把 24 小时变成 48 小时来过的愿望。但上天公平地给予每人一样的时间资源，谁也没有多占便宜。如果一个人对老天公平给予每个人 24 小时的资源无法有效管理，不仅可能和理财投资的时机失之交臂，人生还可能一事无成，可见"时间管理"对现代理财人的重要性。既然向上帝"偷"时间不可能，那么学着自己"管理"时间，把分秒都花在"刀刃"上，提高效率，才是根本的途径。

时间管理与理财的原理相同，既要"节流"，还要懂得"开源"。要"赚"时间的第一步，就是全面评估时间的使用状况，找出所谓浪费的零碎时间；第二步，予以有计划地整合；第三步，把每日时间切割成单位的收支表做有计划的安排，切实达成每日绩效目标。"时间是自己找的"，当你把省时养成一种习惯，自然而然就会使每天的 24 小时达到"收支平衡"的最高境界，还可以游刃有余地利用"闲暇"时间，去从事较高精神层次的活动。

二、理财计划

个人理财就是通过对财务资源的适当管理来实现个人生活目标的一个过程，是一个为实现整体理财目标设计的统一的互相协调的计划。这个计划非常长，将贯穿人的一生。个人理财计划包含三层意思：第一，要清楚自己有哪些财务资源；第二，要对自己的生活目标有清晰的认识；第三，要有一系列统一协调的计划。用现金流的管理把所有计划综合在一起，协调所有计划，使所有计划都能够满足自己的现金流，这就是个人理财的核心内容。

（一）理财计划的步骤

一般来说，理财计划有五个步骤：

1. 厘清自己的资产状况

厘清自己的资产状况，包括你目前有多少资产，多少负债，以及你未来收入的预期又是多少，知道你有多少财可以理，这是最基本的前提。

现实生活中，很多人对自己的财务状况并不清楚，过日子也不懂得精打细算。其实，这非常简单，尝试制作两张财务报表，就会对自己的财务状况一目了然，这同时也对自己合理安排收支非常有帮助。一般来讲，理财报表包括收支表和资产负债表，如表 11-1 和表 11-2 所示。

表 11-1 个人日常收入支出记录明细表

| 日期 | | 收入 | | 支出 | | 结余 | 备注 |
月份	号数	项目	金额	项目	金额		
2021-5	1						
	2						
	3						
	4						
	5						
	6						
	7						
	8						
	9						
	10						
	11						
	12						
	13						
	14						
	15						
	……						
合计							

收支表通常由收入、支出和结余三部分构成。目前，我们个人或家庭的收入通常包括工薪收入、兼职收入、存款利息收入、股票投资收入、租金收入、其他收入等。而支出的项目就要因人而异了。不同收入水平的家庭或个人会有不同的开支项目，但一般来讲，也可以包括这样几类，如生活必需品支出、教育支出（有孩子的家庭）、银行按揭支出（住房贷款、汽车贷款等）、投资支出以及消遣娱乐交往支出等。可以按照自己的收入支出构成进行分类和统计，如表 11-2 所示。但是无论是消费性支出还是投资性支出，总的原则是支出要小于收入，不能出现长期性的透支，否则经济上绷得太紧，自己的生活就会面临很大的压力。

表 11-2 个人资产负债表

年 月 日 单位：元

项目名称		金额
一、资产（你所拥有的）		
1. 货币资产	现金	
	银行存款	
2. 证券投资	股票	
	债券	
	基金	
	其他类投资	
3. 住房		

项目名称		金额
4. 汽车及家电	汽车	
	电脑	
	……	
5. 公积金		
6. 其他资产		
总资产：（1+2+3+……）		
二、负债（你所欠的）		
1. 住房按揭贷款		
2. 信用卡债务		
3. 消费贷款		
4. 其他个人欠款		
……		
总负债：（1+2+……）		
三、资产净值（总资产 - 总负债）		

结余就是收入减去支出的部分。收支表和企业的损益表类似（资产 = 负债 + 所有者权益）。编制一张收支表既可以让我们对当月或当年的收入来源和挣钱的出处一目了然，又可以对当年的现金结余做到心中有数。不仅如此，我们还要对跨年度的收入和支出项目进行比较，看哪些项目高了，哪些项目低了。想想背后的原因，考虑一下高或低对自己或整个家庭生活的影响是正面还是负面，正面的影响在来年如何保持，负面的影响有多大，自己能否承受以及如何克服。总之，要积极扩大收入来源，节约或减少、或坚决剔除不必要的支出。还可以在每年年初，对自己和家庭当年的收入进行一个展望，也就是做一个预算，如表 11-3 所示。把预算的数字填在相应的项目下。对每个季度、半年或全年的实际情况进行比较，看看差异在什么地方，寻找背后的原因以及解决的对策，效果会更好。

表 11-3 家庭月度预算表

项目	计划支出总额	实际支出总额	总差额
	计划开支	实际开支	差额
住房			
购房贷款或租金1			
购房贷款或租金2			
电话费			
电费			
燃气费			
水费			
有线电视收视费			
物业费			
维修费			

项目	计划支出总额	实际支出总额	总差额
装修费			
其他			
小计			
交通			
购车贷款1			
购车贷款2			
公共交通费用			
汽车保险			
验车费			
汽油费			
维修费			
其他			
小计			
保险			
养老保险			
医疗保险			
工伤保险			
失业保险			
其他			
小计			
饮食			
食品购买			
外出就餐			
其他			
小计			
子女			
医疗			
服装			
学费			
书费			
辅导班			
午餐费			
家教			
玩具/游戏			
其他			
小计			
宠物			
食物			
医疗			
清洁			
玩具			
其他			

项目	计划支出总额	实际支出总额	总差额
小计			
个人护理			
医疗			
理发 / 美容			
服装			
洗衣			
健身			
俱乐部会员费			
其他			
小计			

2. 设定自己的理财目标

设定一个目标是非常关键的，否则，我们的理财就是盲目的，无的放矢。然而现实中许多人甚至不清楚自己在未来的几年内有一个什么样的目标。比如五年内买电脑、买车，或买房，或资产达到多少，这些都可以算作具体的理财目标。同时，量化你的目标：需要多少金额、预计多长时间等。理财目标的确定需满足五项准则：

（1）理财目标必须符合生涯目标。理财目标不等于最终目标，理财目标只是实现生活目标的手段而已。因此，理财目标是为生活目标服务的，脱离了生活目标，理财目标也就失去了意义。我们要做好理财规划，首先要做好一个生涯规划，而理财规划实际上就是在财务上保证生涯规划的实现。

（2）理财目标必须明确而具体。尽管有些理财目标非常笼统，例如，财务独立，建立财务上的安全感，这都是来自你的价值观和信仰的概括性目标，很难以货币去量化。但你需要将这些概括性目标做明确和具体的说明。例如，养老100万元，为主要收入者提供一定额度的寿险，在这一点上其实包含了金额和期限两方面内容。

理财目标还可以用期限来分类，有非常短期的或几乎即期的，例如，为你的家庭提供一定水平的保险保障；在两年内达到的，例如，买一套家庭影院。长期目标十年以上的，例如，送孩子到国外去读书、买房子、为养老进行储蓄。中期目标几年内的，例如，到欧洲旅游等。

（3）理财目标必须积极且合理。这是对理财目标设置在定量上的限制，而这个限制主要取决于每个人的财物资源，包括现有的财物资源以及今后预期可以获得的财物资源，以及对待风险的态度。

一个过于保守的理财目标虽然很容易实现，但也使你过于消极，从而没有达到你本身可以达到的生活水平。而一个过于激进的理财目标，将会使你承担超出你能够承受的风险水平，或者完全不能达到而失去意义。

要确定一个积极并且合理的理财目标，并不是一件很容易的事情。特别是一些长期目标，因为在较长的时间跨度上，资金的时间价值和通货膨胀的影响巨大，比如现在近期要退休的家庭需要100万元即可，但是对于30年后要退休的家庭100万元远远不能满足他们的生活需要。

（4）理财目标要区分优先级别。我们每个人的财物资源都是有限的，所以给我们的理财目标设置优先级别是必须做的。你可能无法达到最初设定的所有目标，当随着时间的推移，一些目标显示出不能达到的迹象时，应该立刻调整它们。这时你需要对各种目标进行调整甚至做出取舍，比如，送孩子去国外读书还是提早10年退休，只能选其一，这时就应有个优先级别，而优先级别很大程度上取决于每个人的价值观。

（5）理财目标要具有内在一致性。值得注意的是，不要以为各个分项目标之间没有关联，事实上，它们并不是独立存在的，例如，如果你有许多"奢侈"的短期目标，那么退休后达到某种生活水平的长期目标就无法实现。为你的房子付首付而存款这样一个中期计划，会对你每月现金流加以限制，要记住，你是为一生制订计划而不是为接下来的几个月或者几年，不要只做一个十年规划而对第十一年没有计划。

3. 清楚自己的风险偏好

清楚你的风险偏好是什么样的，风险偏好是客观的分析，而不是一味地凭主观的好恶。不要做不考虑任何客观情况的风险偏好的假设，比如，很多人把钱全部放在股市里，其实他们没有考虑到父母和子女。

【课堂测试】

理财风险偏好测试

1. 风险投资对你来说：

A. 觉得很危险

B. 可以尝试低风险

C. 比较感兴趣

D. 非常感兴趣

2. 你的亲友会以下面哪句话来形容你？

A. 从来都不冒险

B. 是一个小心谨慎的人

C. 经仔细考虑，愿意承受风险

D. 喜欢冒风险

3. 假如你参加一个有奖竞赛节目，并已胜出，你希望获得的奖励方案是：

A. 立刻拿到1万元

B. 有50%的机会赢取5万元现金的抽奖

C. 有25%的机会赢取10万元现金的抽奖

D. 有5%的机会赢取100万元现金的抽奖

4. 因为一些原因，你的驾照在未来三天无法使用，你会：

A. 搭朋友的便车，坐出租或公交

B. 白天不开，晚上交警少的时候可能开

C. 小心点开就是了

D. 开玩笑，我一直都是无照驾驶的

5. 刚出现一个很好的投资机会，但是得借钱，你会选择融资吗？

A. 不会

B. 也许

C. 会

6. 刚有足够的储蓄实践自己一直梦寐以求的旅行，但是出发前三个星期，忽然被解雇。你会：

A. 取消旅行

B. 选择另一个比较普通的旅行

C. 依照原定的计划，因为你需要充足的休息来准备寻找新的工作

D. 延长路程，因为这次旅行可能是最后一次豪华旅行了

7. 如果投资金额为 50 万元人民币，以下四个投资选择，你个人比较喜欢：

A. 最好的情况会赚 2 万元 (4%) 人民币，最差的情况下没有损失

B. 最好的情况会赚 8 万元 (16%) 人民币，最差的情况下损失 2 万元 (4%) 人民币

C. 最好的情况会赚 26 万元 (52%) 人民币，最差的情况下损失 8 万元 (16%) 人民币

D. 最好的情况会赚 48 万元 (96%) 人民币，最差的情况下损失 24 万元 (48%) 人民币

8. 如果你收到了 25 万元的意外财产，你会：

A. 存到银行

B. 投资债券或者债券型基金

C. 投资股票或者股票型基金

D. 投入生意中

风险接受能力测试

1. 你现在的年龄：

A.60 岁以上

B.46~60 岁

C.36~45 岁

D.26~35 岁

E.25 岁以下

2. 你的健康状况：

A. 一直都不是很好，要经常吃药和去医院

B. 有点不好，不过目前还没什么大问题，我担心当我老的时候会变得更恶劣

C. 至少现在还行，不过我家里人有病史

D. 还行，没大毛病

E. 非常好

3. 是否有过投资股票、基金或者债券的经历？

A. 没有

B. 有，少于 3 年

C. 有，3~5 年

D. 有，超过 5 年

4. 你目前投资的主要目的是：

A. 确保资产的安全性，同时获得固定收益

B. 希望投资能获得一定的增值，同时获得波动适度的年回报

C. 倾向于长期的成长，较少关心短期的回报和波动

D. 只关心长期的高回报，能够接受短期的资产价值波动

5. 你的投资总额占你个人（或家庭）总资产（含房产等）的：

A. 低于 10%

B.10%~25%

C.25%~40%

D.40%~55%

E.55% 以上

6. 你预期的投资期限是：

A. 少于 1 年

B.1~3 年

C.3~5 年

D.5~10 年

E.10 年以上

7. 当你投资 60 天后，价格下跌 20%，假设所有基本面均未改变，你会：

A. 为避免更大的担忧，全部卖掉再试试其他的

B. 卖掉一部分，其余等着看看

C. 什么也不做，静等收回投资

D. 再买入。它曾是好的投资，现在也是便宜的投资

8. 有没有想过如果有一天你的财务状况发生很大的变化，比如，突然有一笔很大的开支，这笔开支可能会动用你 10% 的个人资产甚至更多：

A. 没想过，我感觉这种大变化不会出现在我身上

B. 经常想，我很担心整个生活都将变得一团糟，可是我又有什么办法呢

C. 想过一两次，感觉挺可怕的

D. 曾经想过一两次，但是我还年轻，无所谓的

9. 你对你目前的财务状况的评价是：

A. 不太好，常常要借钱

B. 刚刚好，我要特别小心打理

C. 我做得还行，一直按照我人生的规划在顺利进行

D. 特别好，现在想买什么就买什么

10. 当你退休后，你计划做什么？

A. 节俭的生活，避免把钱花光

B. 继续工作挣钱，因为我的养老金估计不够用

C. 享受人生，周游世界

D. 努力花钱，直到去见上帝之前

评分标准及结果分析：

A.1 分 B.2 分 C.3 分 D.4 分 E.5 分。

风险偏好类型 (最低 8 分，最高 31 分)：8~15 分风险厌恶型，16~25 分风险中性，26 分以上风险偏好型。

风险承受能力类型 (最低 10 分，最高 44 分)：10~15 分非常保守型，16~20 分温和保守型，21~30 分中庸稳健型，31~38 分温和进取型，39 分以上非常进取型。

4. 资产分配

做战略性的资产分配，然后是投资品种、投资时机的选择。

5. 绩效跟踪

做绩效的跟踪，绩效也就是投资的效果如何。市场是不断变化的，我们的财务状况和收入水平也在不断地变化，我们应该经常对我们的投资绩效做一个评估，把我们的财理一下，这样就可以达到财务安全、资产增值和财务自由的境界。目前，比较流行的理财手段有储蓄、保险、国债、股票、基金、期货、外汇、房地产、珠宝、邮票、古玩字画、钱币及拍卖品等。无论哪种理财手段都有其自身的特点及不可替代性。这其中无所谓孰好孰坏，风险与收益并存。到底选择哪种投资组合，一定要根据自身实际情况、自己的风险承受能力来决定。不同的人应当制订不同的理财计划。

总之，理财绝不是有钱人的专利，有钱人需要理财，没钱人更需要做良好的财务规划。甚至零资产的人也需要理财。比如，一个刚刚步入社会的大学毕业生，他的财务规划就应当重在自身实际能力的提高而不是投资，他可以通过取得各种证书、通过努力工作以及积极发展良好的人际交往关系，以寻求更好的发展机会、薪水更高的职位和工作。获取高薪收入应当是他现阶段财务规划的主要目标。

（二）理财计划的阶段划分

每个人的一生都离不开理财，而终身理财就是把自己的一生当作企业来经营、规划。短期的日常消费，中期的物质、精神方面的投资，长期的养老、防意外疾病等方面的计划，这些都和我们每个人的幸福生活息息相关。划分人生的理财阶段，明确各自的特点，有助于不同的人、不同时期制订适合的理财规划，有助于人们合理支配资金，得到有效的保障。因此，了解并掌握六大理财阶段的各自特点在人生理财规划中起着重要作用。

1. 单身期的理财计划

此阶段经济收入比较低且花销大，是资金积累期。投资的目的不在于获利，而在于积累资金及投资经验。所以，可抽出部分资本进行高风险投资，目的是取得投资经验。另外，还必须存下一笔钱：一为将来结婚，二为进一步投资准备本钱。此时，由于负担较少，作为年轻人的保费相对低些，可为自己投保人寿保险。

2. 家庭形成期的理财计划

这一阶段是家庭的主要消费期。经济收入增加而且生活稳定，家庭已经有一定的财力和基本生活用品。为提高生活质量往往需要较大的家庭建设支出，如购买一些较高档的用品，贷款买房的家庭还需一笔大开支即月供款。

3. 家庭成长期的理财计划

在这一阶段，家庭成员不再增加，家庭成员的年龄都在增长，家庭的最大开支是保健医疗费、学前教育、智力开发费用。同时，随着子女的自理能力增强，父母精力充沛，又积累了一定的工作经验和投资经验，投资能力大幅增强。在投资方面可考虑以创业为目的，如进行风险投资等。购买保险应偏重教育基金、父母自身保障等。

4. 子女大学教育期的理财计划

这一阶段，子女的教育费用和生活费用猛增，财务上的负担通常比较繁重。那些理财已取得一定成功、积累了一定财富的家庭完全有能力应付，故可继续发展投资事业，创造更多财富。而那些理财不顺利、仍未富裕起来的家庭，则应把子女教育费用和生活费用作为理财重点。在保险需求上，人到中年，身体的机能明显下降，对养老、健康、重大疾病的要求较大。

5. 家庭成熟期的理财计划

自身的工作能力、经济状况都达到高峰状态，子女已完全自立，父母债务已逐渐减轻，最适合累积财富。因此理财的重点是扩大投资，但不宜过多选择风险投资的方式。此外，还要存储一笔养老资金，养老保险是较稳健、安全的投资工具之一。

6. 退休期的理财计划

这一阶段的主要内容应以安度晚年为目的，投资和花费通常都比较保守。理财原则是身体、精神第一，财富第二。保本在这个阶段比什么都重要，最好不要进行新的投资，尤其不能再进行风险投资。另外，在65岁之前，检视自己已经拥有的人寿保险，进行适当的调整。

以上各阶段的划分，因每个人尤其是配偶的存在，不一定会一致。各阶段拟订计划与目标时，应该配合自己的生活内容和重心做调整，使计划容易达成。

三、理财策略

个人理财主要是告诉我们如何生财有道，使生活过得更好。如何赚钱，各有各的方式：有些人把钱存入银行；有些人拿去买股票、债券、投资基金；有些人则投资房地产；有些人则投资邮市古玩等，不一而足。但其共同的目标都是想借此获得利益，使财富快速积累。不管以哪种方式投资，都必须对所运用的理财工具有所了解。

（一）储蓄

储蓄应该是我们处理钱财最主要的方式。银行储蓄虽然收益很低，但从目前来讲这是最安全的。储蓄具有存取自由、安全性高、收益稳定等特点，但在个人理财大行其道的今天，许多人忽视了合理储蓄在理财中的重要性，不少人错误地认为只要理好财，储蓄与否并不重要。

合理储蓄是个人理财的根基。每月的储蓄是投资资金源源不断的源泉。只有持之以恒，才能确保理财规划的顺利进行。因此，进行合理的储蓄，是万里长征的第一步。

那么，怎样选择适合自己的储蓄品种呢？

第一，日常生活费用需随存随取的，可选择活期储蓄，活期储蓄犹如你的钱包，可应付日常生活零星收支。但利息很低，所以应尽量减少活期存款。

第二，当你有一笔资金近期使用，但不能确定具体日期，你可选择定活两便储蓄。

第三，如果你有一笔积蓄，在较长时间里不准备动用，可选择整存整取定期储蓄，能获得相对较高的利息。

第四，工薪阶层往往希望在平时有计划地将小额结余汇聚成一笔较大的款项，以备日后所用，零存整取定期储蓄可以"提醒"你每月存款，帮助你积零成整。

第五，如果你有一笔1万元以上的款项，并希望在不动用本金的前提下，每月按期获取利息用于日常开销，存本取息定期储蓄无疑是最适合的品种，有三年期与五年期两档存期供你选择。

第六，银行目前开办了美元、日元、欧元、英镑、加元、澳元等外币存款业务。如果你持有其他可自由兑换货币，可按照银行公布的当日外汇牌价折算成以上货币中的任何一种办理存款。

第七，教育储蓄。教育储蓄是国家为了鼓励孩子接受教育，特设的政策性专项储蓄。教育储蓄的存期为1年、3年、6年期，为零存整取定期储蓄，每户最低起存金额50元，最高为2万元。教育储蓄采用实名制，办理开户时，储户要持学生本人的户口簿或者身份证，到银行以学生的名字存款。到期支取时，储户须凭存折及接受非义务教育的录取通知书原件或学校证明一次支取本息。

第八，如果你遇上一时急需用钱，可偏偏遇到自己在银行的定期储蓄几天才到期的窘境，不要忘了银行的个人定期储蓄存单（折）小额质押贷款，以未到期的人民币、外币定期存单做质押，可解你的燃眉之急，使你少受利息损失。有的商业银行对质押贷款下浮10%的利率。

（二）借贷

简单来说，就是借鸡下蛋，举债理财。借钱既可以是通过亲朋好友借贷，也可以是通过银行贷款。这种手段，在财务管理中叫"财务杠杆"原理，即以小博大、四两拨千斤之意。

通过借贷进行理财须保证两个原则：一是要通过正当渠道，保证借贷的合法性。千万不要碰"高利贷"等民间黑组织。这是理财，不是投机。二是须保证贷款资金的投资收益大于利息支出。只有这样，才能保证此贷款是有效益的，否则就失去了此贷款的意义。信用卡消费是一种典型的理财方式。

目前我国银行的信用卡有借记卡和贷记卡两种。借记卡先存后用，不可透支，不收年费。

贷记卡就是可以在规定的信用限额内先消费后还款的信用卡，根据不同透支额度，收取20元到100元不等的年费。大家要用好用足银行信用卡的政策，掌握窍门。刷卡消费要注意是否打折，这可为您节约不小的开支。特别是贷记卡，掌握以下三个小窍门，可使你获得更大的收益。

窍门一：用足免息期。免息期是指贷款日（银行）至到期还款日之间的时间。因为客户刷卡消费的时间有先后，所以所享受的免息期长短不同。以建行的龙卡为例，其银行的记账日为每月的20日，到期还款日为每月的15日。也就是说，如果你是12月20日刷的卡，那么到第二年1月15日为止，你享有25天免息期；但如果你是12月21日刷的卡，那么你享有55天免息期。

窍门二：使用好贷记卡的循环额度。当你透支了一定数额的款项，而又无法在免息期内全部还清时，你可以根据所借的数额，缴付最低还款额度，然后你又能够重新使用授信额度。不过，透支部分要缴纳透支利息，以每天万分之五计息，要慎用。

窍门三：获得较高的授信额度。贷记卡的透支功能相当于信用消费贷款。授信额度的高低与持卡人的信用等级有关，但如果你想申请更高的授信额度，需要提供有关的资产证明，如房产证明、股票持有证明、银行存款证明等，这些可以帮助你提高一定的授信额度。值得注意的是，银行对工作稳定、学历较高的客户比较偏爱。更高的授信额度相对来说容易申请。

用卡一族要特别注意以下几点：①卡内不要存大额现金；②密码要切记，不要用生日或身份证后几位作为密码；③ATM机存取款后凭条一定要拿走。因为犯罪分子作案手段比较高明，"克隆"信用卡的案件时有发生，但是用卡还是比现金安全。

（三）投资

1. 债券投资

现在存款收益较低，股市风险又较大，债券是比较好的投资品种。目前，居民个人可以投资的债券主要包括：国债、企业债、转换债券。

（1）国债。国债是以政府信誉为保证的一种金融工具，具有信誉好、风险低、收益高等优点，被誉为"金边债券"。国债利率虽然随银行利率的升降而涨落，但一般总要高于同期存款利率1~2个百分点。国债的投资方式可以分两大类：一类是购买不上市的凭证式国债，另一类是购买已上市的二手国债。

（2）企业债。投资者还可以货比三家购买企业债券。有些企业债券利率要比同期国债利率高出1~2个百分点。现在市场发行的企业债较多，可选资信度在AA级以上，有大集团、大公司或者银行作担保，知名度较高，最好还准备上市或者已经上市的品种作为自己投资组合的品种。

（3）转换债券。转换债券是一种可以在特定时间，按特定条件转换为普通股股票的特殊企业债券。可转换债券在发行时就明确约定债券持有者可按照发行时约定的价格将债券转换成公司的普通股。可转换债券的投资者还享有将债券回售给发行人的权利。

一些可转换债券附有回售条款，规定当公司股票的市场价格持续低于转股价（即按约定可转换债券转换成股票的价格）达到一定幅度时，债券持有人可以把债券按约定条件售给债券发行人。另外，可转换债券的发行人拥有强制赎回债券的权利。一些可转换债券在发行时附有强制赎回条款，规定在一定时期内，若公司股票的市场价格高于转股价达到一定幅度并持续一段时间时，发行人可按约定条件强制赎回债券。由于可转换债券附有一般债券所没有的选择权，因此，可转换债券利率一般低于普通公司债券利率，企业发行可转换债券有助于降低其筹资成本。但可转换债券在一定条件下可转换成公司股票，因而会影响公司的所有权。

2. 股票投资

《中华人民共和国证券法》虽已颁布实施，但股票交易真正走上法治化、规范化的轨道还需漫长的过程，老百姓处于信息不对称的不利地位。投资股市一定要谨慎从事，如果把握不好，就会血本无归。正如业内专家所说，股市既存在着获利的机遇，也存在着较大的风险。

因此，保险的理财策略是居民家庭只能将20%的余钱投入股市，或者说投到股市的钱是输得起的钱。

3. 外汇投资

外汇投资俗称"炒外汇"，就是利用"外汇宝"将一种可自由兑换的货币兑换成另一种货币的买卖，通过不同币种之间兑换，获得汇差收益。但是炒外汇要投入比较大的精力，投资者要掌握基础知识，还要学习一定的技术技巧，同时关心主要币种国家的各种金融方面的信息、了解经济数据，而且要积累经验，才有可能获得赢利。

4. 理财保险

购买保险具有保值和防止意外风险的双重功能，而且近年来保险业务不断发展，竞争的结果使国内保险业务险种日趋完备，其服务也日趋优良。百姓选择的余地大幅增加，因而保险作为一种家庭投资理财的途径已日益受到广大居民的青睐。

5. 基金投资

基金种类很多，主要有：封闭式基金、开放式基金。投资基金不宜追求短期的收益，频繁的短线进出会白白损失手续费，投资人最好事先做好中长期投资的规划，并掌握以下小窍门：①尽量不要借钱投资，长期投资中难免有漫漫熊市，以免为利息负担和套牢所累。②投资多元化，切忌把所有鸡蛋放在同一个篮子里，可以考虑根据不同基金的投资特点，分散投资于多个基金。③做好长线准备，长期投资，你可以让资本有时间增值，也可以克服短期的波动，因为有些基金还可以随着时间的延长减少赎回费。但也需要根据具体情况更新自己的投资决定。④不要进行过度频繁的短线操作。

6. 黄金投资

黄金交易越来越受到投资者的重视。黄金相对于一般货币来说，不会因通货膨胀而贬值，反而具有独特的保值功能，长期价格一直呈现缓慢攀升之势。如以美元作为参照物，黄金已从 1971 年的 35 美元 / 每盎司升至现在的 1300 美元 / 每盎司。黄金是一种重要的避险工具，投资者一定会十分关注。黄金投资分为实物黄金和纸黄金。黄金实物投资重在品种选择，这是投资成功与否的一个先决条件。

7. 信托品种

随着社会财富的增长及产权制度的日益多元化，信托以其投资领域的多元化及信托制度的特殊性成为财产管理、资产管理、资本市场最恰当的出路。可以投资于实业是信托区别于其他金融行业的重要特征之一。信托可以管理产业基金或创业基金，接受各种以实业投资为方向的专业资金信托，还可以积极参与基础建设和政府重点建设。通过发行信托收益凭证，提供各种形式的项目融资。在资产管理市场中，信托投资业务在改善股权结构、职工持股、期权设计、股份化改造中都具有相当优势。另外，信托财产独立的法律地位能够使不良资产与债权债务人的其他利益区分开来，因此在一定程度上规避了信托财产的风险。信托投资公司作为金融机构具有融资服务的功能，它不仅可以募集负债性资金，还可以募集资本性资金；不仅可以为上市公司提供服务，还可以为各种非上市企业提供融投资服务。因此，信托投资公司是产业资本和金融资本融合的理想结合点。

8. 期货投资、古董、邮票等理财手段

人们的收藏已从初期的邮、币、卡扩大到艺术品、名人字画、古玩等。

收藏作为一种长线投资，不仅能期望将来可获取较高的利益回报，而且有利于陶冶人的情操，丰富知识，开阔视野，可谓集投资与娱乐于一体。因此，对一般工薪阶层来说，不妨有计划地拿出一点资金，根据自己的兴趣爱好，选择一种或几种收藏品进行投资。除了以上八种投资，还有房地产投资和实业投资等，这里不详述。

投资理财是一门学问、一门艺术。我们每个人一定要去思考、去实践，一个企业的发展需要长远的规划，长期、中期与短期目标计划的相互协调，日常必要的各种预测、考察和尽心尽力的实践。同样，对个人而言，人生就是自己最重要的企业，人生的价值主要体现在知识、地位、拥有的财富等方面，富翁就是一个成功的企业经营者。

第三节 大学阶段的理财

大学阶段的主要任务是学习，但也要学会有效地管理金钱，知道金钱是如何获得的。

一、适合大学生的理财方式

大学生在大学时代就应该养成很好的理财习惯，这样对于工作以后走向社会收益巨大。适合大学生的理财方式可归纳为以下四种：

（一）助学贷款

用明天的钱圆今天的梦。大学生的学杂费、生活费是一笔不小的支出，如果现阶段花费较为紧张，不妨申请助学贷款，既可以减轻家庭负担，又可以培养自己的独立意识和责任意识。助学贷款一般分为两种：一种是国家助学贷款，对经济确实困难的学生，经学校和银行等部门的审批，政府给予贴息贷款；另一种是商业性助学贷款，由家长提出申请，只要符合银行的贷款条件，就可获得贷款。助学贷款手续简单、使用方便，贷款的资金将直接存入你的活期储蓄账户或银行卡中。贷款利率优惠，无论期限长短，均执行一年期贷款利率。贷款到期后，你可按照实际需求选择适合的还款方式。

（二）奖学金

各个大学都设有不菲的奖学金制度，最普遍的是国家奖学金，一般分一、二、三等。而且比例也比较高，40% 左右的同学可以获得这类奖学金。努力学习，争取获得奖学金也是一个理财的主要方式，毕竟大学时代，学习知识是最主要的。

【课堂阅读】

小吴是老师和同学们眼中的"好学生"。从大一到大三，他一直将主要精力放在学习上。在过去的两年多时间里，他先后获得了三次一等奖学金(1500 元 / 学期)、一次二等奖学金(1000 元 / 学期)。此外，他还获得了校内多个专项奖学金。这样，截至目前，他获得奖学金的总额为 17500 元，而他每年缴纳的学费是 3800 元。也就是说，他现在获得的奖学金已经足够支付他四年的学费。从这个意义上来说，他接受的是免费的大学教育。

暂且不说学习是在为将来投资，就是每学期期末有数千元奖学金的回报这点，也是很诱人的。常常听说，某某寝室的所有成员，一学期获得的奖学金总额突破了万元大关。况且，对学习热情投入的一个直接结果，就是间接导致没有过多的时间去校外消费，无形中又节省了一笔巨大的开销。

（三）勤工助学

在政策上，国家虽然为大学新生入学建立了贷款制度，但同时也不反对学生以勤工助学的方式来解决经济问题。对大学生来说，虽然勤工助学会花费一定的时间和精力，但一来减轻了家庭经济负担，二来锻炼了个人能力，实在不失为一种好的解决办法。

目前在大学校园里，勤工助学的方式有以下几种：

第一，协助老师搞研究。这是名副其实的"助学"，可以利用自己的专业和专长来协助老师进行科学研究，并赚取一定的劳务费。由于大学生的科研能力还处于较低的水平，所以往往只有个别高才生才能有此"荣幸"。

第二，做家教。这是最为普遍的办法，而且大多数学生愿意选择这种方式。

第三，在假期中到企业或公司打工。许多大学生在假期中到公司里面集中干一两个月，虽然辛苦一些，但收入较多，还可以增加工作经验，一举两得。

另外，大学生还可以利用业余的时间做兼职工作，如导游、导购、餐厅服务、市场调查、商品直销等。

最后须说明的是，勤工助学是一个大趋势，具体如何去做还需要根据自己的实际经济状况、学业情况，并兼顾近期利益与长远利益来确定。

（四）学生股民

大学生涉足股市并不只是为了挣钱，主要是为了了解投资市场，为今后的个人理财积累些经验。

二、做好收支平衡

大学阶段的理财目标是做到收支平衡，理财不仅仅意味着按照收入能力去消费，还要决定如何为将来投资。理财意味着权衡得失，然后在自律的情况下实施必要的计划。一般可按以下三步来做：

（一）汇总财源

把所有的财源加起来，包括储蓄和收入，这有助于掌握你每个月全部财源以及可以运用的数量。只有对自己的财务状况了如指掌，才能对自己实际能够负担的金额做到心中有数。

（二）记录开销

记录你的开销，至少为期一个月。随身携带一个小本子，简单写下你每天的花费。通过一个月的记录，汇总为每个月的开销。思考：你对自己的消费习惯是否满意？达到你的目标了吗？如果没有，你想如何改进？

（三）平衡预算

比较财源和开销。你全年的财源够支付开销吗？每个月能达到收支平衡吗？应如何调整？记住这一条：开销别超过财源。

【课后思考】

小陈大学毕业后，在事业单位上班，每月收入2800元，年终奖励约2万元。在保障方面，单位给她办了住房公积金、医保、社保等，因为吃住在家，开支较少，每月支出500元左右。

不过，小陈是个有理想、有主见的女孩，除了努力工作以待升职外，还希望通过理财来积累资金，一两年后在市内按揭一套单身公寓。

请思考：小陈该如何让自己的资金升值？请根据所学的知识，给小陈一些理财建议。

第十二章　人际关系管理技能

【案例导读】

2013 年 3 月，复旦大学医学院 2010 级硕士研究生黄洋惨遭室友投毒，经抢救无效在上海中山医院不幸去世。警方追其原因，是凶手林某在愚人节前听到黄洋要与舍友愚弄他，继而产生杀人念头，最终酿成悲剧。林某的同学陈某反映说林某在各方面都很优秀，他虽与外界通过微博等方式在努力沟通，却没有找到有效的途径与舍友沟通，最终与舍友结下"梁子"，以毁灭的方式结束了一切。

林某的人际交往障碍最终成为他丧心病狂的根源，他亲手杀死了自己的舍友黄洋。卡耐基说过："一个人事业的成功，只有 15% 是由于他的专业技术，另外 85% 要靠人际关系和处世的技巧。"可见，人际关系的好坏是一个人社会适应能力高低的综合体现。人际关系能力是一个人立足社会、成就未来的基础能力之一。大学生在大学期间要学习如何处理好人际关系，管理好自己的人际关系，提高自己的人际交往能力，为更好地适应社会做好准备。

大学生作为社会的一个特殊群体，其人际交往的质量直接影响他们的身心健康。无论是在校学习期间还是毕业求职期间，可以说人的一生，人际关系非常微妙。倘若处理得好，无疑能促进自己在学习生活等方面的进步；倘若处理不好，则有可能给自己或他人带来不必要的烦恼甚至伤害。因此，对于大学生来说，管理好自己的人际关系是非常必要和重要的。

第一节　人际关系概述

一、人际关系的定义

人际关系也就是我们常说的"人脉"。由于人们所处的环境、社会地位不同，对人际关系的理解也有所不同，我们可以将其理解为：人与人之间由于交往而发生的一种心理关系。无论是亲密关系、疏远关系，还是敌对关系，统称为人际关系。因此，人际关系实际上又反映了人与人之间心理上的距离。人类自远古以来就过着群居的生活，因此，良好的人际关系是一个人在社会上能够立足的必要条件之一。人际关系是人类社会不可缺少的组成部分，人的许多需要都在人际交往中得到满足，它的好坏反映了人们在相互交往中物质和精神需要能否满足的心理状态。人际关系是指人与人之间通过直接交往形成的较为稳定的倾向性情感联系。这种联系是交往所产生的情感的积淀，是人与人之间相对稳定的情感纽带。关系一经形成，就会作为进一步相互作用的背景和导向系统，对后续的交往形成定向性影响。

卡耐基理工学院分析了 1 万个人的记录后得出结论：15% 的成功者是由于技术熟练、头脑聪慧和工作能力强；85% 的成功者是由于个性因素，即具有成功与人交往的能力。反之，在生活中失败的人，90% 是因为不善于与人展开有效交往而导致的。阿尔波特博士在自己的联合报业专栏《探索你的心理》中介绍自己的研究成果：4000 名失业者中，只有 10%，即 400 人是因为他们不能干这种工作；90%，或者说 3600 人，是因为他们还不曾发展自己与人成功相处的良好品质。科学研究已经证明：如果一个人学会了如何与他人打交道，不管你从事什么工作，不管你的职务是什么，你都在通往成功的道路上走完了85% 左右的行程；而在取得自己的幸福方面，已经有了 99% 的把握。因此，与人相处的学问，在人类所有的学问中应该排在前面。

二、大学生人际关系的类型

大学生处于一种渴求交往、渴求理解的心理发展时期，良好的人际关系是他们心理正常发展、个性保持健康和具有安全感、归属感、幸福感的必然要求。大学生人际关系的类型主要有师生关系和同学关系。

（一）师生关系

老师与学生是大学校园里两大基本群体。老师是学生人际交往的重要对象，师生关系也是学生人际交往的重要内容。师生关系如何直接影响学生能不能健康地学习成长，很大程度上决定了学校能不能对学生的身心施加符合社会要求的影响。

（二）同学关系

同学关系是大学生人际交往的主要内容。班级同学交往以学习与班级活动为主，宿舍同学关系以情感交往与生活交往为主，老乡关系以情感交往为主，社团关系以兴趣与工作交往为主。同学关系、舍友关系、老乡关系、社团关系、个人与班级以及和学校之间等错综复杂的社会交往，构成了大学生人际交往的网络系统。

三、大学生人际关系的常见问题

（一）不敢交往

人人都希望自己有一个好人缘，但是在人际交往的实践活动中，人们都存在不同程度的恐惧心理，只是每个人的程度不同而已。有的大学生在这方面反应特别强烈，出现害羞、紧张、焦虑和自卑等恐惧心理。与人交往时，面红耳赤、心跳气喘，两眼不敢正视别人，在与人交谈时语无伦次、词不达意，尤其在人多的场合或者在集体活动中更感到拘谨，不敢和人打交道，不敢表现自己，严重的可导致社交恐惧症。

（二）不愿交往

不愿交往的大学生往往是由于缺乏自信，对别人缺少信任和宽容的心理。有的大学生有很强的猜疑或戒备心理，对周围的人不信任，缺乏与同学的合作精神；还有些大学生过分以自我为中心，缺乏宽容，无法对彼此的差异包容，常常过于苛求别人，总是以自己的标准要求别人，常会为一些鸡毛蒜皮的小事而伤害他人，进而严重影响与人交往的愿望。

（三）不善交往

有的大学生不了解交往的知识与技巧，在与人交谈的过程中显得过于生硬、木讷。有些大学生在与人交往的过程中，不懂得人际交往的原则。有的是由于认知偏见产生理解障碍，不注意把握沟通的方式，在劝说他人、批评他人、拒绝他人时不能巧妙处理。这些表现都有损于自身形象的塑造，从而影响了同学之间进一步交往。

（四）不懂交往

刚入校的大学生大都有强烈的人际交往欲望，但由于对人际交往的追求带有较浓的理想色彩，常以友谊的理想模式为标准来衡量生活中的人际关系，导致高期待与高挫折感并存。有的大学生不懂得人际关系的培养在于平时的积累，总希望别人主动关心自己、主动与自己交往，而自己总是处于被动地位，或是现用人现联络，这种交往当然就会终止。

四、人际关系的正、负向发展

（一）人际关系的正向发展

人际关系的正向发展，也就是良好人际关系的建立和发展。依据美国心理学家奥特曼和泰勒对人际关系的长期研究，良好人际关系的建立与发展要经过以下四个阶段。

1.认知定向阶段

在这一阶段，又包含着对交往对象的注意、抉择和初步沟通等多方面的心理活动。

（1）对交往对象的注意。一个人并不会与所有人都建立良好的人际关系，而是对交往对象有着高度的选择性。通常来说，一个人只会注意那些符合自己兴趣特征的人，并将其放在注意的中心，对其他一些人则会视而不见。因此，注意也是一种选择，反映了个体的某种需要倾向。

（2）对交往对象的抉择。如果说注意的选择是自发的、非理性的，那么抉择就是理性的决策。一个人与谁交往并与之保持良好的人际关系，需要经过自觉的选择过程。

（3）与交往对象的初步沟通。选定一定的交往对象以后，就要进行初步的沟通，以便彼此获得一个初步的了解，以确定是否可以与对方有更进一步的交往，从而使彼此之间人际关系的发展获得一个明确的方向。

需要注意的是，人际关系的定向阶段的时间跨度因人而异。邂逅相遇而感觉相见恨晚的人，通常在第一次见面时就完成了定向阶段；而那些经常接触但彼此的自我防御意识都比较强的人，则需要一段时间的沟通才能完成定向阶段。

2. 情感探索阶段

双方在认知定向阶段都产生了好感且有继续交往的兴趣，就进入了情感探索阶段。在这一阶段，彼此会探索双方在哪些方面可以建立真实的情感联系，而不是仅仅停留在一般的正式交往模式。同时，双方的沟通也会随着共同情感领域的发现越来越广泛，自我暴露的深度与广度也逐渐增加，但还不会触及私密性的领域以及自己根本的方面。

需要注意的是，处于这一阶段的双方关系虽然已经有了一定程度的情感卷入，但双方的交往模式仍然与定向阶段相类似，受到角色规范、社会礼仪等方面的制约。

3. 情感交流阶段

双方在情感探索阶段能够谈得来，并且建立了基本的信任感，下一步就会发展到情感交流阶段。这一阶段的双方关系开始有了实质性变化，表现为彼此有比较深的情感卷入，开始谈论一些相对私人性的问题。此时，双方的关系已经超越了正式规范的限制，正式交往模式的压力已趋于消失，双方会互相提供真实的评价性反馈信息，提供建议，彼此进行真诚的赞赏和批评。

需要注意的是，双方之间的关系若是在这一阶段破裂，将会给双方的心理带来相当大的压力。

4. 稳定交往阶段

双方的情感交流若是能在一段时间内顺利进行，就会进入稳定交往阶段。这一阶段的双方在心理上的相容性会进一步增加，自我暴露更广泛深入，已经允许对方进入自己高度私密性的个人领域，分享自己的生活空间和财产。

需要注意的是，在现实生活中，很少有人能够达到这一阶段。

（二）人际关系的负向发展

人际关系的负向发展，也就是人际关系从融洽状态走向终结，一般会经过以下几个阶段。

1. 分歧阶段

人际关系得以维系的基础是共同的情感感受的存在，一旦共同的情感感受消失，彼此的关系就会走向破裂，而共同的情感感受消失的开端是分歧的出现。分歧意味着人际关系双方差异点在扩大，心理距离增加，彼此的接纳性下降。随之而来的是人际关系双方在知觉和理解上都朝不利于关系发展的方面倾斜，彼此都感到开始对对方难以准确判断。

2. 收敛阶段

一旦双方的关系开始出现裂痕，沟通的次数会减少，而且双方的谈话会高度注意、高度选择，并都指向减少彼此的紧张和不一致。此时，双方在情感上的拒绝水平还比较低，还没有足以使自己明确地表示对彼此不再感兴趣。实际上，此时的双方只是仍试图在表面上维持关系状态良好的印象，但如果不能顺利消除双方之间出现的分歧、双方较长时期都以收敛的方式交往，那么双方关系进一步恶化将不可避免。

3. 冷漠阶段

双方已经开始放弃增进沟通的努力，人际关系的气氛也变得非常冷漠。此时，双方不再愿意进行直接的谈话，多以非语言形式来实现必要的沟通和协调，但即使是非言语沟通，也缺乏热情。另外，双方的这种关系虽然令人难以忍受，但却能维持较长时间，其原因在于人际关系双方仍然期望关系能朝好的方向发展，而且双方都难以适应突然失去某种关系的支持。

4. 逃避阶段

双方随着关系的进一步恶化，彼此会尽可能地回避，尤其会注意避免只有两个人在一起的情况。此时，双方通常会感到很难判断双方的情感状态和预期对方的行为反应，因而大都借助第三者来实现间接的沟通，但这很容易引起双方的误解。

5. 终止阶段

双方终于决定终止彼此的关系，彼此的情感卷入也连带消失，但关系的终止有可能是立即完成的，也可能会拖很久。

五、当代大学生的人际关系

大学生的人际关系指的是大学生在校期间和周围与之有关的个人或群体的相处及交往中产生的心理关系。在大学生的人际关系中，最主要的是同学关系、师生关系及家庭关系等，同室关系是大学生的一种特殊的人际关系，对大学生直接或间接的影响都相当大。

（一）当代大学生人际关系的特点

当代大学生人际关系有如下特点。

（1）当代大学生在选择朋友上，一般要求志同道合、互相帮助、互相尊重、真诚相待、富有同情心、有才智等；在选择教师上，通常喜欢具有民主、博爱、才智、责任心、自我修养高、可信赖和亲切等特质的教师。

（2）当代大学生认为最佳的交友方式是通过认识，在深入了解甚至经过考验的基础上相互信任，以诚相待。

（二）当代大学生人际关系的现状

1. 大学生人际关系的交际方式多样化

据相关调查显示，打电话、发微信早已成为大学生联络感情的主要途径，其中发微信的交流方式因为方便、成本较低越来越受到大学生的青睐；随着网络的发展，越来越多的大学生选择网络作为交流方式，这也导致愿意深层次地面对面交流和沟通的人数与过去相比大幅度下降；还有很多大学生选择与友人"结伴游乐"，以此促进人际交往的深入。

2. 大学生人际关系的交际范围扩大

当前，越来越多的大学生扩大了人际交往圈，使自己的交际不限于校园。在拓展校外交际网的过程中，大学生的交友途径和方法也多种多样，但最主要的是校外兼职或实习。

（三）当代大学生人际关系的影响因素

当代大学生的人际关系会受到很多因素的影响，概括来说，包括主观因素和客观因素两个方面。

1. 主观因素

影响当代大学生人际关系的主观因素包括以下几方面。

（1）人际期望。所谓人际期望，就是个体对人际双方在一定条件下心理、行为的预期和愿望。这些预期纯粹是个体的主观意愿，实际上是一种投射心理。人际情境制约人际期望的内容，个体对老师的期望和对同学的期望是不一样的；人际距离决定人际期望的价值，人际距离越近，个体的人际期望价值越高。所以，大学生在不同的人际关系中有不同内容、不同价值的期望，虽然人际期望常常是自发的、内在的和无意识的。人际期望与个体的人际关系密切相关，甚至可以说个体的人际期望几乎是造成所有的人际关系不良的因素。

（2）人际安全。所谓人际安全，就是个体在人际相处和交往中对自身状况保持有利地位的肯定性体验。对于大学生来说，其对日常生活中的人际关系能否适应，关键在于其感受到的人际安全的程度。若是大学生经常诉说其人际关系不好，往往表明其人际安全无法得到保证，总是感觉自己被别人欺负、愚弄或嘲笑，也会担心自己的弱点或劣势暴露出来。因此，大学生在感觉不到人际安全的情境中，会出现自我防御性的退缩或是回避。

（3）人际报复。人际报复是大学生的人际关系中普遍存在的一种微妙现象。当某一个体有意或是无意地贬损另一个体时，不管被贬损的个体在当时有怎样的反应，该个体在往后某一时候会遭到被贬损个体的报复。这种报复虽然是无意识的，且不一定是激烈的暴力行为，却会对人际关系产生重要的影响。

（4）人际张力。所谓人际张力，就是个体在特定人际关系中所体验到的一种心理紧张状态。人际张力越大，个体越难适应人际关系，一旦脱离了某种人际情境，相应的人际张力也会减小。可是，对于大学生而言，同学关系、师生关系都不可能随便摆脱，因而有些大学生会深受人际张力之苦。

2. 客观因素

影响大学生的人际关系的客观因素包括以下几方面。

（1）外貌。大学生在建立人际关系之初，通常容易被对方的容貌、外表所吸引，也就是说，在其他条件大致相同的情况下，漂亮的人更容易被人喜欢，更容易促进其人际关系的发展。众所周知，以貌取人是一种偏见，但很多人在很多情况下，尤其在与异性交往过程中，还是会在不知不觉中受到它的影响，从而形成特殊的人际关系。不过，以貌取人会影响对自我的认知，长相优秀的人由于赞赏性的话听多了，容易形成不正确的自我印象，如自负高傲，看不起他人；而相貌一般的人由于经常被大家忽视，容易产生自卑的情绪，变得异常敏感，进而影响人际关系的发展。

（2）个性品质。个性品质是个人对现实的稳定的态度和习惯化了的行为方式，在人际关系的发展过程中起着极其重要的作用。一般来说，在人际交往中，一个人如果具有诚恳、坦率、幽默等个性品质，是比较容易吸引别人注意、获得别人赞赏的。

（3）空间距离。亲密的人际关系若想形成，离不开空间距离这一重要条件。空间距离近，则接近机会多、见面机会多，有更多的机会来寻找共同的观念、兴趣和语言，从而有助于心理距离的拉近。在大学里，由于是同学或同住一个寝室，或同在一个学习小组，或同属某个活动团体，或是同乡等原因，经常接触，交往频繁，容易具有共同的经验、共同的话题，从而建立起较为密切的人际关系。但是，空间距离对人际关系发展的作用是有条件的，并不是越近越好。例如，当同一宿舍的两个同学在生活习惯、兴趣、爱好等方面存在很大差异时，较近的空间距离反而容易使他们产生摩擦和冲突。

（4）相同或相似的态度。当两个人对某种事物或事件具有相同或相似的态度，具有共同的理想、信念和价值观时，感情上就容易产生共鸣，也会因彼此观点一致、争辩机会较少而形成密切的人际关系。

（5）缺陷的互补。人在追寻成长的过程中，不可能发展得面面俱到，难免会有顾此失彼的遗憾。因此，当自身所缺恰为对方所擅长时，就会情不自禁地对其表示好感，使他对失去的缺憾得到某种补偿，自然也密切了彼此的关系。

（四）当代大学生人际关系的缺陷

综观当代大学生的人际关系，从中发现存在如下缺陷。

1. 大学生人际关系的功利化倾向日趋明显

对于大学生来说，其人际交往应该处于一种相对单纯的状态。但是，随着大学生与社会联系日渐密切以及渗入校园中的一些不良社会风气，当代大学生的拜金主义、利己主义等功利心态有增长的趋势，从而导致部分大学生在人际交往中一切以自我为中心。

当代的大学生大都是独生子女，而且大多性格倔强、不善于合作、以自我为中心、缺乏同情心、为人处世圆滑等。由于人生观和世界观存在差异，他们在对人际关系的认识与处理上也存在较大差异：一些大学生认为只要自己有能力就可以万事不求人。有些大学生认为搞人际关系就是向别人献殷勤，就是巴结、讨好别人，就是在背后搞小动作，就是没本事光明正大与人竞争。为了"出淤泥而不染"，他们一直徘徊在交际圈之外，无法与他人建立良好的人际关系。还有一些大学生在与别人交往时处处为自己着想，为了满足自己的需要和得到相应的利益，把别人当作达到目的、满足私欲的工具，在交往中进行有目的的选择，尽其所能运用各种"关系"。

大学生人际关系的功利化倾向的典型现象之一就是女大学生"急嫁族"的出现。"急嫁族"的出现，在折射出大学生享乐主义思想泛滥的同时，也反映出明显的功利色彩。嫁入豪门，或为实现"曲线就业"，或为尽快改善经济条件，目的都过于功利，既与道德准则相违背，又与爱情规律相背离。

2. 大学生社交能力普遍较弱

在当前竞争日益激烈的社会环境中，用人单位在招聘时更看重的不是求职者的知识，而是其"情商"，因为一个人的交际与沟通能力越来越成为用人单位在市场竞争中获胜的主要动力。当前，越来越多的大学生已经意识到人际交往能力的欠缺成为求职路上的"拦路虎"。但是，个体良好的社交心理素质与人际交往技巧不是与生俱来的，只有在社会化过程中不断地接受系统训练才能习得。可是，大学生长期在高考指挥棒下，过分注重追求成绩而忽视了人际交往能力等其他素质的培养，而且高校也缺乏培养人际交往能力的专门系统课程，因而导致很多大学生智商很高，情商却很低，在新环境中比较拘束，适应较慢；在异性和非同龄人面前会有所紧张，不够大胆，不主动交往；甚至有少数同学有自闭心理。

3. 大学生人际关系出现日益疏离的倾向

随着互联网和网络技术的快速发展，网络成为大学生进行人际交往的重要途径。网络人际交往给大学生的生活方式、价值观念带来的挑战和改变是前所未有的。通过网络，大学生可以获取和发布信息，还可以通过电子邮件、网络寻呼、网上聊天室、电子公告板、虚拟社区等方式进行聊天、交友、游戏、娱乐等网上人际交往。但是，由于网络社交的虚拟性，可靠程度不高，因而大学生在交往过程中缺乏真实的感情交流，交往的层次也过于肤浅。网络人际交往也导致部分大学生沉迷于虚拟世界而脱离了实际生活，对近距离的关系越来越疏远，特别是家庭的关爱对他们来说更成为一种束缚和负担；将所有心事都交给了网友，缺乏现实交往的动机，导致其现实人际交往的勇气与能力没有得到应有的锻炼和培养。网络人际交往还危害了人与人之间的信任，这就使人际交往缺乏真诚的基础，导致友情的冷漠。

（五）当代大学生建立良好人际关系的重要性

大学生建立良好的人际关系是非常重要的，具体来说，体现在以下几方面。

1. 良好的人际关系有助于大学生的学习

在当前这个信息快速发展的知识经济时代，光靠书本获取知识是远远不能满足需要的。人际交往是获取新知识的有效途径，通过人际交往能够更迅速地掌握多方面的信息，能够启迪思维，开发智能。在许多情况下，自己百思不得其解的问题，在与老师、同学的交往中，通过畅所欲言、思维撞击就会产生新的思想火花，使自己茅塞顿开，问题得到解决。另外，在与父母、老师、同学、朋友的交往中，他们在无形之中会把希望、鼓励、帮助带给大学生，从而使他们能够更加积极地投入学习中去。

2. 良好的人际关系有助于大学生的身心健康

根据心理学家的研究，健康的个性总是与健康的人际交往相伴随，心理健康水平越高，与别人的交往就越积极，越符合社会的期望，与别人的关系也越深刻。大学生在相互交往的过程中，会进行感情交流，互相倾诉各自的喜怒哀乐，增进彼此间的心理沟通，从而在心理上产生一种归属感和安全感。因此，大学生通过交往能够满足自己生理和心理上的需要，培养良好的情绪、开朗的性格和乐观的生活态度，进而促进自己的身心健康。

3. 良好的人际关系有助于大学生个体的发展

大学生要实现个体发展，需要有一定的社会关系做支持。积极的人际交往、和谐的人际关系有助于大学生培养良好的个性。大学生通过与他人的交往，通过他人对自己的评价和态度，能够更好地认识自我形象，看清自身个性的状况，找出自己的优点和不足，以便发扬优点，弥补不足。大学生只有在人际交往中才能正确认识自己和周围的环境，从而形成良好的自我形象，塑造完美的人格。

4. 良好的人际关系有助于大学生的社会化进程

对于人类来说，其存在、发展和活动都离不开交往，没有人际交往，就不可能有真正意义上的社会的人。每个人的社会化进程都是在人际交往中进行的，人际交往是社会化的起点。大学生可以通过健康和谐的人际交往，获取丰富的信息，学习更多的社会知识、技能和文化，从而取得社会生活的资格。而且，只有大学生学会与人平等相处，才能自立于社会，获得社会认可，进而成为一个成熟的社会化的人。

六、大学生建立良好人际关系的意义

（一）良好的人际交往有利于大学生心理健康发展

良好的人际交往能起到代偿作用。首先，和谐的同学关系、师生关系可以代替补偿其与父母兄弟姐妹的亲情，从而减少或消除失落感与孤独感。其次，良好的人际交往能起到稳定情绪的作用。最后，有助于大学生自我意识的发展与深化，置身于良好的人际关系，能使大学生感到自己为他人所承认，从而满足自尊心，也将增强自信心与自豪感。通过人际交往，体现人与人之间的爱护、关怀、信任和友谊，使精神需要得到满足。大学生在彼此交往过程中，相互进行情感交流，满足心理、生理上的需要，培养良好的情绪、开朗的性格和乐观的生活态度，促进自己的身心健康。

（二）良好的人际交往能促进大学生的社会化进程

每个人的社会化进程都是在人际交往和建立良好人际关系中进行的，人际交往是社会化的起点，人际关系是人们生存和发展的前提条件。良好的人际关系有助于大学生获得更丰富的信息，保持与社会的密切联系，明确和承担自己的社会责任，从而为将来全面进入社会储备机会。

（三）良好的人际交往有助于大学生学习知识、掌握技能

现代社会的发展使信息的获取渠道丰富起来，大学生在交往过程中获取的信息对学习会起到积极的作用。自己从书本上获取的知识毕竟有限，人际交往是获取新知识的有效途径。每个人都有自己的成功经验，而这种宝贵的经验往往都是通过亲身实践得来的，广泛的交际圈，可以让大学生探索到更多成形的实践知识。

（四）良好的人际交往能促进大学生集体主义思想的形成

集体是大学生锻炼成长的大熔炉，团结的集体与良好的人际关系是相统一的。在良好的人际关系影响下，每个人的集体主义思想都会受到良好的培养和锻炼，良好的人际关系会比较顺利地调节和化解个人利益与集体利益发生的矛盾，达到利益上的一致。能帮助学生产生良好的集体归属感和荣誉感，促进集体主义思想的形成和发展。

（五）良好的人际交往有利于大学生的职业发展

俗话说："朋友可以让你拥有世界。"渴求事业成功是每个学生的追求。有人做过研究，一个人的成功等于 20% 的能力加上 80% 的人际关系。大学时代建立的友谊，是不含有任何利益的，这种友谊简单而又牢固。在毕业求职、事业发展的过程中，朋友的举荐和帮助，会给我们带来意想不到的收获。

人类的生存和发展伴随着人与人的交往和人际关系的发展，大学生正处在学习知识和技能、认识社会、探索人生的重要发展阶段，大学生的所有活动都是在与人的交往过程中进行的。良好的社会交往对大学生的成长起着积极的作用。总之，人际交往对当代大学生有着重要的积极意义，人际交往不仅是大学生向社会化转变的基本途径，更是大学生身心健康发展和事业成功的重要保证。

第二节　人际交往存在的障碍

一、影响人际交往的主要因素

（一）自我概念

自我概念是指个人对自己的看法，例如，觉得自己是美丽、聪明或是害羞、没有指望的，不论这些看法是否正确，是否与别人对自己的看法一致，都将影响个人以后的行为和生活，也会影响个人和别人的关系。

（二）自我坦诚

人际关系必须在人与人之间发生关联之后才能产生，因此除了对自己、对别人有一个适当的概念之外，还须进一步地与人互动。经由彼此的自我坦诚，让对方知道你，让你知道对方。经过自我坦诚，我们才能与别人做有效的沟通。

（三）个人特质

（1）真诚。人们喜欢以真心待人的人，不喜欢富有心机、欺骗、算计别人的人。

（2）热情。一个亲切、温和、面带微笑的人，通常比一个冷淡、漠然、面无表情的人更让人乐于亲近。

（3）能力。人们通常喜欢跟聪明、有能力、有智慧的人在一起，主要是因为跟有能力的人在一起，对我们比较有利。他们可以帮我们解决问题，想出新点子，让生活更有趣、更容易。

（4）外表吸引力。研究发现，在其他条件都相同的情况下，一个外表较具吸引力的人，比外表不具吸引力的人，更受人喜爱。

（5）其他令人愉快的人格特质。拥有开朗、心地善良、不自私、关怀体贴等特质的人，也较令人喜爱。

（四）两人间的情境因素

（1）接近性。人际关系的发展是以接触为基础的，只有彼此相当接近，才能在需要的时候，提供支持或帮助，维持感情。接近性使彼此接触机会增加，熟悉的可能性增加，因而导致吸引。

（2）熟悉性。熟悉可以减少不确定性，使我们较为安心。

（3）相似性。彼此之间态度、价值观以及人格特质的相似性变成影响友谊的重要因素。

（4）互补性。需求上的互补，即一方所需要的，正是另一方所能提供的；或一方所缺少的正是另一方所具备的，都可能导致彼此间的吸引。

二、大学生人际交往的障碍

（一）缺乏主动交流的心理能力

人际关系作为人与人之间的心理活动，是主动的、相互的。部分大学生由于缺乏这种主动交流的心理能力，面对陌生人，尤其是异性，表现出害羞、主动回避、畏缩等现象。与人交往时，在别人面前面红耳赤、目光紧张、心跳加快、讲话吞吞吐吐、难以自我控制等。

（二）部分大学生存在内向性格

部分大学生由于从小性格内向，缺少交往，不善于交际而表现为胆怯、多虑、不合群等。在学校上课不敢发言，除了要好的同学外，与大多数同学很少接触，经常独自活动，远离人群，看到老师绕道而行，尽量回避学校集体活动。通常这些学生的自尊心很强，做事力求绝对有把握才行，所以不敢冒半点风险，因而多受环境和别人的支配，缺乏主动性，久而久之，更羞于与他人接触。

（三）部分大学生存在自卑心理

自卑，即对自己的知识、能力、才华等做出过低的估价，进而否定自我。部分大学生由于相貌、智力、受教育的程度、所处的社会地位等不如他人而产生自卑心理。自卑的人在交往中，虽有良好的愿望，但是总怕别人的轻视和拒绝，因而对自己没有信心，很想得到别人的肯定，又经常很敏感地把别人的不快归为自己的不当。有自卑感的人往往过分自闭，为了保护自己，常表现得非常强硬，难以让人接近，在人际交往中显得格格不入。

（四）心理承受能力差

现在的大学生，绝大多数是独生子女。他们由于从小在父母的关怀和爱护下长大，没有学会分享与理解，更是很少遭受挫折。一旦遇到交往方面的挫折，如初恋失败、当众出丑等，就变得胆怯怕生、消极被动，甚至对大学生活失去希望。

第三节　人际关系技巧

一、正确分析人际关系沟通的结构

人际关系沟通的实现是由信息源、信息、通道、信息接收者、反馈、障碍和背景七个因素决定的，而这七个因素之间的关系如图 12-1 所示。

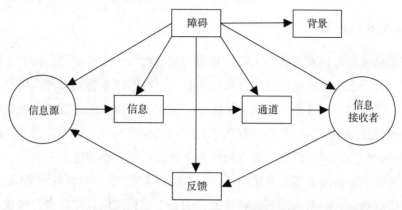

图 12-1 人际关系沟通的结构

（一）信息源

所谓信息源，就是掌握信息并试图进行沟通的人，即沟通活动的发起者。一般来说，信息活动的发起者对沟通对象的了解程度、对沟通目的的明确程度以及是否采用了接收者所能接受的沟通方式等，都直接影响沟通结果。因此，作为信息源的沟通者在进行沟通前，首先要根据自己丰富的记忆选择试图沟通的信息，然后为这些信息准备合适的载体，如文字、语言、表情活动等。另外，作为信息源的沟通者在沟通过程中要注意根据被沟通者的反应不断地调整沟通信息以及沟通信息的载体。

（二）信息

信息从沟通意向的角度来说，就是沟通者试图传达给别人的观念和情感，但由于沟通者的感受不能被信息接收者直接接受，因而它们必须转化为各种不同的可以为别人察觉的信号。而在可为别人察觉的各种信号中，语词是最重要的。语词可以是声音信号，也可以是形象（文字）符号，因此它们是可以被察觉、实现沟通的符号系统。更为重要的是，语词具有抽象功能，它们代表事物、人、观念和情感等。因此，它们也为沟通在广度和深度上提供了最大的可能性。

（三）通道

所谓通道，就是沟通信息传达的方式。对于一个人来说，其五种感觉器官都可以接收信息，但最大量的信息是通过视听途径获得的，而且视听的沟通也是日常生活沟通的主要方式。一般来说，沟通信息传达的方式有两种，即面对面的沟通信息传达和以电视、广播、报纸、电话等不同媒体为中介的沟通信息传达。根据心理学家的研究，面对面的沟通信息传达是最有效且影响力最大的方式。这是因为，面对面的沟通信息传达除了语词本身所包含的信息外，还有沟通者和信息接收者整体心理状态的信息。这些信息使得沟通者与信息接收者可以发生情绪的相互感染。此外，通过面对面的沟通信息传达方式，沟通者还可以根据信息接收者的反馈及时对自己的沟通过程进行调整，以使其更好地被听者接受和理解。

（四）信息接收者

所谓信息接收者，就是接收来自信息源的信息的人。通常来说，接收了携带信息的各种特定音形符号之后，信息接收者必须根据自己已有的经验将其转译成信息源试图传达的知觉、观念或情感，而这是一个包含了注意、知觉、转译和储存等一系列心理动作的复杂过程。由于信息源和信息接收者拥有两个共同但又有不同经验的心理世界，因此，信息接收者转译后的沟通内容与信息源原有的内容之间的对应并不是完全一致的。不过，这种有限的对应在更多的情况下都能够使沟通的目的得以实现。在面对面的沟通信息传达过程中，信息源与信息接收者的角色是不断转换的，前一个时相的信息接收者，可成为下一个时相的信息源。

（五）反馈

所谓反馈，就是在人际关系沟通过程中每一方都不断地将信息送回另一方。通过反馈，人际关系沟通就能成为一个交互过程。通过反馈，信息发送者就可以知道自己所表达的思想、情感等是否按其激发的方式来分享。如果反馈显示信息被接收并被理解，这种反馈为正反馈；如果反馈显示的是信息没有被接收和理解，则为负反馈。正反馈有助于沟通的深化和拓展，而负反馈则在某种程度上影响了沟通的顺利进行，甚至阻断沟通。因此，成功的沟通者对于反馈十分敏感，并会根据反馈不断调整自己的信息。通常来说，面对面的沟通信息传达方式可以获得最大的反馈机会，在这种语境中我们有机会知道他人是否理解并领会信息传达的意思。

（六）障碍

阻止信息发送、接收和被理解的因素就是障碍，又被称为噪声。障碍来源有三种，即外部障碍、内部障碍和语义障碍。

1. 外部障碍

外部障碍来自环境，阻碍听到信息或理解信息，例如，当你与舍友推心置腹地交谈时，可能被一群在大厅里乱叫的人、一架在头顶上飞过的直升机或窗外的电锯声打断。另外，外部障碍不总是来自声音，例如，当你在野餐时发现坐在一个蚂蚁堆上，而蚂蚁在毯子上到处乱爬，交谈也可能变得结巴起来。

2. 内部障碍

内部障碍发生在发送者或接收者的头脑中，这使他们的思想和情感集中在沟通以外的事情上，例如，一个学生因为正在考虑午饭的事而没有听课、妻子因为考虑工作中的一个问题而没能把注意力放在丈夫的问话上。另外，内部障碍也可能源于信念或偏见。沟通者之间缺乏共同的经验或信念，彼此也很难建立沟通，例如，一个成就动机特别强的人在谈论自己在实现远大抱负中遭遇的种种挫折和烦恼时，一个安于现状、知足常乐的人可能不以为然或难以理解。

3. 语义障碍

语义障碍是由人们对语词情感上的反应而引起的。我们经常有这样的感觉，当听到某些我们不认同或难以接受的词汇或观点时，我们会产生一种厌烦情绪，并下意识地抵制它们，将它们屏蔽于感觉之外。语义上的障碍和外部障碍、内部障碍一样，能够对部分信息或全部信息产生干扰。

（七）背景

所谓背景，就是人际关系沟通发生的情景，包括心理环境和外部环境。背景影响人际关系沟通的每一个因素，而且在人际关系沟通中，许多意义是由背景提供的，词语的意义也会随背景的不同而不同。同样的话，在不同的情境下说出来会产生完全不同的效果。

二、大学生如何管理好人际关系

对于刚进入大学的新生来说，只有处理好各类人际关系，才能为自己的健康成长营造良好的人际环境。

（一）培养良好的人际交往意识

良好的人际交往意识对人际关系的意义非同小可。尽管大学生们每天都处在各式各样的交往环境中，但不是每个大学生都有良好的交往意识。不少学生只是被动地处于交往中，有的学生甚至远离人群、自我封闭。学校教育要帮助学生建立起勇于交往、善于交往和树立正确的交往动机的良好交往意识，让学生认识到交往的重要性。有了良好的交往意识，才能积极主动地与人交往。

（二）增强自信，消除自卑

在人际交往中正确地认识自己和别人不是一件容易的事。在错误的自我评价中，对人际关系妨碍最大的，莫过于自卑。一个人一旦失去了自信，他便在交往中显得茫然不知所措，学校培养学生在交往中应该热情友好，以诚相待，不卑不亢，端庄而不过于矜持，谦逊而不矫饰作伪，要充分显示自信心。只有树立自信，才能完全放松，从而显得坦然自若，沉着镇定。

（三）学会人际交往的技巧和策略

人际交往能力的欠缺是影响大学生人际关系的原因之一。在人际交往中，语言的交流是其中一个重要的组成部分。部分大学生由于年轻气盛，在与人进行语言交流时总是滔滔不绝，往往忽视了倾听对方的发言。与老师、学校领导、用人单位等交流时，若言语盛气凌人、不注意倾听，造成的后果是不堪设想的，给人留下的印象也是不完美的。一般人在倾听时常常出现以下情况：①很容易打断对方讲话，急切地想表达自己的不同意见。②发出认同对方的声音。较佳的倾听方式是完全没有声音，不能打断对方讲话，两眼注视对方，等到对方发言结束，再发表自己的意见和看法。然而，最理想的情况是让对方不断地发言，越保持倾听，你就越握有控制权。

（四）不要过多计较别人的评论，不因一时一事评价人

每个人为人处世受到别人的评论是很正常的，不要轻信主观感受，更不要浪费时间去揣测别人对自己的态度。人家评论，不论是肯定的，还是否定的，都应看成是对自己的一种促进。同时也不应该以一时一事来评价一个人的好坏，因为"窥一斑而知全豹"并不总是适合所有人和事，个别和局部并不一定能反映全部和整体。在与人交往中应具有宽广的胸怀，要有"让人不为低，饶人不为痴"的大度大量，不为社交中细小矛盾而斤斤计较。

（五）学会控制自己的情绪

当你在一个陌生的环境里紧张、羞怯时，就会引起机体强烈的焦虑，并处于高度紧张的自我防卫状态，使他人觉得你对他有一种不信任的感觉，这样就阻碍了彼此关系的发展。例如，部分新入学的同学，由于对周围的人和环境都缺乏了解，因而在相当长的一段时间内保持一种高度紧张的自我防卫状态，直到他们熟悉了周围的环境及同学，才真正放松和适应。我们应该学会控制这种意识，努力让自己的心态归于平静，客观理性地对待周围的人和事。

（六）大胆实践，实现人际交往的良性循环

大学生人际交往障碍是可以改变的，大学生可以通过后天的练习和训练来发展自己的人际交往能力。当然，纯粹增加交往技能可以改善个体的人际交往状况，但不能促进个体的人际相处关系，大学生人际关系障碍的改善除了有赖于一定的外界环境条件之外，最主要的还是取决于大学生主观的努力。

人生的美好是人情的美好，人生的丰富是人际关系的丰富。大学生正处于风华正茂的年龄，他们有充足的时间经营自己的人际关系，只有学会建立，并且将之巩固，才更容易接近自己的理想和事业，人生才会更精彩。大学生只要正确认识和重视人际交往问题，就能够实现自我超越。

（七）改变心态，求同存异，包容妥协

大学是社会的缩影，是大学生走向社会最后一块缓冲地。形形色色的人构成了丰富多彩的社会。大学生必须意识到思想和观点不是唯一的，他人没有必要来顺从你的想法和观

点。人与人之间除了相亲相爱和对抗相杀以外还有第三种选择——和平共处。大学生要学会包容和妥协，学会求同存异，学会释然，以平和的心态去应对未知世界和自己不认可的事物。

三、大学生应把握的人际关系沟通原则

大学生在进行人际关系沟通时，需要遵守以下原则。

（一）诚实守信原则

诚实守信是人际关系沟通的根本，也是人与人之间建立信任和友谊的基础。在人际关系沟通中，只有双方都心存诚意，才能互相理解、接纳、信任，感情上才能引起共鸣，交往关系才能得以发展。在现实生活中，人们都愿意与表里如一、言行一致、诚实正派的人交往，而不愿意与口是心非、老奸巨猾、口蜜腹剑的人交往。因此，一个人如果给别人以虚假、靠不住的印象，就会失去别人的信任，就很难与别人进一步交往。守信是中华民族最古老的传统。一个人能否守信用，可以通过相互交往得到检验。守信者，能交真朋友、好朋友；不守信者，只能交一时的朋友。因此，大学生在交往过程中要努力做到"言必信，行必果"。

（二）平等原则

平等原则是人际关系沟通的基础。没有平等就谈不上尊重，而没有相互尊重就无法进行人际沟通，也无法维持正常的交往关系。在与人交往的过程中，彼此在人格上是平等的，交往的双方都是受益者，一定要平等待人，不可盛气凌人，或者逢迎奉承。那种实用主义或功利主义地使唤别人，把别人当作自己的工具，用得着时，想方设法地笼络、甜言蜜语地哄骗；用不着时，把别人抛在一边，视同路人，必然破坏了交往中平等的基础。尽管由于主客观因素的影响，人在气质、性格、能力、知识等方面存在差异，但在人格上是平等的。每个人都需要得到别人的尊重，都需要通过交往寻找自己的社会位置，获得他人的肯定，证明自己的价值，而平等的原则正可以满足人际交往的这一需求。

（三）宽容原则

宽容既是一种美德，也是对良好人际关系沟通的一种呵护。这是因为，在现实生活中，每个人都有自己的个性，都有缺点和不足，都会犯这样或那样的错误。这就要求在进行人际关系沟通时要学会用辩证的观点看问题，对非原则的问题不斤斤计较，不过分挑剔别人。在与他人发生矛盾时，要有宽广的胸襟、豁达的气量，要允许别人有不同意见。要以豁达、宽容和开阔的胸怀来容纳别人的缺点，要严于律己，宽以待人，不放纵自己，不苛求他人，这样就会赢得对方的尊重。待人宽容还有助于交往空间的扩大以及人与人之间紧张关系的

缓解或排除。

（四）赞扬原则

在人际关系沟通中，要善于发现并且鼓励赞扬对方的优点与长处，礼貌相待，才能相互促进与提高。赞扬的作用永远胜过批评，赞扬别人不仅会给对方带来愉悦和良好的情绪，也会使别人更加喜欢你。因此，要建立良好的人际关系，恰当的赞美是必不可少的。

（五）互助互利原则

互助互利包括物质和精神两个方面的互助互利。人际关系沟通是人们的一种需要，同时又是满足需要的一种手段。在人际关系沟通中，双方都有所"施"，也有所"受"。双方若在满足对方需要的同时，也得到了对方的报答，人际关系就能继续发展；若双方只想获得而不给予，人际关系就会中断。人们在相互来往中，总希望从对方那里得到同情、帮助、鼓励和启迪，得到力量和慰藉，如果这些需要不能得到满足，相互间的交往就会缺乏持久性和吸引力。因此，互助互利是影响良好人际关系建立的重要因素。

（六）心理距离适度原则

人际关系原本就是人与人之间的心理上的关系，即心理上的距离。不分亲疏地靠近对方最终难免引起不快，因而彼此之间保持适度距离为好。如果交往双方过分地关心自己，而忽视了对方，则使彼此的心理距离拉大，那么交往将很难继续。所以要拉近彼此的心理距离，要真诚地对别人感兴趣，只有这样才能取得预期的交往效果。而我们在真诚关心别人的同时，还应尊重交往对象的隐私。每个人的心里都有一些秘密，隐私是一项很重要的人生权利。要想维持良好的交往关系，就必须尊重他人的隐私权，不随意打听别人的情况，不背后议论别人的是非，等等。因此，调整好双方的心理距离也是建立良好人际关系的重要条件。

四、人际关系沟通的风格及相应沟通方式

人与人之间沟通时，通常两个风格相似的人沟通效果最好。每个人都有自己的特点，而依据一个人在沟通过程中情感的内敛与外露，以及沟通过程中做决策的果断性、时间的长短，可以将所有人分为和蔼型、分析型、支配型和表现型四种不同的类型。这四种不同类型的人，在沟通时的表现和反应是不一样的，只有很好地了解不同类型的人在沟通中的特点，且采用与之相应的沟通方式进行沟通，才能保证沟通的顺利进行和沟通的有效性。

（一）和蔼型的人际关系沟通风格及相应沟通方式

属于和蔼型人际关系沟通风格的人，合作、友好，但做事不果断，也非常慢；感情流

露很多，喜怒哀乐都会流露出来；面部表情和蔼可亲，总是微笑着看你，但是说话很慢，表达得也很慢；说话慢条斯理，声音轻柔，抑扬顿挫；很有耐心，经常使用鼓励性的话语。

与和蔼型的人沟通时，要特别注意以下几方面。

（1）和蔼型的人看重的是双方良好的关系而不是结果，因而在和这种类型的人沟通时首先要建立良好关系。

（2）在与和蔼型的人沟通过程中，说话要慢一些，要注意抑扬顿挫，不要给他压力，要鼓励他，去征求他的意见。因此，遇到和蔼型的人要多提问："你有什么意见，你有什么看法？"问后你会发现，他能说出很多非常好的意见。

（3）在与和蔼型的人沟通过程中，一定要注意始终保持微笑的姿态。

（4）在与和蔼型的人沟通过程中，一定要同他有频繁的目光接触。每次接触的时间不长，但是频率要高。不要盯着他不放，要接触一下回避一下，沟通效果会非常好。

（二）分析型的人际关系沟通风格及相应沟通方式

属于分析型人际关系沟通风格的人，寡言、缄默；严肃认真、合乎逻辑，但在决策的过程中果断性非常弱，问了许多细节仍然不做决定；动作慢，有条不紊，有计划，有步骤；面部表情少，感情流露非常少；语言准确，注意细节，语调单一，但非常啰唆；喜欢有较大的个人空间。

与分析型的人沟通时，要特别注意以下几方面。

（1）在与分析型的人沟通过程中，尽快切入主题，注重细节，遵守时间。

（2）在与分析型的人沟通过程中，不要和他有太多的眼神交流，更要避免有太多身体接触，因而在与其沟通时，身体不要太过前倾，应该略微后仰，因为分析型的人强调安全和个人空间。

（3）在与分析型的人沟通过程中，要一边说一边拿纸和笔记录，像他一样认真一丝不苟。

（4）在与分析型的人沟通过程中，一定要注意用很多准确的专业术语，这是他需要的。

（5）在与分析型的人沟通过程中，要多列举一些具体的数据，多做计划，使用图表。

（三）支配型的人际关系沟通风格及相应沟通方式

属于支配型人际关系沟通风格的人，果断、独立，喜欢指挥人、命令人；有能力、有作为，强调效率；感情不外露，面部表情比较少；说话快且有说服力，语言直接，有目的性；有计划性，使用日历。

与支配型的人沟通时，要特别注意以下几方面。

（1）在与支配型的人沟通过程中，给他的回答一定要非常准确，而不是一种模棱两可的结果。要讲究实际情况，有具体的依据和大量创新的思想。

（2）在与支配型的人沟通过程中，一定要非常直接，不要有太多寒暄，直接说出你的来意，要节约时间。

（3）在与支配型的人沟通过程中，可以问一些封闭式问题，这会让他感觉效率非常高。

（4）在与支配型的人沟通过程中，不要流露太多感情，要直奔结果，从结果的方向说，而不要从感情的方向说。

（5）在与支配型的人沟通过程中，身体要略微前倾。

（6）在与支配型的人沟通过程中，说话声音要洪亮，语速要快，并有较多的目光接触，来表明你的信心。若是在支配型的人面前说话声音很小，缺乏信心，他会产生很大的怀疑。

（四）表现型的人际关系沟通风格及相应沟通方式

属于表现型人际关系沟通风格的人，外向、合群、热情、活泼、直率友好；做事非常果断、有幽默感；感情外露，动作非常多，且动作夸张；不注重细节；说话过程中往往会借助一些动作来表达自己的意思，语言有说服力，语调抑扬顿挫，令人信服。

与表现型的人沟通时，要特别注意以下几方面。

（1）在与表现型的人沟通过程中，说话要直接。

（2）在与表现型的人沟通过程中，声音一定要洪亮。

（3）在与表现型的人沟通过程中，要有一些动作和手势，若是没有动作，表现型的人的热情很快就会消失。

（4）在与表现型的人沟通过程中，要多从宏观的角度去谈，如"你看这件事总体上怎么样""最后怎么样"。

（5）在与表现型的人沟通过程中，因其不注重细节，甚至有可能说完就忘了，因而在达成协议后最好与之进行书面确认。

【课后思考】

1. 认真思考自己在大学期间是如何处理与老师、同学、父母、朋友之间关系的。

2. 对照自己在人际交往中的做法，列出优点与不足，提出改进计划。

3. 分析思考：

案例一

赵某，女，22岁，某理工大学二年级学生。自上大学以来，因为害羞，她几乎很少与人交流。她一说话就会脸红、心跳、冒汗甚至全身发抖，说话时眼神躲闪不定，不敢直视对方，好像做了亏心事一样。她不愿与班上同学接触。不仅如此，她还很怕老师。上课时，只有老师背对同学板书时她才不紧张，只要老师面对同学，她就不敢朝黑板方向看。这种状态持续时间久了，她在家人和朋友面前说话也开始变得不太自然。

她说自己曾试图克服这个毛病，也看了不少心理学书籍，按照社交技巧去指导自己，用理智说服自己，用意志控制自己，但是作用不大。这种情况已经严重影响了她的学习和生活。

如果是你，你会怎么做呢？

案例二

小雪已经上大三了，她感到非常苦恼，因为她总是和寝室的同学相处不好，甚至为此调换过一次寝室，但是仍然无法和新室友和睦相处。她觉得她的室友总有一些她不喜欢的坏习惯，而且总是不能理解她。她经常与室友发生争执，闹得很不愉快。她认为所有人都不能理解她，因此她的人际关系日益恶化，这不仅影响了她的正常生活，还影响了她的学习和自信心。

（1）你认为造成小雪糟糕的人际关系的原因是什么。

（2）如果你为小雪做心理辅导，你会为她提供哪些好建议？

五、建立良好人际关系的技巧

（一）留下良好的第一印象

第一印象是初次见面所留下的印象，第一次见面时给对方留下什么印象是非常重要的。因为，它有先入为主的特性，往往是决定双方是否继续进行交往的关键。如果第一印象不好，在以后很长时间内对彼此的了解都会受到影响。

【课堂阅读】

一位经销商讲的故事

A 公司是国内很有竞争力的公司，他们的产品质量很好，销售业绩也不错。

经销商说：有一天，我的秘书打电话告诉我 A 公司的销售人员约见我。我一听是 A 公司就很感兴趣，听客户讲他们的产品质量不错，我一直没时间和他们联系。没想到他们主动上门来了，我就告诉秘书让他下午 3 点到我的办公室来。

3 点 10 分我听见有人敲门，就说"请进"。门开了，进来一个人。穿着一套皱皱巴巴的浅色西装，他走到我的办公桌前说自己是 A 公司的销售员。

我继续打量着他，穿着羊毛衫，打着领带，领带飘在羊毛衫的外面，有些脏，好像有油污。黑色皮鞋，没有擦，看得见灰尘。

有好大一会儿我都在打量他，心里在开小差，脑中一片空白。我听不清他在说什么，只隐约看见他的嘴巴在动，还不停地放些资料在我面前。

他介绍完了，房间突然安静下来。我一下子回过神来，马上对他说把资料放在这里，我看一看，你回去吧！

就这样我把他打发走了。在我思考的那段时间里，我的心里并没有接受他，而是本能地想拒绝他。我当时就想我不能与 A 公司合作。后来，另外一家公司的销售经理来找我，我一看，与先前的那位销售人员简直是天壤之别，他精明能干，有礼有节，是干实事的，于是我们就合作了。

"首因效应"实验

心理学家 A. 鲁钦斯曾做过这样的实验：给两组学生观看同一个人的照片。在看这张照片之前，对一组学生说，照片上的人是一个十恶不赦的罪犯；对另一组学生说，照片上的人是一个著名的学者。然后让这两组学生分别从这个人的外貌来说明他的性格特征。

结果，他们对同一张照片做出了截然不同的解释。第一组学生说：那深陷的目光里隐藏着险恶，而高高的额头表明死不悔改的顽固；第二组学生则说，深沉的目光表明他思想的深刻性，高高的前额表明他在科学探索道路上的无坚不摧的坚强意志。

心理学家说，你永远无法给一个人第二次留下第一印象。这称为"首因效应"，就是指素不相识的双方经第一次交往留下的印象对双方继续交往产生的影响作用。一般而言，第一印象好，双方继续交往的积极性就高，良好的关系就可能逐渐形成与发展；反之，则无法建立相对亲密的关系。

（二）记住对方的名字

记住对方的名字，并把它叫出来，等于给对方一个很巧妙的赞美。记住对方的名字，说明对方在自己心目中是重要的、有地位的、有分量的。这会使对方获得一种被人重视的成就感或被人记住的亲切感，这就等于赞赏了对方、肯定了对方，一定会得到对方善意的回应。

【课堂阅读】

有时候要记住一个人的名字真的很难，尤其当它烦琐时。一般人都不愿意去记它，心想：算了，就叫他的小名好了，毕竟容易记。锡得·李维拜访了一个名字非常烦琐的顾客，这个顾客叫尼古得玛斯·帕帕都拉斯。别人都只叫他"尼克"。李维告诉我们："在我拜访他之前，我特别用心地念了几遍他的名字。'早安，尼古得玛斯·帕帕都拉斯先生。'当我用他的全名同他打招呼时，他呆住了。过了几分钟他都没有答话。最后，眼泪从他的双颊滚落，他说，'李维先生，我在这个国家 15 年了，从没有一个人会试着用我真正的名字来称呼我。'"

卡耐基说：在交际中最明显、最简单、最能得到别人好感的方法，就是记住别人的名字。在现代社会中，人们越来越希望得到他人的尊重与承认。而记住对方的名字，并能轻易地叫出来，就是对对方的一种尊重与认可。

（三）给人真诚的赞美

人们都渴望得到别人的赞扬与肯定，因此在与同学的交往中，恰当地给人以赞美，别人会很喜欢我们、感谢我们。但是，赞美不是刻意地溜须拍马、阿谀奉承，赞美要真诚如实、适时适度。

【课堂阅读】

化学史上的合作典范

在化学史上，戴维和法拉第的合作是一个典范。虽然有段时间法拉第的卓越成就引起了戴维的嫉妒，但两人的友谊仍被世人赞赏。这份情缘的取得，离不开法拉第对戴维的真诚赞美。

法拉第和戴维相识前，曾给戴维写过一封信："戴维先生，您的演讲真好，我简直听得入迷了，我热爱化学，我想拜您为师……"收到信后，戴维很高兴地约见了法拉第。甚至后来法拉第成了名满欧洲的科学家时，他也总不忘在各种场合赞美戴维。

可以说，赞美是他们友谊的源泉，也是他们交往的黏合剂。

赞美的艺术

你愿意真诚地赞美别人吗？你能否感受到对方因为你的赞美而流露出的愉悦之情？

美国哈佛大学心理学家威廉·詹姆士研究发现，人类本性中最深刻的渴求就是受到赞美。也有统计显示，赞美和肯定比奖金和晋升更令人向往。

然而我们在生活中发现，真诚的赞美很少被表达出来。这是怎么回事呢？

原因大体有以下几方面。

第一，理解偏差。认为有求于人或讨好人才有必要给对方戴几顶高帽，光明磊落的人不需要搞这一套。

第二，心存顾虑。处世拘谨、老实巴交的人顾虑较多，认为说别人的好话会招惹是非，尤其是对领导、异性和陌生人更有这样的担忧。

第三，心理失衡。有些人的虚荣心和嫉妒心比较强，对成绩、能力、容貌、职务等比自己高或强的人不肯赞扬，而对那些不如自己的人又不屑一顾。

第四，过多考虑自己。许多人只想自己应该得到赞扬，很少考虑到别人也需要自己去赞扬。有自卑心理的人，又觉得自己人微言轻，对别人的赞扬起不了多大的作用，从而不轻易赞美别人。

其实赞美也是一种人际互动，恰到好处的赞美能使彼此交相辉映。那么如何恰当地赞美别人呢？

（1）端正认识。赞美不是溜须拍马、阿谀奉承。真诚的赞美能让世界充满友爱，让溜须拍马者无处藏身。

（2）真心真意。赞美对方要发自肺腑，不夸大事实。但是可以恰当地运用一些小技巧，给你的赞美增添光彩。

（3）了解对方。赞美别人首先要了解对方引以为荣的事情，比如经常赞美老人一生中引以为荣的事情，可以使老人沉浸在幸福之中。这样做，还可以使对方更容易接受你的建议，改变一些不妥当的行为。

（4）说话圆满。要做一个内行的赞美者，对对方的优点有独到的眼光和见解。赞美时还要有所保留，因为"金无足赤，人无完人"，一个人的成绩和优点毕竟是有限的。

此外，作为赞美者，你要有宽广的胸怀，有容纳别人缺点的气量；有自信和勇气，缺乏自信的人会认为别人的成功是对自己的打击，这样的人会为对方设置障碍；有远见卓识，有很高的审美水平；还要能说会道，如果能以幽默的语言赞美别人，对别人来说实在是一种享受。

（四）送人友善的微笑

如果说有人着实拙于言表，实在不善于赞扬，但并不代表他不受欢迎，因为在交往中，真诚的微笑常常会给人留下美好而深刻的印象。

美国心理学家卡耐基曾说："你的笑容就是你好意的信差。"微笑是人际交往的基本功，它表达了对别人的友好、接纳、赞同、理解和宽容。在和陌生人交往时，自然的微笑往往可以打破僵局，成为沟通的桥梁。轻松的微笑可以淡化矛盾，坦然的微笑可以消除误解。

【课堂阅读】

在西班牙内战时，一位国际纵队的普通军官不幸被俘，被投进了冰冷的单人监牢。在即将被处死的前夜，他搜遍全身竟发现了半截皱巴巴的香烟，他很想吸上几口，以缓解临死前的恐惧，可是他发现自己没有火。在他再三请求之下，铁窗外那个木偶似的士兵总算毫无表情地掏出火柴，划着火。当四目相对时，军官不由得送给士兵一丝微笑。令人惊奇的是，那个士兵在几秒钟的发愣后，嘴角也不太自然地上翘，最后竟也露出了微笑。后来两人开始了交谈，谈到了各自的故乡，谈到了各自的妻子和孩子，甚至还相互传看了珍藏的与家人的合影。当曙色渐明军官苦泪纵横时，那个士兵竟然动了感情，并悄悄地放走了他。微笑，不仅沟通了两颗心灵，也挽救了一条生命。

（五）善于倾听

在人际交往中，有时听比说更重要。生活中，学会倾听是一门重要的交往艺术。越是善于倾听他人意见的人，人际关系就越融洽。善于倾听表现出对他人的尊重，无形之中就会增强对方的自尊心，加深彼此的感情。

倾听是人际交往中重要的技巧，倾听代表着你对别人的尊重和欣赏。卡耐基曾指出："专心听别人讲话的态度是我们所能给予别人的最大赞美。"在倾听别人说话时要做到耐心、专心、诚心，即使对方的话题不太令人感兴趣，也应让对方把话说完，并用点头和眼神进行回馈。

哲学家黑格尔曾说过："在有些场合，由于你说了很多话而没有注意倾听，你至少做了两件对你十分有害的事。第一，尤其在同行或比你强的人在场时，你暴露了你的浅薄与无知；第二，由于你的滔滔不绝，你失掉了向别人尤其是专家学习的机会。"

（六）谈对方感兴趣的话题

谈别人感兴趣的话题，可以激发对方的热情，增加对我们的接纳和喜爱程度。为了结交更多的朋友，同学们有必要扩大自己的知识面，培养自己多方面的兴趣、爱好，同时善于观察、判断交谈对象感兴趣的话题。

"谈对方感兴趣的事"，对方一定会很乐意的。只要抓住了对方的兴趣点，不仅不会"半句多"，而且会千句也嫌少，越谈越投机，越谈越友好。那么，你最初的目的也就达到了。

【课堂阅读】

李通是大学刚毕业的经济管理系学生，因为人力考试未能通过，只好在一家小公司当职员。按公司规定，试用期间，每个人在一个月内都要拉到一个新客户。可是他刚离开学校不久，又没有任何背景，很难接近客户。

眼看一个月的期限就要到了，李通因没有找到新客户，失望极了。李通愁眉不展地踏入那家公司。看到主任的名片，忽然觉得其名字很奇怪，竟然叫作"万俟明"，而他恰好又很喜欢看传统小说，以前在看《说岳全传》时，书中有个坏人的名字就叫"万俟禼"。他看《说岳全传》时年纪还小，看到"万俟禼"三个字，不知道怎么读，所以他特地查了字典。当时他一眼看见这人的名片上写着"万俟明"，就礼貌地称呼他："万俟先生，我是艾家公司的职员，今天特地来拜访您。"对方吃惊地站起来，结巴着说道："……你怎么认识我的姓，一般人第一次都会念错，大部分人都叫我万先生。"

李通听到这里，高兴地说道："这个姓可是有来由的，它原是古代鲜卑族的部落名称，后来变成姓氏的拓跋氏，就是由万俟演变而来的。"

李通看到对方越来越高兴，于是问道："那您就是帝王之后，系出名门了！"那位万俟明先生听后更加高兴："岂止是这样，这个姓氏一千多年来出了不少名人。"用这个少见的姓氏做话题，李通和那位公关主任聊了起来。尽管他并未说明来意，更没谈什么细节，但仅凭这次愉快的交谈，就让他开发出一家财团做客户。而且这家财团旗下的所有关系企业，都与他的公司签下了合约，为公司增加了前所未有的业绩，同时也充实了自己的腰包。

奇迹就这样出现了，李通不但开发出一个新客户，还通过这个客户的引荐，一连吸收了十几家新客户。他不但没有被炒鱿鱼，反而晋升为正式职员，薪水也连跳好几级，成了该事务所的"超级营业员"。

（七）幽默

生活中，人与人之间难免会产生一些摩擦，有时甚至剑拔弩张，一个得体的幽默往往能够使双方摆脱窘迫的境地。幽默能缓解矛盾，使人们之间的关系融洽和谐。

以前，日本国会有一个议员，一只眼睛失明。有一回，他在演讲国际局势时，时间过长，有人忍不住站起来说："这位老兄，国际局势这么复杂，我们两只眼睛都看不懂，你一只眼睛能看出什么名堂？"然而，他却平静地说："这位仁兄，请你坐下来，国际局势固然复杂，但本人一目了然。"

可见，幽默可以调节气氛、缓解人际交往紧张的状态。它可以使处于困境中的人们实现自我解脱，有助于人们适应环境。同时，它也是一种机智的表现，是文化修养的一种标志。

（八）保持适当的交往距离

朋友间保持一定的距离是十分必要的。这里所说的距离，主要是指应有的礼貌和尊敬。有些同学一旦与人熟悉了，就丢掉了分寸感，缺少必要的尊重，这时友情就有可能走向反面。因为一旦没了距离，就势必会侵入别人的私人空间，给人造成不悦。

【课堂阅读】

人际交往的空间距离

人与人的交往需要保持一定的空间距离。美国学者霍尔通过对美国白人中产阶级的研究指出，可根据空间距离推断人与人之间的交往关系。由此，他提出了四种人际交往距离。

1. 亲密距离

亲密距离在45厘米以内，属于私下情境，多用于情侣或夫妻间，也可以用于父母与子女之间或知心朋友间，此距离内双方均可感受到对方的气味、呼吸、体温等私密性感觉刺激。两位成年男子间一般不采用此距离，但两位女性知己间往往喜欢以这种距离交往。

2. 私人距离

私人距离一般为45~120厘米，表现为伸手可以握到对方的手，但不易接触到对方的身体，一般的朋友交谈多采用这一距离。这种距离使双方说话变得温柔，可以接受大量体语信息。

3. 社交距离

社交距离为120~360厘米，属于礼节上较正式的交往关系。办公室里的工作人员多采用这种距离交谈。在小型招待会上，与交往不多的人打招呼可采用此距离。

4. 公共距离

公共距离指大于360厘米的空间距离，一般适用于演讲者与听众。这种距离的交往多是单向的。

影响人际距离的因素有文化、民族、社会地位、性别等。

第十三章　终身学习

【案例导读】

师旷是我国古代著名的音乐家。一天，师旷正为晋平公演奏，忽然听到晋平公叹气说："有很多东西我还不知道，可我现在已70多岁，再想学也太迟了吧！"

师旷笑着答道："那您就赶紧点蜡烛啊。"晋平公有些不高兴："你这话什么意思？求知与点蜡烛有什么关系？答非所问！你不是故意在戏弄我吧？"

师旷赶紧解释：

"我怎敢戏弄大王您啊！只是我听人说，年少时学习，就像走在朝阳下；壮年时学习，犹如在正午的阳光下行走；老年时学习，那便是在夜间点起蜡烛小心前行。烛光虽然微弱，比不上阳光，但总比摸黑强吧。"晋平公听了，点头称是。

人生感悟：活到老学到老。知无涯，生有涯。自诞生之日起，学习就成为整个人类及其每个个体的一项基本活动。从幼年、少年、青年、中年直至老年，学习将伴随人的整个生活历程并影响人一生的发展。古人说："书山有路勤为径，学海无涯苦作舟。"无止境地学习，是每一个向上者必须做的。

人要想不断地进步，就要活到老学到老，在学习上不能有餍足之心。

之所以提出"终身学习"的观点，是因为人类几千年积累下来的知识文化，岂是短短几十年能学得完呢？故先贤庄子曾说："吾生也有涯，而知也无涯。"

何况现代社会的知识寿命大为缩短，个人用十几年所学习的知识会很快过时。

如果不再学习更新，马上就进入所谓的"知识半衰期"。

据统计，当今世界90%的知识是近十年产生的，知识半衰期只有五至七年。而且，人的能力就像电池一样，会随着时间和使用而逐渐流失。因此，人们的知识需要不断"加油""充电"。当今时代，世界在飞速发展，知识更新的速度日益加快，人们要适应变化的世界，就必须努力做到"活到老，学到老"，要有终身学习的态度。以老人为例，也要学会如何使用洗衣机、微波炉甚至计算机等，不然享受不了科技带来的乐趣与便捷。

终身学习这方面，鲁迅先生是榜样，先生在临去世前一个小时还在写文章呢！

还有华人首富李嘉诚，他每天晚上看书学习，这个好习惯已坚持了几十年。更有甚者认为，"活到老，学到老"还远远不够，比尔·盖茨曾说过：在21世纪，人们比的不是学习，而是学习的速度。在现今的企业环境里，没有打不破的铁饭碗。你的工作在今天可能不可或缺，可是这并不意味着明天这个职位仍然有存在的必要，所以我们必须用不断学习来防患于未然。世间有"知足者常乐"一说，而且，大多数人都承认，知足常乐是一种美德。的确，这是一种美德。但是，一切事物都有其存在的环境，知足常乐的道理也是如此。在物质生活上，知足者常乐，如果不知足，就永远不会幸福。而在事业上、在学习上，总是知足就会裹足不前。所以，在学习上，要知道精进才行。未来社会的竞争，必将会从今天的人才竞争转向学习能力的竞争。我们每个人都应该树立"终身学习"的全新理念，并做到在学习中工作、在工作中学习。真正实现自我完善、自我超越。

终身学习是21世纪的生存概念，21世纪社会发展需要"会生存、善学习、勇于创新"的复合型人才。终身学习的能力是大学生适应社会及未来发展的必备能力和素质，是大学生不断适应、不断更新知识的能力，也是自我发展和社会发展相结合的产物。大学生作为新世纪的高等教育人才，更须具备终身学习的能力。

第一节　终身学习概述

终身学习是指社会每个成员为适应社会发展和实现个体发展的需要，贯穿于人的一生的、持续的学习过程，即我们常说的"活到老，学到老"或者"学无止境"。在特殊的社会、教育和生活背景下，终身学习理念得以产生，它具有终身性、全民性、广泛性等特点。终身教育和终身学习被提出后，各国普遍重视并积极实践。终身学习启示我们树立终身教育思想，使学生学会学习，更重要的是培养学生主动的、不断探索的、自我更新的、学以致用的和优化知识的良好习惯。

20世纪60年代中期以来，在联合国教科文组织及其他有关国际机构的大力提倡、推广和普及下，1994年，首届世界终身学习会议在罗马隆重举行，终身学习在世界范围内形成共识。终身教育已经作为一个极其重要的教育理念在全世界广泛传播。许多国家在制定本国的教育方针、政策或是构建国民教育体系的框架时，均以"终身教育"的理念为依据，以终身教育提出的各项基本原则为基点，并以实现这些原则为主要目标。在当今社会，若要说到何种教育理论或是何种教育思潮最令世界震动，则无疑当数终身教育。

"终身教育"这一术语自1965年在联合国教科文组织主持召开的成人教育促进国际会议期间，由时任联合国教科文组织成人教育局局长——法国的保罗·朗格朗（Parl Lengrand）正式提出以来，短短数年，已经在世界各国广泛传播。近30年来，关于终身教育概念的讨论可谓众说纷纭，甚至迄今为止也没有统一的权威性定论。这一事实不仅从某一侧面反映出这一崭新的教育理念在全世界所受到的关注和重视的程度，同时也证实了该理念在形成科学的概念方面所必需的全面解释与严密论证尚存在理论和实践上的差距。几个有关终身教育的概念如下：

终身教育所意味的，并不是指一个具体的实体，而是泛指某种思想或原则，或者说是指某种一系列的关心与研究方法。概括而言，也即指人的一生的教育与个人及社会生活全体的教育的总和。

——保罗·朗格朗

终身教育应该是个人或者集团为了自身生活水平的提高，而通过每个个人的一生所经历的一种人性的、社会的、职业的过程。这是在人生的各种阶段及生活领域，以带来启发及向上为目的，并包括全部的正规的（formal）、非正规的（non-formal）及不正规的（informal）学习在内的一种综合和统一的理念。

——R.H. 戴维（曾任联合国教科文组织教育研究所专职研究员）

第三种较具权威性的观点是由 1972 年起就任联合国教科文组织终身教育部部长的 E. 捷尔比提出的。捷尔比认为："终身教育应该是学校教育和学校毕业以后教育及训练的总和；它不仅是正规教育和非正规教育之间关系的发展，而且也是个人（包括儿童、青年、成人）通过社区生活实现其最大限度文化及教育方面的目的，而构成的以教育政策为中心的要素。"

——E. 捷尔比（曾任联合国教科文组织终身教育部部长）

这三种观点在表达和侧重上都有所不同，但是有一点是一致的：他们都认为终身教育包括人一生所受的各种教育的总和。

1994 年，在罗马举行的首届世界终身学习会议所采纳的定义是："终身学习是 21 世纪的生存概念""是通过一个不断的支持过程来发挥人类的潜能，它激励并使人们有权利去获得他们终身所需要的全部知识、价值、技能与理解，并在任何任务、情况和环境中有信心、有创造地愉快地应用它们"。

我国学者吴遵民认为，终身学习是"人在一生中所需要的知识、技术，包括学习态度等应该如何被开发和运用的全过程"，"终身学习强调的基本特征是'有意义的学习'，而其学习场所也不限于家庭、学校、文化中心或企业等。大凡被个人或集团可以加以利用的一切教育设施及资源都应被包含在内"。

教育学家艾伦·塔夫提出，70% 的学习都依赖我们自发地去完成。因此，终身学习并不是一种锦上添花、可有可无的做法，而是在信息革命浪潮下的必备生存能力。我国学者高志敏从终身学习的地位、特征、目的及作为学习活动等方面对终身学习的各种表述进行综合分析，指出了终身学习的丰富内涵：

终身学习是一种生存方式。在终身学习视野里，学习活动开始超越教育范畴，即它不仅涉及教育范畴，还涉及生存范畴。进一步说，终身学习正在成为人的一种至关重要的生存责任，也正在成为人在未来社会中的一种生存方式。没有终身学习就无所谓人的一生的社会存在，就无所谓人的一生的生存质量。"终身学习是21世纪生存概念"的提出正是这一变化的必然。

终身学习无所不在。终身学习发生在人类生活的所有空间，诚如上述流行定义所说的那样，学习场所绝不限于家庭、学校、文化中心或企业，大凡可被个人或集团"加以利用的一切教育设施及资源都应包括在内"。

终身学习的目的在于建立自信和能力，适应社会变化。终身学习的过程是一个知识的积累、运用和创造过程。而正是通过这个过程本身，使每个人在身临急剧变化的社会——面对新的挑战、任务、情况和环境的时候，都能满怀信心、愉快而自如地去运用知识、驾驭知识和创造知识。

学习是一个终身的过程。在不断变化的社会里，人没有可能出现认识上的片刻停顿。在一生发展的过程中，人更没有理由拒绝履行不同生命阶段的不同发展任务。为此，大凡终身学习倡导者都认为"有意义的学习"是"通过其终身的生涯来进行的"。

学习是个全面的过程。学习不仅是一个需要持续学习的过程，也是一个需要进行全面学习的过程。理由就是社会变化给人们提出的发展课题是多样的，个人成长投向个体的发展任务是多元的。世界终身学习会议的"获得他们终身所需要的全部知识、价值、技能与理解"以及"开发和运用人在一生中所需要的知识、技术，包括学习态度"等都是这一要义的具体诠释。

此外，高志敏还认为在终身学习过程中，学习者的地位从以往的"客体"转变为"主体"，而且终身学习是"基于每个个人自发的意愿而进行的活动"，"社会的责任则在于对他们的'要求给予必要的应答'，形成'不断的支持过程来发挥人类的潜能'"。

在这里，我们想引用国际发展委员会的报告《学会生存》中对终身教育做的定义："终身教育这个概念包括教育的一切方面，包括其中的每一件事情，整体大于部分的总和，世界上没有一个非终身而非割裂开来的永恒的教育部分。换而言之，终身教育并不是一个教育体系，而是建立一个体系的全面的组织所根据的原则，这个原则又是贯穿在这个体系的每个部分的发展过程之中。"对于终身教育比较普遍的看法是："终身教育是人们在一生中所受到的各种培养的总和。"它是指开始于人的生命之初，终止于人的生命之末，包括人发展的各个阶段及各个方面的教育活动，既包括纵向的一个人从婴儿到老年期各个不同发展阶段所受到的各级各类教育，也包括横向的从学校、家庭、社会各个不同领域受到的教育，其最终目的在于"维持和改善个人社会生活的质量"。

国际21世纪教育委员会在向联合国教科文组织提交的报告中指出："终身学习是21世纪人的通行证。"终身学习又特指"学会求知，学会做事，学会共处，学会做人"。这是21世纪教育的四大支柱，也是每个人一生成长的支柱。

第二节　终身学习的特点和意义

一、终身学习的特点

终身学习在很大程度上是终身教育和学习化社会两者相结合的产物。关于终身学习的定义，不同的学者和组织对其解释也不尽相同。最具权威的"终身学习"定义，是由欧洲终身学习促进会提出，并经 1994 年 11 月在意大利罗马举行的首届世界终身学习会议采纳的"终身学习"定义："终身学习是 21 世纪的生存概念。""终身学习是通过一个不断的支持过程来发挥人类的潜能，它激励并使人们有权利去获得他们终身所需要的全部知识、价值、技能与理解，并在任何任务、情况和环境中有信心、有创造性和愉快地应用它们。"

从众多的理解和定义中可以归纳出终身学习具有下列特征：

第一，连续性。终身学习是贯穿人的一生，从生命开始到生命结束，包括人的发展的各个阶段和各个方面。

第二，多元整合性。终身学习不仅是纵向地贯穿人的一生，也是横向地贯穿于学习的各个层面、各个空间，是学校学习、家庭学习、社会学习及其他场合学习的统一，是立体的多元的整合。

第三，目的性。终身学习强调个体在终身学习过程中的作用，即有需求、有意识地学习更有价值，是个体有意安排的。

第四，公平性。学习不再是部分人的特权，而成为人们普遍的权利。无论是政府还是社会都应保障这一基本权利的实施。

第五，开放性。终身学习强调除学校以外的非正规情境中学习的重要性。不仅拓展了学习的内容范畴与时空范畴，同时强调终身教育与终身学习的整合。

第六，主体性。终身学习强调个体有意识的学习活动，强调学习者自主学习。它是学习者根据自己的需要选择学习的时间、地点和方式，以学习者为中心，以学习者的需求为导向。

二、终身学习的意义

终身学习能使我们克服工作中的困难，解决工作中的新问题；能满足我们生存和发展的需要；能使我们得到更大的发展空间，更好地实现自身价值；能充实我们的精神生活，不断提高生活品质。

学习是人类认识自然和社会、不断完善和发展自我的必由之路。无论一个人、一个团体，还是一个民族、一个社会，只有不断学习，才能获得新知，增长才干，跟上时代。党的十六大报告强调：要"形成全民学习、终身学习的学习型社会，促进人的全面发展"。

这就从深度和广度上对学习提出了新的更高的要求。

终身学习，讲的是人一生都要学习。从幼年、少年、青年、中年直至老年，学习将伴随人的整个生活历程并影响人一生的发展。这是不断发展变化的客观世界对人们提出的要求。人类从诞生之日起，学习就成为整个人类及其每个个体的一项基本活动。不学习，一个人就无法认识和改造自然，无法认识和适应社会；不学习，人类就不可能取得今天的一切成就。学习的作用不仅局限于对某些知识和技能的掌握，学习还使人聪慧文明，使人高尚完美，使人全面发展。正是基于这样的认识，人们始终把学习当作一个永恒的主题，反复强调学习的重要意义，不断探索学习的科学方法。同时，人们也越来越认识到，实践无止境，学习也无止境。古人云："吾生也有涯，而知也无涯。"当今时代，世界在飞速变化，新情况、新问题层出不穷，知识更新的速度大大加快。人们要适应不断发展变化的客观世界，就必须把学习从单纯的求知变为生活的方式，努力做到"活到老，学到老"，终身学习。

【课堂阅读】

活到老，学到老：终身学习是通往幸福之路

毫无疑问，"终身学习"的理念一直内嵌在中国人心中。无论是应对曾经的科举制度，还是面对飞速变化、发展的现代社会，中国人都以巨大的热情投入了"自我提升"之中，坚信"学习是改变命运的唯一路径"。

到了今天，终身学习已不单纯是一种励志行为。一方面，网络学习社区的出现、"学霸""学渣"等词汇的流行，以及各种学习类真人秀的成功，表明终身学习更多成了一种满足人类天然好奇心的愉快行为；另一方面，随着人类寿命的增加以及身体健康程度的提升，每个人都不得不寻找方法填充这"突然多出来的人生"，而终身学习为我们提供了一种实际而快乐的途径。

在2014年11月1日的墨卡托秋季沙龙最后一场——"终身学习的目标与支持"上，来自德国的社会学教授尤塔·阿尔门丁格和从事终身教育研究的黄健教授从各方面论述了终身学习的必要性、参与者以及面临的挑战。

黄健：终身学习是通往幸福之路

中华民族传统中其实一直有终身学习的文化，比如我们每个人都知道的俗语"活到老学到老"，但在今天，终身学习的内涵、目标、社会责任以及每个人所应对的挑战，都与传统语境大相径庭。

中国人现在普遍面对的现实是社会快速、迅猛转型，在很短的时间里，每个人的生活都发生了翻天覆地的变化，这使得终身学习变得极为必要。我们在上海针对一万名老人做过一个调查，我们发现，经常去社区学校学习的老年人业余生活更丰富，更愿意走出家门跟别人交往，也更愿意为社区提供志愿服务。学习活动让他们感觉人生更有意义，幸福感也更强烈。

上海市政府为静安区的白领提供了一些课程，这些课程并不教授职业技能，而是告诉他们如何平衡工作和生活、如何缓解压力，以及如何发展业余爱好。还有一些课程为白领提供育儿经验。这些课程说明，年轻人在工作之外也存在其他方面的学习需求，我们需要关注并满足他们。

这两个案例涉及了完全不同的人群。对每一个人来说，终身学习都可以让个人生活的各方面更加精彩。终身学习关注的是家庭幸福、社会福祉，希望促进人与人之间的和谐以及个人的可持续发展。

尤塔·阿尔门丁格：人生应该是"混搭"的

从前我们对人生阶段的理解是：上学—工作—退休，随着人均寿命的增长和社会的迅速变化，这样的阶段似乎已经不太适用。实际上，德国曾经存在打破这种模式的制度，可惜后来慢慢消失了。比如，刚进入大学时，学生通常有一两年接受通识教育的时间，随后再决定选择哪个专业，而现在的孩子17岁就要决定自己一生的职业，这就导致很多错误。我不明白：既然我们的寿命变长了，有了更多时间，为什么要不断把做出重要决定的过程压缩在人生的前半段中？

此外，我们还取消了进行社会服务的传统。社会服务在德国曾经非常重要：年轻人用一年时间在医院、学校等机构提供服务性劳动，和不同人接触，这对于形成个人的人际交往系统和维持我们整个民族的认同感都至关重要。

我们丢失了很多好的做法。我们本该知道人生是多元的，不仅要为了工作做准备，还要了解怎样关心别人，怎样遵循自己的兴趣……我儿子常说：人们要一直埋头苦干到退休，然后再花20年时间无所事事，这简直是疯了。为什么我不能提前"预支"两年时光，放下学习，用来体验更美好的事情呢？

尤塔·阿尔门丁格：警惕终身学习中的不公平

在德国，企业、社会机构等目前提供了一些进行终身学习的机会，但其中最大的问题是：那些教育程度比较低的人，随后能够从终身教育项目中受益的可能性更低；而那些受过良好培训和教育的人，反倒能接触到更多更好的培训机会。这导致了两类人之间的差距越来越大，不平等也越来越严重。

此外，职业本身也内嵌着不平等。在某些领域——比如医学，从业者不得不持续进行自我更新，通过课程不断达到职业的要求。教师也同样如此。但其他更多职业是不内嵌这样的培训机会的。我们也可以从这个角度想一想改造方法。

黄健：终身学习能够弥补命运不公

我想任何社会都存在因为阶层分化而导致的教育分化现象，既然存在这样的问题，我们就要想一想是否能够利用终身教育来解决。公平的衡量标准有三个：门槛、过程和结果。以老年教育为例，首先不存在门槛，任何人都可以进来选择自己喜欢的课程；其次是过程，教育部门和街道都进行了大量投资，保证老年学校拥有较好的硬件条件，很多学校的多媒体教室、茶艺室等甚至比大学还好，能在这样的教室里上课，我想老年人是很幸福的；最后是结果，大量参与此类课程的老人都是初中或高中学历，通过在晚年发展个人爱好，他们弥补了自己年轻时因为社会阶层较低而拥有的不幸福感。

尤塔·阿尔门丁格：如何应付更为漫长的人生

除了个人对终身学习的需求，在德国，几大趋势导致社会本身对于终身学习也有很大需求：第一，人口老龄化，工作时间变长，需要学习的职业技能相应增多；第二，德国人并不太适应"多元化"的状态，而现在，他们需要学会在职场和女人、母语不是德语的人以及年轻人一起合作，这种更为混杂的工作环境导致了学习的必要；第三，从前，我们早期接受的学校教育能够贯穿终身，现在劳动力市场变化太快，对工作人群的技能不断产生新的要求。

面对这样的趋势，各种社会力量应该在终身学习中扮演怎样的角色？首先，政府需要调整政策、社保系统、城市规划体系等，以满足新人群的需求。其次，雇主需要提供有吸引力的工作环境，这意味着他要持续提供职业培训，同时也要能保证员工工作、生活平衡。现在德国有 50% 的企业会提供短期课程，如学习软件、人际沟通技巧等，这样的实践以后会继续扩大。再次，社会机构应该意识到自己在终身教育上的义务。未来将是信息化时代，很多工作会因为信息化而消失，原来的工人就必须接受二次培训，这需要我们的教育体系更加开放，能够接受不同年龄的学生。最后，每个人都要比以前更加努力。我们将面对更为漫长的人生，这要求我们能照料好自己的生活，保持健康和开放的心态，主动进行终身学习。

黄健：中国政府应该在终身教育上承担更多责任

我也赞同在终身学习方面，需要大家共同承担责任。在中国，政府扮演的角色非常重要，主要应该在保基本方面发挥作用。保基本包括三点：立法——比如上海有《上海终身学习条例》；投入——从基础到高等教育都有政府投入，但是终身教育到底投入多少，没有明确说法；基础设施建设——比如上海在区、街道和居民区中存在三级社区教育网络，仅居民区中就有 5200 个学习点，这让普通老百姓在家门口就可以找到课堂。这点学习了日本和韩国，他们都号称在十分钟之内一定能找到一个学习中心，上海的目标也是这样。

对企业来说，它们有那么多员工，员工的培训、学习、工作生活平衡等问题都需要企业来承担责任。还有各种类型的学校，在培养自己的学生之外，这些教育机构也应该开放校门，让社区民众有机会走进来。此外，包括图书馆、医院在内的各种机构，也应该看到自己在终身学习方面能取得的作为。

黄健：从"等吃、等睡、等死"，到"老有所学，老有所为"

我们所有社会都面临着老龄化加速的问题。在中国，现在大概有 2 亿人口进入老龄阶段。我们有个很不好的说法：老年人是"三等公民"——等吃、等睡、等死，这样是不是很悲惨？我们应该让他们老有所学、老有所乐，最终老有所为。在这方面，学习是应对老龄化社会的积极措施。

举个例子，很多老年人到了老龄阶段感觉人生没有希望，他们对过去有着非常负面的评价，认为自己一生都不成功，我们可以通过课程来改变他们的认知，将他们人生中精彩的片断挖掘出来。我们还开设了帮助老年人面对死亡的课程，目前参与者很少，但正视死亡对于正确看待自己很有益。此外，我们还组织老年人做个人史口述，教他们适应数字化生活，这样都能把原本沉重的人口负担转变为推动社会发展的人力资源。

（资料来源：https://cul.qq.com/a/20151104/022993.htm）

第三节　终身学习的方法与途径

一、培养学生终身学习能力应遵循的一般原则

（一）适应性原则

终身学习能力的培养目标必须适应社会、经济、学科和人的个性发展的需要。评价一个人的价值，主要以他对社会贡献的大小来衡量。要使学生能够对社会做出较大的贡献，就必须根据社会的需要来确立终身学习能力的培养目标，把学生培养成为对社会有用之才。如果不考虑社会发展的需要，就可能使学生的学习与社会需要之间产生较大的差距，脱离时代发展的潮流，从而难以适应社会。因此，学校教育应坚持适应性原则，善于把社会需要与学生的个性发展结合起来，正确确定终身学习能力的培养目标。

（二）前瞻性原则

教育工作者要对社会发展的趋势有一个基本正确的预测和判断，使我们培养出来的学生具有前瞻性和超前性。在信息社会，知识的发展、社会的变化都是以加速度的方式发生的。如果培养出来的学生只看到眼前的一些问题、工作岗位、就业门路等，这样当学生毕业时，尽管自己的学习目标按计划圆满地实现了，但时过境迁，社会需要已经发生了巨大的变化，就不能很好地适应社会的需要。因此，在培养学生的终身学习能力时，应有长远的眼光，这样学生才会具有前瞻性。

（三）超越性原则

一个人只有意识到自己的不足，并且决心克服这些缺点，才可能产生学习的欲望和动力。如果认为自己现在的情况完美，当然会觉得没有继续学习的必要，也就不可能有终身学习的能力。事实上，任何人都不可能是完美无缺的，特别是在科技、社会、经济和人类都处于高速发展的今天更是如此。

（四）方法性原则

俗话说"授人以鱼，只供一食之需；教人以渔，则终身受用无穷"。教师在教学中，不仅要成功地将自己的知识、技能、品德等转化为学生全面发展的组成部分，而且要成功地做到由教向学的过渡，帮助学生学会学习，科学地培养学生的学习方法，使学生真正成为学习的主人，拥有一种"自充电"系统，使教学最终达到"不教之境"。

（五）全面发展性原则

在学生终身学习能力的培养过程中，要遵循学生全面发展的原则。学生知识的掌握不是教学的最终目的。教师要根据社会需要，以塑造学生完美的人格为出发点，教师做到教书育人并重，学生做到获取能力与人格塑造同轨。

二、大学生终身学习的方法

（一）宏观与微观学习法

宏观学习法和微观学习法是相辅相成的。宏观学习法侧重于整体地学习，要求学生从"微观"入手，将材料全方位多角度反复学习，以获得对材料的总体概括和了解，进而了解一些较为具体的内容。在微观学习的基础上要求考虑一切相关的知识点，即宏观把握，这是将专业知识融会贯通的一种方式。一般在专业学习中积累知识有以下方法：

（1）做图文笔记。很多专业知识的学习中，文字可以从总体上概括了解整个学科领域的基本概况，可以理性增强专业知识的要点。读书卡片就能很好地帮助我们记忆。读书卡片内容与形式多样，有观点札记卡片、目录索引卡片、有原文抄录卡片，也有大意归纳卡片，等等。卡片随身携带，看到好的记下来，日积月累，层次分明。

（2）做文章摘录。剪贴或复印好的文章，将与其相关的知识点附在旁边，这样可以提高书籍的利用率，做到随查随理解，能够使知识在短时间内融会贯通，达到真正明白和利用的熟练程度，从而有利于日后的实践工作；另外，也积累了深厚的专业知识，夯实了技能基础，达到宏观学习的效果。

（二）渐进学习法

渐进学习适用于初次接触相应专业的学生们。因为知识是由浅入深的，逐渐地适应专业知识的学习，更有助于夯实学生们的基本功。渐进学习中可以采用过度学习的方法。所谓过度学习，就是指在对知识技能全部掌握之后，再继续学习一段时间，以达到夯实学习成果目的的学习。

美国心理学家克鲁格（W. C. F. KrueSer）曾做过一项实验，他让被试者记忆一组序列词汇。第一组学习到全部能回答时就停止学习,第二组则继续学习,进行50%的过度学习,第三组进行100%的过度学习。过度学习对材料的保持率起着至关重要的作用,过度学习与保持率成正比。但也有局限,当过度学习超过50%之后,对内容的记忆效果呈现下降的趋势。因此,过度学习有一定限度,在这个限度之内,过度学习的效果较好。在渐进学习的过程中,大学生尤其要注重自学能力的养成,要有独立获取新知识的能力和渠道,还要有适应能力,包括适应新的思维方式、价值观、交往方式,并且可以熟练利用现代化工具,做到随机应变不拘泥于原始。此外,还要有分析问题和解决问题的能力,要求个人有实际操作能力,手脑并用、体智结合。

(三)迁移学习法

学习的迁移一般是指一个领域的学习对另一个领域学习的影响。当一种学习对另一种学习产生积极的促进作用时,称为正迁移;反之,则称为负迁移。学生在学习中要善于运用正迁移的学习方法,避开负迁移。要促进学习的正迁移就要做到:理解专业知识的基本原理,以促进基本原理或各类法则的迁移;创造并应用相似的学习情境,全面扎实地掌握基本知识,促进新旧知识相结合,总结学习经验。初入大学的学生如果能充分掌握迁移学习法的特点,就可以将多领域知识的特点相互融合,提高学习效率,从而将终身学习落实到底。大学生学习能力的迁移表现在表达交流、组织决策方面。能力不仅体现在专业领域,更体现在生活和社会的各个层面。

(四)利用手机等现代工具学习法

5G时代已经到来,如果你还不会利用现代先进的工具来学习,那将会被社会所淘汰。如果只知道利用手机来娱乐,而不懂得利用手机来学习,那是你还不了解手机的全部用处。人们越来越认识到利用手机学习的好处。利用手机、计算机等工具的学习促进了终身学习发展,让全民终身学习成为可能。手机学习贯穿于终身学习全过程,即儿童、青年和老年都可以利用手机学习。手机学习的资源便于迁移、保存,有利于终身学习。手机学习也打破了终身学习的横向阻碍,学习不再局限在校园里、培训点内,真正促使终身学习在更广泛空间、更多空间进行。

三、终身学习的提升途径

(一)终身学习的阶段设置

终身学习不仅纵向贯穿大学生的整个人生,也横向延伸到学习的各个层面、各个空间,是具有多元性的整合体。在原有大学课程体系中,纵向对于大学生知识构架和技能体系的培养课程充裕,然而缺乏对主动趋向性学习的培养,也就是说,缺乏在某一层面上知识的广度和学科知识的延展性，这就造成了一些大学生职业素质偏低的现象。最快、最有实效的办法，就是将终身学习的"横向"概念融入大学生的日常学习和生活中，为终身学习制定阶段性考核办法。

（二）制订个人培养计划

终身学习是一个长远的目标，它需要分阶段进行，而在每一个阶段又需要有系统性的计划和指导。如此，提升大学生对"为什么学""学什么""该怎么学"的认识和理解，提高策划能力。在培养计划中要注重以下几项：

1. 专业知识的延展性

要了解专业知识的发展历史及其前景，在专项科目中加入更多相关学习项目，使终身学习的横向发展得到更好落实。

2. 工具的使用

知识体系全球化的时代对大学生的英语、计算机、科技创造能力都有很大要求，要在学习中融入对新生工具的使用指导。

3. 与时俱进，及时修正

在个人计划实施过程中如果遇到不符合当下发展趋势或者不符合自身条件的情况，就应该及时修正，培养计划不是硬性规章，而是指导方针。

（三）导师制的作用

大学生能够寻得一位在专业知识和技能上都具有极高的学术水平，能够带领、指导和组织有关人员开展学术研究并取得一定研究成果的导师，对于终身学习是有很大帮助的。导师制一直是牛津大学引以为傲的教学制度，为众多一流大学效仿并沿用。我国早在20世纪30年代引入这一教学模式，但至今仍在摸索前进中。向有能力帮助你的人说明你的困难，请教他们处理问题的经验方法、态度，在吸收、学习的基础上加以创新和超越。通过分析那些成功人物的经验、行为，会学到许多技巧来改变自己的纵向终身学习路线。当然，也要将他们的成功经验转变成结合自身情况的方法，"求同存异"。当你独立进行学习思考时，可以突破原有的定式，独立展开探寻，达到自主学习的效果。

总之，出生即为教育之始。因此，在学前教育阶段，应尽可能多地为个体的身心发展提供有利的条件，培养其心理上的独立性，促使其逐渐社会化，并发展其基本的语言技能；基础教育是所有儿童和青少年都必须接受的多方面教育，在此期间不应强调传授各个领域的专门知识，而应培养学生的学习兴趣和学习能力，形成其可教性，即形成个体进行终身学习应有的基本素质，这不仅是保证个体终身学习的基础条件，也是保证终身教育得以实施的个体因素；中等职业教育应该在使受教育者为职业生活做准备的同时，重视个体人格的发展和完善，并为个体继续学习深造创造条件和奠定基础；高等教育应该通过许多不同途径以各种形式为任何年龄的人们所享受。学校在进行教育时，要着眼于未来，培养学生终身学习的能力，以适应每个人暂时的或永久的学习需要。

（四）树立终身学习观

终身学习观是指学习者应着眼于终身充分发展的需要，培养自身不断学习、不断接受新信息的方法，学会学习，并且树立"活到老，学到老"的意识和信念。

1. 终身学习观是一种生存观

终身学习观与传统意义上的学习观不一样，首先体现在它是一种生存观。学习主体在自己活着的一生中，总是不断浸染周围环境，环境的反馈让学习者自觉地获取自己生存所需要的全部知识和生存技能，从而有信心、有创造性地应用于与生存相关的一系列行为中。

2. 终身学习观强调的是学习的自主性

终身学习打破传统的教育者向受教育者灌输的学习模式，更加强调学习的自主性特征。在学习过程中，学习者本身的兴趣爱好、性格特质、价值取向、能力发挥得到了充分展现，学习者可以选择自己感兴趣或者更能发挥自己才能的知识去学习。

3. 终身学习观强调的是学习的终身性

当今社会，资源有限，人才之间的竞争日益激烈，人不应该也不能在社会发展面前停滞不进，这样只会让自己落后于时代，甚至被社会淘汰，人应该在生命中的每一个阶段都坚持学习，活到老，学到老。

（五）养成终身学习习惯

终身学习不仅是一种理念，更是一种学习方法和学习能力的培养。对大学生而言，应学会如何学习，成为终身学习理念最好的践行者。

1. 培养兴趣

"知之者不如好之者，好之者不如乐之者""兴趣是最好的老师，它将永远胜于责任感"。人在从事自己感兴趣的事物时，总是伴随着积极的、愉快的心理体验，遇到困难挑战，凭着对该事物的热爱，一般也会选择坚持下去。因此，在校大学生要勇于、乐于培养自己的兴趣，可从自己的性格特质、价值观入手，通过校园这个平台，发掘自己的兴趣爱好，或者尝试寻找一些团队，在其中通过一些人脉带着自己寻找兴趣点。

2. 主动学习

主动学习的对立面是被动学习，主动学习是一种很好的学习习惯，是学习者对知识的一种迫切需要和愿望，并坚持不懈地进行自主学习、自我评价、自我监督。主动学习者，把学习永远当作自己的事情，不需要别人提醒，也是自我管理成功的一个重要体现。

3. 善于总结

善于总结经验教训，是一种增强自我认知能力的方式。他山之石，可以攻玉，总结别人的经验，为我所用，其结果往往是费力小而收获大。温家宝同志曾说过："一个聪明的民族，一定会善于总结实践中的经验教训。一个人立身于世，成就事业，要总结；一个民族生生不息，繁荣昌盛，要总结。无论是做事还是做人，无论是成功还是失败，都要用眼'察'，学会总结；用心'思'，善于总结。"

4. 有效的学习方法

有一套行之有效的学习方法将贯穿整个人生的学习过程。有效的学习方法，需要学习者自己摸索总结出来，是学习过程的副产品。我国古代著名教育家孔子提倡的"学而不思则罔，思而不学则殆"就是一种行之有效的学习方法，要求我们学习的时候要避免死记硬背，要思考消化，抓住事物的要领与本质。

第十四章 创新创业基本技能及新兴职场技能

【案例导读】

张蔚然是湖北理工学院大三的学生，尽管还在上学，但他已经有了近两年的"创业史"。初次创业，源于做学生干部的经历。"那时经常带队去参加一些创业大赛之类的活动。后来就想，看了这么多，干吗不亲自做做呢？"念头一产生，就一发不可收了。

跟大多数创业者一样，张蔚然的第一次创业并不顺利，甚至有些荒唐。他联合几个同学一起做一款 DM 杂志（一种通过邮政系统直接送给广告受众的广告杂志）。几个人简单地合计一下，没做太多规划和咨询，就甩开膀子干了起来。凭着一股闯劲儿，没几个月，杂志居然有了起色，赚了一些钱。几个小伙子正高兴，工商部门却登门拜访了。原来，几个人都不懂办杂志的流程，他们办的这份杂志根本没有刊号，没备过案。"忙活了半天，没想到自己干的是违法的勾当！"张蔚然笑着说，"幸好工商局的叔叔看我们都是毛头小孩，啥也不懂，放了我们一马。"

吃一堑长一智。体验过这有惊无险的经历，张蔚然明白了学习的重要性。"现在不管做什么项目，都要提前储备知识，可不能再违反游戏规则了！"

现在，张蔚然和他的团队已经注册成立了自己的公司，开发一种关于二、三线城市购物指南 App。这几天的"取经"，让他对自己产品的定位有了更确切的把握。"以前胃口很大，把目标客户定得很广，昨天跟车库咖啡的老板聊了聊，他认为我应该缩小目标客户范围，做小众的 App，对我启发很大！"

下一步，张蔚然准备利用新生入学的时机，从学生客户做起，带领自己的"梦迅科技"公司起航。"疯狂追梦、迅速出击"是他对"梦迅"两个字的诠释，也是对自己的要求。

创业就是一个从无到有的创新过程，在这过程中要付出巨大的艰辛和努力。从张蔚然的经历来看，创业者不仅需要有敢想、敢拼、敢做的勇气，而且需要知道什么是创业、怎样才能合法地创业，而这些都需要大学生先了解什么是创业，以及创业需要具备哪些素质。

现在请同学们站在张蔚然的角度来想一想，假如自己就是张蔚然，需要具备哪些素质和技能呢？

第一节　创新创业基本技能

一、创新创业概述

（一）创新的内涵

创新的内涵主要包括以下几点：

（1）创新是将新设想或新概念发展到实际应用和成功应用的阶段。

（2）创新是运用知识或相关信息创造和引进某种有用新事物的过程。

（3）创新还可以通过对已有事物进行改进、完善、扩展以获取收益。

根据不同的分类方法，可以将创新分为不同的类型，如图 14-1 所示。

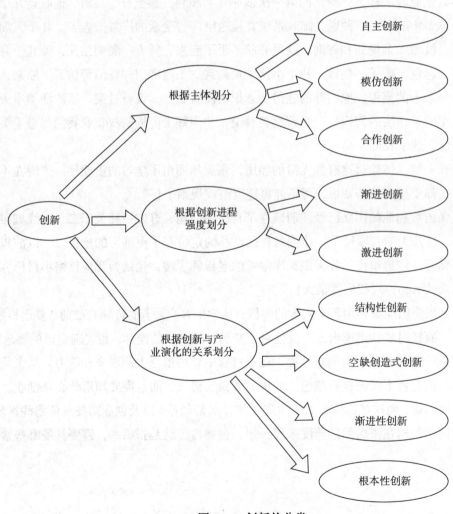

图 14-1　创新的分类

（二）创业的内涵

创业是一个创造价值的过程，即创造的新事物是被社会或他人所认可的，是对社会和他人有帮助的。创业者创造价值的过程，是实现自身价值的过程，也是创造财富。目前，创业正日益成为经济发展的重要引擎和推动力。

根据不同的分类标准，创业可以分为以下几种类型，如表 14-1 所示。

表 14-1 创业的类型

	划分方式	具体类型
创业类型	根据创业项目的性质划分	传统技能型创业
		知识服务型创业
		高新技术型创业
	根据创业的发展阶段划分	初次创业
		持续创业
		再创业
	根据初始创业动机划分	生存型创业
		机会型创业
	根据创新内容划分	基于产品创新的创业
		基于营销模式创新的创业
		基于组织管理体系创新的创业
	根据创业者的数量划分	独立创业
		合伙创业
	根据创业方向划分	独创型创业
		依附型创业
		尾随型创业
		对抗型创业
	根据创业的起点划分	外部创业
		内部创业

（三）创新与创业的关系

1.创新与创业的契合

虽然创业与创新是两个不同的概念，但是两个范畴之间存在着本质上的契合、内涵上的相互包容和实践过程中的互动发展。

第一次提出了创新概念的奥地利著名经济学家熊彼特认为，创新是生产要素和生产条件的一种从未有过的新组合，这种新组合能够使原来的成本曲线不断更新，由此会产生超额利润或潜在的超额利润。创新活动的这些本质内涵，体现着它与创业活动性质上的一致性和关联性。

创新是创业的基础，而创业推动着创新。从总体上说，一方面，科学技术、思想观念的创新，在促进人们物质生产和生活方式的变革，引发新的生产、生活方式，进而为整个社会不断地提供新的消费需求，这是创业活动之所以源源不断的根本动因；另一方面，创业在本质上是人们的一种创新性实践活动。无论是何种性质、类型的创业活动，它们都有一个共同的特征，那就是主体的一种能动的、开创性的实践活动，是一种高度的自主行为。在创业实践过程中，主体的主观能动性将会得到充分发挥和张扬，正是这种主观能动性充分体现了创业的创新性特征。

【课堂阅读】

你还在斗图，人家已经赚到了人生第一桶金……

它有着雪白的肤色、圆圆的头、生动的表情，它是表情包界的网红：乖巧宝宝。而它的"妈咪"竟然是一位 20 岁出头的广州男孩子。乖巧宝宝设计者：钟超能。乖巧宝宝系列下载量目前是一点五亿，发送量接近 50 亿，更为钟超能创业带来了第一桶金——50 万。1993 年出生的钟超能在广东工作，主业是动画设计师。他告诉记者，创作表情包一方面是因为自己作为动画设计师，拥有专业的创作能力；另一方面则是出于兴趣。现在他是一个自由创业者，他希望可以用更多的时间去探索设计出更多好的表情包，慢慢组建自己的团队。对于乖巧宝宝系列表情包的火爆情况，钟超能一开始并没想到。他表示，如果按照这样的势态继续发展，他会考虑将表情包设计当作主业。目前，他正在与一家代理公司合作，授权乖巧宝宝的商业使用，希望可以找到合适的方式将乖巧宝宝孵化成一个有代表性的 IP，实现跨界植入。

（资料来源：北青网）

2. 创业与创新的相互作用

（1）创新是创业的本质与源泉。经济学家熊彼特提出，"创业包括创新和未曾尝试过的技术"。创业者只有在创业的过程中具有持续不断的创新思维和创新意识，才可能产生新的富有创意的想法和方案，才可能不断寻求新的模式、新的思路，最终获得创业的成功。

（2）创新的价值在于创业。从一定程度上讲，创新的价值就在于将潜在的知识、技术和市场机会转变为现实生产力，实现社会财富的增长，造福于人类社会。而实现这种转化的根本途径就是创业。创业者可能不是创新者或是发明家，但必须具有发现潜在商机的能力和敢于冒险的精神；创新者也并不一定是创业者或是企业家，但是创新成果则是经由创业者推向市场，使潜在的价值市场化，创新成果也才能转化为现实生产力。这从侧面体现了创新与创业的相互关联。

（3）创业推动并深化创新。创业可以推动新发明、新产品或是新服务的不断涌现，创造出新的市场需求，从而进一步推动和深化各方面的创新，提高企业或是整个国家的创新能力，推动经济的增长。

【课堂阅读】

快递单上印广告——"90后"创业者吸引千万投资

18岁的刘某，齐耳短发，谈话间带着拘谨和腼腆。刘某和她团队创办的公司位于成都某居民楼内，正是因为她的想法，才有了这家公司。因家里生活困难，2015年6月，刘某在课余时间找了一份发传单的工作。其间，刘某发现，很多人为了尽快发完传单，会将几张传单发给同一个人，发不完的传单便丢进垃圾桶。

"如何能让一份传单被多人阅读呢？"刘某想到了快递单，如今网络购物的人那么多，如果将广告印在快递单上，至少可以保证送件员和收件人阅读。而且广告投放商也可以查询到投放广告单的有效数量。

当晚，刘某便将该想法与同学李雪交流。次日，她们又召集了两名女同学，大家一致同意创业。之后，四名女生又找了些同学，组成了十余人的"创业队伍"。他们分成两组，一组人联系快递公司，以免费提供快递单作为条件，换取快递单的广告位；另一组人则去寻找愿意在快递单上做广告的客户。

但是，半个月过去，除了几家快递公司愿意合作外，团队仍没找到愿意投放广告的商家。刘某说，当时一些同学已经放弃，她也开始怀疑自己的创业模式。

当时，她正在约见一家网上售卖零食的电商。连续一周，她每天会打两个电话给这家公司的前台，但对方均称"相关领导不在"。于是，她便将"快递单广告"宣传资料放在信封内，乔装成快递员让该公司前台转交给相关领导。

等待一周后，该公司终于与她联系。见面了解后，该公司支付了8000元，买下了快递单上的两个广告位。这首笔订单不仅解决了团队的创业资金，更带来了巨大的精神鼓励。

如今，这个年轻团队中出现了一个年长的面孔，他是一名投资人，名叫李军。"我打算投入1000万到这个项目。"李军说，2016年2月，100万元先期投资已到位。

李军表示，他非常看好"快递单广告"行业，刘某提供了很好的创业点子，虽然这群学生欠缺社会经验，但可塑性很强，又有创业激情，他愿意与他们合作。

刘某和她的团队创业两个月后，已有11家快递公司加入，50多个商家投放广告，营业收入一共95万元。某快递公司分部经理表示，该分部平均每天同城快递有2 000多份，每张快递单成本3毛，使用该团队免费提供的快递单，每天能节约600多元成本；而投放广告的某网络店家表示，网购人群以年轻白领居多，正是他们所需要的客户群，目前投放效果不错，每天能增加30~40个订单。

从以上案例可以看出，有时候创业并不需要太多社会阅历，不需要庞大的资金，不需要职场老手指导。成功的创业者靠的是一个新点子，靠的是能力，靠的是抓住了致富机会。

（资料来源：渠道网）

二、创新创业者应具备的素质和能力

（一）创新者应具备的素质与能力

【课堂阅读】

"百米微"的诞生源于上海金融学院会计学院 2014 届学生王明的一次郁闷的收快递的经历。出于校园安全考虑，绝大多数学校不允许快递入校派送。每天上午快件到校的高峰时刻，外环边上的上海金融学院门口就会交通拥堵。王明想到，是不是可以对快递公司的货物进行截流，代他们进行校内派送。对快递公司来说，可以节省人力和时间；对自己来说，可以从中收取一定的费用。王明找到了创新创业学院的副院长张树义进行咨询，张树义非常支持，并且给王明梦想中的公司取了名——"百米微快递"。"这个名字有两层意思，一层是这是从校门到师生手中的最后一百米，另一层是要用百米冲刺的速度给大家送快递。"创新创业学院也把王明的创意正式列为创业项目进行扶持。经过一年多的运营，百米微快递已经形成了一整套规范化的操作流程，每天的快递量稳定在四五百件。百米微快递已经与顺丰、申通、圆通、中通、汇通达成了合作，原先只有四五人的小小团队逐渐扩大为 23 人。王明也开始拓展校内收件业务，以比市场价优惠的价格为师生们寄快递。2013 年 3 月，王明的"上海瓦耶实业有限公司"正式在工商部门登记注册，"百米微"成为公司的重要品牌，小小的创业项目在创新创业学院成功孵化，成了真正的法人实体。

对创新者而言，其必须具备以下几方面素质和能力：

（1）强烈的创新动机——对大多数大学生创业者而言，如果其对某项创新活动产生了兴趣，他们就会钻进去，不知疲倦地工作，不畏艰险去闯。兴趣是发明创新活动的动力，强烈的求知欲和求知兴趣，能使人们获得广泛的知识。

（2）必胜的自信心——自信心是人们相信自己并认为自己能够成功的一种心理状态。必胜的自信心是事业成功的必要条件，也是创新思维不竭的源泉。可以说，创新人才的成长过程便是一个不断挖掘自身生命潜力的过程。

（3）坚韧的毅力——毅力是人们勇往直前、顽强克服各种困难的必胜品质。毅力的强弱是与创新人才的自信程度及必胜信心紧密联系的。优秀的创新人才都具有坚韧毅力。

（4）发现问题的能力——发现问题的能力，是一种发现那些让人难以觉察的、隐藏在习以为常现象背后问题的能力，表现为意识到存在于周围环境中的矛盾、冲突、需求，意识到某种现象的隐蔽未解之处，意识到寻常现象中的不寻常之处。

（5）流畅的思维能力——流畅的思维能力是指就某一问题情境能顺利产生多种不同的反应，给出多种解决办法和方案的能力。思维流畅对创新有重要意义。因为形成大量设想，就有更大机会产生有创新意义的想法。

（6）变通的能力——所谓变通的能力，是指思维迅速地、轻易地从一类对象转变到另一类对象的能力。具有变通能力的人，一般都能根据客观情况的变化机智地解决问题，在思维中灵活应变，不囿于条条框框，敢于提出新观点。

（7）独立创新的能力——独立创新的能力是一种寻求不同寻常的思想和新奇的、独特的解决问题的方法的能力，能产生别人想不出来的观念，看出别人看不到的问题。具有独创能力的人往往独具卓识，能提出新的创见，新的发现，实现新的突破，具有开拓性。

（8）制订方案的能力——创新的设想能否实现取决于方案的制订和实施。把一个创新的想法变成一个具体的实施方案，从设想、构思、证明到具体的设计、修改、完善，需要做大量的创造性工作。

（9）评价的能力——在多种创新方案中，除了个别方案可能是"闪光"的设想之外，还不可避免地伴随着大量的在技术经济等方面暂不可行的设想。因而需要通过评价，选出在技术经济上可行的、有希望获得成功的方案。

（二）创新能力的开发

对大多数大学生而言，要开发自己的创新能力就需要从两方面入手：一是通过创新教育激发自己的创新能力；二是通过自我训练培养自己的创新能力。本节我们主要从这两方面来分析如何开发大学生的创新能力。

1. 通过创新教育激发大学生的创新能力

作为一种不同于传统教育的新型教育形式，创新教育既不以单纯地积累数量为目标，也不以知识继承的程度为目标，而是在强调合理的知识结构及获取知识方式的同时，注重对大学生各种能力，特别是创新能力的培养。因此，创新教育并不像传统教育那样培养的主要是同一规格的人才，而是以培养具有个性特征的创造型、复合型、通才型的创新人才为主。可见，通过创新教育激发大学生的创新能力是十分可行的。

当前，作为一项开发大学生创新能力、为社会培养创新型人才的教育事业，创新教育得到了越来越多的重视，在国内广泛开展，并取得了一定成绩，但其中也存在一些问题，如创新教育理论研究多，付诸实施少；形式创新多，内容创新少；孤立创新多，整体创新少等。针对这些问题，我们可从以下几方面入手：

第一，转变创新教育的观念，树立科学创新的思想基础。

第二，不断提高创新教育的师资队伍水平，为创新教育的实施提供必要的支持。

第三，改革创新教育的管理方式，努力营造适合大学生创新教育的氛围。

第四，改革创新教育的课程结构与教学内容，建构科学、合理的创新教育课程体系。

第五，加强对创新教育的宣传和研究，努力形成全员主动参与创新教育的新局面。

2. 通过自我训练培养大学生的创新能力

对大学生而言，要想成功创业，就必须具有创新能力。而创新能力来源于创新思维，它是人们应用发明创造成果开展变革活动的能力。然而，从当前的社会现实来看，大学生的创新能力普遍较低，这主要体现在以下几方面：

第一，大学生虽然具有创新的动机，也具有一定的创新意识，但不善于利用和创造条件。

第二，随着知识和经验的不断积累，大学生的逻辑思维能力有了很大的发展，思维也比较敏捷，但长期受应试教育制度的影响，大学生的思维方式多是单一的、直线式的，因而在问题的思考上表现得十分死板，思维也不灵活。

第三，大学生虽然有创业的灵感，但缺少创业的技能，因而这些灵感只能昙花一现。

第四，通过学习和教师的引导，大学生对创业有了一定的热情，但对社会缺乏全面的了解，因而导致其创业目标不明确。

针对这种情况，大学生必须不断通过自我训练来培养和提高创新能力。具体而言，可从以下几方面入手：

（1）提高创新技能。创新不是一种简单的"包装"现象，它体现的是一种更高层次的能力，需要各种基础能力做保障，因此，大学生要想培养自己的创新能力，就必须具备很强的综合能力和综合素质，也就是说，要具备一定的创新技能。创新技能是大学生智力技能、情感技能和动作技能的综合，它能有效地反映大学生的创新技能的高低，这就需要大学生不断提高自己的观察力、记忆力、实际操作能力和把握机遇的能力等基础能力，以便最终提高自己的创新能力。具体而言，大学生提高自己的创新技能可从以下几方面入手：

第一，充分利用大学学习与生活中的自由时间进行独立思考和学习。

第二，在大学生活中不断加强包括学习能力在内的各种能力的培养。

第三，要充分利用大学这个人才云集的知识殿堂，从师长、同学身上汲取宝贵经验，提高学习的能力、接纳吸收新事物的能力。

（2）培养创新品格。创新品格是伴随着人的成长、发展所凝聚形成的品性和风格，能够在创新活动或创造学习过程中发挥内在推动力。因此，大学生可通过培养自己的创新品格来不断提高和培养自己的创新能力。具体来看，大学生培养自己的创新品格可从以下几方面入手：

第一，不断培养自己在创新需要的刺激下的内在心理推动力，以使自己不满足于已知，以探索未知为乐，把发现、创造看作自己应尽的职责，最终形成积极的创新动机。

第二，自觉地确定目标，并根据目标调节和支配创造性的行动，克服困难的心理过程，以使大学生形成顽强的意志和拼搏精神。

第三，不断增强自己对创新活动的喜、怒、哀、乐等的体验，以便通过不断加强的感情体验来加深对客观事物的认识，最终形成丰富的创新情感。

第四，自觉遵守在创造过程中必须遵守的一些道德行为准则，以便形成健康、科学的创新品德。

3.进行创新思维训练

作为创新能力的核心，创新思维对个人创新能力的影响无疑是非常重要的，大学生善于运用创新思维，才能发挥他的创造潜能。因此，大学生可通过创新思维训练来培养自己的创新能力。具体来看，大学生进行创新思维训练可从以下几方面入手。

（1）转化思维方式。正如"塞翁失马，焉知非福"这句谚语所描述的一样，世间万物都是有一定联系的，而这些相联系的事物大多是可以转化的。因此，大学生在进行创新思维训练时，可通过转化思维方式将直接转化为间接、将复杂转化为简单、将不可为转化为可为，从而提高自己的创新能力。

（2）将直接转化为间接。在现实生活中我们常常发现，要达到某一个目的地所走的路很少是笔直的，反倒是一些弯弯曲曲的路更多，也更容易将我们带到目的地。同理，在面对一些无法直接解决的问题时，我们可以通过一些间接的方法来圆满解决它。

【课堂阅读】

我国元代有一个秀才，他对妻子感情非常深，但不幸妻子暴病而亡，秀才深受重创，忧郁成疾。秀才的家人对秀才的疾病非常担心，多方求医，均不得愈。后来经人介绍，求医于名医朱丹溪门下。朱丹溪了解了秀才的情况后，对秀才说："你怀孕了，请多保重。"秀才爆笑，认为朱丹溪虽有名医之称，但竟然不辨男女，简直昏聩至极。于是他逢人便讲，一讲就笑，两个月之后，秀才的疾病竟然好了。朱丹溪治疗秀才的方法便是将直接转化为间接的一个典型，他在治疗时并没有按照常规的医治方式，而是选用了间接的方式——让秀才自己发笑来治愈他，这种方法起到了独到的作用，最终以"无药"胜"有药"。

大学生完全可以学习朱丹溪的方法，在遇到问题时，若无法直接解决，便可从间接的方法入手，最终将其解决。

化复杂为简单。著名物理学家爱因斯坦曾说过："解决问题很简单时，上帝在回应。"这说明，在解决问题时，我们应努力从看似繁杂的问题环境寻找到尽量简单的方法。

【课堂阅读】

在改革开放初期，某厂以较低的价格从国外进口了一批设备，但当设备买回来后，该厂的工作人员才发现，设备竟然没有配套的图纸，更麻烦的是，这个设备由上百根管子组成，要安装必须弄清楚哪些管子是一组。在这种情况下，买回来的设备竟然不能尽快投入生产，这让大家都非常着急。最后，一个老工人解决了这个问题，他先让人在一个管口做上标记，然后向这个管口吹烟，出烟的另一个口一定和这个口是一组。按照这个方法，厂子很快将设备组装起来，并投入生产。老工人之所以很快地解决了设备组装的问题，是因为他通过问题复杂的外表抓住了本质。

大学生应努力学习老工人的做法，尽量通过问题复杂的外表，抓住简单的、朴素的本质，这样做不仅能够尽快解决问题，也是一种创新的表现。

化不可为为可为。天下所有的事情都有可为和不可为之分，其中不可为有两种情况，一种是由于当事人的方法不当而办不到，另一种是由于受社会和历史的限制办不到。对于后一种我们显然无能为力，但对于前一种，我们应努力拓宽思路、改变方法，争取化不可为为可为。

【课堂阅读】

古代有一个农民在走路时不小心碰翻了一个卖瓷罐子的货架，导致摊主所有的罐子都掉到地上摔碎了。摊主抓住农民要求赔偿，双方在讨论赔偿数额时发生了争执，摊主说自己摔碎的罐子有 200 多个，而农民声称只有 50 多个。双方争执不下，便上了公堂请求县令的裁决。县令问清楚原委后，让人找来一个一样的瓷罐子称其重量，然后将地上所有的破碎的瓷罐子称出总量，之后再推算出破碎的罐子的数量，最终将不可为转化为可为。

可见，在解决问题时，大学生也应努力找到各种方法，最终将不可为化为可为。

（3）改变思考顺序。我们在思考问题时，常常习惯于正向思考，这虽然能使我们较为便利地找到问题的切入点，也能帮助我们解决一些现实生活中存在的普遍问题，但客观现实毕竟是千变万化的，凡事都正向思考未必能真实地体现事物的原貌，展现事物的客观规律。因此，我们应学着改变思考顺序，以便从新的角度找出解决问题的方法。

【课堂阅读】

一个老大爷有两个女儿，大女儿嫁给了卖陶的，小女儿嫁给了卖伞的。大女儿希望天天晒太阳，这样陶器干得快，小女儿希望天天下雨，这样伞卖得快。老大爷天天为两个女儿担心，整天闷闷不乐，于是就有人问他原因。老大爷说："我是在和老天爷生气呢。晴天，我小女儿的雨伞卖不出去，就没钱生活了。雨天，我大女儿的陶器又干不了，更卖不出去。老天爷对我真是不公平呀！"一天，一位智者路过，知道老大爷的心事后，对他说："你为什么不换个思路想呢，天晴了则大女儿的陶器干得快，下雨了则小女儿的伞卖得好。这样不就两全了？"老大爷听了智者的话后，豁然开朗，从此不管天晴还是下雨心情都很好。智者的这番话中蕴含着丰富的逆向思维。为了让老大爷整天乐呵呵，他颠倒了思考顺序，最终使老大爷天天开心。

由此可见，当我们思考一个问题时，若正向思考不能解决问题，则可试着逆向思考，站在问题的对立面，说不定这种思考顺序能将我们带入"柳暗花明又一村"的境界。

4.增强创新意识

创新是真正意义上的超越，是一种敢为人先的胆识。它突破了原有传统固话的思维模式，使人在超越中获得发展，而其产生则是以创新意识为基础发展起来的。因此，大学生要想培养自己的创新能力，就必须增强自我创新意识，在日常学习和生活中，大学生要敢于尝试新事物，解放思想，不断增强创新意识。

5.建立健全合理的知识体系

从实践情况来看，一个人的创新意识可以在短时间内迅速增强，但一个人的创新能力的提高需要一个循序渐进的过程，在此过程中，建立健全的知识体系则是个人创新能力提高的基础和前提。之所以这么说，是因为掌握广博深厚的专业理论知识与创新能力的培养是密切相关的，一般情况下，掌握的专业理论知识越广博深厚，越有利于个人创新能力的培养。反之则不然，若一个人没有深厚的知识理论做支撑，只空谈创新能力的发展，无疑就成了无源之水、无本之木。

【课堂阅读】

巴菲特在年轻时努力研修金融专业的知识，并在自己 26 岁时，决心一试身手，此后，他在亲朋好友的帮助下，凑了 10.5 万美元，成立了自己的公司——"巴菲特有限公司"。创业初期的巴菲特非常谨慎，他以自己的金融专业知识为基础，每天寻找低于其内在价值的廉价小股票，然后将其买进，等待价格攀升。这些股票果然为他带来了丰厚的利润，实现了自己成为富翁的豪言。巴菲特的案例说明，一个人要想获得成功，首先必须有扎实的专业理论基础，若巴菲特对股票不了解或者一知半解，他不可能成为股神赚得亿万美元。

大学生要培养和提高自己的创新能力，就需要建立健全的知识体系。具体而言，可从以下几方面入手：

第一，在课堂教学中有目的、有意识地学好专业理论知识。

第二，认真了解和关注本学科前沿的最新研究信息、动态及成果，努力扩展自身的知识面，拓宽视野。

第三，依托一个专业，着眼于综合性较强的跨学科训练，了解交叉学科知识，以便在优化自身知识结构的同时，发展自己的特殊兴趣，使之能学有所长，以提高创新的积极性。

6. 参加创新课程

由于对创新的重视，一些高等院校开设了适应创新人才的需要和学生创新思维与技能提高的需求的创新课程。这些课程大都是从某一学科如心理学、方法论等角度来探讨有关创新能力培养的各种问题，并经常将一些创造性思维的规律很好地加以总结并有意识地传授给学生，从而帮助他们在创造发明的崎岖道路上逐渐从必然王国走向自由王国。因此，大学生应尽可能多地参加这些创新课程，主动获取丰富的信息，在实践中收获有关创新的一些知识，在过程中锻炼提高自己的创新能力。

（三）创业者应具备的素质和能力

创业是一项开创新事业的过程，因此需要具有不同于一般人的个性特征和知识技能等综合素质。创业者应当具备如下素质和能力：

（1）心理品质——包括独立性、敢为性、适应性和合作性等。其中，独立性是指创业者的自信和自主；敢为性是指创业者敢于行动、敢于冒险，并勇于承担行动后果；适应性和合作性是指创业者能够及时适应环境变化，较好地进行自我角色转换，善于沟通。

（2）道德品质——包括诚信和企业信用，奉献精神、敬业精神、责任感和使命感，为人公道正派。

（3）文化品质——包括必要的专业知识，还有现代科学、文学、艺术、哲学、经济学、法学等方面的知识。

（4）决策能力——决策能力是创业者根据主客观条件，因地制宜，正确地确定创业的发展方向、目标、战略以及具体选择实施方案的能力。创业者的决策能力主要包括分析能力、判断能力和创新能力。

（5）经营管理能力——经营管理能力涉及人员的选择、使用、组合和优化，即组织协调能力；也涉及资金聚集、核算、分配、使用、流动。

（6）专业技术能力——专业技术能力是创业者掌握和运用专业知识进行专业生产的能力。专业技术能力的形成具有很强的实践性。许多专业知识和专业技巧要在实践中摸索，逐步提高发展、完善。

（7）交往协调能力——能够妥善地处理与公众（政府部门、新闻媒体、客户等）之间的关系以及协调下属各部门成员之间关系，尤其要争取、工商、税务等政府部门的支持与理解。

（四）创业精神

创业精神侧重于创业者的内心层面，在拓展事业的过程中，形成的开创性、寄托理想的思想、观念以及意志、品质等。对此可以从三个层面进行考察：首先，哲学层次、世界观意义上的创业思想、创业观念等，属于在创业过程中系统的理性认识；其次，心理学方面内容，例如创业个性、创业意志等推动企业家开展创业的心理意向；最后，行为学方面，包括创业作风以及创业品质，是在进行创业过程中采取的行为模式。

1. 创业精神的相关观点

这个概念最早出现于18世纪，其含义一直在不断演化。20世纪的经济学家约瑟夫·熊彼特研究了创业者创新和追求进步的积极性所导致的动荡和变化，他认为创业精神是企业家特有的对于既有社会"创造性破坏"的力量。一方面，创业者开发的"新组合"让旧产业被发展所淘汰；另一方面，更新更好的企业产品和经营方式取代了陈旧的原有模式。在此基础上，彼得·德鲁克发扬了相关理念，强调创业者是主动寻求变化、对变化做出反应并将变化视为机会的人。只要看一看传播手段所经历的变化——从打字机到个人计算机再到互联网，这一点便一目了然。

2. 创业精神的特征

（1）高度的综合性。创业精神是由多种精神特质综合作用而成的。诸如创新精神、拼搏精神、进取精神和合作精神等，这些都是形成创业精神的关键内容。

（2）三维整体性。无论是创业精神的产生、形成和内化，还是创业精神的外显、展现和外化，都是由哲学层次的创业思想和创业观念、心理学层次的创业个性和创业意志、行为学层次的创业作风和创业品质三个层面所构成的整体，缺少其中任何一个层面都无法构成创业精神。

（3）超越历史的先进性。创业精神的最终体现就是开创前无古人的事业，创业精神本身必然具有超越历史的先进性，想前人不敢想、做前人不敢做。

（4）鲜明的时代特征。不同时代的人们面对着不同的物质生活和精神生活条件，创业精神的物质基础和精神营养也各不相同，创业精神的具体内涵也就不同。创业精神不仅推动创业理想在企业家的大脑中产生，而且让企业家进行创业实践，对于创业成功起着关键作用。

3. 创业精神剖析

企业精神就其本质而言，强调在产品开发中的创新活动，是增加社会财富的过程，同时也与企业家个人所具有的一定个性特征相关。创业精神的关键是创新，表现为创业者借助产品以及服务上的创新，对资源更有效地利用，为市场创造出新的价值。虽然创业常常是以开创新公司的方式产生，但创业精神不只存在于新企业。一些成熟的组织，只要创新活动仍然旺盛，该组织依然具备创业精神。

创业精神表现为可以持续创新成长的生命力，通常被界定为个体的创业精神、组织的创业精神。对个体具有的创业精神而言，强调开发个人力量，根据个人理想的不断引导，借助创新活动拓展业务，进而推动一个新企业快速发展；而组织的创业精神则是指在一定的组织内部，激发群体力量，形成共同发展愿景，拓展组织的新业务、新面貌。创业精神最为侧重的关注点是"是否创造新的价值"，而未必建立新公司，因此创业管理的关键在于创业过程能否"将新事物带入存现的市场活动中"，包括新产品或服务、新的管理制度、新的流程等。创业精神非常强调对于发展机会的开发，即使这些机会的开发条件还不是很成熟。在这个意义上，我们可以认为，创业精神即是推动新企业形成、发展和成长的原动力。

（五）创业素质的培养

在当代社会中，要提高创业者的创业素质，主要有以下几个途径，如图 14-2 所示。

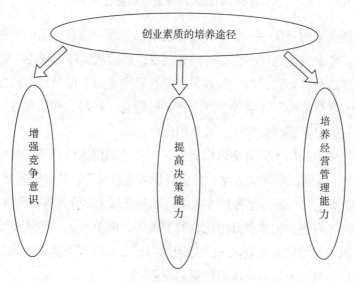

图 14-2 创业素质的培养途径

1. 增强竞争意识

竞争是个人或团体间力图胜过或压倒对方的心理状态和行为活动。可以预见，随着社会的发展，大学生面临的竞争会更加激烈。面对竞争，大学生应调整心态，勇敢地参与，要摒弃一切陈旧观念，明确竞争意识和追名逐利或虚荣的思想有本质的区别，否则就有可能落后于时代、落后于社会。同时，也应采取正确的竞争方式。有竞争就会有胜负，大学生面对胜负，应保持胜不骄、败不馁的健康心态，当处于劣势时，应改变思路和方法，提高自己，以赶超对方，而不能通过贬低或伤害对方来获得自己的优势；当处于优势时，应保持虚心、不骄傲。

2. 提高决策能力

对创业者而言，要提高其决策能力，主要有以下几个途径，如图 14-3 所示。

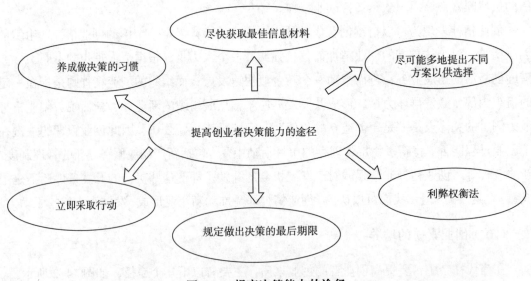

图 14-3 提高决策能力的途径

第一，养成做决策的习惯——要养成思考设疑的习惯，对日常工作中遇到的每个问题多问几个为什么，考虑这样处理还会出现什么问题，然后从实际出发逐一解决。

第二，尽快获取最佳信息材料——如果指望在获得足够多的信息量后才做决策，那么就只能无限期地"守株待兔"。要善于搜集相关的信息，并对这些信息进行正确的分析与评价。做决策时只需根据那些最精练、最有用的信息。

第三，尽可能多地提出不同方案以供选择——不要期望能够找到"最优"方法。只须尽你所能，多找出一些解决问题的方案，并依其价值进行排序，从中选择尽可能好的方案。

第四，利弊权衡法——可以把各种方案的利弊写在纸上，所有有利因素列在纸的左边，所有不利的因素列在右边，用这种方法比较利弊得失，简单明了，非常便于做出决策。

第五，规定做出决策的最后期限——把问题的核心部分写下来，收集和分析有关这一问题的信息材料，给自己规定拿出决策的最后期限。

第六，立即采取行动——对待未来，没有现成的答案。每个方案在最初时都难免存在缺陷。对你将要干的事做出决断，然后立即动手做，在行动中不断完善方案。

3. 培养经营管理能力

经营管理能力的培养，要从以下几方面去努力，如图 14-4 所示。

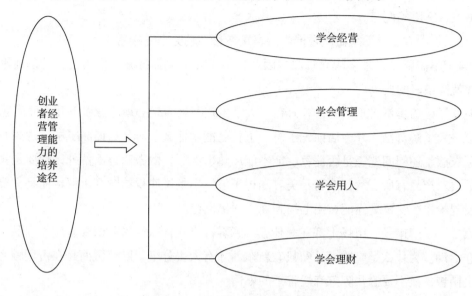

图 14-4 培养经营管理能力的途径

第一，学会经营——创业者一旦确定了创业目标，就要组织实施，并且学会经营，掌握经营战略。最常见的公司经营战略是低成本领先战略、差别化战略、最优成本战略、基于低成本的集中化战略、基于差别化的集中化战略。

【课堂阅读】

大学城里开"微店"

2014 年元旦，广州大学城第一家微信水果商城"果姑娘"开始运行。中山大学软件学院毕业生吴承峻和一个老乡"合伙"开始了水果电商创业。"果姑娘"不仅送果上门，还负责水果的挑选和"售后"，"发现有坏果可换可退"。短短两周试运营时间，就卖出2000 斤水果。如今用户已接近两千人，日流水也达到 700 多元。随着用户数的增长，团队开始招聘兼职学生送果。据吴承峻介绍，他们还计划在其他高校设置代理点，将该微信水果商城推向整个大学城。

分析：

微信，我们并不陌生。它的月活跃用户目前已经突破 10 亿。既然微信有这么多用户，那它就具有一定的市场。微信作为时下最热门的社交信息平台，也是移动端的一大入口，正在演变成为一大商业交易平台，其对营销行业带来的颠覆性变化开始显现。微信商城网店的开发也随之兴起。微店的优点在于：

（1）准入门槛低，投入成本少。不像淘宝开店，需要上传卖家的各种真实资料，审核考试之后，需要按规定上架宝贝，且宝贝不能违规，因为有人工审核，一旦违规会被处罚。

（2）操作简单，需要的设备少，只需要手机就可以完成。不像淘宝开店，需要专业摄影、专业美工、客服等配套。

（3）售卖方便，无须做广告推广。直接在移动端分享链接售卖。

（4）不需要投入过多人力资源。因此，不少大学生都将微信作为自己的创业平台，吴承峻就是最好的典范。

但开了微店卖不出东西的大有人在，大学生在开微店时必须注意以下几方面问题：

第一，了解自己。开微店前先了解一下自己能卖什么，对什么商品了解，想想我们去淘宝买衣服，还问问洗完是否褪色、能不能用热水洗等，做微商也不例外，你要是卖美容产品更要对产品有所了解，对日常美容知识了解，不是说非得给顾客讲解，而是你要通过文章展现给顾客，要是你能在网上找到真实案例也行。

第二，了解市场。市场上都在卖什么，顾客都喜欢什么，做微商要卖应季商品，不要搞清仓活动。为什么是应季商品？只有新东西才有人去分享。既然微商是在占用顾客碎片时间去销售，就不要搞些陈芝麻烂谷子的事情。

第三，了解商品。卖商品前，自己应先对商品有个了解，不要自己没有看到过商品就开卖，这样不仅不会引起消费者的信任，还可能导致销售的失败。

第四，顾客是谁。不少做微商的都不知道自己的顾客是谁，不要觉得这个问题很简单，至今还有不少新手不清楚。比如，卖奶粉的，跑去向大学生宣传，这显然是不合适的，因此，必须了解自己的顾客是谁。

第五，顾客在哪里。做微商卖商品，必须找到顾客才能卖出去，因此必须清楚自己的顾客在哪里，否则必然以失败告终。

探讨：

目前有不少大学生都在微信上开了自己的微店，而他们宣传自己微店的方法常常是在朋友圈刷屏，但很快便被朋友圈屏蔽了。假如你也在微信上开了一家卖护肤品的微店，但不想用刷屏的方式来做无用功，那么你该怎么做呢？

第一，学会管理——要学会管理，要始终坚持"质量第一"的原则。质量不仅是生产物质产品的生命，也是从事服务业和其他工作的生命，创业者必须树立牢固的质量观。要学会效益管理，要始终坚持效益最佳原则，效益最佳是创业的终极目标。

第二，学会用人——市场经济的竞争是人才的竞争，谁拥有人才，谁就拥有市场、拥有顾客。一个企业没有优秀的管理人才、技术人才，就不会有好的经济效益和社会效益，一个创业者不吸纳德才兼备、志同道合的人共创事业，创业就难以成功。

第三，学会理财——学会理财首先要学会开源节流。开源就是培植财源，在创业过程中除了抓好主要项目创收外，还要注意扩宽资金来源。节流就是节省不必要的开支。其次，要学会管理资金。

【课堂阅读】

一个"90后"创业者的接连失败

张诚招是广东工业大学的一名学生，他自认为是一位"骨子里的创业者"，并早在高中阶段就下定了创业的决心。这一决心并非来自"大众创新、万众创业"的号召，而是高中应试教育一板一眼的压迫。或许"创业"二字可以给他带来"叛逆者"的标签，让他对应试教育做出反抗。

不管怎样，步入大学校园的张诚招迎来了自己的创业生涯。大一开始创业，但第一个学期做了三个项目，都以失败告终，分别是借钱炒股、开淘宝店、硬件发明。回头看那些项目，张诚招用了"都挺扯的"四个字来形容。

但正是这些"都挺扯的"项目，为他找到了一直陪伴自己的创业伙伴，也给大学生活留下了宝贵的记忆。在经历 N 个项目的连续失败后，张诚招团队从去年年底开始规划做一款校园恋爱交友应用。

这次创业，无论是从影响范围还是复杂程度来看，都达到了张诚招团队挑战的高峰。

张诚招团队很快就做出了这款应用的网站版，并参加了 IDG 举办的校园创业大赛。后来，IDG 通知他们，这款应用进了全国 50 强，可以到北京参加决赛。那次比赛之后，张诚招团队就放弃已有的盈利业务，决心专注做这款应用，并在年底，拿到了 10 万元种子投资。

两年后，张诚招团队所做的这款应用正式上线，上线后短短三个月就积累了四万用户，而在张诚招团队主要活动的广州地区，张诚招团队通过各色校园推广活动积累了三万用户，团队高峰时期人数高达 30。为了进一步发展这款应用，张诚招团队决心寻找投资人，然而，在会见 30 余个投资人都无疾而终后，张诚招团队陷入了绝境。一次次投资人的打击让他明白，自己的应用是一款不靠谱的产品。经过艰难的挣扎之后，张诚招选择放弃创业项目。

分析：

张诚招的失败有两方面原因，一是应用本身的原因，二是他拉投资不利的原因。在产品上，首先，这款应用产品盈利难，这不是商业模式的问题，也不是想法的问题，婚恋行业的龙头世纪佳缘、百合网通过各种手段收费才勉强盈利，这也是众多社交产品的通病，而张诚招的应用只是一个很小的 App，在盈利上更加困难，因此很难吸引投资人的投资。在拉投资上，他的团队在校园内的名气较小，很难吸引投资人的眼光和注意，同时当投资人质疑自己的应用时，他的态度也欠缺理性。因此，同学们在拉投资时，在被质疑时可以跟投资人适当辩论一下，但不宜激烈地反驳，因为他们是好心指导你，他们本可以不理你的。要学会感激，不管对与错，一定要选择对自己有用的东西去吸收和学习，不断地反思自己以及项目存在的问题。

探讨：

创业不仅需要自身技术、知识的支撑，而且需要资金的支持，大学生创业者一般在资金上都比较欠缺，因而需要寻找投资人，但投资人并不会随便将资金投给大学生创业者。现在请同学们站在投资人的角度，想一想，假如一位大学生创业者来找你投资，你会从哪些方面来看这个项目是否值得投资呢？

（六）创业意识的培养

但凡有成就的人，无不经过艰苦创业。创业的过程也是锻炼的过程，是不断学习提高、不断发展的过程。借助创业，不仅能够使个人的事业得到发展，最大限度地拓展自身价值，从社会层面来说，可以更好地开发人才资源、科技资源，帮助新创意、新科技形成现实的产业和产品，达成对社会效益的最大化。21 世纪的知识经济给社会带来了巨大变革，尤其是知识产业化、信息产业化的迅速发展，既给我们带来了严峻的挑战，也给我们提供了发展的机遇。树立与培养毕业生的创业意识，指导毕业生走上自主创业之路不仅能帮助毕业生成长、成才，还可以拓宽毕业生的就业渠道，增加社会就业岗位，实现就业渠道的多元化。

1. 树立远大理想，坚定报国信念

坚持用科学的理论武装头脑，树立正确的人生观、价值观和世界观，坚定为实现中华民族的共同理想、为祖国的现代化建设奉献自己的智慧和力量的决心。

2. 不畏艰难，敢于拼搏

培养强烈的事业心和责任感，刻苦钻研、勤奋工作、努力学习，牢固掌握专业知识及技能；树立高标准、严要求，不怕困难，勇于创新、敢于创业，争创一流的思想，从而激发创业意识。

3. 培养脚踏实地的工作作风

在日常工作与学习中，要坚持解放思想与实事求是相统一，既要敢想敢干，又要求真务实；积极参与到各种创业与创新活动中去，在活动中感受创业情境。

4. 积极投身社会实践并养成善于观察、勤于思考的良好习惯

在实践中锻炼自己，了解社会、了解自我，完善素质、提高能力；通过对事物的观察和思考，激发创业需要，树立创业理想，坚定创业信念。

5. 摒弃安逸思想并培植个人发展的心理

创业活动过程会遇到很多困难，如果没有坚定的创业信念，仍抱着随遇而安的安逸思想是不可能成就一番事业的。在生活和工作中要注意培植个人发展的心理，积极进取，不安于现状，使创业需要发展为创业动机。

6. 发展健康的个性与兴趣

健康的个性与兴趣可以激发创业者的创业热情，升华创业意识，是创业意识形成的重要因素。因此，要创造可发展健康个性和兴趣的自由空间，积极参加兴趣小组和社团的活动，有意识地培养兴趣、发展兴趣。

【课堂阅读】

黄明光一双布鞋踩出的创业之路

小人物、小众市场，这样的草根创业故事少了些传奇色彩和波澜壮阔，但更具质感和亲和力。草根创业可能无法改变世界，但足以改变自己的命运。湖北一个普通的党校教师黄明光书写的正是这样一个故事。

公司简介：

黄明光，1963年出生于湖北京山县，大学毕业后被分配到一所学校工作，2004年创办武当踩运鞋业有限公司。公司位于道教名山武当山旅游风景区，是一家专业研究、生产、销售养生保健布鞋的公司，公司于2006年升级为十堰市武当特区踩运鞋业有限公司，主营武当功夫鞋、纯手工生态布鞋，现有员工百余人。该公司是目前全国唯一一家拥有自主知识产权的养生布鞋专业开发制作公司。黄明光经过多年专业研究开发，推出了采用祖传中草药配方，经过手工精心制作的"踩运"系列保健布鞋。"踩运"保健布鞋采用武当山区纯天然材料山棕、野麻、丝瓜络和粗棉布，并内含十几种中草药成分，完全手工精心纳制而成。这种"中国特色的休闲鞋"具有透气、滤汗、除臭、抗菌、护肤、舒筋、通络等特点，穿着轻便舒适，可有效预防脚汗、脚臭、脚气、脚裂等脚部顽疾，对脚部具有全面的保健护理作用。其所采用的韧性良好的山棕，长期穿能保持鞋底不变形、不霉烂；采用的具有天然弹性的丝瓜络，能有效吸震，减轻震动对身体的损害。"踩运"保健布鞋现有三大系列——婴幼儿童健康布鞋、户外运动健身布鞋、家居休闲养生布鞋，年产值接近1000万元。

目前，武当踩运鞋业有限公司已经成为国内生产功夫鞋的知名厂家，产品远销国内外。公司的理念是追求人与自然的和谐统一，把养生文化融入布鞋的制造中。

创业经历：

1986年，黄明光大学毕业，被分配到十堰市的集团党校做干部培训工作。学校的工作并不紧张，他琢磨着如何寻找商机，利用业余时间挣些钱，让自己过得更好。黄明光喜欢读书，于是他在1991年开办书店，后来到北京专门发行大中专教材，经过五年的努力，小有成就，1996年营业额达到了2000多万元。黄明光掘到了第一桶金。

黄明光的外公是老中医，对于药物枕头有研究，当时黄明光就认为这个产品有市场，于是他从1997年开始研究开发儿童保健枕头，后来申报了国家专利并获得了两项产品专利。

有一次，黄明光在网络媒体上看到青岛有个叫张静的人已经在做药物枕头。黄明光就侧面对她进行了了解，觉得此人不错，于是打电话给她。那是在2004年，宁波有个家居用品展销会，黄明光自己花钱交了展位费，约她来参加。张静果然来了，带了她做的产品。"其实当时我的想法就是考察她的产品是否受欢迎，结果展销很成功，我们的合作洽谈也很成功，在会上就定下了我们的合作意向。她出资金做产品，我出专利，合股经营。"黄明光由此出任"适之宝"的市场部经理，首开中国枕头专卖店之先河。"我们的产品火了！

阿里巴巴资讯刊登了我们的消息，央视《致富经》栏目也播出了采访。我们的加盟专卖店一家接一家地迅速在全国开业。"

几番小成功后，黄明光等待着更大的机会。

上班的第三年，黄明光结婚了。妻子沈波的娘家在武当山。逢年过节，黄明光就会和妻子一起去岳父岳母家。黄明光看到，武当山的旅游资源很丰富，但没有能在全国叫得响的旅游纪念品。他想，能不能在旅游产品上做文章，进而形成自己的产业呢？起初他把目光投向了景区的拐杖。到武当山旅游的游客，特别是老年游客，十有八九会买一根拐杖带回家，既实用，又是一个纪念。但是，经过调查，黄明光发现，拐杖在全国许多景区都泛滥成灾，市场几乎已经饱和，如果再削尖了脑袋往里面挤，是不明智的。随后，他又盯上了武当山的宝剑。可是，当他再一打听，武当山景区销售的宝剑几乎全部都由外地购进，本地并没有工匠。到了 2003 年年底，黄明光还没有寻找到合适的项目。

2004 年元旦，黄明光的几个朋友从海南来十堰旅游。黄明光自然要尽地主之谊，当向导带他们去武当山游玩。这天，在陪着朋友游览武当山，途经一座庙宇时，一群道士正在庙宇外的空地上练功。黄明光无意中听到他们的一席谈话。其中一位道士说道："这鞋穿着难受，脚底容易出汗，袜子脱了脚真臭。"另外一位道长接过话头："我们练功就是时间加汗水，脚一出汗，这鞋穿着还磕脚！"第三位道士又补充道："脚一出汗，鞋里就是湿的，练功时不容易站稳！"

正所谓说者无意，听者有心，黄明光很快就明白是怎么回事了，原来道士们在埋怨穿的鞋不好。这时，他想起了自己小时候在农村穿的千层底布鞋。这种手工做出的布鞋，穿在脚上透气舒适，但由于样式太土，快从市场上绝迹了。

能不能做一种适合练功人穿的布鞋呢？如果做成了这种鞋子，会有多大的市场呢？黄明光决定展开市场调查。

接下来的十几天时间里，黄明光一直待在武当山。通过调查，他心里有底了。在武当山景区，常年练功习武的道士就达 2000 余人。这些道士收入并不高，但他们也是一个不可忽视的群体，一样有商机。更重要的是，他们终日在武当山向游人表演，游客在欣赏他们演技的同时，也在关注他们的服饰，还有人模仿他们的一招一式、穿着打扮。据统计，每年关注这些道士的游客达到 100 多万人。如果做成了道士穿的鞋子并让他们穿上，就等于无形中给自己的产品做了免费宣传。

黄明光决定研制这些道士穿的鞋子。再一打听，武当山有一个名叫袁理敏的人和他是老乡。袁理敏是武当山武当武术功夫团团长，在武术界很有名气，经常带团到国内外进行武当武术表演。为了更有把握，他先找到了袁理敏。得知黄明光的来意后，袁团长说道："不知道你的鞋子怎么样，这样吧，你做好了，先放几双在我这里试一下。"

袁团长之所以答应黄明光，并不是看在老乡的情分上，而是他也深受没有合适鞋子穿的困扰，希望有人把这个空白填上。

回到家里后，黄明光就开始琢磨如何生产出受道士们欢迎的鞋子。传统的布鞋虽然合脚、舒适，但容易变形；胶鞋不易变形，但因为底是胶的，又不透气。看来，必须在鞋底上下功夫。只要鞋底的问题解决了，问题就好办了。可是，什么材料才能既透气又不变形呢？黄明光想到了竹笋叶和玉米皮。他找来竹笋叶和玉米皮进行试验，结果都不行。

2004年2月的一天，黄明光去一个朋友家串门。到朋友家门口时，他无意中看到墙上挂着几片山棕。黄明光知道，早些年农村的蓑衣，就是用山棕做的，棕床用的棕绳，也是用山棕编的。黄明光就想，能不能用山棕做鞋子呢？

从朋友家回来时，黄明光手里多了一样东西：几片山棕。回到家后，他用剪刀按鞋样把山棕剪成鞋底模样的片，然后把中药敷在山棕片上，最后在山棕片上粘上粗棉布。这样，几双用棕丝做成的鞋底问世了。黄明光还特意用水连洗了几次，鞋底始终不变形。就这样，困扰黄明光很久的问题解决了。

黄明光决定生产这种用山棕做鞋底的布鞋。可是，当他真的需要山棕时，发现市场上没有山棕销售，而野山棕大多分布于深山密林中。没有办法，只得自己去山里采摘。于是，黄明光就每天步行到大山深处，寻觅野山棕。2004年3月的一天，黄明光与助手采完山棕返回，走到半山腰的时候，突然听到后边有很大的响声。还没等他们明白是怎么回事，二三十只猴子已经到了面前，其中一只猴子抓着黄明光的袖子，另外几只抢他手上装有野山棕的塑料袋。两人惊魂未定，跑了二十多米回头看时，发现猴子们在撕扯装山棕的袋子，以为里面是食物。还好，当猴子们发现里面不是吃的东西后，把山棕丢了一地，然后呼啸而去。黄明光和助手又返回原地，把山棕捡起来，宝贝般地装好。

黄明光和朋友们在大山里采摘了半个多月，才采摘到了足够的野山棕。把这些野山棕做成鞋底后，他又动员老母亲和邻居们做布鞋。一个多月后，首批100双山棕鞋底的布鞋做成了。第二天，黄明光就带着这批特殊的布鞋去找袁理敏。可是，当他找到袁团长时，袁团长告诉他，这批布鞋的款式看起来像过去农村人穿的，没有显示出练武人的特性来。根据袁团长的意见，黄明光对鞋的外形做了修改。当他带着生产出来的鞋再次找到袁团长时，又碰了钉子。原来，黄明光将鞋的价格定为每双80元左右，袁团长嫌太贵，接受不了。为了从袁团长处打开突破口，黄明光觉得哪怕赔本也要干。于是他对袁团长说："这样吧，价格先不谈，我送给你们100双，等你们穿后感觉好了再说！"

就这样，这100双鞋被分发到武当山的100位道长手里。道长们穿后，普遍反映穿上"功夫鞋"，不憋汗，透气，很舒服。消息反馈到袁团长那里，袁团长很高兴，开始批量购进功夫鞋。武当山的一些道士，也找到黄明光，购买功夫鞋。众人的口碑相传，使功夫鞋在武当山名声大振，不到半年，1000双功夫鞋被抢购一空。黄明光一算账，足足赚了五万元！小试牛刀大获全胜，黄明光铆足了劲准备大干一场。2004年8月，他正在批量生产功夫鞋时，袁团长气冲冲地寻上门来。原来，袁团长穿着功夫鞋在外地表演时，鞋子出了质量问题。当时，袁团长正在表演太极拳，其中有一个动作，叫作"千斤坠"，要求力量往下沉，袁团长正在运力朝下时，脚上的功夫鞋突然裂开了一个口子！袁团长特意把鞋子带了过来。黄明光拿起鞋子一看，连接鞋面与鞋底的棉线断了，而鞋窠里的棉垫很湿，水分把棉线都沤烂了。随后，陆续有四五百双功夫鞋因为同样的原因被退了回来，黄明光陷入了困境。

黄明光平时非常注意通过网络收集信息。一次上网时，一条新闻引起了他的注意，国外从中国进口丝瓜络做洗浴用品。丝瓜络不吸水，通透性很好，沾水之后很快就干了，黄明光觉得这个特点很好。他就在乡下收集老丝瓜，去皮，然后用刀剖开，剪成大小不等的鞋垫样子，用石灰水浸泡后压平。

用丝瓜络做成鞋垫滤汗效果好，即使汗沾上去很快就散发了，不会腐烂，而且有自然回弹性。

黄明光用丝瓜络取代了棉花，滤汗和舒适效果大幅提高。但是，功夫鞋开裂的问题还是没有找到方法解决。一次，黄明光在出外收购老丝瓜时，看到一位村民在用野麻打草鞋。这位村民告诉他，野麻不仅比棉线和尼龙线结实，而且遍地都是。黄明光一听，灵机一动，决定用麻线替代棉线生产功夫鞋！

到2005年3月，黄明光已经做出了有别于传统布鞋、独具特色的功夫鞋。很多到武当山来的中外游客看完武当武术功夫团的表演后，都打听哪里能买到这种布鞋。黄明光便在景区游客中心八仙观设立了销售点。而袁团长穿上这种功夫鞋后，不仅与身上的服装很搭配，而且感觉身轻如燕，去国外演出时，外国友人见到这种鞋子，都想买一双。袁团长表演之余，替黄明光接下订单，就这样，一些功夫鞋还卖到了国外！

功夫鞋的市场虽然打开了，但主要是针对成年男性，黄明光感觉面太窄。他又根据游客的心理，开发出了儿童布鞋、工艺绣花鞋和养生布鞋等六七个系列品种的布鞋。投放市场后，很受欢迎。许多到武当山旅游的游客，不仅自己买一双功夫鞋，还给家人各带一双。武当山特区景区管理局副局长王富国欣喜地告诉记者："我们这里国外的人比较多，国外游客来了大多买黑色那种鞋。如果是我们国内团队游客女式的好卖。这是武当山实实在在的千层底鞋，别处买不到！"在立足武当山的同时，黄明光没有忘记向外推销自己的产品。他在淘宝网等网站设立了专卖店，大力推荐功夫鞋。

2006年9月，一笔大订单通过网络飞向了黄明光。对方名叫罗玲玲，在广州一家贸易公司做服饰进出口生意。罗玲玲在网上看到黄明光功夫鞋的材料和款式后，很感兴趣。出于商人的敏感，罗玲玲觉得这种"极土"的产品在大城市可能有市场，她决定订一批功夫鞋在广州试销。

后来的事实证明了罗玲玲的眼光。功夫鞋投放广州市场后，效果好得出人意料。

小试成功后，罗玲玲向黄明光下了20万元的订单，这也是黄明光第一次接到这样大的订单。

在开发功夫鞋的同时，黄明光还非常注重知识产权的保护和增加产品的文化底蕴。2006年4月，他成功地为自己的功夫鞋系列申请了专利。他将功夫鞋命名为"踩运"。在广东一些地方，人们习惯出外踏青，并将踏青称为"踩运"，也就是把坏运气踩在脚下，把好运气带回来。在武当山，也有一座"转运殿"，也就是谁的运气不好，进去后好运气会回来。

2006年，通过武当山景区和网络，黄明光靠卖功夫鞋一年收入几百万元。现在，他在海南、云南丽江等地都开有连锁店。黄明光还和浙江一位商人联合，开发针对学生销售的防臭鞋。

武当踩运功夫鞋质量、款式俱佳，纯天然材料制作，别具一格。黄明光没有自己的制鞋厂，他把订单分包给十堰地区农村的妇女们，把样式、材料给农妇们，每双鞋支付20元加工费，定期去取成品，这样既大幅降低了生产成本，又使农妇们可以在自己的家中制鞋，为她们带来收入。黄明光的踩运功夫鞋在国内已有多家分销点，并远销国外，年收入近1000万元。

创业感悟：

黄明光认为，爱好是最好的老师，也是最大的动力。专心、执着往往就来灵感，积极、平和的心态，会有很多好朋友，以感恩的心对待朋友、回馈社会。

评析：

黄明光的创业故事给我们带来三点启示：

（1）留心市场的商机。注意身边的小事，小众市场也能带来巨大的商机。巴菲特曾说："选股如同选老公，神秘感不如安全感。"因此，他更加倾心能满足大众需求的投资项目，这一观点深入人心。然而，万事无定法，小众市场也并非没有金矿。对一个实力有限、基础薄弱的普通创业者来说，黄明光针对小众市场的成功案例或许更有现实意义。

（2）不能小觑民间资源。要善于发掘传统民间资源，传统生活中仍然有大量可以契合现代市场需求的要素。许多创业者在创业方面缺乏完整的"时间意识"，亦即创业者应该把思路指向时间链条，不仅要看当下的需求和未来的前景，还应该回过头去看看历史的积淀和资源，要懂得"向后看"。

（3）有效控制成本。从生活中创新商业模式，有效控制成本。黄明光的踩运鞋业如果按部就班地兴建一个生产厂，招募工人开始生产的话，势必会在场地租金、机器设备、人力资源、税收、库存等方面大幅提高成本，这是踩运功夫鞋这样的小众产品的生产规模无法承担的。黄明光从农村生活结构中巧妙地找到解决方法，让农村家庭妇女从事踩运功夫鞋的缝制，既保证了产品纯手工制作的关键特色，又节约了成本，还为农村妇女提供了一份可以在家里轻松完成的工作，可谓一举三得。但这样的生产模式也存在产品质量控制困难、难以规模化生产的先天缺陷。

【课堂阅读】

"80后"IT男的水果创业

一个"80后"的IT小伙，放弃了待遇优厚的工作去创业，他选择的新职业是卖水果。一个普通青年，没有深厚的背景，没有独特的技能，他在一个不起眼的角落闯出了一条成功的路。

公司简介：

贾冉，北京人，1983 年出生，2001 年进入北京理工大学信息工程系，2005 年考入清华大学软件工程系读硕士研究生，2011 年在淘宝公司做研发，2012 年 6 月，贾冉从淘宝辞职卖水果，创立果酷网 (以下简称果酷)。

果酷隶属于北京创想开盈科贸有限公司旗下品牌，是目前国内领先的专业鲜果切电商，主要针对企业白领人群进行产品设计和销售。果酷的客户遍布各大行业，从政府机关到企事业单位，从各种行业会议到家庭聚会等，都能看到果酷的身影，他们始终以水果为核心提供全方位的便捷服务：企业生日会、团建会议、员工福利等都是其业务范围，除了以即开即食、多样搭配的水果组合——鲜果切为其主营业务之外，还有水果花束、水果拼盘等产品。

鲜果切具有 100% 即开即食、水果种类一次多样搭配等特点，非常适合都市上班族在繁忙的工作之余享用，而且果酷推出的某些组合强调产品的保健功效，如护眼的蓝莓组合、排毒的火龙果组合、养颜的草莓组合等。所有果酷鲜果切均使用当日新鲜、高品质的水果进行加工，不含任何防腐剂、添加剂等化工原料。

果酷开拓了多块水果种植生产基地，并与国家水果基地建立合作关系，保证果源稳定充足供应，同时避免了批发市场中供应商的二次加价和污染；全程冷链加工及配送，从水果采摘下来到果酷的生产中心开始，始终保持在 0~5℃的保鲜温度，同时全程冷链配送，保证产品冰鲜到达。果酷拥有食品加工厂及各种资质证书，是国内唯一具备专利的鲜果切，公司具备专业的电子商务技术团队，提供多种便捷服务，方便企业订购。

果酷自成立以来，已累计送出超过 100 万份鲜果切，每天出售鲜果切超过 20 吨，服务超过 200 余家各种大中型企业。

果酷网从最初的"水果采购—加工—网络销售"的模式不断延伸其产业链，现在已经形成从直接与水果种植基地签约到全程冷链配送，再到食品加工厂加工，最后通过网络销售的完整产业链。

目前，果酷网已经是全国最大的鲜果切企业，年收入超过 1000 万元，是国内的行业领先者，最近还通过"青年天使会"平台完成了新一轮融资。果酷网的经营理念是"用精细化思维销售水果"。

创业经历：

"80 后"IT 男贾冉在大学校园里就是同学眼中的风云人物。"他的学习成绩让很多人望尘莫及，兴趣爱好也很广泛，喜欢交际，爱打乒乓球。"贾冉的朋友王颖说。当其他同学整天泡在自习室和图书馆里看书的时候，他经常拿着乒乓球拍子去打球，可是到了期末，他的学习成绩却在班里名列前茅。

"上大学的时候，同学都流行用笔记本，我觉得这是个商机，于是就开始在大学里卖笔记本，之后又代理过国内一个品牌的运动鞋。""当时经验不够，越做越赔钱，最后把本钱都赔光了。"两次失败的创业经历让贾冉有点不好意思，但是这样的经历并没让他沮丧，反而让他下定决心一定要做自己的事业。

虽然一直就读的是计算机专业，但贾冉的梦想是创业，为了实现这个梦想，他不断摸索和尝试。

从清华大学毕业后，贾冉在互联网行业工作了近五年，先后在 BEA、IBM、Radvision 等外企进行技术研发及管理工作，后于 2011 年进入淘宝工作。"我选择进淘宝，是想学习它的商业模式和成功经验。"贾冉说。在这五年时间里，他一直在研究创业的各个环节，也在琢磨创业的点子。

在一次旅行中，贾冉与同事聊到了员工健康的话题，彼时四大员工猝死的新闻正热，聊天过程中，他进一步发现白领工作的辛苦，而相较之下，员工福利难以真正跟进。爱吃水果的他当时就想，要是每天都有人把水果切好了送到手边该多好。

这个念头断断续续浮现，直到第二年，一次偶然的机会，开始着手查资料的贾冉看到了关于 Ready Pac 的新闻，第一次知道鲜切水果生意在美国已经有 100 多年的发展历史。找到切入点的贾冉这样分析中国市场：一是这个领域尚未有大玩家，还是一片蓝海；二是水果每天都吃，是实实在在的机会；三是小成本启动，不用投入太多钱和精力就可以做。

发现这个市场以后，贾冉毅然辞掉了工作。"2011 年我在淘宝的年薪是 30 万，公司还分了很多期权股票，我全都放弃了。父母和朋友都不理解一个清华的研究生为什么要辞掉金饭碗去卖水果，他们觉得这事儿不靠谱。"

他最终说服了几个志同道合的朋友一起搭建团队成立了果酷网——一家做鲜果切定制服务的电子商务网站，主营鲜果切定制服务、鲜果切配送。

"刚开始运营资金不足，我和合伙人要亲自和卖水果的人讨价还价批发水果，然后搬到加工间切割、包装，最后给写字楼做配送。"

创业初期，贾冉和几个创业伙伴每天都要搬着很沉的水果箱子楼上楼下来回跑，运完货还要顶着大太阳到地铁门口发传单，"一天下来腰酸背痛，跟我一起合伙的女孩累得每天都哭"。

公司最初走的是面对个人消费者的路线，订货数量很少，而配送费用很高。"比如，一个人在网上订 20 块钱的水果，配送费用就在 10 块钱左右，那时候，公司平均每天的支出是 1500 元，而收入仅为 1000 元。"

虽然当时团队付出了很多辛劳和努力，但公司依旧入不敷出，不到半年时间，最初的投入就亏损一空。"最惨的时候公司账户上不到 1000 元，几个合伙人都劝我不要继续做了，回去上班的话一个月轻轻松松就能有两万多元的收入，现在这么辛苦，不赚钱反而赔钱。"

创业初期的一个小插曲让贾冉始料未及，几乎对刚起步的公司造成了致命的打击。"刚开始公司的水果加工间条件不好、设备简陋，有一天，工商局的人来把所有的设备和办公用品查抄了，连一台计算机都没剩。"

在一片狼藉的办公室里，贾冉第一次感觉到迷茫，不知道路在何方。可冷静后他想通了，"做食品行业最关键的是保证食品的安全和卫生，一个清洁的生产环境和标准的装配环节是最基本的要求"。贾冉在第一时间里改造了生产加工间，办齐了所有营业和卫生许可证之后公司重新运营。

面对公司接连亏损的问题，贾冉开始思考企业转型。"我看的不仅是一盒水果，而是一个巨大的消费市场。国内目前还没有大规模的鲜果切企业，我不想仅仅把它当成生意来做，而是要做成一个事业。"

他顶住各方面的压力决定调整业务方向，从面向个人用户转向面向企业。尽管思路理顺了，但实施起来仍然困难重重，因为果酷网当时的产品形态尚处于"三无"阶段，品牌的市场反响平平，团队里也没有人员有过销售谈判经验，如何打动公司用户下大单呢？

危急关头，贾冉甚至下定了决心：如果一周内谈成企业客户就拼力转型，如果谈不成，公司也许就此难以为继了。他带领团队成员开始四处奔波，一家一家地找企业洽谈业务。"虽然我们每天都面临着被拒绝，但是我相信只要有一家能合作成功，这种模式就可以复制到下一家。"

好在一家高端车的4S店很快成了果酷网的长期客户，其他订单也开始陆续谈成。终于，在半年后，公司扭亏为盈。

目前，果酷网有200多家企业客户，每天的送货量达到上万份。果酷网由C到B的转型可谓成功，但贾冉认为由销售谈客户的方式并不值得推崇，因为这种方式太过传统，也十分低效，谈成这200多家用户用了将近两年时间。

但不管怎样，通过B2B的方式，果酷网水果鲜切生意的盘子运转了起来。2012年，贾冉从原来的公司辞职，全力投入了果酷网的运营中。

资金短缺，是创业者遇到的普遍难题。当时为了让企业上规模，贾冉四处寻找投资人，先后接触三四十家投资公司未果之后，另一扇幸运的大门为他打开了。就在贾冉辞职一个月后，第一笔天使投资找到果酷网。

"一个朋友在电视台做编导，有一天，他跟我说电视台有一档投资创业节目，问我愿不愿意参加。"贾冉觉得这是个好机会，准备了很久，节目上经过几轮的提问之后，他的项目打动了三位著名的投资人，获得了评委的认可，现场和投资人签订了150万元的投资意向书。

这次成功的融资让公司购入了先进的切割和保鲜设备，并吸引了一批人才的加入，从此公司的发展走上了高速路。现在公司每天鲜果切的配送量达到5000多份，年销售额近千万元。

用销售来线下拓展客户的方式，让很多人质疑果酷网只是披了一件电子商务网站的外衣，实质上还是老套的传统业务。实际上，在线上运营过程中，果酷网已经逐步建立起一套核心系统，所有的业务运转都围绕这套系统展开。

和贾冉一样，果酷网的大部分员工都来自互联网公司，曾经的职业经历赋予了他们在行事上的互联网思维方式，他们注重技术，注重对数据的挖掘和分析，也崇尚自动化带来的精准与高效。

果酷网内部的这套系统基于果酷网创业三年以来的所有数据和客户反馈，经过特定的算法，可以自动地为用户提供多种服务。

以颇具特色的自动配餐为例，果酷网每天送出的万份果盒产品并非由人工搭配而成，而是系统根据以往的数据，能够得出在这个时节什么水果最便宜、什么水果的口感最好，能够以较低成本达到最好的观感和口感要求。

从精准数据出发，果酷网接下来的业务流程也使得水果这一非标准品类有了一种标准化的特色。系统生成指定的配餐后，也就产生了采购需求，采购部门据此到市场上采购需要的产品，生产部门根据已经形成的标准对采购的水果进行筛选、消毒、粗洗、精洗，就连果块切多大、每盒装几块、一盒多少克都有着严格的标准。以哈密瓜为例，它有近80个不同品种，哪种适合鲜切，去皮要去多厚，要横切还是竖切，都有不小的讲究。

在生产和反馈中，果酷网还研发了一种三分格的果盒，避免水果之间由于接触和碰撞而产生串味和细菌滋生，并获得了包装专利，这也是标准化的一部分。不仅如此，企业还可以直接通过网站对接系统进行下单、支付、订单更改、对账等环节，剔除了繁复的人工沟通。

果酷网对后端生产成本的控制很严格，没有精细化管理根本做不来。果酷网甚至还聘请了海底捞的一个资深人士，对其管理流程进行了细致梳理。这种标准化链条最为明显的优势就是保证了果酷网的盈利。无论是小到水果鲜切，还是大到整个生鲜品类，高成本、低价格一直是盈利的门槛。果酷网的秘诀是分析出什么水果是成本最低的，是几乎没有损耗的，而且全过程都是系统在做，很少需要人工的参与，这样成本可以控制得很低。更重要的是，由标准化打造出来的统一的品牌产品和形象，更有利于消费者形成对果酷这一品牌的认识，而这对贾冉接下来想做的事大有裨益。

现在贾冉经常被问及成功的经验是什么，他认为在于自己做事情专注执着、脚踏实地。"困难谁都会碰到，不能碰到困难就退缩，要想办法解决，解决好了、坚持下去了就成功了。"

未来贾冉将销售市场定在北上广深四大一线城市，同时他还想引进国外的先进技术和管理方法。"果酷网要走品牌之路"，贾冉说。

创业感悟：

回想自己的创业经历，贾冉说："我是一个爱折腾的人，特别想做点事儿，而且想到就要做。""我并不觉得卖水果是一种人才的浪费！"贾冉说自己是典型的白羊座男生，身上有一种不服输的劲头。

评析：

果酷这个项目在国内比较新颖，贾冉和他的团队成功的启示主要有以下两点：

（1）关注生活的细节。果酷抓住市场需求，成功地实现了从B2C到B2B的转换，这是果酷立足的关键。B2B模式使接下来的生产标准化、风险控制、成本控制都得到了有效的解决，没有这一点，果酷的创业难以成功。

（2）建立标准化链条。果酷成功地在一个非标准品类中建立了一条标准化链条。在线上运营过程中，果酷网逐步建立起一套核心系统，所有的业务运转都围绕这套系统展开。这套系统基于果酷网创业三年以来的所有数据和客户反馈，经过特定的算法，可以自动化地为用户提供多种服务。

但果酷也面临以下几个问题：第一，难以快速规模化。对于 B2B 的商业模式，除了靠一个个去谈，依靠销售去打单，并没有特别好的办法，所以人力的困境决定了其规模化太难，很难实现快速增长。贾冉也认为虽然果酷网由 C 到 B 转型成功，但由销售谈客户的方式并不值得推崇，因为这种方式太过传统，十分低效。第二，技术门槛低。面对大量的模仿者，会导致同质化竞争，最终陷入价格战的旋涡。第三，抗风险能力较弱。虽然获得了投资，但是过于单一的业务模式与形态，以及略显粗放式的商业模式和资金相对短缺随时会对公司造成致命伤害。所以，如何真正地建立竞争壁垒，确立市场的先发优势，探索更多的商业模式，是这家鲜果切商业公司值得思考的问题。

三、创新创业基本技能

技能是指结构化地运用知识完成某项具体工作任务的能力，也可以理解为从事某一活动的行为熟练程度，以及对某一问题的识别和解决能力。根据传统创业 Timmons 模型，新企业得以成功创建的关键要素有三个：一是商机 (opportunity)，二是资源 (resource)，三是团队 (team)。对于创新创业，除了上述三个要素以外，还应体现"创新"色彩，为此本书增加了第四个要素——项目创新与商业计划。这样可从上述四方面对创新创业技能进行细化。具体方法是，对 30 位创新创业者的媒体报道及其周围人的采访内容进行分析，提取涉及创新创业技能的关键词，再根据语义合并归类，最后进行编码和分类统计，结果如表 14-2 所示。❶

表 14-2 案例对象创新创业技能一览表

创新创业技能涉及的关键要素及编码		技能举例	提及人数 / 人	人数占比
商机类 (B1)	市场机会识别力 (B11)	为避免跟已经成形的对手竞争，JO＋生活管家从一开始就瞄准中高端市场，更偏重简洁、高效率的线上服务，与其他产品形成对比 (F1)	22	73
	市场问题发现力 (B12)	漏洞盒子作为新一代安全服务，从过去安全服务的几大痛点着手，力图解决"服务""透明""价格"的疑难杂症 (H2)	20	67
	市场需求洞察力 (B13)	在王强 (投资人) 看来，吕骋的核心竞争力不在于技术，而在于对人性的洞悉力："他懂得如何将人性需求与技术结合起来，而这是未来的关键核心。"(F5)	25	83
	市场趋势预见力 (B14)	当时我认为移动支付这块业务在未来五年一定会起来，现在果真验证了我当初的断定。你看，现在不仅有支付宝、微信、银联、百度和京东等也都在做自己的移动支付业务，行业瞬间就变得非常热闹，大家都想争夺移动支付这块业务 (M2)	8	27

❶ 戴鑫，周智皎，毛家兵等．大学生科技竞赛理论研究与实践应用 [M]．武汉：华中科技大学出版社，2017.

创新创业技能涉及的关键要素及编码		技能举例	提及人数/人	人数占比
资源类 (B2)	融资能力 (B21)	2015 年 8 月 24 日，亿航宣布完成 4200 万美元 B 轮融资，由金浦投资领投、GGV 纪源资本、真格基金、乐博资本、东方富海跟投 (F2)	29	97
	社会资本开发能力 (B22)	我的早期团队成员基本都是我以前的同事、朋友和朋友的朋友，是一群桀骜不驯的工程师和设计师，大家都或多或少被这个世界上的支付系统折磨过，所以都很认同这个方向。他们大多数来自国内的互联网公司，基本没有从银行或支付公司出来的，所以我们真的很"互联网"(M2)	16	53
	公关能力 (B23)	面对"精心炒作自己"的质疑，孙宇晨解释，只有这样做，公司才能生存："我们这种新创公司，说白了还是太 'low' 嘛。只能靠老板狂出台，狂做 PR(公关)，才能吸引投资者注意，不然靠什么跟大公司们拼？ PR 在我们这儿就是跳动的心脏，时不时就得蹦跶一下，不蹦就死了。"(M3)	2	7
	资源整合协调能力 (B24)	王信文口才好、主意多，负责对外，找投资，谈合作，对内则涉及设计游戏玩法和体验。张昊负责服务器后端技术。至于袁帅，王信文形容他是"一个很天才的选手"。在创业过程中，争论和妥协是难免的。王信文鼓励员工发表关于游戏产品的任何意见，然后通过讨论解决，三个合伙人没有谁享有特权 (H16)	12	40
团队类 (B3)	团队组建能力 (B31)	在 70 天的时间内，金证济苍组建了一支 30 多人的奋战团队。目前，中、美两地公司员工总共有 60 多人，团队规模还在呈指数级扩大 (F4)	17	57
	团队管理能力 (B32)	在米趣，会议室只有桌子，没有椅子。毛靖翔说，以前坐着开会，就会闲扯，最长的一次会开了四五个小时，太浪费时间。为了提高效率，他将会议室的椅子全部撤掉，"站着累，大家都不愿意多站一分钟，所以会把该说的话都说清楚，效率高了"(M5)	9	30
	团队激励能力 (B33)	我希望构建众筹设计体系，激发团队所有人的创新想法。俗话说，三个臭皮匠顶个诸葛亮，更何况是一群充满天赋的年轻设计师。所以我希望我们的做事方式是自下而上的，这跟大师作坊的方法完全不一样 (M7)	5	17
	团队知识分享 (B33)	最近王信文在公司搞起了"莉莉丝研习社"，鼓励员工进行内部分享，参与员工需要付费，公司会给听课人补贴，比如五十人听，按每人一百元，讲授者就有五千元收入，公司会补贴每人五十元，特别好的课程，公司还会奖励讲授者 (H16)	2	7
项目创新与商业计划类 (B4)	创造性思维能力 (B41)	乐行在设计产品的时候采用与别人完全不一样的思维方式，就是希望通过自己的创新来改进自身的产品，让自身产品的使用体验更好 (H5)	30	100
	自主学习能力 (B42)	黄承松开始用一个月的时间自学提高客流量的方法 (H9)	8	27
	战略规划能力 (B44)	在不断的尝试中，卷皮网形成了"独家品牌折扣＋专业买手团队＋限时限量抢购＋规模效应"的核心价值链 (H9)	20	67
	计划执行能力 (B45)	我们从 2010 年年底开始上线，在前两三年花很大的精力在供应链的整合上，因为只有把供应链打通了，未来才能长期健康地发展。怎么做呢？就是跟这些工厂"死磕"(H10)	7	23

注：人数占比 = 提及人数 ×100%/ 提及总人数 (30)，下文若无特殊说明，与此相同。

由上表可知，①总体上，30 位创新创业者身上体现出 4 大类 16 种技能。与前人关于创业企业家胜任力的研究既相似又不同：一方面，支持了 Thomas 等人提出的创业企业家胜任特征的部分内容，如与机会、战略、组织、关系和承诺等相关的技能；另一方面，细化了前人关于创业技能的划分，如将商机挖掘能力细分为市场机会识别力、市场问题发现力、市场需求洞察力和市场趋势预见力。②从共性角度来看，较为突出的创新创业技能（提及人数不少于 15 人）主要有 8 种，分别是市场需求洞察力、市场机会识别力、市场问题发现力、融资能力、社会资本开发能力、团队组建能力、创造性思维能力和战略规划能力。其中，前三项属于商机挖掘能力，后两项属于项目创新与商业计划能力，融资能力和社会资本开发能力属于资源统筹能力，团队组建能力属于创新创业团队建设能力。③从个性角度来看，侧重商业型创新的创新创业者 (100%) 在市场需求洞察力方面更为突出，侧重于技术型创新的创新创业者 (83%) 在团队组建能力方面更为突出，这在某种程度上符合各自的创新创业特点。此外，虽然一些技能（如团队激励能力）提及比例较低，但并不表示其不重要。这可能与当事人正处于创新创业初期，某些技能的"历史时刻感"不强有关。④从综合技能角度来看，30 位创新创业者身上平均显示出 8 项技能，其中最多者 (M2、H1、H16) 展示出 4 大类中的 11 种技能。

分析显示，30 个样本的创新创业技能训练主要有四种途径：

（1）大学期间的科研与创业实践。例如，H5 在大三期间参加中国机器人大赛并获得一等奖，随后联合赛事中认识的 5 名好友，共同组建了一支工业机器人团队，开发出了冰柱清理机器人、防爆机器人等产品，有效锻炼了其团队建设、项目创新等方面的能力。

（2）毕业后的创业实践。例如，H7 是一名连续创业者，经历了个人站长、校内网开放平台和移动互联网三大网络变革期，从中培养了较强的产品思维和创业能力，使其不断转变创业方向，把握市场与时机。

（3）就业期间的工作实践。例如，H16 在成立创业公司后，参照其此前就业单位的做法，制定公司用人标准，降低了招聘成本，为团队素质提供了保障。

（4）社会生活实践。例如，M6 在一次夏威夷度假中，遭遇住房问题，从中发现海外短租市场的商机与痛点，获得了一定程度的商机挖掘能力，为其后来在短租领域创业提供了灵感。上述事实，印证了林崇德等人的研究结论，即进入大学后的学习训练阶段，为人才未来的创新与创造奠定了专业基础；也印证了陈晨、高树昱、钟云华等人关于大学生创业能力影响因素的研究发现，即学校创业教育水平等环境因素和创业孵化器、创业园等社会环境对大学生创业能力有着重要影响。由此得出如下命题：

命题 1：大学期间的科研与创业实践，提供了创新创业技能训练和初步展示平台。

命题 2：毕业后的创业实践，增强了创新创业技能的全面性。

命题 3：就业期间的工作实践，提升了创新创业技能的规范性。

命题 4：社会生活实践，促进了创新创业技能的适应性。

第二节 新兴职场技能

一、职场十大趋势

职场社交平台 LinkedIn（领英）盘点了 2019 年职场十大趋势，合规、云计算、数据科学、小语种、风险管理、交互设计、人工智能、区块链、数字营销、全栈开发十大新兴技能涌现，涵盖了新兴技术、行业趋势、区域发展，到企业招聘的转型和职场人必备技能等多个维度，旨在为企业及民众提供职场发展趋势的参考依据和渠道，为职场人提供未来的职业发展参考。

1. 人工智能赋能未来：AI 对劳动力市场影响越发深刻

人工智能相关技能是领英上数量增长最快的技能类型之一，2015~2017 年增幅达190%，聚集人工智能相关技能人才的行业也发展变化得最快。领英认为，人工智能在未来或将改变所有行业，在创造新的就业机会的同时也令部分工作消失。但未来，任何职业都可以被人工智能赋能，变得更高效且更具生产力。

2. 数字化颠覆劳动力市场：数字人才和技能成为重要驱动力

随着数字经济的快速发展和行业数字化转型程度的不断加深，数字经济核心城市对高水平人才的需求也快速增加。据领英与清华大学、上海科技政策所发布的《长三角地区数字经济与人才发展研究报告》指出，数字人才在高等级职位上占比较低，大部分处于初级职位，长三角地区的数字经济依然存在较大的转型与升级空间。大数据表明，行业市场对具备相关数字技能的人才求贤若渴，如何培养数字技能是职场人需要思考的新课题。

3. 区域一体化需求显著：区域人才一体化带来优势与活力

在国家和长三角三省一市的战略布局规划中，区域人才一体化将成为推动技术创新、产业协同、城市共融、制度创新的核心驱动力。《长三角地区数字经济与人才发展研究报告》发现，该地区各地数字经济发展差异化，各有重心分工明确，有利于长三角地区进一步发挥集聚效应、分工效应、协作效应和规模效应，促进区域数字经济的高质量协调发展。领英建议，职场人可以根据所在的城市发展差异相应调整就业方向。

4. 新一线城市吸引力增强：新一线机会增加，地域流动明显

中国职场人地域流动趋势明显，新一线城市在人才净流入比榜单上位居前列，"奔向新一线"已成人才跨区域流动的主旋律。其中，"90 后""95 后"年轻人流动性更强、为更好的工作及生活不介意换城市。尽管一线城市仍是职场起步首选（2018 年对"95 后"最具吸引力的前五名城市为深圳、杭州、北京、上海和广州），但在积累一定工作经验后，一线城市的吸引力下降，新一线城市如成都、武汉、南京、重庆等，取而代之成了他们的下一个选择。

5. 企业募才新方式：新科技、大数据缩短企业与人才的距离

人工智能、大数据的应用改变了招聘流程和效率。企业不仅能了解到人才的基本信息，包括他们在哪里、谁在雇用他们、他们拥有什么技能；更重要的是可以获得统观行业、地区和企业的人才特征和变化趋势等信息，做出明智的人才决策。在人力招聘过程中，可视化、即时通信工具也缩短了企业与人才的距离，在时间就是金钱的今天，这对双方都是一个优化的选择。

6. 人才争夺新战况：本土企业加速吸引人才

本土企业在领导层管理人才争夺战中更胜一筹，原本偏向于在外企就职的企业领导者，更愿意选择本土企业，在较短的时间里获得更广泛的经验。领英与贝恩公司联合发布的《2018年中国商界领导力报告》表明，过去五年间，中国本土企业新入职的领导者中约40%来自跨国企业，较2016年的33%有所上升。领英认为，未来几年，人才将继续从跨国公司流向本土企业，但本土企业也需要思考自己的领导层稳定性。

7. 职场更有态度："95后"年轻人重塑职场规则

"90后"和"95后"年轻人作为职场新生力量，在用他们的价值观及工作方式重塑职场规则。领英发现，职场人第一份工作专业对口率逐年下降、平均在职时间显著递减，"95后"更是平均7个月离职。同时，职场年轻人实现了更快的职场晋升通道，年轻上司与年长下属的配置越来越流行。从基层到总监级别的升职过程中，"90后"平均仅用了4年。就职场文化而言，"90后"和"95后"普遍把公司视作盟友，更重视团队协作及企业人际关系。

8. 职场必备软技能：科技高速发展，"可迁移技能"凸显价值

尽管科技发展日新月异，"人类特有"的典型技能在工作中的需求并未消减，如与个人特质、人际交往和认知有关的技能。领英数据发现，"人际沟通类"技能是目前一线城市职场人最羡慕并最渴望拥有的人力资本，英语和谈判技能最受青睐。同时《未来就业报告》指出，前十大新兴职业包含多个以人为中心的职业，包括营销专家和经理、人力资源专家和顾问、用户体验设计师等。这些职业要求从业者了解人类行为和偏好，基本无法实现自动化。因此，职场人更要注重培养可迁移的软技能，从而保证自己的职场竞争力。

9. 新型职业发展路径：中国企业领导者追求"终身职业成长"

中国企业领导者越来越追求"终身职业成长"，而非"终身任职"于某一公司。领英数据表明，他们会通过技能学习和培训以及跳槽获得晋升和影响力提升。中国的劳动力正以新一代的就业观为方向，绕过传统的职业发展模式，具体表现在：中国企业领导者频繁跳槽，本土企业领导者更加专业化，科学、技术、工程和数学（STEM）专业的毕业生在各行业中担任着领导职位。

10. 未来机会信心指数：持续学习，中国职场人期待新年更进一步

过去一年职场人士普遍感受到了提升技能、增加自身竞争力，避免遭到淘汰的压力。领英亚太地区领英机会信心指数表明，内地职场人对职业进步和学习新技能两项机会的追

求尤为强烈，对就业形势以及获得相应的工作待遇方面的信心高于亚太其他地区。建立职场社交关系、不断学习新技能，是领英对职场人突破困境的建议。

【课堂测试】

请根据以下几方面评价你的创业潜力。

1. 创业素质测试

创业充满了诱惑，但并非每个人都适合走这条路。美国创业协会设计了一份测试题，假如你正想着自己"单挑"，不妨做做下面的题。

以下每道题都有四个选项：A. 经常；B. 有时；C. 很少；D. 从不。请根据自己的实际情况在相应的选项内打"√"。

题目	选项			
	A	B	C	D
1. 在亟须决策时，你是否在想"再让我考虑一下吧？"				
2. 你是否为自己的优柔寡断找借口说"得慎重，怎能轻易下结论呢"？				
3. 你是否为避免冒犯某个有实力的客户而有意回避关键性问题，甚至有意迎合客户？				
4. 你是否无论遇到什么紧急任务都先处理日常的琐碎事务呢？				
5. 你是否非得在巨大压力下才肯承担重任？				
6. 你是否无力抵御妨碍你完成重要任务的干扰和危机？				
7. 你在决策重要的行动和计划时，常忽视其后果吗？				
8. 当你需要做出很可能不得人心的决策时，是否找借口逃避而不敢面对？				
9. 你是否总是在晚上才发现有要紧的事没办？				
10. 你是否因不愿承担艰巨任务而寻找各种借口？				
11. 你是否常来不及躲避或预防困难情形的发生？				
12. 你总是拐弯抹角地宣布可能得罪他人的决定吗？				
13. 你喜欢让别人替你做你自己不愿做而又不得不做的事吗？				
合计				

计分标准：选 A 得 4 分，选 B 得 3 分，选 C 得 2 分，选 D 得 1 分。

个人自评得分：_____

结果分析：

50 分以上，说明你的个人素质与创业者相去甚远。

40~49 分，说明你不算勤勉，应彻底改变拖沓、低效率的缺点，否则创业只是一句空话。

30~39 分，说明你在大多数情况下充满自信，但有时犹豫不决，不过没关系，这也是稳重和深思熟虑的表现。

15~29 分，说明你是一个高效率的决策者和管理者，有望成为成功的创业者，你还等什么？

2. 创业启动：估算你可用于创业的资金

项目	金额 (元)
收入	
现有资金	
创办企业之前其他收入	
总收入 (A)	
支出 (今后___个月)	
学费	
房租	
伙食费	
通信费	
偿还贷款	
公用事业费	
交通费	
总支出 (B)	
可用于办企业的资金 (A–B)	

3. 对自我创业潜力的综合评价

_____

_____

_____

二、职业适应与角色转换

毕业生走向社会，面临着由学生角色向职业角色的转变，这意味着要承担新的社会角色，这就是一种典型的社会角色转换，在这关键时刻，毕业生应以积极正确的态度认识新角色、适应新角色。

（一）学校和职场的区别

（1）目的不同。学校是培养人，职场是使用人。学校就是接受高等教育，掌握本领，给予经济供给和资助，逐步完善自己；职场是用自己掌握的本领，通过具体的工作为社会付出，以自己的行为承担责任，并取得相应的报酬。

（2）学校是单兵作战，职场是团队任务。在大学期间里，学生基本上是"单兵作战"，独立完成各类作业、试卷、设计，哪怕是需要做一些团队作业，比较用功的学生也可以自己搞定。但在职场上，几乎所有的任务都需要通过团队协作来完成，而且你的任务完成情况会受到上一环节的制约，并且会影响下一环节，甚至影响整个公司。为此，如果你不善于交流和沟通，不能与人合作，你将很难独自完成工作任务。

（3）学校看重学习成绩，职场看重工作成绩。在任何工作岗位上都是要看工作完成的效率，在学校也是如此，学校看重的学习成绩，也可以理解为效率。成绩衡量的凭证就是考试成绩，从这部分来说，智商高的学生占有优势。但是在社会工作当中，智力未必能够决定所有事情，在社会中，情商所占的比重比智商要高，在当今社会中，同一件事就完成情况来说，情商占据了80%，智商只占据了20%。

（4）学校犯错误，后果不严重；职场犯错误，"后果很严重"。在学校犯错，后果不会太严重，至少对学校的生死存亡不会造成太大的影响；但是在职场就不一样了，你的一个小失策，不仅会影响你的个人发展，还可能给所在单位造成重大损失。

（二）角色转换过程中容易出现的问题与对策

当代大学毕业生从学校出来到社会上工作的过程就是人生的职业转换，是从一个角色向另一个角色转换的过程，在一转换过程中，由于转换得比较快，导致有些人的思想维度和对于问题的认知度还停留在学生这个角色上。自身所处的环境、对社会的理解、自身对社会的看法等一系列因素，都会影响自身在新环境的发展。

1. 转换过程中容易出现的问题

（1）依恋和畏惧并存。从小学开始，再到初中、高中、大学、大多数人的思想观点和对于事物的看法还停留在学生的角度。凡事都有着学生的看法，没有把自身定位成另一种职位上，面对问题也是从学生的角度来出发和探讨，这是因为当已经养成了一种习惯后再去改变是十分困难的，但是在处于社会的职位中，这种总是以学生的角度去思考问题的思维惯性始终是不对的，这种过分与依赖会对自身未来的发展和今后对于自身所处环境的工作范围带来问题。而且这种过度依赖学生角度的人，他们往往会畏惧所处职位要面对的一些职业问题，并畏惧和害怕处理这些问题，在处理问题的时候不能展开拳脚，害怕因为工作中的问题使自身失败而受到挫折。这让已经从学生职位转换到工作岗位的人，自信一点一点被消耗。

（2）自大与浮躁同在。由于每个人的思想形态不一样，所以每个人对于工作的看法和态度也是不一样的，有些大学毕业生就是因为对于社会的工作和自身的要求有变通，以为自身的受教育水平已经很高了，所面对的社会职位也应该是相对高层次的存在才可以满足自身的未来发展需要，对于一些基层工作和基层工作人员看不起，如果自己从事这些工作的话，就是让自身的价值不符。这类就是轻视工作，轻视基础工作。再者就是对于这种职位更换之后的不习惯，和受到外界因素的影响，自身浮动较大，对于工作的态度也不是很好，从而流露出一些浮躁的情绪，而且工作投入积极性不大，对于工作的持久性也不好。每一份工作的坚持时间也不会很久，带来的结果就是，没有工作经验，没有充分了解工作内容，无法积累工作技巧，到最后工作成绩不提升，究其原因并不从自身角度出发，而是认为工作单位有问题，再者就是所处岗位的职能内容与自身喜好不符。通过近年来对企事业单位人事部门的调查，用人单位对于招员人数的增加，反映了目前大学毕业生在用人单位的不被认可，其实只要安下心来，稳稳当当地做好每一项工作，任何岗位都是适合你们的。

（3）理想与现实的冲突。大学生活是美好的，它就好比象牙塔，纯净、单纯，学生们在这里不会有太多的压力和焦虑。在这种环境下的大学毕业生在最初参加工作的时候往往会因为自身的适应能力和对于社会的认知能力有所欠缺，导致对于工作职位的不自信。另外，因为社会单位对于大学毕业生的要求和期待值都高于普通人，这就导致了当代大学毕业生与社会之间的问题显现。

（4）自身素质难以应对社会职业的需求。我国经济步入全球化的战略格局，对高素质综合性人才的需求更为迫切。

因此，大学毕业生不仅要有扎实的专业知识、较强的实际操作技能和一定的组织管理能力，更要具有勇于开拓、锐意进取的创新精神。然而，一些大学生毕业后面对社会职业的实际需要，深感自己的综合素质远不能胜任所从事的工作，现有的知识结构不够丰富和合理，书本知识和实际问题相差太远，而且很难有机结合起来。

2. 解决问题的对策

（1）调整就业心态，做好心理准备。

（2）热爱本职工作，培养职业兴趣。

（3）虚心学习知识，提高工作能力。

（4）勤于观察思考，善于发现问题。

（5）勇挑工作重担，乐于无私奉献。

三、初入职场应注意的问题

毕业生在选择第一份工作的时候，既有满意的，也有不满意的。当你选择的职业不满意时，应该摆正自己的心态，正确地去面对它，把它当作锻炼自己的一个机会，为自己以后的发展积累经验。根据对第一份工作的满意度，笔者把走上工作岗位的毕业生分为以下三类，并提出了相应对策和注意问题。

（一）满意度很高，进入心仪企业者

毕业生进入一家心仪的企业，往往满怀憧憬，表现欲很强，工作热情高涨。在这种积极心态的推动下，工作起来会化挑战为动力，较出色地完成任务。这里要提醒的是，在一头扎入工作的同时，请做好以下三项功课：

（1）熟悉公司内部的组织结构。

（2）了解公司在行业内的地位。

（3）了解行业的发展状况。

把这三项功课做好了，工作起来才能有的放矢，更有计划性和目的性。否则，工作一段时间后，工作状态就会呈一条明显的"抛物线"——从积极主动到热情消失再到满意度

下滑，最后盲目跳槽。

（二）满意度一般，退而求其次者

绝大多数毕业生走上工作岗位后会觉得，自己进入一个比上不足比下有余的公司，往往心存不甘。对于这些毕业生，应该注意以下两点：

（1）端正态度，积极学习。"麻雀虽小，五脏俱全"，即使公司在规模、盈利、薪酬等各方面都不算最好，但是对如一张白纸的新人来说，有足够的东西可以学习是最宝贵的。工作技能、企业规章制度、企业管理、上岗培训等知识的积累，以及对公共礼仪、人际关系处理等职场潜规则的学习，都是职场生存的重要基础。

（2）关注职业机会。在做好本职工作、积累职场经验的同时，你还可以积极为下一份工作做准备。比如，了解心仪职业的定义和应该具备的技能、核心竞争力，利用空余时间提升自我。

（三）满意度很低，消极懈怠者

经常有一些刚踏上工作岗位的新人没有起码的责任感，精神状态毫无生气，工作懈怠消极，出工不出力，常常自以为是，情绪化很严重，心理承受能力很差，碰到挫折和困难就灰心丧气，独立开展工作的能力很弱，喜欢无缘无故地指责单位和同事。这些都是对目前工作不满意的表现，对于这类毕业生的建议如下：

（1）调整心态，认识自我。如果第一份工作不能使自己产生兴趣，你首先应该剖析自身的缺点，而不是抱怨这份看似很差的工作。你关注的重点不应该是所在公司有多差、有多小，而是应该看到自己的弱点，是自己职业竞争力偏弱、要求太高、兴趣偏颇，还是在专业知识、团队合作和沟通能力等方面有所欠缺。你应该告诫自己：天下没有白做的事，需要从公司中学习的东西很多。请你从上班第一天开始，尽量使自己在第一份工作中实践自己从前在各方面所学的知识、积累的经验，锻炼自己各方面的能力，取长补短，并且在这份工作中积累一些今后有用的资源。

（2）不轻言跳槽。随遇而安的心态是毕业生的职业生涯初始阶段必不可少的。作为一无工作经验、二无工作技能的毕业生，要想尽快地进入职业角色，必须踏踏实实地工作。人才流动日益频繁的今天，跳槽也成为人们日常生活中经常谈论的话题。

刚毕业的大学生，更应该正确认识跳槽。跳槽作为一种人才流动方式，是市场经济条件下的必然现象。国外求职专家认为，几乎每个人都是一边工作、一边在职业市场寻找新的机会——准备跳槽。有人认为 21 世纪一个人平均每隔 5 年就要更换一次工作，一生将有 10 次左右的职业变动。美国一家人力资源研究机构认为新世纪人才应该具备的三种能力中，第一种能力就是"找工作"的能力。

从个人角度而言，"跳槽"这一自觉的职业再选择是一种积极的行为，有利于个人才华的施展和个人潜能的开发，因而有利于个人在事业上获得更高成就，实现更大的人生价值。从社会角度而言，社会为跳槽大开方便之门，跳槽也向社会回报了更大的社会效益与经济效益。跳槽有利于优化人才资源配置，杜绝人力资源浪费，有利于鼓励人才做出成就，也有利于激励社会各方面为人才施展才华提供适宜的环境。

当然，并不是所有的跳槽都合乎情理，也并非所有的跳槽都能给个人和社会带来理想的结果。因此，每个人对跳槽都需要认真考虑、慎重对待。

随着我国改革开放的不断深入，我国劳动人事制度和用工制度已摆脱了以往的模式，变得更加灵活。转换工作、转换职业，也已广泛地为人们所接受，成为一种正常的现象。但跳槽时应注意：重新认识自己，计算机会成本，分析社会需求。

参考文献

[1] 田永伟，吴迪．大学生职业发展指导：大学生生涯发展定位和职业生涯规划 [M]．北京：光明日报出版社，2019．

[2] 迟云平．职业生涯规划 [M]．广州：华南理工大学出版社，2019．

[3] 王林，王天英，杨新惠．大学生职业生涯与就业指导 [M]．北京：中国铁道出版社，2018．

[4] 刘玉升．大学生职业生涯规划与就业指导 [M]．苏州：苏州大学出版社，2018．

[5] 崔邦军，薛运强．大学生入学教育与职业发展规划 [M]．北京：北京理工大学出版社，2018．

[6] 祝杨军．生涯教育的逻辑 [M]．北京：首都师范大学出版社，2018．

[7] 谢珊．新编大学生职业生涯规划与就业指导：普通高等教育"十三五"规划教材 [M]．北京：中国轻工业出版社，2017．

[8] 龚芸，辜桃．大学生职业取向与职业规划 [M]．北京：中国社会出版社，2017．

[9] 邱仲潘，叶文强，傅剑波．大学生职业生涯规划 [M]．北京：清华大学出版社，2017．

[10] 孟喜娣，王莉莉．职业生涯规划 [M]．北京：北京邮电大学出版社，2017．

[11] 李培山．大学生职业生涯规划与就业 [M]．大连：辽宁师范大学出版社，2017．

[12] 武林波．规划自我启程远航：大学生职业生涯与发展规划 [M]．银川：宁夏人民出版社，2017．

[13] 任晓剑，姚树欣．大学生职业规划与创新教育 [M]．北京：国家行政学院出版社，2017．

[14] 李可依，毛可斌，朱余洁．大学生职业生涯规划 [M]．上海：上海交通大学出版社，2017．

[15] 夏雨，李道康，王苇．大学生职业发展与就业创业：双色版 [M]．上海：上海交通大学出版社，2016．

[16] 于广东，鲁江旭，等．大学生职业生涯规划与就业指导 [M]．北京：中国轻工业出版社，2016．

[17] 苏文平．职业生涯规划与就业创业指导 [M]．北京：中国人民大学出版社，2016．

[18] 陈宝凤．大学生职业生涯规划 [M]．哈尔滨：黑龙江大学出版社，2016．

[19] 谭禾丰．职业生涯规划与就业指导 [M]．北京：机械工业出版社，2016．

[20] 顾雪英．大学生职业生涯发展与管理 [M]．南京：东南大学出版社，2013．

[21] 徐凯．大学生职业生涯规划与就业创业指导 [M]．西安：西安电子科技大学出版社，

2016.

[22] 王俊．职业生涯规划 [M]．南京：东南大学出版社，2016.

[23] 陈梦薇，刘俊芳，李晓萍．生涯规划与职业发展 [M]．南京：东南大学出版社，2015.

[24] 高静，吴梦军．迈向职场成功之路：职业发展与就业创业指导 [M]．济南：山东人民出版社，2015.

[25] 杨红英．大学生职业生涯规划 [M]．昆明：云南大学出版社，2015.

[26] 方伟．大学生职业生涯规划咨询案例教程 [M]．北京：北京大学出版社，2015.

[27] 覃玉荣．职业规划能力提升与就业指导 [M]．上海：上海交通大学出版社，2014.

[28] 张再生．职业生涯规划 [M].5 版．天津：天津大学出版社，2014.

[29] [美] 格林豪斯．职业生涯管理 [M]．王伟，译．北京：清华大学出版社，2014.

[30] 李保城，刘效强．大学生职业发展与就业指导 [M]．济南：山东人民出版社，2014.

[31] 明照凤．大学生职业生涯规划 [M]．济南：山东人民出版社，2013.

[32] 韩旭彤，张录全．大学生职业规划与就业创业指导 [M]．北京：现代教育出版社，2013.

[33] 钟召平，王剑波，李瑞昌．大学生职业规划与就业创业指导 [M]．济南：山东人民出版社，2013.

[34] 张瑞英，刘克非．大学生职业生涯规划与就业指导 [M]．北京：北京理工大学出版社，2013.

[35] 邱广林．职业生涯导航 [M]．广州：暨南大学出版社，2013.

[36] 陈丹，何萍．大学生体验式生涯管理 [M]．北京：机械工业出版社，2013.

[37] 陈姗姗，吴华宇．大学生职业生涯规划与就业创业指导 [M]．北京：中国经济出版社，2012.

[38] 李花，陈斌．大学生职业发展规划与就业指导 [M]．北京：北京师范大学出版社，2012.

[39] 张义明，李强．我的大学我做主：大学生职业生涯规划 [M]．咸阳：西北农林科技大学出版社，2012.

[40] 任国升，高雪升．大学生职业生涯规划与就业指导 [M]．石家庄：河北大学出版社，2011.

[41] 邵晓红．大学生职业生涯与发展规划 [M]．北京：北京大学出版社，2011.

[42] 韩庆红．大学生职业生涯管理 [M]．武汉：华中科技大学出版社，2011.

[43] 肖利哲，王雪原．大学生职业生涯规划理论与设计 [M]．北京：科学出版社，2011.

[44] 彭贤，等．大学生职业生涯规划活动教程 [M] ．北京：清华大学出版社，北京交通大学出版社，2010.

[45] 钟谷兰，等．大学生职业生涯发展与规划 [M]．上海：华东师范大学出版社，2010.

[46] 刘珊．卓有成效的自我管理 [M]．北京：中国华侨出版社，2010.

[47] 胡月．大学生心理发展辅导与实践 [M]．大连：大连理工大学出版社，2010.

[48] 邓志军．大学生心理健康教育 [M]．北京：北京理工大学出版社，2010.

[49] 王今朝，郝春禄. 大学生职业发展与就业指导 [M]. 沈阳：辽宁教育出版社，2010.

[50] 乔刚，等. 大学生职业生涯规划与管理 [M]. 上海：复旦大学出版社，2010.

[51] 郑日昌. 情绪管理压力应对 [M]. 北京：机械工业出版社，2009.

[52] 王满元. 大学生职业生涯规划实用教程 [M]. 长春：吉林大学出版社，2009.

[53] 尹忠泽. 大学生职业生涯规划 [M]. 长春：吉林大学出版社，2009.

[54] 谢弗尔. 压力管理心理学 [M]. 方双虎，等，译. 北京：中国人民大学出版社，2009.

[55] 阳毅，等. 大学生职业生涯规划 [M]. 北京：气象出版社，2009.

[56] 苟朝莉，等. 走向成功 [M]. 北京：高等教育出版社，2009.

[57] 周明星，等. 现代职业生涯设计 [M]. 北京：清华大学出版社，2008.

[58] 韩景旺，等. 我的生涯我做主：大学生职业生涯规划与就业指导 [M]. 保定：河北大学出版社，2008.

[59] 彭贤. 人际关系心理学 [M]. 北京：清华大学出版社，北京大学出版社，2008.

[60] 方伟. 大学生职业生涯规划咨询案例教程：北大—北森职业规划丛书 [M]. 北京：北京大学出版，2008.

[61] 高桂娟. 对大学生职业生涯规划的分析与思考 [M]. 北京：中国高等教育，2007.

[62] 吴娟瑜. 不做情绪的奴隶 [M]. 北京：北京大学出版社，2007.

[63] 闫继臣. 大学生职业生涯规划 [M]. 北京：中国劳动社会保障出版社，2007.

[64] 丁仁鲜. 大学生职业生涯规划指导教程 [M]. 长沙：中南大学出版社，2007.

[65] 罗双平，等. 职业选择与事业导航：职业生涯规划技术 [M]. 北京：机械工业出版社，2007.

[66] 赖晓桦. 大学生就业与创业指导 [M]. 大连：大连理工大学出版社，2007.

[67] 石建勋. 职业规划与创业管理 [M]. 北京：机械工业出版社，2006.

[68] 黄天中. 生涯规划 [M]. 北京：中国财政经济出版社，2001.